普通话水平测试指导用书

第二版

上海市语言文字水平测试中心

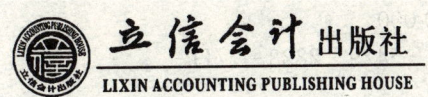

立信会计出版社

LIXIN ACCOUNTING PUBLISHING HOUSE

图书在版编目(CIP)数据

普通话水平测试指导用书/上海市语言文字水平测试
中心编著. —2 版. —上海:立信会计出版社,2011.3
　　ISBN 978 - 7 - 5429 - 2833 - 7

　　Ⅰ.①普… 　Ⅱ.①上… 　Ⅲ.①普通话—水平考试
—自学参考资料　Ⅳ.①H102

中国版本图书馆 CIP 数据核字(2011)第 035581 号

责任编辑　　徐雪芬
封面设计　　周崇文

普通话水平测试指导用书(第二版)

出版发行	立信会计出版社			
地　　址	上海市中山西路 2230 号	邮政编码	200235	
电　　话	(021)64411389	传　　真	(021)64411325	
网　　址	www. lixinaph. com	电子邮箱	lxaph@sh163. net	
网上书店	www. shlx. net	电　　话	(021)64411071	
经　　销	各地新华书店			

印　　刷	常熟市梅李印刷有限公司			
开　　本	787 毫米×960 毫米	1/16		
印　　张	19	插　　页	1	
字　　数	345 千字			
版　　次	2011 年 3 月第 2 版			
印　　次	2017 年 3 月第 11 次			
印　　数	220 001—240 000			
书　　号	ISBN 978 - 7 - 5429 - 2833 - 7/H			
定　　价	35.00 元			

《普通话水平测试指导用书》编委会

序

　　语言文字是人类活动最基本的交际工具,是协调社会生产、生活和学习的最基本的交流工具,是信息和文化的重要载体和鲜明标志。语言文字与社会的和谐进步,与人类的生存发展息息相关。不断提高社会语言文字规范化水平,是社会经济发展的必然要求。

　　推广普通话是由我国宪法规定的一项基本国策。《中华人民共和国宪法》第十九条第五款:"国家推广全国通用的普通话。"普通话水平测试作为一项国家级测试,是贯彻推广普通话这一国策的具体措施。自1994年开展以来,全国已有4 000多万人次参加了普通话水平测试。上海市自1994年至2012年4月,测试总量将达到100万人次。普通话水平测试培训工作的大力开展,对普通话的规范普及、对广大人民群众普通话应用能力的提高、对增进全国各族人民的大团结、对我国坚实迈向小康社会,发挥了非常积极的重要作用。

　　普通话水平测试工作的基本方针是"以测促训,以训保测"。普通话应用水平的提高,需要学习,需要训练,需要参加培训。《普通话水平测试指导用书》的出版适应了学习、训练和培训的需要。《普通话水平测试指导用书》的再版,充分说明了本书受到了广大读者的欢迎。

　　《普通话水平测试指导用书》由上海市语言文字水平测试中心根据普通话水平测试的新任务、新要求,在原有的《普通话水平测试指导用书》的基础上重新编写。新《普通话水平测试指导用书》的特点,一是紧紧围绕教育部、国家语言文字工作委员会颁布的《普通话水平测试大纲》的要求,结合普通话学习的实际,突出重点,抓住难点,针对性和实用性强,是一本普通话学习、训练和培训的好教材,同时也是普通话学习的一本工具书。二是紧紧围绕服务广大读者的宗旨,为广大读者提供了现代化的网络学习平台。三是《普通话水平测试指导用书》充分听取了授课老师和广大读者的建议,在前版的基础上,进行了精心修改和完善。所以,《普通话水平测试指导用书》凝聚了上海市语言文字水平测试中心普通话水平测试管理的经验和智慧,具有一定的权威性,为普通话培训教材建设进行了积极的、有益的探索。

全书共分四章:第一章为普通话水平测试工作的法律法规和政策文件,第二章为普通话水平测试指导,第三章为普通话水平测试机测指导,第四章为普通话水平测试有关问题的问答,最后附录了汉语拼音方案、普通话声韵配合总表、普通话异读词审音表和普通话水平测试模拟卷等资料。为了让大家更好地学习普通话,本书还为读者提供了网上学习的"学习卡",广大读者可以利用计算机及网络,在线学习 60 小时。

希望上海市语言文字水平测试中心积极听取广大读者的意见和建议,不断完善教材内容,更好地发挥其宣传贯彻国家语言文字方针政策、服务并满足广大人民群众提高普通话学习和应用水平需要的作用。

上海市教育委员会副主任

上海市语言文字工作委员会副主任

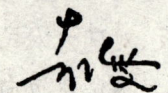

第二版前言

  《普通话水平测试指导用书》自 2010 年 5 月出版以来,受到了社会的广泛欢迎和读者的热情支持。在短短的 10 个月内,已印刷 3 次,印数达 30 000 册。可以说,本书的出版,为广大读者有效学习普通话、提高普通话应用水平提供了有益的教材,为参加普通话水平测试人员提供了有针对性的指导;同时,对宣传贯彻国家推广普通话的基本国策、对普通话水平测试工作起到了积极的推进作用。

  本书出版后,我们一直在注意听取和收集读者的意见和建议,注意吸收语言专家的意见和建议,尤其是注意了解本书作为普通话培训教材的使用情况。本着不断完善教材内容、不断提高服务质量的宗旨,使本书更好地发挥宣传贯彻国家语言文字方针政策、服务并满足广大人民群众学习普通话和提高普通话应用水平需要的作用,我们对本书进行了修订。

  修订后的本书,对某些内容作了必要的补充,增加了"读单音节字词指导"部分难点字的练习材料,使得本书更符合教学需要。随着普通话水平测试管理工作信息化程度的提高,本书对普通话水平测试的有关注意事项,也作了适当的修订。

  本书内容难免还有疏漏或瑕疵之处,恳请广大读者继续给予指正,以利今后再版时加以改进。

  最后,向广大读者致以最诚挚的感谢!

编 者

2011 年 3 月

目　　录

国家推广全国通用的普通话。

——《中华人民共和国宪法》第十九条第五款

第一章 普通话水平测试工作的
法律、法规和文件

第一节 普通话水平测试工作的
法律、法规和规章

一、法律

中华人民共和国国家通用语言文字法

（2000 年 10 月 31 日第九届全国人民代表大会常务委员会第十八次会议通过，2000 年 10 月 31 日中华人民共和国主席令第 37 号公布，自 2001 年 1 月 1 日起施行）

第一章 总 则

第一条 为推动国家通用语言文字的规范化、标准化及其健康发展，使国家通用语言文字在社会生活中更好地发挥作用，促进各民族、各地区经济文化交流，根据宪法，制定本法。

第二条 本法所称的国家通用语言文字是普通话和规范汉字。

第三条 国家推广普通话，推行规范汉字。

第四条 公民有学习和使用国家通用语言文字的权利。

国家为公民学习和使用国家通用语言文字提供条件。

地方各级人民政府及其有关部门应当采取措施，推广普通话和推行规范汉字。

第五条 国家通用语言文字的使用应当有利于维护国家主权和民族尊严，有利于国家统一和民族团结，有利于社会主义物质文明建设和精神文明建设。

第六条 国家颁布国家通用语言文字的规范和标准，管理国家通用语言文字的社会应用,支持国家通用语言文字的教学和科学研究,促进国家通用语言文字的规范、丰富和发展。

第七条　国家奖励为国家通用语言文字事业做出突出贡献的组织和个人。

第八条　各民族都有使用和发展自己的语言文字的自由。

少数民族语言文字的使用依据宪法、民族区域自治法及其他法律的有关规定。

第二章　国家通用语言文字的使用

第九条　国家机关以普通话和规范汉字为公务用语用字。法律另有规定的除外。

第十条　学校及其他教育机构以普通话和规范汉字为基本的教育教学用语用字。法律另有规定的除外。

学校及其他教育机构通过汉语文课程教授普通话和规范汉字。使用的汉语文教材,应当符合国家通用语言文字的规范和标准。

第十一条　汉语文出版物应当符合国家通用语言文字的规范和标准。

汉语文出版物中需要使用外国语言文字的,应当用国家通用语言文字作必要的注释。

第十二条　广播电台、电视台以普通话为基本的播音用语。

需要使用外国语言为播音用语的,须经国务院广播电视部门批准。

第十三条　公共服务行业以规范汉字为基本的服务用字。因公共服务需要,招牌、广告、告示、标志牌等使用外国文字并同时使用中文的,应当使用规范汉字。

提倡公共服务行业以普通话为服务用语。

第十四条　下列情形,应当以国家通用语言文字为基本的用语用字:

(一)广播、电影、电视用语用字;

(二)公共场所的设施用字;

(三)招牌、广告用字;

(四)企业事业组织名称;

(五)在境内销售的商品的包装、说明。

第十五条　信息处理和信息技术产品中使用的国家通用语言文字应当符合国家的规范和标准。

第十六条　本章有关规定中,有下列情形的,可以使用方言:

(一)国家机关的工作人员执行公务时确需使用的;

(二)经国务院广播电视部门或省级广播电视部门批准的播音用语;

(三)戏曲、影视等艺术形式中需要使用的;

(四)出版、教学、研究中确需使用的。

第十七条　本章有关规定中,有下列情形的,可以保留或使用繁体字、异体字:

(一)文物古迹;

(二)姓氏中的异体字;

(三)书法、篆刻等艺术作品;

(四)题词和招牌的手书字;

(五)出版、教学、研究中需要使用的;

(六)经国务院有关部门批准的特殊情况。

第十八条　国家通用语言文字以《汉语拼音方案》作为拼写和注音工具。

《汉语拼音方案》是中国人名、地名和中文文献罗马字母拼写法的统一规范,并用于汉字不便或不能使用的领域。

初等教育应当进行汉语拼音教学。

第十九条　凡以普通话作为工作语言的岗位,其工作人员应当具备说普通话的能力。

以普通话作为工作语言的播音员、节目主持人和影视话剧演员、教师、国家机关工作人员的普通话水平,应当分别达到国家规定的等级标准;对尚未达到国家规定的普通话等级标准的,分别情况进行培训。

第二十条　对外汉语教学应当教授普通话和规范汉字。

第三章　管 理 和 监 督

第二十一条　国家通用语言文字工作由国务院语言文字工作部门负责规划指导、管理监督。

国务院有关部门管理本系统的国家通用语言文字的使用。

第二十二条　地方语言文字工作部门和其他有关部门,管理和监督本行政区域内的国家通用语言文字的使用。

第二十三条　县级以上各级人民政府工商行政管理部门依法对企业名称、商品名称以及广告的用语用字进行管理和监督。

第二十四条　国务院语言文字工作部门颁布普通话水平测试等级标准。

第二十五条　外国人名、地名等专有名词和科学技术术语译成国家通用语言文字,由国务院语言文字工作部门或者其他有关部门组织审定。

第二十六条　违反本法第二章有关规定,不按照国家通用语言文字的规范和标准使用语言文字的,公民可以提出批评和建议。

本法第十九条第二款规定的人员用语违反本法第二章有关规定的,有关单位应当对直接责任人员进行批评教育;拒不改正的,由有关单位作出处理。

城市公共场所的设施和招牌、广告用字违反本法第二章有关规定的,由有关行政管理部门责令改正;拒不改正的,予以警告,并督促其限期改正。

　　第二十七条　违反本法规定,干涉他人学习和使用国家通用语言文字的,由有关行政管理部门责令限期改正,并予以警告。

第四章　附　　则

　　第二十八条　本法自 2001 年 1 月 1 日起施行。

二、法规

上海市实施《中华人民共和国
国家通用语言文字法》办法

　　（上海市第十二届人民代表大会常务委员会第二十五次会议于 2005 年 12 月 29 日通过,上海市人民代表大会常务委员会公告第 59 号公布,自 2006 年 3 月 1 日起施行）

　　第一条　为了推广普通话和推行规范汉字,加强国家通用语言文字使用管理,发挥国家通用语言文字在社会生活中的作用,根据《中华人民共和国国家通用语言文字法》和其他有关法律、行政法规,结合本市实际,制定本办法。

　　第二条　本市行政区域内国家通用语言文字的使用及其管理和监督,适用本办法。

　　第三条　本市促进国家通用语言文字的规范、丰富和发展,建设与经济、社会、文化发展相适应的语言文字应用环境。

　　本市鼓励国家机关、企业、事业单位、社会团体、其他社会组织和公民参与国家通用语言文字的规范化、标准化建设。

　　第四条　市和区、县人民政府应当加强对国家通用语言文字工作的领导,将推广普通话、推行规范汉字纳入城市管理和精神文明建设的内容。

　　市和区、县人民政府应当对国家通用语言文字工作所需人员和经费予以保证。

　　第五条　市和区、县人民政府的语言文字工作委员会负责本行政区域内国家通用语言文字使用的管理和监督,其办事机构设在同级教育行政管理部门。

　　市和区、县语言文字工作委员会的主要职责是:

　　（一）编制、组织实施本行政区域内国家通用语言文字工作规划;

　　（二）协调、指导、监督各部门、各行业的语言文字工作;

　　（三）组织语言文字规范化宣传教育活动;

（四）指导普通话和规范汉字应用的培训和水平测试；

（五）推进国家通用语言文字应用研究；

（六）法律、法规规定的其他职责。

乡、镇人民政府和街道办事处应当根据区、县人民政府的要求和部署，负责做好本区域内国家通用语言文字的相关工作。

第六条　本市对在国家通用语言文字推广、研究、管理工作中做出突出成绩的组织和个人予以表彰。

第七条　本市依法保障公民学习和使用国家通用语言文字的权利，任何组织和个人不得限制。

第八条　下列情形，应当以普通话为基本用语：

（一）国家机关的公务活动用语；

（二）学校及其他教育机构的教育教学和集体活动用语；

（三）广播电台、电视台的播音、主持和采访用语，电影、电视剧用语，汉语文音像制品、有声电子出版物用语；

（四）本市召开或者举办的各类会议、展览、大型活动的工作用语。

本市应当采取措施，推动公共服务行业以普通话为服务用语。

第九条　依照本办法第八条规定以普通话为基本用语的，遇有下列情形，可以使用方言：

（一）国家机关工作人员执行公务和出版、教学、研究中确需使用方言的，以及戏曲、影视等艺术形式需要使用方言的；

（二）广播电台、电视台的播音、主持，经市广播电视行政管理部门批准使用方言的。

第十条　下列人员的普通话水平应当分别达到以下等级标准：

（一）国家机关工作人员为三级甲等以上；

（二）教师为二级乙等以上，学校及其他教育机构中除教师以外的其他管理人员为三级甲等以上；

（三）普通高等学校、中等职业学校的学生为二级乙等以上；

（四）广播电台、电视台的播音员、节目主持人以及影视话剧演员为一级乙等以上。

对尚未达到前款规定的普通话等级标准的人员，应当分别情况进行培训。

本市应当采取措施，提高公共服务行业工作人员的普通话水平，直接面向公众服务的工作人员的普通话水平达到三级甲等以上，其中广播员、解说员、话务员等特殊岗位人员的普通话水平达到二级乙等以上。

第十一条　下列情形，应当以规范汉字为基本用字：

（一）国家机关的公务用字；

（二）学校及其他教育机构的教育教学用字；

（三）本市出版的汉语文出版物用字；

（四）影视屏幕用字；

（五）法人和其他组织的名称、招牌用字；

（六）广告、公共场所的设施用字；

（七）公共服务行业的服务用字；

（八）本市设计、制作，在境内使用的中文信息技术产品的用字和在本市注册的网站的网页用字；

（九）在本市销售的商品的包装、说明用字；

（十）本市召开或者举办的各类会议、展览、大型活动的用字。

第十二条　繁体字、异体字的保留或者使用，应当符合《中华人民共和国国家通用语言文字法》的有关规定。

题词和招牌中的手书字，提倡使用规范汉字。

法人和其他组织的名称牌中含有手书繁体字、异体字的，应当在适当的位置配放规范汉字书写的名称牌。

第十三条　国家机关工作人员、教师、普通高等学校学生、编辑记者、中文字幕制作人员、校对人员以及誊印、牌匾、广告制作业文案工作人员等的汉字应用水平，应当分别达到国家规定的要求。

第十四条　汉语文出版物、国家机关公文应当符合国家关于普通话、规范汉字、汉语拼音、标点符号、数字用法等的规范和标准。

国家机关公文、教科书不得使用不符合现代汉语词汇和语法规范的网络语汇。

新闻报道除需要外，不得使用不符合现代汉语词汇和语法规范的网络语汇。

第十五条　汉语文出版物、国家机关公文中需要使用外国语言文字的，应当用国家通用语言文字作必要的注释。

公共服务行业以规范汉字为基本的服务用字。招牌、告示、标志牌等需要使用外国文字的，应当用规范汉字标注。

第十六条　市和区、县人民政府的有关部门在同级语言文字工作委员会的协调和指导下，按照各自职责，管理和监督国家通用语言文字的使用：

（一）人事行政管理部门负责组织开展对国家机关工作人员普通话和汉字应用水平的教育与培训；

（二）教育行政管理部门负责对学校及其他教育机构的语言文字使用进行管理和监督，将语言文字规范化纳入教育督导、检查、评估的内容；

（三）文广影视、新闻出版、信息产业等行政管理部门负责对广播、电视、报刊、网络等媒体，以及中文信息技术产品中的语言文字使用进行管理和监督；

（四）工商行政管理部门负责对企业名称、商品名称以及广告中的语言文字使用进行管理和监督；

（五）民政行政管理部门负责对社会团体、民办非企业单位名称中的语言文字使用进行管理和监督；

（六）市政、市容环卫、绿化、地名、公安等行政管理部门负责对本市公共场所的设施等的语言文字使用进行管理和监督；

（七）劳动和社会保障行政管理部门负责将普通话和汉字应用水平纳入有关职业技能训练与鉴定的基本内容；

（八）质量技术监督行政管理部门负责对产品标志、说明等的语言文字使用进行管理和监督，制定有关技术标准应当体现语言文字规范化的要求；

（九）商业、金融、旅游、体育、卫生、铁路、民航、城市交通、邮政、电信等行政管理部门或者行业主管部门负责对公共服务行业的语言文字使用进行管理和监督。

第十七条　市和区、县语言文字工作委员会应当对本行政区域内有关单位的语言文字工作进行评估，评估结果可以向社会公示。

各级语言文字工作委员会应当建立监测工作网络，对各类媒体、公共场所用语用字进行监测，监测结果应当向社会公示。

第十八条　本市设立的普通话和汉字应用水平测试专门机构，具体负责实施全市普通话和汉字应用水平测试工作。

第十九条　本市有关单位和人员，未按照本办法规定使用国家通用语言文字的，由其所在单位或者上级主管部门予以批评教育，责令改正；拒不改正的，由其所在单位或者上级主管部门作出处理。

公共场所的招牌、设施等的用字违反本办法关于国家通用语言文字使用的规定的，由城市管理行政执法部门责令改正；拒不改正的，予以警告，并督促其限期改正。

企业名称、商品名称以及广告用字违反本办法关于国家通用语言文字使用的规定的，由工商行政管理部门依法处理。

违反其他法律、法规有关使用国家通用语言文字规定的，依照其规定予以处理。

第二十条　本市有关部门的工作人员滥用职权或者不履行法定职责的，由其所在单位或者上级主管部门依法给予行政处分。

第二十一条　违反本办法有关规定，不按照国家有关规范和标准使用国家通用语言文字的，公民可以提出批评和建议。

违反本办法有关规定，语言文字使用不规范且拒不改正的单位，语言文字工作委员会可以在媒体上予以公示。

第二十二条　本办法自2006年3月1日起施行。

三、规章

普通话水平测试管理规定

（中华人民共和国教育部令第16号）

2003年5月21日

第一条　为加强普通话水平测试管理，促其规范、健康发展，根据《中华人民共和国国家通用语言文字法》，制定本规定。

第二条　普通话水平测试（以下简称测试）是对应试人运用普通话的规范程度的口语考试。开展测试是促进普通话普及和应用水平提高的基本措施之一。

第三条　国家语言文字工作部门颁布测试等级标准、测试大纲、测试规程和测试工作评估办法。

第四条　国家语言文字工作部门对测试工作进行宏观管理，制定测试的政策、规划，对测试工作进行组织协调、指导监督和检查评估。

第五条　国家测试机构在国家语言文字工作部门的领导下组织实施测试，对测试业务工作进行指导，对测试质量进行监督和检查，开展测试科学研究和业务培训。

第六条　省、自治区、直辖市语言文字工作部门（以下简称省级语言文字工作部门）对本辖区测试工作进行宏观管理，制定测试工作规划、计划，对测试工作进行组织协调、指导监督和检查评估。

第七条　省级语言文字工作部门可根据需要设立地方测试机构。

省、自治区、直辖市测试机构（以下简称省级测试机构）接受省级语言文字工作部门及其办事机构的行政管理和国家测试机构的业务指导，对本地区测试业务工作进行指导，组织实施测试，对测试质量进行监督和检查，开展测试科学研究和业务培训。

省级以下测试机构的职责由省级语言文字工作部门确定。

各级测试机构的设立须经同级编制部门批准。

第八条　测试工作原则上实行属地管理。国家部委直属单位的测试工作，原则上由所在地区省级语言文字工作部门组织实施。

第九条　在测试机构的组织下，测试由测试员依照测试规程执行。测试员应遵守测试工作各项规定和纪律，保证测试质量，并接受国家和省级测试机构的业务培训。

　　第十条　测试员分省级测试员和国家级测试员。测试员须取得相应的测试员证书。

　　申请省级测试员证书者,应具有大专以上学历,熟悉推广普通话工作方针政策和普通语言学理论,熟悉方言与普通话的一般对应规律,熟练掌握《汉语拼音方案》和常用国际音标,有较强的听辨音能力,普通话水平达到一级。

　　申请国家级测试员证书者,一般应具有中级以上专业技术职务和两年以上省级测试员资历,具有一定的测试科研能力和较强的普通话教学能力。

　　第十一条　申请省级测试员证书者,通过省级测试机构的培训考核后,由省级语言文字工作部门颁发省级测试员证书;经省级语言文字工作部门推荐的申请国家级测试员证书者,通过国家测试机构的培训考核后,由国家语言文字工作部门颁发国家级测试员证书。

　　第十二条　测试机构根据工作需要聘任测试员并颁发有一定期限的聘书。

　　第十三条　在同级语言文字工作办事机构指导下,各级测试机构定期考查测试员的业务能力和工作表现,并给予奖惩。

　　第十四条　省级语言文字工作部门根据工作需要聘任测试视导员并颁发有一定期限的聘书。

　　测试视导员一般应具有语言学或相关专业的高级专业技术职务,熟悉普通语言学理论,有相关的学术研究成果,有较丰富的普通话教学经验和测试经验。

　　测试视导员在省级语言文字工作部门领导下,检查、监督测试质量,参与和指导测试管理和测试业务工作。

　　第十五条　应接受测试的人员为:

　　1. 教师和申请教师资格的人员;

　　2. 广播电台、电视台的播音员、节目主持人;

　　3. 影视话剧演员;

　　4. 国家机关工作人员;

　　5. 师范类专业、播音与主持艺术专业、影视话剧表演专业以及其他与口语表达密切相关专业的学生;

　　6. 行业主管部门规定的其他应该接受测试的人员。

　　第十六条　应接受测试的人员的普通话达标等级,由国家行业主管部门规定。

　　第十七条　社会其他人员可自愿申请接受测试。

　　第十八条　在高等学校注册的港澳台学生和外国留学生可随所在校学生接受测试。

　　测试机构对其他港澳台人士和外籍人士开展测试工作,须经国家语言文字工作部门授权。

第十九条　测试成绩由执行测试的测试机构认定。

第二十条　测试等级证书由国家语言文字工作部门统一印制，由省级语言文字工作办事机构编号并加盖印章后颁发。

第二十一条　普通话水平测试等级证书全国通用。等级证书遗失，可向原发证单位申请补发。伪造或变造的普通话水平测试等级证书无效。

第二十二条　应试人再次申请接受测试同前次接受测试的间隔应不少于3个月。

第二十三条　应试人对测试程序和测试结果有异议，可向执行测试的测试机构或上级测试机构提出申诉。

第二十四条　测试工作人员违反测试规定的，视情节予以批评教育、暂停测试工作、解除聘任或宣布测试员证书作废等处理，情节严重的提请其所在单位给予行政处分。

第二十五条　应试人违反测试规定的，取消其测试成绩，情节严重的提请其所在单位给予行政处分。

第二十六条　测试收费标准须经当地价格部门核准。

第二十七条　各级测试机构须严格执行收费标准，遵守国家财务制度，并接受当地有关部门的监督和审计。

第二十八条　本《规定》自 2003 年 6 月 15 日起施行。

第二节　普通话水平测试工作的文件

一、国家部委文件

1. 国家语言文字工作委员会、国家教育委员会、广播电影电视部关于开展普通话水平测试工作的决定(节选)

（国语〔1994〕43 号）

各省、自治区、直辖市语委、教委、高教、教育厅(局)、广播电视厅(局)：

《中华人民共和国宪法》规定："国家推广全国通用的普通话"。推广普通话是社会主义精神文明建设的重要内容；社会主义市场经济的迅速发展和语言文字信息处理技术的不断革新,使推广普通话的紧迫性日益突出。国务院在批转国家语委关于当前语言文字工作请示的通知(国发〔1992〕63 号文件)中强调指出,推广普通话对于改革开放和社会主义现代化建设具有重要意义,必须给予高度重视。为加快普及进程,不断提高全社会普通话水平,国家语言文字工作委员会、国家教育委员会和广播电影电视部决定:

一、普通话是以汉语文授课的各级各类学校的教学语言;是以汉语传送的各级广播电台、电视台的规范语言,是汉语电影、电视剧、话剧必须使用的规范语言;是全国党政机关、团体、企事业单位干部在公务活动中必须使用的工作语言;是不同方言区及国内不同民族之间的通用语言。掌握并使用一定水平的普通话是社会各行各业人员,特别是教师、播音员、节目主持人、演员等专业人员必备的职业素质。因此,有必要在一定范围内对某些岗位的人员进行普通话水平测试,并逐步实行普通话等级证书制度。

二、现阶段的主要测试对象和他们应达到的普通话等级要求是:

中小学教师、师范院校的教师和毕业生应达到二级或一级水平,专门教授普通话语言的教师应达到一级水平;县级以上(含县级)广播电台和电视台的播音员、节目主持人应达到一级水平(此要求列入广播电影电视部部颁岗位规范,逐步实行持普通话等级合格证书上岗);电影、电视剧演员和配音演员,以及相关专业的院校毕业生应达到一级水平。

三、测试对象经测试达到规定的等级要求时,颁发普通话等级证书。对播音员、节目主持人、教师等岗位人员,从 1995 年起逐步实行持普通话等级证书上岗制度。

四、成立国家普通话水平测试委员会,负责领导全国普通话水平测试工作。委员会由国家语言文字工作委员会、广播电影电视部有关负责同志和专业学者若干人组成。委员会下设秘书长一人,副秘书长若干人处理日常工作,办公室设在国家语委普通话培训测试中心。各省、自治区、直辖市也相应地成立测试委员会和培训测试中心,负责本地区的普通话测试工作。

普通话培训测试中心为事业单位,测试工作要合理收费,开展工作初期,应有一定的启动经费,培训和测试工作要逐步做到自收自支……

六、普通话水平测试是推广普通话工作的重要组成部分,是使推广普通话工作逐步走向科学化、规范化、制度化的重要举措。各省、自治区、直辖市语委、教委、高教、教育厅(局)、广播电视厅(局)要密切配合、互相协作,加强宣传,不断总结经验,切实把这项工作做好。

(1994 年 10 月 30 日)

2. 人事部、教育部、国家语言文字工作委员会
关于开展国家公务员普通话培训的通知

(人发〔1999〕46 号)

各省、自治区、直辖市人事(人事劳动)厅(局),教委(教育厅),语委(语言文字工作机构),国务院各部委、各直属机构人事(干部)部门、新疆生产建设兵团人事局:

根据《中华人民共和国宪法》关于"国家推广全国通用的普通话"的规定,为进一步贯彻中央领导同志关于"推广普通话,公务员要带头"的指示精神,提高公务员的普通话水平,人事部、教育部、国家语委决定,在全国公务员中开展普通话培训工作。现将有关事项通知如下:

一、各级人事部门要通过多种渠道、多种方式加大公务员带头推广普通话的宣传力度,要进一步提高国家公务员对推广普通话重要意义的认识,充分调动公务员学习、推广、使用普通话的积极性和自觉性。

二、各地各部门要采取措施,加强对公务员普通话的培训,同时,要正确处理好工作与培训的关系。通过培训,原则要求 1954 年 1 月 1 日以后出生的公务员达到普通话三级甲等以上水平;对 1954 年 1 月 1 日以前出生的公务员不作达标的硬性要求,但鼓励努力提高普通话水平。

三、对方言地区或使用方言以及普通话不熟练的公务员,要在认真调查研究的情况下,实施针对性培训,要结合公务员的业务实际,制定普通话培训的长期规划、达到的标准以及测试的办法。对普通话培训,可以先试点,然后再以点带面,逐步推广。

四、公务员普通话培训工作按分级分类的原则组织实施。人事部负责国务院各部委、各直属机构公务员的普通话培训工作,各省、自治区、直辖市政府人事部门负责本直辖区公务员的普通话培训工作。各级教育部门、语言文字工作部门协助配合。

五、开展公务员普通话培训,各地可根据实际情况,采取灵活多样的方式进行,具备条件的地方,可以进行普通话水平测试。各级教育行政部门、语言文字工作部门应在普通话培训、测试方面给予支持协助。

六、各地、各部门要高度重视公务员普通话培训工作,要把推广普通话作为一项经常性工作来抓,作为提高公务员素质的内容列入工作日程。要从各地、各部门实际出发,激励公务员积极参加普通话培训,发挥公务员推广普通话的表率作用。

七、国家公务员在公务活动中应当自觉使用普通话。各地、各部门要逐步将普通话作为考核公务员能力水平的内容之一。

(1999 年 5 月 12 日)

3. 中共中央金融工作委员会、教育部、国家语言文字工作委员会关于加强金融系统语言文字规范化工作的通知(节选)

（金融工发〔2000〕8 号）

二、目标和任务

在金融系统实现所有员工以普通话为工作用语，实现以规范汉字为工作用字。

三、内容和要求

（一）除需要使用方言、少数民族语言和外语的场合外，金融系统所有员工在工作中均需使用普通话。直接面向客户服务的员工，普通话水平应不低于国家语言文字工作委员会颁布的《普通话水平测试等级标准》规定的三级甲等。

四、方法和步骤

（一）2000 年第二、三季度内，各金融机构要根据本通知精神制定切合本单位、本系统实际的语言文字规范工作的规定，列入员工岗位技术考核标准，对员工特别是一线临柜员工分批进行普通话达标培训。

（四）2001 年年底前，要完成对不符合规定的汉字和计算机中文软件的改正和更换工作；临柜员工普通话水平应当达标，未达标的必须进行再培训。

（2000 年 5 月 18 日）

4. 铁道部、教育部、国家语言文字工作委员会关于进一步加强铁路系统语言文字规范化工作的通知(节选)

（铁科教〔2000〕72 号）

一、把普通话作为全路工作用语

铁路系统员工应以普通话为工作用语，除确需使用方言、少数民族语言和外国语言的场合外，铁路系统的所有职工在工作中均应使用普通话。直接面向旅客、货主服务的职工的普通话水平一般应不低于国家语言文字工作委员会颁布的《普通话水平测试等级标准》规定的三级甲等；站、车广播员的普通话水平应不低于二级甲等……

三、采取有效措施，切实做好语言文字工作

为进一步做好语言文字规范化工作，各级管理部门应将普通话水平达标列入有关岗位的技术标准，将在公务活动中使用普通话列入服务规范。从 2001 年起，直接面向旅客货主的职工应当会说普通话;从 2003 年起,站、车广播员应持不低于二级甲等的普通话等级证书上岗……

五、做好铁路系统学校的语言文字工作

铁路各级各类学校和幼儿园要按照教育部、国家语委以及地方教育行政部门、语言文字工作部门的要求做好语言文字工作,并接受地方教育行政部门和语言文字工作部门对学校语言文字工作的检查和指导。铁路专业学校要根据行业需要有针对性地对学生进行有关语言文字规范化方针政策和语言文字知识的教育。铁路系统师范学校的毕业生应按教育部和国家语委规定取得普通话二级乙等以上的等级证书。

(2000 年 5 月 31 日)

5. 国家邮政局、教育部、国家语言文字工作委员会 关于加强邮政系统语言文字规范化工作的 通知(节选)

(国邮联〔2000〕304 号)

一、目标

在邮政系统实现所有员工以普通话为工作用语,实现以规范汉字为工作用字。

二、内容和要求

(一)除需要使用方言、少数民族语言和外语的场合外,邮政系统所有员工在工作中均需使用普通话。营业员、投递员、邮储业务员、报刊发行员以及工作在呼叫中心、信息查询等直接面向用户服务的职工,普通话水平不低于国家语言文字工作委员会颁布的《普通话水平测试等级标准》规定的三级甲等;邮运指挥调度人员、检查监督人员也应达到相应水平。

(三)已经简化的繁体字、已经淘汰的异体字、自造简体字和错别字为不准使用的不规范字。字形不规范的计算机中文软件不得在工作中使用。

三、措施和步骤

(一)为进一步做好语言文字规范化工作,各邮政部门应将普通话水平达标列入有关岗位技术标准,将在公务活动中使用普通话列入服务规范。2000 年内要在地方各级语言文字工作部门的配合下,对职工普通话进行一次全面检查。应制定普通话培训计划,对职工特别是直接面向用户服务的职工分批进行普通话达标培训。到 2001 年年底,直接面向用户服务的职工普通话水平应当达标,未达标的必须进行再培训……

(2000 年 6 月 28 日)

6. 信息产业部、教育部、国家语言文字工作委员会
关于认真做好信息产业系统语言文字规范化
工作的通知(节选)

（信部联办〔2001〕242 号）

一、目标任务

在信息产业系统实现所有员工以普通话为工作用语，以规范汉字为公务用字。

二、内容要求

（一）除需要使用方言、少数民族语言和外语的场合外，信息产业系统所有员工在工作中均需使用普通话。直接面向客户服务的一般员工，普通话水平应不低于国家语委颁布的《普通话水平测试等级标准》规定的三级甲等标准，话务员的普通话水平不低于二级乙等……

（三）已经简化的繁体字、已经淘汰的异体字、自造简体字和错别字为不准使用的不规范字。字形不规范的计算机中文软件不得在工作中使用。

三、措施步骤

（一）为认真做好语言文字规范化工作，信息产业系统各级管理部门应将普通话水平达标列入有关岗位技术标准，将在公务中使用普通话列入服务规范。

（二）2001 年内，信息产业系统各单位(以下简称各单位)要在地方各级语言文字工作部门的支持配合下，对所有的公务用字、汉语拼音和计算机中文字库进行一次普通检查，并制定普通话培训计划，直接面向用户服务的职工普通话水平应当达标。2001 年年底前，要完成对不符合国家规定的汉字、汉语拼音和计算机软件的改正和更换工作。

（2001 年 4 月 2 日）

7. 文化部、教育部、国家语言文字工作委员会
关于在文化系统贯彻实施《中华人民共和国
国家通用语言文字法》的通知(节选)

（文政法发〔2001〕20 号）

二、把普通话作为各级文化行政部门工作用语。除需要使用方言、少数民族语言和外语的场合外，文化行政部门的公务员在工作中均应使用普通话。公务员普通话水平一般应不低于国家语言文字工作委员会颁布的《普通话水平测试等级

标准》规定的三级甲等。凡达不到标准的,要按照人事部、教育部、国家语言文字工作委员会《关于开展国家公务员普通话培训的通知》(人发〔1999〕46 号)要求进行培训。

三、把普通话作为文化部门的服务用语。文艺团体、文化艺术馆、影剧院、展览馆、博物馆等面向公众服务的文化单位应以普通话为基本的服务用语。直接面向公众服务的工作人员应当具备使用普通话的能力,其中解说员、广播员经过培训,普通话水平应当达到二级甲等以上。

1954 年 1 月 1 日以后出生的话剧演员和话剧表演专业毕业生应接受普通话水平测试,达到普通话一级水平,并逐步实行持证上岗制度。

(2001 年 6 月 1 日)

二、上海市地方文件

1. 上海市语言文字工作委员会、上海市教育委员会 关于在本市中小学教师中开展普通话水平测试 工作的通知

(沪语委〔1995〕6 号)

遵照国家语言文字工作委员会、国家教育委员会、广播电影电视部国语〔1994〕43 号《关于开展普通话水平测试工作的决定》(以下简称《决定》),决定从 1996 年起在本市中小学教师(含中高师、中专、职业技术学校,幼儿园,校外教育机构,特殊教育,下同)中开展普通话水平测试工作。现将有关事项通知如下:

一、普通话是以汉语文授课的各级各类学校的教学语言,掌握并使用一定水平的普通话是合格教师一项必备的条件和职业素质。在本市教师队伍中开展普通话水平测试工作,不仅有利于学校推广普通话,而且有利于提高广大教师说普通话的水平。

二、在本市中小学教师中开展普通话水平测试,现阶段的对象为:1946 年 1 月 1 日以后出生的本市中小学、幼儿园和中高等师范院校教师,中等专业学校、职业技术学校基础课教师,校外教育机构、特殊教育的任课教师。普通话合格标准为:语文教师(含高师中文系教师)、幼儿园教师应达到普通话二级甲等及以上水平;非语文教师应达到普通话二级乙等及以上水平;师范院校教授语音的教师应达到一级乙等及以上水平。凡经测试者,均可获得上海市普通话培训测试中心颁发

的相应的普通话等级证书。今年的测试工作先在本市中小学语言文字工作（优秀级）检查评估的学校中进行，取得一定经验后在全市全面推开。

三、《决定》规定：教师等岗位人员，从 1995 年起逐步实行持普通话等级证书上岗制度。根据本市的实际情况，语文教师从 1999 年起执行这一规定。其余教师从 2001 年起执行这一规定。对已毕业而未获得相应普通话等级证书的中、高师毕业生到学校任教，必须在一年试用期内取得相应的等级证书，仍未获得规定的普通话等级证书，学校可视综合考核的转正条件之一，暂缓转正。

四、普通话水平测试由上海市普通话培训测试中心严格按照国家语委普通话培训测试中心制订的有关规定统一进行。一般每年安排在 4、5 月间和 10、11 月间进行。为使教师在尽可能短的时间内达到普通话等级要求，各区县教育局、各学校领导要配合市普通话培训测试中心认真做好普通话培训工作，努力达到"以测促训，以训保测"的目的。教师普通话水平测试不合格者，必须进行培训，培训课时纳入继续教育的内容，计算学分。

五、普通话水平测试工作是一项长期的面广量大的工作。各区县语委、教育局，各学校领导要充分重视并落实专人负责这项工作，根据市普通话培训测试中心的要求认真做好各项组织工作，提供必要的人力、物力，妥善安排好被测教师的学习和工作时间，保证测试工作有效、顺利地开展。

六、市普通话培训测试中心根据中央三部委文件中关于"测试工作要合理收费"的规定，向被测人员收取经市物价局核准的测试费。

（1995 年 5 月 8 日）

2. 中共上海市委组织部、上海市人事局、上海市教育委员会、上海市语言文字工作委员会关于在本市开展国家公务员普通话培训的通知

（沪人〔2001〕128 号）

为贯彻落实中央领导同志关于"推广普通话，公务员要带头"的指示精神，提高本市国家公务员的普通话水平，根据《中华人民共和国国家通用语言文字法》的规定和人事部、教育部、国家语言文字工作委员会《关于开展国家公务员普通话培训的通知》（人发〔1999〕46 号）要求，本市将在公务员中开展普通话培训工作。现结合本市实际，就有关事项通知如下：

一、各级人事部门要依靠各级语委（语言文字工作机构）积极做好宣传发动工作，提高公务员对推广普通话重要意义的认识，促进公务员树立讲普通话的意识，

增强学习、推广、使用普通话的积极性和自觉性。

二、各级人事部门要结合社会主义精神文明建设,结合提高公务员素质、加强机关办公规范化建设,把推广普通话作为一项经常性工作来抓,并列入工作议事日程。要明确职能部门和责任人,制定培训计划,落实考核措施,激励公务员参加普通话培训和测试。

三、各级机关应以普通话为工作用语,国家公务员在公务活动中应自觉使用普通话,并逐步将普通话作为考核公务员能力水平的内容之一。使用方言以及普通话不熟练的公务员更应参加普通话培训,强化普通话训练,逐步提高普通话水平。

四、根据国家语言文字工作目标和一类城市语言文字工作评估标准中有关公务员讲普通话的要求,结合本市实际情况,自 2004 年 1 月 1 日起,本市实行国家公务员持普通话等级证书上岗制度。从今年 10 月起,各级人事部门开始启动公务员普通话水平测试工作,先抓试点,然后逐步推开。具体达标指标是 2001 年年底达到 25% 以上,2002 年年底达到 70% 以上,2003 年年底前实现基本达标。

本市国家公务员普通话等级达标要求如下:

1. 1954 年 1 月 1 日以前出生的公务员普通话水平为三级乙等(60 分)以上;

2. 1954 年 1 月 1 日以后至 1965 年 12 月 31 日以前出生的公务员普通话水平,市区为三级甲等(70 分)以上,郊区为三级乙等(60 分)以上;

3. 1966 年 1 月 1 日以后出生的公务员普通话水平为二级乙等(80 分)以上;

4. 从 2002 年起,本市新录用的国家公务员,必须通过普通话测试,达到二级乙等(80 分)以上水平。

五、本市公务员普通话培训工作由市、区县人事部门负责组织实施。市人事局负责市级机关公务员的普通话培训工作,市语言文字工作委员会协助配合;区县人事局负责区县机关公务员普通话培训工作,区县语言文字工作委员会协助配合。

培训以自学、互帮互学为主,辅以集中辅导。要结合工作实际,具有针对性,注重实效。市或区县普通话培训测试中心(站)负责普通话培训的业务指导,需委托培训或自行组织培训的单位和部门,可与其联系。

各参试人员都必须参加为期一天的测前培训。市级机关公务员的测前培训由市普通话培训测试中心组织实施。区县机关公务员测前培训的有关事项可与区县教育局(区县语委)联系。

全市公务员普通话水平测试工作统一由市普通话培训测试中心具体实施。

六、本市参照、依照国家公务员制度管理的单位、部门按上述办法执行。

(2001 年 8 月 24 日)

3. 上海市教育委员会、上海市语言文字工作委员会 关于做好本市在校大学生和中职学生普通话水平 测试工作的通知

（沪教委语〔2008〕4 号）

各高等学校、各区县语委，各委、局、控股(集团)公司：

为全面贯彻落实《中华人民共和国国家通用语言文字法》和《上海市实施〈中华人民共和国国家通用语言文字法〉办法》(以下简称上海《实施办法》)，进一步弘扬中华民族文化，提高当代学生的语言文字规范意识和应用水平，根据上海《实施办法》第十条第三款"普通高等学校、中等职业学校学生普通话应达到二级乙等以上"的规定，现就依法推进本市在校大学生、中职学生普通话水平测试工作的有关事项通知如下：

一、为依法推动本市在校大学生、中职学生全员参加普通话水平测试，经研究决定，自 2008 年起逐步实施免收学生测试费的政策。

二、根据高校和中职学校的教学实际，为保证测试工作的开展，参加测试的主要对象定为普通高校三年级本科生、高职高专二年级学生以及中职学校二年级学生，并由所在学校组织集体报名参加测试。除上述对象外，学生自行报名参加测试的，仍需按照本市物价部门核准的标准缴纳测试费。

三、免费测试工作将本着"先试点、后全面"的原则推进。2008 年上半年在上海外国语大学、华东师范大学、上海大学、上海师范大学等 4 所高校的 06 级学生中进行试点；下半年扩大到已经接受过语言文字工作评估的 10 所高校。2009 年上半年扩大到其他各公办高校；下半年扩大到各民办高校。2010 年扩大到各中等职业学校。

四、大学生和中职学生普通话水平测试由市语言文字水平测试中心(以下简称"市测试中心")负责实施，统一命题、统一评卷、统一发证。各高等学校和各区县语委在市测试中心的指导下，分别负责大学生和中职学生测试的报名、培训、考场管理等工作。

各高等学校、各区县语委要将这项工作纳入语言文字工作常规内容，明确测试工作的责任部门和责任人，落实普通话计算机辅助测试必需的场地、配备相应设备及网络等(配置要求详见附件 1)，做好测试的各项组织工作(组织工作规范详见附件 2)。同时，要加强统筹规划，按年度向市测试中心预报学生测试数量(一般在前一年的 10 月份)。

实施免费测试后，所需经费由市教委和各高等学校、区县语委共同承担。市教委承担市测试中心的测试组织费用，以及高校、区县语委的组织报名、培训和考场组织管理费用；各高等学校、区县语委承担测试场地、机器设备及其他相关费用。

五、各高等学校、中职学校要高度重视在校大学生和中职校学生普通话水平测试工作，加强宣传教育，提高广大师生对依法推进普通话水平测试工作目的、意义和作用的认识，发动学生全员参加测试；要将语言文字规范化要求和提高学生语言文字应用能力纳入学校教育教学和学生技能训练的内容，切实加强教育与培训，提高学生的普通话应用水平。各区县语委要加强对中职学校测试工作的指导、协调和管理。

六、市教委、市语委将建立对各高等学校和中职学校开展学生普通话水平测试工作的公示制度、评估制度和奖励制度，将其纳入对高等学校和中等职业学校语言文字工作评估指标，纳入市级和国家级语言文字规范化示范校创建工作之中，加强检查与督促。

（2008 年 3 月 27 日）

第三节 普通话水平测试工作 的规范标准

一、测试大纲

教育部、国家语言文字工作委员会
关于印发《普通话水平测试大纲》的通知

（教语用〔2003〕2 号）

各省、自治区、直辖市教育厅（教委）、语委，新疆生产建设兵团教委、语委，部属各高等学校：

为进一步提高推广普通话工作的制度化、规范化、科学化水平，完善普通话水平测试系统，现将依据《普通话水平测试管理规定》（教育部令第 16 号）和《普通话水平测试等级标准》（国语〔1997〕64 号）制定的《普通话水平测试大纲》印发你们，自 2004 年 10 月 1 日起施行。

《普通话水平测试大纲》是国家实施普通话水平测试的依据,各级测试机构和普通话水平测试员要严格执行,以确保测试质量。

为方便实施《大纲》,国家测试机构将编写相应的指导用书。各级测试机构应根据《大纲》对普通话水平测试员进行培训,并开展科学研究。

请将执行《大纲》的情况和建议报教育部语言文字应用管理司。联系电话:010－66097030

(2003 年 10 月 10 日)

普通话水平测试大纲

根据教育部、国家语言文字工作委员会发布的《普通话水平测试管理规定》《普通话水平测试等级标准》,制定本大纲。

一、测试的名称、性质、方式

本测试定名为"普通话水平测试"(PUTONGHUA SHUIPING CESHI,缩写为 PSC)。

普通话水平测试测查应试人的普通话规范程度、熟练程度,认定其普通话水平等级,属于标准参照性考试。本大纲规定测试的内容、范围、题型及评分系统。

普通话水平测试以口试方式进行。

二、测试内容和范围

普通话水平测试的内容包括普通话语音、词汇和语法。

普通话水平测试的范围是国家测试机构编制的《普通话水平测试用普通话词语表》《普通话水平测试用普通话与方言词语对照表》《普通话水平测试用普通话与方言常见语法差异对照表》《普通话水平测试用朗读作品》《普通话水平测试用话题》。

三、试卷构成和评分

试卷包括 5 个组成部分,满分为 100 分。

(一)读单音节字词(100 个音节,不含轻声、儿化音节),限时 3.5 分钟,共10 分。

1. 目的:测查应试人声母、韵母、声调读音的标准程度。

2. 要求:

(1) 100 个音节中,70%选自《普通话水平测试用普通话词语表》"表一",30%选自"表二"。

(2) 100 个音节中,每个声母出现次数一般不少于 3 次,每个韵母出现次数一般不少于 2 次,4 个声调出现次数大致均衡。

（3）音节的排列要避免同一测试要素连续出现。

3. 评分：

（1）语音错误，每个音节扣 0.1 分。

（2）语音缺陷，每个音节扣 0.05 分。

（3）超时 1 分钟以内，扣 0.5 分；超时 1 分钟以上（含 1 分钟），扣 1 分。

（二）读多音节词语（100 个音节），限时 2.5 分钟，共 20 分。

1. 目的：测查应试人声母、韵母、声调和变调、轻声、儿化读音的标准程度。

2. 要求：

（1）词语的 70% 选自《普通话水平测试用普通话词语表》"表一"，30% 选自"表二"。

（2）声母、韵母、声调出现的次数与读单音节字词的要求相同。

（3）上声与上声相连的词语不少于 3 个，上声与非上声相连的词语不少于 4 个，轻声不少于 3 个，儿化不少于 4 个（应为不同的儿化韵母）。

（4）词语的排列要避免同一测试要素连续出现。

3. 评分：

（1）语音错误，每个音节扣 0.2 分。

（2）语音缺陷，每个音节扣 0.1 分。

（3）超时 1 分钟以内，扣 0.5 分；超时 1 分钟以上（含 1 分钟），扣 1 分。

（三）选择判断*，限时 3 分钟，共 10 分。

1. 词语判断（10 组）。

（1）目的：测查应试人掌握普通话词语的规范程度。

（2）要求：根据《普通话水平测试用普通话与方言词语对照表》，列举 10 组普通话与方言意义相对应但说法不同的词语，由应试人判断并读出普通话的词语。

（3）评分：判断错误，每组扣 0.25 分。

2. 量词、名词搭配（10 组）。

（1）目的：测查应试人掌握普通话量词和名词搭配的规范程度。

（2）要求：根据《普通话水平测试用普通话与方言常见语法差异对照表》，列举 10 个名词和若干量词，由应试人搭配并读出符合普通话规范的 10 组名量短语。

（3）评分：搭配错误，每组扣 0.5 分。

3. 语序或表达形式判断（5 组）。

（1）目的：测查应试人掌握普通话语法的规范程度。

（2）要求：根据《普通话水平测试用普通话与方言常见语法差异对照表》，列举 5 组普通话和方言意义相对应，但语序或表达习惯不同的短语或短句，由应试人判断并读出符合普通话语法规范的表达形式。

（3）评分：判断错误，每组扣 0.5 分。

选择判断合计超时 1 分钟以内，扣 0.5 分；超时 1 分钟以上（含 1 分钟），扣 1 分。答题时语音错误，每个音节扣 0.1 分，如判断错误已经扣分，不重复扣分。

（四）朗读短文（1 篇，400 个音节），限时 4 分钟，共 30 分。

1. 目的：测查应试人使用普通话朗读书面作品的水平。在测查声母、韵母、声调读音标准程度的同时，重点测查连读音变、停连、语调以及流畅程度。

2. 要求：

（1）短文从《普通话水平测试用朗读作品》中选取。

（2）评分以朗读作品的前 400 个音节（不含标点符号和括注的音节）为限。

3. 评分：

（1）每错 1 个音节，扣 0.1 分；漏读或增读 1 个音节，扣 0.1 分。

（2）声母或韵母的系统性语音缺陷，视程度扣 0.5 分、1 分。

（3）语调偏误，视程度扣 0.5 分、1 分、2 分。

（4）停连不当，视程度扣 0.5 分、1 分、2 分。

（5）朗读不流畅（包括回读），视程度扣 0.5 分、1 分、2 分。

（6）超时扣 1 分。

（五）命题说话，限时 3 分钟，共 30 分。

1. 目的：测查应试人在无文字凭借的情况下说普通话的水平，重点测查语音标准程度、词汇语法规范程度和自然流畅程度。

2. 要求：

（1）说话话题从《普通话水平测试用话题》中选取，由应试人从给定的两个话题中选定 1 个话题，连续说一段话。

（2）应试人单向说话。如发现应试人有明显背稿、离题、说话难以继续等表现时，主试人应及时提示或引导。

3. 评分：

（1）语音标准程度，共 20 分。分六档：

一档：语音标准，或极少有失误。扣 0 分、0.5 分、1 分。

二档：语音错误在 10 次以下，有方音但不明显。扣 1.5 分、2 分。

三档：语音错误在 10 次以下，但方音比较明显；或语音错误在 10 次～15 次之间，有方音但不明显。扣 3 分、4 分。

四档：语音错误在 10 次～15 次之间，方音比较明显。扣 5 分、6 分。

五档：语音错误超过 15 次，方音明显。扣 7 分、8 分、9 分。

六档：语音错误多，方音重。扣 10 分、11 分、12 分。

（2）词汇语法规范程度，共 5 分。分三档：

一档：词汇、语法规范。扣 0 分。

二档：词汇、语法偶有不规范的情况。扣 0.5 分、1 分。

三档：词汇、语法屡有不规范的情况。扣 2 分、3 分。

（3）自然流畅程度，共 5 分。分三档：

一档：语言自然流畅。扣 0 分。

二档：语言基本流畅，口语化较差，有背稿子的表现。扣 0.5 分、1 分。

三档：语言不连贯，语调生硬。扣 2 分、3 分。

说话不足 3 分钟，酌情扣分：缺时 1 分钟以内（含 1 分钟），扣 1 分、2 分、3 分；缺时 1 分钟以上，扣 4 分、5 分、6 分；说话不满 30 秒（含 30 秒），本测试项成绩计为 0 分。

四、应试人普通话水平等级的确定

国家语言文字工作部门发布的《普通话水平测试等级标准》是确定应试人普通话水平等级的依据。测试机构根据应试人的测试成绩确定其普通话水平等级，由省、自治区、直辖市以上语言文字工作部门颁发相应的普通话水平测试等级证书。

普通话水平划分为三个级别，每个级别内划分两个等次。其中：

97 分及其以上，为一级甲等；

92 分及其以上但不足 97 分，为一级乙等；

87 分及其以上但不足 92 分，为二级甲等；

80 分及其以上但不足 87 分，为二级乙等；

70 分及其以上但不足 80 分，为三级甲等；

60 分及其以上但不足 70 分，为三级乙等。

＊ 说明：各省、自治区、直辖市语言文字工作部门可以根据测试对象或本地区的实际情况，决定是否免测"选择判断"测试项。如免测此项，"命题说话"测试项的分值由 30 分调整为 40 分。评分档次不变，具体分值调整如下：

（1）语音标准程度的分值，由 20 分调整为 25 分。

一档：扣 0 分、1 分、2 分。

二档：扣 3 分、4 分。

三档：扣 5 分、6 分。

四档：扣 7 分、8 分。

五档：扣 9 分、10 分、11 分。

六档：扣 12 分、13 分、14 分。

（2）词汇语法规范程度的分值，由 5 分调整为 10 分。

一档：扣 0 分。

二档：扣 1 分、2 分。

三档：扣 3 分、4 分。

(3) 自然流畅程度，仍为 5 分，各档分值不变。

二、等级标准

国家语言文字工作委员会

关于颁布《普通话水平测试等级标准(试行)》的通知

(国语〔1997〕64 号)

各省、自治区、直辖市及新疆生产建设兵团语委(语文工作机构)：

为适应新时期推广普通话工作的需要，1986 年全国语言文字工作会议提出制定"普通话水平测试等级标准"的设想。根据会议精神，国家语委于 1988 年成立由国家社会科学基金会资助的"普通话水平测试等级标准"课题组。该课题组历时 3 年深入调查研究，广泛征求意见，并在若干省市对学校师生和"窗口"行业职工进行试测，在此基础上拟订了《普通话水平测试等级标准》，于 1991 年通过专家论证。1992 年由国家语委原普通话推广司印发给各省、自治区、直辖市试行(国语普〔1992〕4 号)。该《标准》把普通话水平划分为三个级别(一级可称为标准的普通话，二级可称为比较标准的普通话，三级可称为一般水平的普通话)，每个级别内划分甲、乙两个等次。1994 年，国家语委普通话水平测试课题组对该《标准》做了文字修订。国家语委、国家教委、广播电影电视部联合发出的《关于开展普通话水平测试工作的决定》(国语〔1994〕43 号)将修订后的《标准》作为附件印发给各省市继续试行。试行 6 年来，该《标准》已为广大群众所熟悉，各地测试实施机构也积累了一定经验。实践证明，该《标准》具有科学性和可行性。为使该《标准》在推广普通话工作中发挥更大的作用，该《标准》经我委再次审订，作为部级标准予以正式颁布，请按照执行。

附件：《普通话水平测试等级标准(试行)》

(1997 年 12 月 5 日)

附件

普通话水平测试等级标准(试行)

一级

甲等　朗读和自由交谈时，语音标准，词语、语法正确无误，语调自然，表达流畅。测试总失分率在 3% 以内。

乙等　朗读和自由交谈时,语音标准,词语、语法正确无误,语调自然,表达流畅。偶然有字音、字调失误。测试总失分率在 8%以内。

二级

甲等　朗读和自由交谈时,声韵调发音基本标准,语调自然,表达流畅。少数难点音(平翘舌音、前后鼻尾音、边鼻音等)有时出现失误。词语、语法极少有误。测试总失分率在 13%以内。

乙等　朗读和自由交谈时,个别调值不准,声韵母发音有不到位现象。难点音(平翘舌音、前后鼻尾音、边鼻音、fu—hu、z—zh—j、送气不送气、i—ü 不分、保留浊塞音和浊塞擦音、丢介音、复韵母单音化等)失误较多。方言语调不明显。有使用方言词、方言语法的情况。测试总失分率在 20%以内。

三级

甲等　朗读和自由交谈时,声韵调发音失误较多,难点音超出常见范围,声调调值多不准。方言语调较明显。词汇、语法有失误。测试总失分率在 30%以内。

乙等　朗读和自由交谈时,声韵调发音失误多,方音特征突出。方言语调明显。词汇、语法失误较多。外地人听其谈话有听不懂的情况。测试总失分率在 40%以内。

第二章　普通话水平测试指导

第一节　普通话语音基础知识

　　普通话是以北京语音为标准音、以北方话为基础方言、以典范的现代白话文著作为语法规范的现代汉民族共同语。普通话语音系统主要包括声母、韵母、声调以及音变等。音节是语音的自然单位，一般来说，一个汉字就是一个音节，如：普通话 pǔtōnghuà 写下来是三个汉字，读起来是三个音节。音节由声母、韵母和声调构成。一个音节可以没有声母，但不能缺少韵母和声调。

一、声母

　　声母是音节开头的部分，如：普通话 pǔtōnghuà 中的 p、t、h 分别是这三个音节的声母。普通话语音共有 21 个声母。声母由辅音(发音时气流受到阻碍的音)充当，多数声母是发音时声带不振动的清音，声音不响亮，21 个声母中只有 m、n、l、r 4 个是发音时声带振动的浊音，声音相对较响些。不同的声母是由发音时口腔里阻碍气流的部位(称为发音部位)和气流冲破阻碍的方法(称为发音方法)的不同决定的。

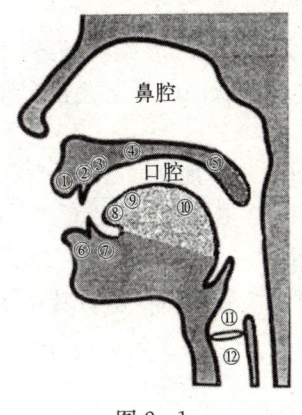

鼻腔

口腔

① 上唇
② 上齿
③ 上齿龈
④ 硬腭
⑤ 软腭
⑥ 下唇

⑦ 下齿
⑧ 舌尖
⑨ 舌面
⑩ 舌根
⑪ 声带
⑫ 气管

图 2-1

图2—1是人体头部侧面的透视示意图,主要标示了重要发音器官的位置。学习普通话时,要了解各声母的发音部位和发音方法,就要特别注意声带、软腭、舌及唇等各发音器官的位置和形状的变化。

（一）21 个声母按不同的发音部位可以分为 7 类

1. 双唇音 b、p、m,上下唇阻挡气流。

bǎibān 百般　　　piānpáng 偏旁　　　miànmào 面貌

2. 唇齿音 f,下唇与上门齿阻挡气流。

fāngfǎ 方法　　　fǎngfú 仿佛　　　fūfù 夫妇

3. 舌尖中音 d、t、n、l,舌尖与上齿龈阻挡气流。

dédào 得到　　　téngtòng 疼痛　　　néngnai 能耐　　　lúnliú 轮流

4. 舌面后音 g、k、h,舌面后部(即舌根部分)与硬腭后部阻挡气流。

gōnggòng 公共　　kuānkuò 宽阔　　　hòuhuǐ 后悔

5. 舌面前音 j、q、x,舌面前部与硬腭阻挡气流。

jiāngjūn 将军　　　qǐngqiú 请求　　　xiǎngxiàng 想象

6. 舌尖后音 zh、ch、sh、r,舌尖上翘与硬腭前端阻挡气流。

zhōuzhuǎn 周转　　chūchǎn 出产　　　shǎnshuò 闪烁　　　réngrán 仍然

7. 舌尖前音 z、c、s,舌尖与上齿背阻挡气流。

zǔzong 祖宗　　　cāicè 猜测　　　sùsòng 诉讼

（二）21 个声母按不同的发音方法可以分为 5 类

1. 塞音——发音部位的某两个部分阻挡气流后,突然打开,使气流迸发而出。其中 b、d、g 呼出的气流比较弱,是不送气音;p、t、k 呼出的气流强,是送气音。

b	p	bèipàn	背叛	biānpào	鞭炮
d	t	dàtīng	大厅	dōngtiān	冬天
g	k	gǎnkǎi	感慨	gōngkè	攻克

2. 塞擦音——发音部位的某两个部位阻挡气流后逐步松开,形成一条缝隙,气流从中挤出。其中 j、zh、z 呼出的气流比较弱,是不送气音;q、ch、c 呼出的气流强,是送气音。

j	q	jīqíng	激情	jiāqiáng	加强
zh	ch	zhōngchéng	忠诚	zhǔchí	主持
z	c	zǐcài	紫菜	zūncóng	遵从

3. 擦音——发音部位的某两个部分靠近,形成缝隙,气流从中挤出。其中 f、h、x、sh、s 不振动声带,是清音;r 振动声带,是浊音。

f		fāfàng	发放	fēifǎ	非法
h		hánghǎi	航海	héhū	合乎

x	xìnxī	信息	xuéxiào	学校
sh	shèshī	设施	shàngshēng	上升
r	róngrěn	容忍	róuruǎn	柔软
s	sèsù	色素	suǒsuì	琐碎

4. 鼻音——发音时软腭下垂，口腔中形成阻挡的两个部位完全闭合，使气流改从鼻腔流出。发鼻音时声带都振动，都是浊音。普通话中的鼻音声母是 m 和 n。

　　m n　　měinián　　每年　　　　　　mónǐ　　　模拟

5. 边音——舌尖与上齿龈的某一点接触，阻挡气流后，舌头两边放松留有空隙，气流振动声带后从空隙中流出。普通话中的边音只有一个 l。边音 l 是浊音。

　　l　　　liánluò　　联络　　　　　　　lìlái　　　历来

普通话的声母及鼻辅音 ng 可以按以上分类综合在下面的《声母表》中：

声母表

发音部位 发音方法		双唇音 上　唇 下　唇	唇齿音 上　齿 下　唇	舌尖中音 舌　尖 上齿龈	舌尖前音 舌　尖 上齿背	舌尖后音 舌　尖 硬腭前	舌面前音 舌　面 硬　腭	舌面后音 舌　根 软　腭
塞音 （清音）	不送气	b		d				g
	送气	p		t				k
塞擦音 （清音）	不送气				z	zh	j	
	送气				c	ch	q	
擦音	（清音）		f		s	sh	x	h
	（浊音）					r		
鼻音	（浊音）	m		n				ng
边音	（浊音）			l				

图 2-2 是一张声母发音位置的总图，曲线是上唇、上齿、上腭，表示所有声母发音部位上部的各点。

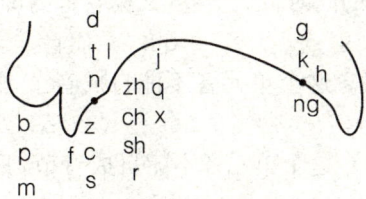

图 2-2

（三）零声母音节

有些音节没有声母，由韵母独立成音节，可以称为零声母音节。零声母音节举例：

ā 阿　ō 噢　é 俄　ér 儿　āi 哀　āo 凹　ōu 欧　ān 安　ēn 恩　áng 昂

yī(i)衣　　　　yā(ia)压　　　　yē(ie)椰　　　　yāo(iao)邀

yōu(iou)优　　yān(ian)烟　　　yīn(in)因　　　yāng(iang)秧

yīng(ing)英　　yōng(iong)拥　　wū(u)屋　　　wā(ua)挖

wō(uo)窝　　　wāi(uai)歪　　　wēi(uei)微　　　wān(uan)弯

wēn(uen)温　　wāng(uang)汪　　wēng(ueng)翁　　yú(ü)余

yuē(üe)约　　　yuān(üan)冤　　　yūn(ün)晕

二、韵母

音节中声母后面的部分叫做韵母，如普通话 pǔtōnghuà 三个音节中 u、ong、ua 都是韵母。普通话语音共有 39 个韵母。韵母主要由元音（声带颤动，气流在口腔的通路上不受到阻碍而发出的声音）充当，也有些韵母在元音后面带有鼻辅音（韵尾）。根据组合特点，韵母分成单韵母、复韵母和鼻韵母 3 类。

（一）单韵母

单韵母由一个元音构成，共 10 个：a、o、e、ê、i、u、ü、er、-i[ɿ]、-i[ʅ]。不同的单韵母发音时舌位的高低、开口度的大小和唇形的圆扁各不相同。

a　舌位低，口大开，不圆唇　　　dàshà　大厦　　fādá　发达

o　舌位后半高，口半闭，圆唇　　mòmò　默默　　pópo　婆婆

e　舌位后半高，口半闭，不圆唇　géhé　隔阂　　tèsè　特色

ê　舌位前半低，口半开，不圆唇。ê 一般不独立作韵母或自成音节，它只和 i、ü 结合成复韵母 ie、üe。　　　jiějué　解决　　xuèyè　血液

i　舌位前高，口闭，唇不圆　　　dìlǐ　地理　　qǐyì　起义

u　舌位后高，口闭，唇圆　　　　fúdù　幅度　　gǔwǔ　鼓舞

ü　舌位前高，口闭，唇圆　　　　jùjū　聚居　　xūyú　须臾

er　舌位央、中，发音的同时舌尖上卷，又称卷舌韵母

　　　　　　　　　　　　　　　érqiě　而且　　ěrduo　耳朵

-i[ɿ] 舌尖前，不圆唇。这个单元音不能自成音节，只能和声母 z、c、s 构成音节，又称特别韵母。　　zìsī　自私　　sìcì　四次

-i[ʅ] 舌尖后，不圆唇。这个单元音不能自成音节，只能和声母 zh、ch、sh、r 构成音节，又称特别韵母。　　shízhì　实质　　zhīchí　支持

《汉语拼音方案》规定单韵母 i 和两个特别韵母合用一个字母，书写时，特别韵母写成 -i，在它们后面分别用音标[ɿ]和[ʅ]注明，以示区别。

现将单韵母的发音情况综合在单韵母发音表中：

单韵母发音表

舌位高低＼类别＼舌位前后＼唇形	母音（舌面母音）					舌尖母音		卷舌母音
	前		央	后		前	后	央
	不圆	圆		不圆	圆	-i[ɿ]	-i[ʅ]	
高	i	ü			u			
半高				e	o			
中			(e)					er
半低	ê							
低	(a)		a	(a)				

图 2-3 是一张用四边形表示元音舌位的示意图。

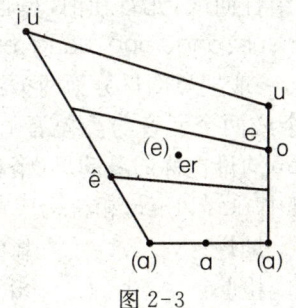

图 2-3

（二）复韵母

复韵母由两个或三个元音组合而成，共有 13 个：ai、ei、ao、ou、ia、ie、ua、uo、üe、iao、iou、uai、uei。复韵母分成三类：

1. 前响复韵母由两个元音组合而成，共 4 个：ai ei ao ou。发音时由前一个元音的舌位、唇形向后一个元音的舌位、唇形滑动，其中有一个舌位的动程。前一个元音响亮，清晰；后一个元音轻短，模糊。

ai	hǎidài	海带	kāicǎi	开采
ei	fēiděi	非得	pèibèi	配备
ao	bàogào	报告	hàozhào	号召
ou	kǒutóu	口头	shōugòu	收购

2. 后响复韵母也是由两个元音结合而成,共 5 个:ia ie ua uo üe。发音时由前一个元音的舌位、唇形向后一个元音的舌位、唇形滑动,前一个元音的发音轻短,后一个元音的发音响亮。

ia	jiǎyá	假牙	xiàjiā	下家
ie	jiéyè	结业	yéye	爷爷
ua	guàhuā	挂花	shuǎhuá	耍滑
uo	guóhuò	国货	luòtuo	骆驼
üe	juéxué	绝学	yuēlüè	约略

3. 中响复韵母由三个元音结合而成,共 4 个:iao iou uai uei。发音时舌位、唇形依次滑动,动程较长。前一个元音的发音轻短,中间一个元音的发音响亮清晰,最后一个元音发音短而模糊。其中 iou、uei 和声母相拼构成音节后,书写形式为 iu、ui。

iao	jiàotiáo	教条	qiǎomiào	巧妙
iou(iu)	yōuxiù	优秀	yōujiǔ	悠久
uai	shuāihuài	摔坏	wàihuái	外踝
uei(ui)	cuīhuǐ	摧毁	wěisuí	尾随

(三) 鼻韵母

鼻韵母由元音和鼻辅音结合而成,元音在前,鼻辅音在后充当韵尾,共 16 个:an、ian、uan、üan、en、in、uen、ün、ang、iang、uang、eng、ing、ueng、ong、iong。根据鼻韵母的韵尾的发音部位,一般把鼻韵母分为两类:

1. n 尾的鼻韵母,由一个或两个元音与鼻尾音 n 结合而成,因为 n 是舌尖中音,发音位置较前,所以这类鼻韵母也称前鼻韵母(俗称前鼻音),共 8 个:an、ian、uan、üan、en、in、uen、ün。其中 uen 和声母相拼构成音节后,书写形式为 un。

an	cànlàn	灿烂	hánzhàn	寒颤
ian	jiǎnyàn	检验	xiānyàn	鲜艳
uan	guànchuān	贯穿	zhuānkuǎn	专款
üan	quánquán	全权	yuánquān	圆圈
en	gēnběn	根本	shēnfèn	身份
in	pīnyīn	拼音	xīnqín	辛勤
uen(un)	hùndùn	混沌	wēnshùn	温顺
ün	jūnxùn	军训	jūnyún	均匀

2. ng 尾的鼻韵母,由一个或两个元音和 ng 尾音结合而成,因为 ng 是舌根音,发音位置较后,所以这类韵母也称后鼻韵母(俗称后鼻音),共 8 个:ang、iang、uang、eng、ing、ueng、ong、iong。

| ang | chǎngfáng | 厂房 | bāngmáng | 帮忙 |
| iang | xiàngyáng | 向阳 | liàngqiàng | 踉跄 |

uang	kuàngchuáng	矿床	zhuānghuáng	装潢
eng	gēngzhèng	更正	fēngshèng	丰盛
ing	níngjìng	宁静	píngdìng	平定
ueng	lǎowēng	老翁		
ong	lóngzhòng	隆重	chōngdòng	冲动
iong	xiōngyǒng	汹涌	jiǒngjiǒng	炯炯

三、声调

声调是音节的重要组成部分,汉语每一个音节都有声调。声母和韵母相同的音节如果声调不一样,它们所表示的词义就完全不同。如:把"山西"shānxī说成shǎnxī,就会误解为另一个省名"陕西"。

普通话语音共有四种声调,它们是:

阴平(第一声)"ˉ",这是高平调,发音时声音高而平,调值相当于55。例如:

机 jī   诗歌 shīgē   西方 xīfāng

阳平(第二声)"ˊ",这是中升调,发音时由中度起音向上扬起,调值相当于35。例如:

及 jí   时常 shícháng   习题 xítí

上声(第三声)"ˇ",这是降升调,发音时起音比阳平起音略低,先往下降,然后再往上升,形成一个曲折的调型,调值相当于214。例如:

挤 jǐ   使者 shǐzhě   洗礼 xǐlǐ

去声(第四声)"ˋ",这是全降调,发音时起音高,随后一直降到最低,调值相当于51。例如:

寄 jì   事例 shìlì   戏剧 xìjù

普通话声调的调值是指声调高低升降的变化,也就是声调的实际读法。一般采用五度标示法来准确地描写普通话的调值(见图2-4)。

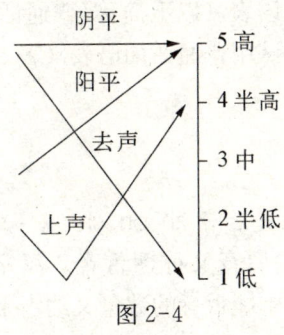

图2-4

此外,在语流中,一些音节失去了原来的声调,读得又轻又短,这就是轻声。轻声音节一般不标声调符号。轻声是一种音变现象。

四、音变

人们在说话或朗读的时候,语流中的音节相互之间会受到影响,产生一些语音的变化,这就是普通话语音的音变。常见的音变现象有音节的连音变化和声调的变化。本书将在后面的章节中涉及,此处从略。

第二节   读单音节字词指导

一、目的与范围

普通话水平测试的第一部分是读 100 个单音节字词。其测试目的,是测查应试人声母、韵母、声调的标准程度。这个测试项要求应试人在 3.5 分钟内读完 100 个音节,共 10 分。

本测试项的 100 个音节中,每个声母出现的次数一般不少于 3 次,每个韵母出现的次数一般不少于 2 次,四个声调出现的次数大致均衡。每个音节的声、韵、调是一个整体,因此,在读的过程中,语音上的任何错误或缺陷都会被扣分。所谓错误,是指把普通话语音系统的这一个音读成了另外一个音,读错一个音节扣 0.1 分。所谓缺陷,是指在读普通话语音系统中的某个音时,没有完全达到标准程度,而是介于正确和错误之间,每一个缺陷扣 0.05 分。

读单音节字词的测查范围为《普通话水平测试实施纲要》(以下简称《实施纲要》)中《普通话水平测试用普通话词语表》(以下简称《普通话测试词语表》)中的 3 795 个汉字[见本节四《〈普通话水平测试用普通话词语表〉(表一)(表二)用字统计表》]。

二、重点与难点

(一) 舌尖前音 z、c、s 和舌尖后音 zh、ch、sh
舌尖前音又称平舌音,舌尖后音又称翘舌音。汉字中大约有四分之一的字的发音都和平翘舌音有关,常用字中翘舌音的数量又约占平翘舌音总数的 70%。然而,许多方言中没有翘舌音声母,有些方言虽也有平翘舌音之分,但所对应的字和普通话不完全相同。这都是相关方言区的人学习普通话的难点。因此,要发准平翘舌音,学习者需要从两个方面着手。

1. 找准发音部位(见图 2-5)。

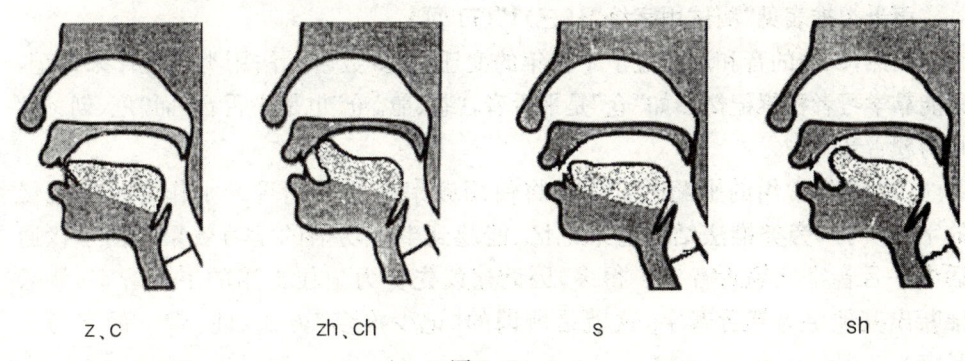

| z、c | zh、ch | s | sh |

图 2-5

　　z、c、s 与 zh、ch、sh 的区别,就在于发音部位不同。z、c、s 是舌尖前音,发音时,舌头平伸,舌尖与上门齿形成阻碍;zh、ch、sh 是舌尖后音,发音时,舌尖要上翘,与上齿龈后部(硬腭前端)形成阻碍。

　　2. 分清平翘舌音的字。掌握了平翘舌音的发音要领,还要能准确区分哪些字是平舌音,哪些字是翘舌音。学习者平时要多学多记,注意积累,避免出现混淆。为便于学习者记忆,推荐几种方法供参考。

　　(1) 利用普通话声韵拼合规律来区分。声母 z、c、s 不和韵母 ua、uai、uang 相拼。因此,韵母是 ua、uai、uang 的字,一定是翘舌音。例如:

ua：　(sh)刷、耍、(zh)抓、爪

uai：(ch)揣、踹、(sh)衰、摔、甩、率、帅、蟀、(zh)拽

uang：(ch)窗、创、床、闯、(sh)双、霜、爽、(zh)庄、妆、壮、状、撞

　　(2) 根据形声字的声旁进行类推。"形声"是汉字重要的造字方法。形声字形旁有表意作用,声旁有表音作用。学习者可以利用这个规律,根据形声字的声旁进行类推,如该声旁是读平舌音的,那么,含有该声旁的字往往也都读平舌音;如该声旁是读翘舌音的,那么,含有该声旁的字往往也都读翘舌音。例如:

平舌音：

c：曹—槽、嘈、漕、螬　　　　　崔—催、摧、璀

s：司—饲、伺、嗣　　　　　　　叟—搜、艘、嗖、馊、飕

z：子—孜、仔、籽、字　　　　　宗—棕、综、踪、粽、鬃

翘舌音：

ch：叉—杈、衩、汊、钗　　　　　　昌—唱、倡、猖、娼

sh：山—汕、讪、舢、疝　　　　　　申—伸、呻、绅、神、审、婶

zh：支—枝、肢、吱　　　　　　　　中—忠、钟、仲、种、肿、盅、衷

声母类推表见"测试用字练习（三）1"（71 页）

当然，汉语的音和形经过了千百年的变迁，有少数字无法用类推规律来识记，只能靠学习者积累记忆。如"仓"是平舌音，"苍、舱、沧"也是平舌音，而"疮、创、怆"则为翘舌音。

（3）记住常用的平翘舌音字。将使用频率高的平翘舌音字作为重点记忆的字，并与声旁类推法结合起来记忆，能起到事半功倍的学习效果。由于普通话中平舌音字比翘舌音字少得多，因此建议先努力记住常用的平舌音字，然后推断出其他字为翘舌音字，这就是所谓的"记少推多"方法（注：带 * 的字为多音字）。

常用的平舌音字：

c：参*、才、采、草、策、测、层、曾*、次、从、簇、村、存、错、材、财、菜

s：三、散*、色*、思、司、丝、斯、死、四、似*、送、苏、素、诉、速、酸、算、随、损、所

z：杂、载*、在、再、早、造、则、责、怎、增、资、子、自、总、走、足、组、最、罪、左、作*、做、坐、族、字、阻

常用的翘舌音字：

ch：出、成、产、重*、程、常、场*、车、传*、持、除、称*、查*、厂、朝*、充、差*、城、船、吃、春、初、创*、冲*、承、超、础、陈、察、唱、茶

sh：是、上*、时、生、说*、十、水、实、使、社、事、数*、什*、收、身、示、声、石、书、商、深、省*、史、市、始、识*、适、属*、首、失、神、势、师、施、树、士、视、试、舍*、输、升、述、射、双、胜、甚、室、守、审、善

zh：这*、中*、主、种*、之、着*、制、政、正*、质、只*、者、直、展、证、转*、真、至、张、整、织、装、众、周、支、准、值、置、专、状、住、照、注、止、章、致、占、职、助、站、州、轴、找、逐、终、洲、纸、针、掌

平翘舌音练读见"测试用字练习（一）"（z〈zh〉见第 65 页，c〈ch〉见第 47 页，s〈sh〉见第 59 页）

（二）舌尖中音 n 和 l

对某些方言区的学习者来说，如闽方言、粤方言、北方方言中的西南话、部分江淮话等，区分 n 和 l 有一定的困难。有的方言中有 n 没有 l，有的方言中有 l 没有 n，也有的 n、l 混读。要发准并分清这两个声母，还需从两个方面入手。

1. 掌握发音方法（见图 2-6）。

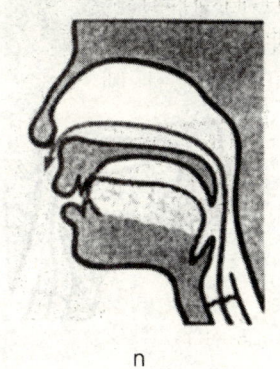
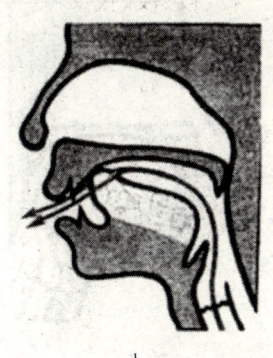

n   l

图 2-6

声母 n 和 l 发音时气流受到阻碍的部位相同，都是舌尖抵住上齿龈，而且都是浊音，发音时声带都振动，但气流呼出的方式不一样。发 n 时舌尖抵住上齿龈使气流不能从口腔通过，改道从鼻腔流出成音，如：脑（nǎo）的声母。发 l 时，舌尖中部抵住上齿龈，但舌头前端的两边留出空隙，气流从两边的空隙经过，从口腔流出成音，如：老（lǎo）的声母。练习发音时，要着重体会舌头收窄放宽的控制和气流的走向。

2. 分清声母 n 和 l 的字。在掌握了 n 和 l 准确发音的基础上，还要注意哪些字的声母是 n，哪些字的声母是 l。

（1）利用普通话声韵拼合规律来区分。声母 n 不和韵母 ou、ia、uen 相拼，因此，韵母是 ou、ia、uen 的字，声母一定是 l。例如：

ou： 楼、搂、漏、陋

ia： 俩

uen： 抡、伦、轮、论

（2）根据形声字的声旁进行类推。例如：

n： 宁—咛、狞、柠、拧

l： 兰—栏、拦、烂

（3）记少推多。在普通话中，声母为 n 的字相对较少，所以我们也可以用记少推多的方法与声旁类推法结合起来，只要记住十几个声母是 n 的字就能记住一批 n 声母字。例如：

那—哪、挪/奈—捺/乃—奶/南—喃、楠、蝻/囊—攮、馕/内—纳、钠、呐/尼—昵、呢、泥/念—捻/聂—镊、颞、蹑/奴—弩、努、怒

声母 n、l 练读见"测试用字练习（一）"（n 见第 57 页，l 见第 54 页）

（三）舌尖后音 r 和舌尖中音 l

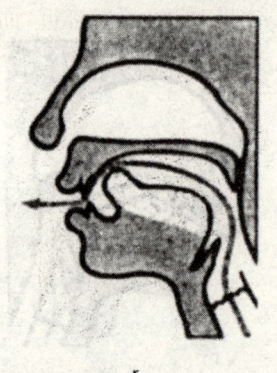
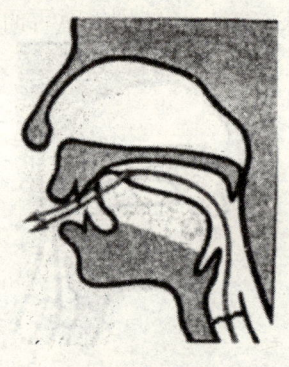

r   l

图 2-7

有些方言区的人发 r 声母的字比较困难，从吴方言区看，存在的主要问题是将 r 读成 l。要发准 r 声母，必须掌握好它的发音部位和发音方法（见图 2-7），以免和 l 相混。

发 r 时，舌尖上翘，接近齿龈后部（硬腭前部），形成一条缝隙，气流振动声带后从缝隙摩擦而出，发出声音。如：容忍 róngrěn 的声母。

发 l 时，舌尖抵住上齿龈，舌头两边放松，气流振动声带后从舌尖两边的空隙流出，发出声音，如：利率 lìlǜ 的声母。

由此可见，读准 r 声母字的关键在于发音时舌尖不能抵住上齿龈，如果稍不留神让舌尖碰到了上齿龈，就会发成 l 声母，如：把"天然（tiānrán）"读成"天蓝（tiānlán）"。要区分这组声母，可以使用以下方法。

1. 常做对比辨音练习。

入—路　热—乐　然—蓝　绒—龙　如—卢　软—卵　润—论
柔—楼　乳—鲁　仍—棱　绕—烙　若—落　染—览　让—浪

2. 记住 r 声母的常用字。

燃、染、瓤、壤、嚷、让、饶、扰、绕、惹、热、人、仁、忍、刃、任、认、纫、妊、韧、扔、仍、日、戎、绒、若、茸、荣、容、嵘、溶、熔、融、揉、肉、如、儒、孺、蠕、乳、入、辱、褥、蕊、瑞、锐、睿、闰、润、弱、偌

声母 r、l 练读见"测试用字练习（一）"（r 见第 59 页，l 见第 54 页）

（四）舌面前音 j、q、x 和舌尖前音 z、c、s

有些方言（如吴方言）中保存较多古音。受此影响，部分人发 j、q、x 声母时往往着力点在舌尖部分，使舌尖和上齿背相接触或相接近，听感上 j、q、x 就带有 z、c、s 的色彩，即所谓的"尖音"色彩了。

学习者应该明确 j、q、x 的发音部位,加强练习,养成正确的发音习惯。j、q、x 是舌面音,发音时应该特别注意舌面前部与硬腭前部相接触或相接近,而不是舌尖和上齿龈或上齿背相接触或相接近(如图 2-8)。

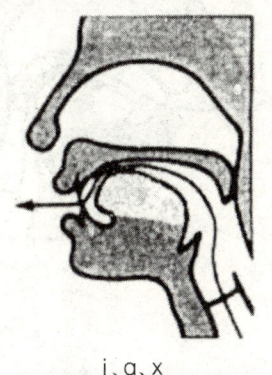

j、q、x　　　　　　　　　　z、c、s

图 2-8

学习者可以多找些声母是 j、q、x 的字,加以练习。

本节四《普通话水平测试用普通话词语表》(表一)(表二)用字统计表》按音序排列,学习者可以根据自己的需要找到声母是 j、q、x 的字,加强练习。

声母 j、q、x 练读见"测试用字练习(一)"(j 见第 52 页,q 见第 58 页,x 见第 62 页)

（五）唇齿音 f 和舌面后音 h

部分方言有 f 和 h 不分的现象,多数情况是当 h 和 u 以及有 u 开头的韵母相拼时会把 h 读成 f,如把"爱护(àihù)"说成"爱富(àifù)"等。也有 f 和 h 相混的现象,如把"大风(dàfēng)"说成"大轰(dàhōng)",把"结婚(jiéhūn)"说成"结分(jiéfēn)"等。要分清 f 和 h,以下方法供大家参考。

1. 利用普通话声韵拼合规律来区分。普通话语音里 f 不能和 u 开头的韵母(单韵母 u 除外)相拼成音节。因此,韵母是 ua、uo、uei、uai、uan、uen、uang 的字,声母一定是 h。例如:

ua：　花、华、化

uo：　霍、活、火、或

uei：　灰、回、毁、慧

uai：　怀、坏

uan：　欢、环、缓、换

uen：　昏、魂、浑

uang：荒、黄、幌、晃

2. 准确区分 f 和 h 的发音部位,进行对比辨音练习(见图 2-9)。

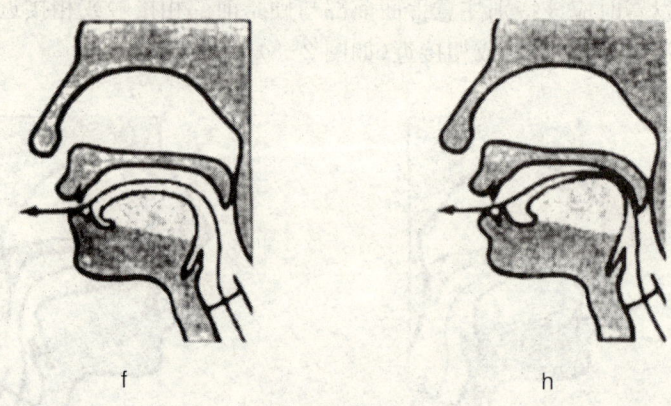

图 2-9

发 f 声母时,构成阻碍部位是下唇和上门齿;发 h 时,阻碍部位则是舌根和软腭。需要注意的是,发 h 声母时,下唇应远离上门齿,处于开口的状态。例如:

芳—荒 非—辉 发—花 分—昏 福—胡 凡—还

声母 f、h 练读见"测试用字练习(一)"(f 见第 50 页,h 见第 51 页)

(六)前鼻韵母 in、en 和后鼻韵母 ing、eng

前鼻韵母 in、en 和后鼻韵母 ing、eng 的发音对南方方言区的学习者来说是一大难点。他们常常不分前后鼻音,常发在前鼻音与后鼻音之间的某个位置。要学好鼻韵母的发音,也需要从两个方面入手。

1. 掌握前后鼻韵母的发音方法。前后鼻韵母的主要区别是它们的鼻音韵尾不相同,学习者首先要学会区分前鼻韵尾 n 和后鼻韵尾 ng 的发音部位。in、en 的韵尾是 n,发音时要用舌尖抵住上齿龈;ing、eng 的韵尾是 ng,发音时舌根抬起与软腭相接触。学习者要反复练习,发准它们的鼻音韵尾(见图 2-10)。

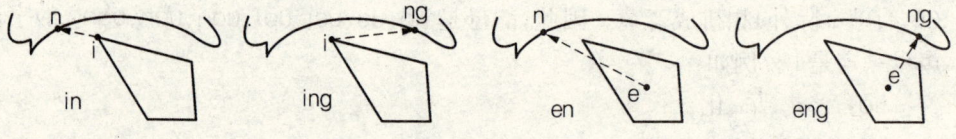

图 2-10

2. 记住前鼻韵母和后鼻韵母的字。前后鼻韵母字数量多,应努力分清哪些字读前鼻韵母,哪些字读后鼻韵母,做到既读得准,又分得清。以下方法可供大家参考。

(1)利用普通话声韵拼合规律来区分。例如,普通话语音里声母 d、t、n、l 与前鼻韵母 en 韵母相拼的只有"嫩"和"恁"。因此,看到"灯、腾、能、冷"等字,就可以判断一定是后鼻音。声母 d、t 不和前鼻韵母 in 相拼，因此，看到"定、停"等字就能判断一定是后鼻音。

（2）根据形声字的声旁进行类推。学习者可以利用形声字的声旁进行类推，如该声旁是读前鼻音的，那么，含有该声旁的字往往也都读前鼻音；如该声旁是读后鼻音的，那么，含有该声旁的字往往也都读后鼻音。例如：

前鼻音：

in：林—琳、淋、霖、彬、禁　　　　斤—近 靳 欣 新 薪

en：分—芬 份 粉 纷 酚 氛 盆　　申—审 伸 神 呻 绅 婶 砷

后鼻音：

ing：平—评、萍、苹、坪　　　　　青—睛、静、精、清、蜻、晴、情、请

eng：成—城 诚 盛　　　　　　　正—政 证 症 征 整 惩

韵母类推表见"测试用字练习（三）2"（73 页）

（3）记住常用字，并结合声旁类推法加以记忆。例如：

① 常见的前鼻音（in、en）字：

in：　今、金、斤、仅、紧、尽*、频、品、侵、进、临、林、民、亲*、秦、心、新、信、因、阴、音、银、引、印

en：　本、陈、沉、跟、根、分*、很、门、人、任*、认、身、申、深、甚、针、真、怎、阵

② 常见的后鼻音（ing、eng）字：

ing：　兵、病、并、丁、顶、定、京、经、晶、井、景、竟、灵、令、另、名、明、命、宁*、平、青、庆、听、停、庭、星、兴*、形、刑、行*、应*、英、迎、营、影、硬、映

eng：　增、曾*、层、称*、成、程、承、灯、等、风、丰、封、更*、横*、衡、仍、冷、能、盟、生、声、升、省*、争、蒸、正*

（4）常做对比辨音练习。例如：

亲—倾 陈—程 瑾—景 镇—政 民—明 信—杏 盆—彭 身—声

另外，前鼻韵母 uen（前面加声母时，写成 un）和后鼻韵母 ueng 也容易相混，这两个鼻韵母涉及的常用字不多，现罗列如下，供大家分辨、记忆：

uen：　春、纯、村、存、盾、吨、混、论、润、顺、孙、损、温、文、稳、问、准

ueng：翁、瓮

前鼻韵母 in、en 和后鼻韵母 ing、eng 练读见"测试用字练习（二）"（in 见第 67 页、en 见第 67 页，ing 见第 68 页，eng 见第 68 页）

（七）前鼻韵母 an 与后鼻韵母 ang

有些方言区的学习者不能区分前鼻韵母 an（包括 ian、uan）和后鼻韵母 ang（包括 iang、uang）。发音错误的主要原因是在韵尾前面的"a"的开口度和尾韵归

音的问题上。an 中的 a 受舌尖韵尾 n 的影响,发音时舌面位置比较靠前,称为前 a,开口要稍小些。而 ang 中的 a 受舌根韵尾 ng 的影响,发音时舌面位置比较靠 后,开口度也比较大,称为后 a(见图 2-11)。

学习者在练习 an 和 ang 的发音时,可以参考以下方法:

1. 准确区分 an 和 ang 的发音部位(见图 2-11)。

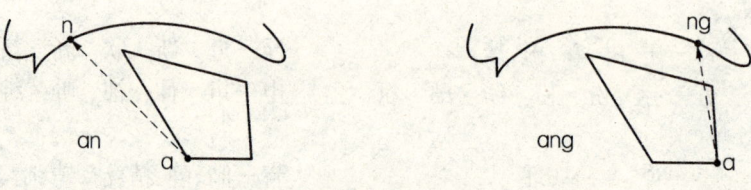

图 2-11

2. 记住含 an 韵母和含 ang 韵母的常用字,根据形声字的声旁类推法,快速分 清 an 韵母字和 ang 韵母字。例如:

an: 反—扳、版、板、舨、返、饭、贩、叛/半—伴、拌、判、畔、袢/单—禅、蝉、阐、 弹、掸、惮/甘—柑、泔、酣、钳、甜/山—灿、舢、汕、疝

ang: 方—芳、坊、房、肪、妨、仿、纺、访、放/冈—刚、钢、纲、岗/皇—煌、凰、蝗、 惶、遑、幌/旁—榜、傍、磅、滂、螃/尚—常、裳、赏、趟、堂、棠、膛、螳、 躺、倘

3. 进行对比辨音练习。例如:

丹—当 翻—芳 甘—钢 含—航 瞒—忙 展—掌 赞—藏

前鼻韵母 an 和后鼻韵母 ang 练读见"测试用字练习(二)"(an 见第 69 页, ang 见第 69 页)

(八)前响复韵母 ai、ei、ao、ou

有些方言中很少有 ai、ei、ao、ou 这类复韵母。说普通话时,这些方言区的人 会将 ai、ei、ao、ou 读成单韵母;uai、uei、iao、iou 等复韵母中的 ai、ei、ao、ou 也会 产生同样的问题。要克服这个毛病,就要了解前响复韵母的构成以及发音的要领, 并反复练习。

前响复韵母是由两个元音紧密结合而成的。从听感上辨别,前一个元音声音 清晰响亮,是主要元音,后一个元音声音相对轻短模糊,是这个韵母的韵尾。它们 的发音特点是有一个舌位滑动的过程,即从前一个元音发音的舌位向后一个元音 发音的舌位滑动。前响复韵母发音时,舌位由低向高滑动,口形也随之由大到小。 掌握了舌位和口形,把握好动程,便能准确读好这几个前响复韵母。读好了 ai、ei、 ao、ou,读 uai、uei、iao、iou 也就不难了。学习者可以找些含有这些复韵母的字, 多多练习。例如:

ai：爱、白、改、开、买、赛、晒、太、在

ei：北、飞、给、黑、雷、每、内、陪、贼

ao：包、超、好、毛、挠、抛、饶、扫、逃

ou：斗、否、后、口、楼、某、守、周、走

复韵母 ai、ei、ao、ou 练读见"测试用字练习（二）"（ai 见第 70 页，ei 见第 70 页，ao 见第 70 页，ou 见第 71 页）

（九）韵母 i 和 ü

有些方言没有 i 和 ü 开头的韵母，凡是普通话语音中 ü 韵母的字都被读成 i。例如，把"雨（yǔ）"读成"已（yǐ）"，把"月（yuè）"读成"夜（yè）"等。纠正这种读音错误的关键在于分清它们的唇型。ü 和 i 的区别在于唇形的圆与不圆，发 ü 时圆唇，发 i 时不圆唇。练习时可以先发 i 然后双唇渐渐拢圆，当唇形呈圆形时就可以发出 ü 的声音。可以找些韵母是 i 或 ü 的字作对比辨音练习。其他 ü 开头的韵母也可以采用同样的方法练习。例如：

i—ü：　　机—居　即—菊　挤—举　辑—句　齐—瞿　西—虚

ie—üe：写—学　椰—约　野—雪　叶—阅

ian—üan：减—卷　签—圈　烟—渊　颜—园　演—远　艳—院

in—ün：今—军　秦—裙　新—勋　因—晕

（十）上声

上声，也叫第三声，它的调值是 214，是一个曲折的降升调型。发音时，从 2 的高度起音，微微下降随后升起，形成一个较长的曲折调型。正因为上声既长又带曲折，在语流中一般很少发成完整的曲折调型，许多应试人在朗读单音节字词的时候，也习惯把它读成半上，没有往上拐，造成了语音缺陷。因此，在单独念上声字时，一定要注意把上声的调值念完整。学习者可以多找些上声字加以练习。例如：

把　百　北　尺　狗　角　考　午　小　走

上声字练读见"测试用字练习（四）"（74 页）

（十一）容易读错的字

在普通话水平测试的过程中，有些字容易出现误读情况，需要我们加以注意。

1. 形近误读。字形相近的字常常容易读错。例如"拔"和"拨"、"粟"和"栗"，两个字的字形十分接近，容易认错。在测试中，应试人对那些容易看错的形近字，应仔细分辨字形，避免误读。

容易误读的形近字练读见"测试用字练习（五）1"（75 页）

2. 偏旁误读。由于古今字音和字形的变化，有些形声字的声旁已不能准确地表示读音。例如："畸（jī）"容易误读成"奇（qí）"，"濒（bīn）"容易误读成"频（pín）"，等等。也有些并非形声字，而应试人误用声旁类推的方法来认读，

造成读错。如将"墅(shù)"读成"野(yě)"等。误读声旁造成读错字音是十分常见的问题,应试人务必引起注意。

容易误读声旁的字练读见"测试用字练习(五)2"(76 页)

3. 冷僻误读。一些不常用的字词容易读错。例如"卤(lǔ)"、"孢(bāo)"等,由于使用频率不高,尽管看着眼熟,却没有掌握其准确读音,测试时就容易出错。

容易读错的冷僻字练读见"测试用字练习(五)3"(76 页)

4. 方言误读。有些字受方言习惯读法影响容易读错。例如:将"亩(mǔ)"误读成"mǒu"、将"环(huán)"误读成"kuán"、将"匹(pǐ)"误读成"piē"、将"疫(yì)"误读成"yù"、将"屑(xiè)"误读成"xuě"等。对此,我们应注意多听标准音,多查字典,避免出现这些读音错误。

三、准备与应试

(一) 准备要领

1. 了解基础理论,规范吐字发音。没有经过严格语音训练的应试人讲普通话时,一般都会带有明显的、成系统的方音色彩,如果以这种状态参加测试是很难取得理想成绩的。因此,在准备阶段,应试人了解普通话语音系统的主要内容,用普通话语音的基础理论指导自己克服语音偏误,能提高学习效率。

普通话一共有 400 多个基本音节,掌握了这些基本音节及它们加上不同声调后的正确读法,就等于掌握了普通话语音系统最基本的内容,为学好普通话奠定了扎实的基础。

另外,还应该了解一些发音吐字的基本方法,克服咬字松垮无力、发音含混不清的弊病,在读每一个音节时都做到发音饱满清楚,吐字完整准确。

有必要说明的是,我们了解和掌握一些语音常识的目的,是为了指导、帮助自己克服说普通话时存在的语音偏误,并不要求全面深入地掌握这些理论。因此,建议在参加测试前听取必要的辅导课程,以便在老师的指导下有目的地了解一些相关理论,帮助自己纠正普通话语音发音方面的问题。

2. 通读字表内容,抓住重点难点。《〈普通话水平测试用普通话词语表〉(表一)(表二)用字统计表》所收汉字近 4 000 个。由于字量多,其音、形、义又缺少直接关联,准备的时候难免会产生枯燥乏味的感觉,因此,不少应试人便浮光掠影地翻一遍,有的甚至懒得去读,反映在实际测试时,便常会出现不认字的现象。而一旦出现不认字的现象,常常会影响自己的情绪,影响水平的正常发挥。这就要求我们在准备阶段最好能通读字表,尽量扫除文字障碍。

通读字表的要求是:动口、动脑、动手。"动口"就是要读出声音来,因为口头语言是一种技能,准确地读出来才能使发音器官得到有效操练,发音能力才能得以提高;"动脑"就是要思考,想一想这个字的标准读音,揣摩一下自己是否已经真正掌握;"动手"就是要将不认识或是容易读错的字做上记号,勤查字典,以便对这些字的发音多加操练,帮助自己尽快掌握。

在此基础上,准备时还应突出重点和难点部分。所谓重点和难点部分,一是指那些字词数量多,通常易受方音影响,对测试而言所占比例大的类别,例如对吴方言区人来说,声母的平翘舌音、r—l部分,韵母的前后鼻音部分等;二是不一定受方言影响,但在测试时容易出问题的类别,如容易读错的字等。这些部分的重点准备和突破,不但能给应试人在读单音节字词时带来直接效果,甚至可以使应试人的整体语音面貌明显改观。

3. 掌握有效方法,力求事半功倍。有时,应试人花了不少精力,下了很大功夫,可收效不明显。这除了应试人原来的方音根深蒂固,对语言的感悟能力不够好之外,很大程度上是因为没有掌握合理有效的学习方法。因此,怎样使乏味艰苦的准备过程变得轻松一些,怎样使那些顽固的语音难点得以巧妙化解,是我们应该考虑的问题。前面我们已经介绍了利用声韵拼合规律、利用形声字声旁类推等掌握各类难点字的方法,下面还有几个学习的建议,希望这些方法和建议能使应试人收到事半功倍的效果。

(1) 了解自己,有针对性地作准备。测试时,应试人经常会出现其特有的系统性语音问题,这是由于受不同方言的影响,或普通话基础不同等原因而造成的。对应试人个人而言,准备时应了解自己的语音薄弱环节,有针对性地作准备。比如对吴方言区人来说,声母 n-l 是不会相混,更不会念错的,这部分不必作重点准备,而西南地区的人却普遍对 n-l 分辨不清,那么,就应审视自己,如存在这一问题就必须作重点准备。又比如现在上海的年轻人普通话基础较好,对常见的语音难点平翘舌音基本上能把握,而对舌面前音 j、q、x,却常有人会念成舌尖音或舌叶音,这部分应试人就需要调整目标,针对后者作重点准备。准备时体现个性化,针对性强,效果自然就好。

(2) 使用电脑时多采用拼音输入法,这样就能"逼"自己掌握常用汉字的准确拼读,也把准备工作巧妙渗透到了平时的工作和生活学习当中,可谓一举两得。

(3) 有条件的话,平时可利用网上学习平台自主学习,可多听听词语的录音示范。在日常看电视、听广播的时候,有意识地注意播音员、主持人的普通话发音,这对提高普通话语音能力有帮助。

(二) 应试要领

普通话水平测试的形式是口试。第一题"读单音节字词"要注意以下几点:

1. 了解应试的读法。"读单音节字词"的 100 个音节分 10 行呈现,每行 10 个音节,音节与音节之间有一定的间隔。测试时,要求横向朗读。不要漏字,不要漏行。计算机辅助普通话测试时,为防止漏行,本测试项呈现在显示屏上时,行与行单字的颜色已设置成蓝黑相间,以便于把握。

2. 要掌握合适的语速。读单音节字词时,要从容不迫,不紧不慢,以能从容完整地读出每个音节为基本节奏。遇到个别不熟悉的字时,可想一想再读。

3. 要清晰、响亮、完整地读好每个音节。测试时,每个音节都要读得清晰、响亮、饱满,要把声、韵、调交代得完整准确。要克服那种随意读出,每个音节都发得不完整,都似乎少了些什么的弊病。

4. 读错可重读一次。如果发现自己读错了,按规则,可以重新读一次,以第二遍的读音为准。

5. 遇到不认识的字不放弃。如果遇到生僻字,或是对字的正确读音心里没底,不要轻易放弃,应该尝试着去读一下,有时就可能"蒙"对了。

做到了这几点,你就能顺利地完成这道题目的测试。

四、测试用字练习

(一) 测试用字表 (含声母难点字)练读

《〈普通话水平测试用普通话词语表〉(表一)(表二)用字统计表》说明:

1. 本表根据《普通话水平测试用普通话词语表》统计编制。

2. 本表按汉语拼音字母顺序排列,共含 3 794 个汉字,其中常用字 3 321 个,常用字之外的通用字 471 个(以＊标注),通用字之外的字 2 个(以♯标注)。

3. 本表多音字以《普通话水平测试用普通话词语表》中的多音词语读音为基础,适当增加了词语表中未涉及的现代汉语普通话读音。

4. 多音字的不同读音以"/"号隔开。

A						B
	癌 ái	安 ān	黯 ＊àn	螯 ＊áo	懊 ào	
	矮 ǎi	氨 ān	昂 áng	袄 ǎo		
阿 ā/ē	蔼 ǎi	庵 ān	盎 ＊àng	拗 ào/niù		
哀 āi	艾 ài	岸 àn	凹 āo	坳 ＊ào	八 bā	
埃 āi	爱 ài	按 àn	熬 āo/áo	傲 ào	巴 bā	
挨 āi/ái	隘 ài	案 àn	遨 ＊áo	奥 ào	叭 bā	
皑 ＊ái	碍 ài	暗 àn	翱 ＊áo	澳 ào	扒 bā/pá	

吧	bā	邦	bāng		bèi	闭	bì		biè	膊	bó
芭	bā	帮	bāng	悲	bēi	庇	bì	瘪	biě	薄	bó/
疤	bā	梆	bāng	碑	bēi	陛	*bì	宾	bīn		bò/
笆	bā	绑	bǎng	北	běi	毙	bì	滨	bīn		báo
拔	bá	榜	bǎng	贝	bèi	婢	*bì	濒	bīn	跛	bǒ
跋	bá	膀	bǎng/	狈	bèi	敝	*bì	摈	*bìn	簸	bò/bǒ
把	bǎ/bà		pāng/	备	bèi	痹	bì	鬓	bìn	卜	bǔ/bo
靶	bǎ		páng	钡	*bèi	辟	bì/pì	冰	bīng	补	bǔ
坝	bà	蚌	bàng	倍	bèi	弊	bì	兵	bīng	哺	bǔ
爸	bà	傍	bàng	被	bèi	碧	bì	丙	bǐng	捕	bǔ
罢	bà	棒	bàng	惫	bèi	蔽	bì	柄	bǐng	不	bù
霸	bà	谤	bàng	辈	bèi	壁	bì	饼	bǐng	布	bù
掰	bāi	磅	bàng/	奔	bēn/	避	bì	禀	bǐng	步	bù
白	bái		páng		bèn	臂	bì	并	bìng	怖	bù
百	bǎi	镑	*bàng	本	běn	璧	bì	病	bìng	部	bù
柏	bǎi	包	bāo	苯	*běn	边	biān	摒	*bìng	埠	bù
摆	bǎi	孢	*bāo	笨	bèn	编	biān	拨	bō	簿	bù
败	bài	苞	bāo	崩	bēng	鞭	biān	波	bō		
拜	bài	胞	bāo	绷	bēng/	贬	biǎn	玻	bō		**c**
扳	bān	褒	bāo		běng/	扁	biǎn	剥	bō/bāo	擦	cā
班	bān	雹	báo		bèng/	匾	biǎn	钵	*bō	猜	cāi
般	bān	宝	bǎo	泵	bèng	便	biàn/	菠	bō	才	cái
颁	bān	饱	bǎo	迸	*bèng		pián	播	bō	材	cái
斑	bān	保	bǎo	蹦	bèng	变	biàn	伯	bó	财	cái
搬	bān	堡	bǎo/pù	逼	bī	遍	biàn	驳	bó	裁	cái
板	bǎn	报	bào	鼻	bí	辨	biàn	帛	*bó	采	cǎi
版	bǎn	抱	bào	匕	bǐ	辩	biàn	泊	bó/pō	彩	cǎi
办	bàn	豹	bào	比	bǐ	辫	biàn	勃	bó	睬	cǎi
半	bàn	鲍	*bào	彼	bǐ	标	biāo	铂	*bó	踩	cǎi
伴	bàn	暴	bào	笔	bǐ	膘	biāo	舶	bó	菜	cài
扮	bàn	爆	bào	鄙	bǐ	表	biǎo	脖	bó	蔡	*cài
拌	bàn	卑	bēi	币	bì	憋	biē	博	bó	参	cān/
绊	bàn	杯	bēi	必	bì	鳖	biē	搏	bó		cēn/
瓣	bàn	背	bēi/	毕	bì	别	bié/	箔	*bó		shēn

餐 cān	察 chá	cháng	撑 chēng	冲 chōng/	处 chǔ/
残 cán	岔 chà	敞 chǎng	丞 *chéng	chòng	chù
蚕 cán	诧 *chà	怅 *chàng	成 chéng	春 *chōng	搐 *chù
惭 cán	差 chāi/	畅 chàng	呈 chéng	憧 *chōng	触 chù
惨 cǎn	chā/	倡 chàng	承 chéng	虫 chóng	矗 chù
灿 càn	chà/cī	唱 chàng	诚 chéng	崇 chóng	揣 chuāi/
璨 càn	拆 chāi	抄 chāo	城 chéng	宠 chǒng	chuǎi
仓 cāng	柴 chái	钞 chāo	乘 chéng	抽 chōu	踹 *chuài
沧 cāng	掺 chān	超 chāo	惩 chéng	仇 chóu/	川 chuān
苍 cāng	搀 chān	巢 cháo	程 chéng	Qiu	穿 chuān
舱 cāng	禅 *chán/	朝 cháo/	澄 chéng/	惆 *chóu	传 chuán/
藏 cáng/	shàn	zhāo	dèng	绸 chóu	zhuàn
zàng	馋 chán	嘲 cháo	橙 chéng	畴 chóu	船 chuán
操 cāo	缠 chán	潮 cháo	逞 chěng	愁 chóu	喘 chuǎn
糙 cāo	蝉 chán	吵 chǎo	骋 *chěng	稠 chóu	串 chuàn
曹 cáo	潺 *chán	炒 chǎo	秤 chèng	筹 chóu	疮 chuāng
嘈 *cáo	蟾 *chán	车 chē/jū	吃 chī	酬 chóu	窗 chuāng
槽 cáo	产 chǎn	扯 chě	嗤 chī	踌 *chóu	床 chuáng
草 cǎo	铲 chǎn	彻 chè	痴 chī	丑 chǒu	闯 chuǎng
册 cè	阐 chǎn	掣 *chè	池 chí	臭 chòu/	创 chuàng/
侧 cè	忏 *chàn	撤 chè	驰 chí	xiù	chuāng
厕 cè	颤 chàn/	澈 chè	迟 chí	出 chū	吹 chuī
测 cè	zhàn	抻 *chēn	持 chí	初 chū	炊 chuī
策 cè	昌 chāng	尘 chén	匙 chí	刍 *chú	垂 chuí
层 céng	娼 *chāng	臣 chén	尺 chǐ	除 chú	陲 *chuí
蹭 cèng	猖 chāng	忱 chén	侈 chǐ	厨 chú	捶 chuí
叉 chā/	长 cháng/	沉 chén	齿 chǐ	锄 chú	槌 *chuí
chǎ	zhǎng	辰 chén	耻 chǐ	蜍 *chú	锤 chuí
杈 chā/	肠 cháng	陈 chén	斥 chì	雏 chú	春 chūn
chà	尝 cháng	晨 chén	赤 chì	橱 chú	纯 chún
插 chā	偿 cháng	衬 chèn	炽 *chì	蹰 *chú	唇 chún
查 chá	常 cháng	称 chèn/	翅 chì	础 chǔ	淳 chún
茬 chá	厂 chǎng	chēng	啻 *chì	储 chǔ	醇 chún
茶 chá	场 chǎng/	趁 chèn	充 chōng	楚 chǔ	蠢 chǔn

戳	chuō	淬	*cuì	玳	*dài	岛	dǎo	地	dì	跌	diē
啜	*chuò	萃	*cuì	贷	dài	倒	dǎo/	弟	dì	迭	*dié
绰	chuò	瘁	*cuì	袋	dài		dào	帝	dì	谍	dié
词	cí	粹	cuì	逮	dài/	捣	dǎo	递	dì	叠	dié
祠	cí	翠	cuì		dǎi	祷	dǎo	第	dì	碟	dié
瓷	cí	村	cūn	戴	dài	蹈	dǎo	谛	*dì	蝶	dié
慈	cí	皴	*cūn	丹	dān	到	dào	缔	dì	丁	dīng
辞	cí	存	cún	单	dān/	悼	dào	蒂	dì	叮	dīng
磁	cí	忖	*cǔn		Shàn	盗	dào	掂	diān	盯	dīng
雌	cí	寸	cùn	担	dān/	道	dào	滇	*diān	钉	dīng/
此	cǐ	搓	cuō		dàn	稻	dào	颠	diān		dìng
次	cì	磋	*cuō	耽	dān	得	·de/	巅	*diān	顶	dǐng
刺	cì	撮	cuō/	胆	dǎn		dé/děi	典	diǎn	鼎	dǐng
赐	cì		zuǒ	疸	*dǎn	德	dé	点	diǎn	订	dìng
匆	cōng	挫	cuò	掸	dǎn	的	·de/	碘	diǎn	定	dìng
囱	cōng	措	cuò	旦	dàn		dí/dì	电	diàn	锭	dìng
葱	cōng	锉	cuò	但	dàn	灯	dēng	佃	diàn	丢	diū
聪	cōng	错	cuò	诞	dàn	登	dēng	店	diàn	东	dōng
从	cóng			弹	dàn/	蹬	dēng	垫	diàn	冬	dōng
丛	cóng	**D**			tán	等	děng	惦	diàn	董	dǒng
凑	còu	奁	*dā	惮	*dàn	邓	Dèng	淀	diàn	懂	dǒng
粗	cū	搭	dā	淡	dàn	凳	dèng	奠	diàn	动	dòng
促	cù	答	dā/dá	蛋	dàn	瞪	dèng	殿	diàn	冻	dòng
醋	cù	达	dá	氮	dàn	低	dī	刁	diāo	栋	dòng
簇	cù	瘩	dá	当	dāng/	堤	dī	叼	diāo	洞	dòng
蹿	*cuān	打	dá/dǎ		dàng	滴	dī	貂	*diāo	都	dōu/
窜	cuàn	大	dà/dài	挡	dāng	迪	*dí	碉	diāo		dū
篡	cuàn	呆	dāi	挡	dǎng	敌	dí	雕	diāo	兜	dōu
崔	cuī	歹	dǎi	党	dǎng	涤	dí	吊	diào	斗	dǒu/
催	cuī	代	dài	荡	dàng	笛	dí	钓	diào		dòu
摧	cuī	带	dài	档	dàng	嫡	dí	调	diào/	抖	dǒu
璀	*cuǐ	待	dài/	刀	dāo	诋	*dǐ		tiáo	陡	dǒu
脆	cuì		dāi	叨	dāo	底	dǐ	掉	diào	蚪	dǒu
啐	*cuì	怠	dài	导	dǎo	抵	dǐ	爹	diē	豆	dòu

逗	dòu	蹲	dūn	愕	è	贩	fàn	坟	fén	服	fú/fù
痘	dòu	盹	dǔn	萼	*è	梵	*fàn	焚	fén	俘	fú
窦	*dòu	囤	dùn/	遏	è	方	fāng	粉	fěn	氟	*fú
嘟	*dū		tún	腭	*è	坊	fāng/	份	fèn	浮	fú
督	dū	沌	*dùn	恩	ēn		fáng	奋	fèn	匐	*fú
毒	dú	炖	*dùn	儿	ér	芳	fāng	愤	fèn	符	fú
读	dú	盾	dùn	而	ér	防	fáng	粪	fèn	袱	fú
渎	*dú	钝	dùn	尔	ěr	妨	fáng	丰	fēng	幅	fú
犊	*dú	顿	dùn	耳	ěr	房	fáng	风	fēng	福	fú
独	dú	多	duō	饵	ěr	肪	fáng	枫	fēng	辐	fú
笃	*dǔ	掇	*duō	二	èr	仿	fǎng	封	fēng	抚	fǔ
堵	dǔ	夺	duó			访	fǎng	疯	fēng	甫	fǔ
赌	dǔ	踱	duó	**F**		纺	fǎng	峰	fēng	府	fǔ
睹	dǔ	朵	duǒ			放	fàng	烽	*fēng	斧	fǔ
妒	dù	垛	duǒ/	发	fā/fà	飞	fēi	锋	fēng	俯	fǔ
杜	dù		duò	乏	fá	妃	*fēi	蜂	fēng	脯	fǔ
肚	dù/dǔ	躲	duǒ	伐	fá	非	fēi	冯	Féng	辅	fǔ
度	dù/duó	剁	*duò	阀	fá	啡	fēi	逢	féng	腑	*fǔ
渡	dù	堕	duò	筏	fá	绯	*fēi	缝	féng/	腐	fǔ
镀	dù	舵	duò	法	fǎ	肥	féi		fèng	父	fù
端	cluān	惰	duò	帆	fān	匪	fěi	讽	fěng	付	fù
短	duǎn	跺	duò	番	fān	诽	fěi	凤	fèng	妇	fù
段	duàn			翻	fān	翡	*fěi	奉	fèng	负	fù
断	duàn	**E**		藩	*fān	吠	fèi	佛	fó/fú	附	fù
缎	duàn	俄	é	凡	fán	废	fèi	否	fǒu	咐	fù
煅	*duàn	峨	*é	矾	fán	沸	fèi	夫	fū	复	fù
锻	duàn	鹅	é	烦	fán	肺	fèi	肤	fū	赴	fù
堆	duī	蛾	é	繁	fán	费	fèi	孵	fū	副	fù
队	duì	额	é	反	fǎn	分	fēn/	敷	fū	傅	fù
对	duì	厄	*è	返	fǎn		fèn	弗	*fú	富	fù
兑	duì	扼	è	犯	fàn	纷	fēn	伏	fú	赋	fù
吨	dūn	恶	è/wù	泛	fàn	芬	fēn	扶	fú	缚	fù
敦	dūn	饿	è	饭	fàn	氛	fēn	芙	fú	腹	fù
墩	dūn	鄂	*È	范	fàn	酚	*fēn	拂	fú	覆	fù

G

		羔	gāo	庚	*gēng	估	gū	惯	guàn	孩	hái

该 gāi ／ 高 gāo ／ 耕 gēng ／ 姑 gū ／ 灌 guàn ／ 海 hǎi

改 gǎi 膏 gāo/ 羹 gēng 孤 gū 罐 guàn 骇 hài

丐 gài 　 gào 哽 *gěng 菇 gū 光 guāng 害 hài

钙 gài 篙 gāo 埂 gěng 辜 gū 胱 *guāng 氦 *hài

盖 gài 糕 gāo 耿 gěng 古 gǔ 广 guǎng 蚶 *hān

溉 gài 搞 gǎo 梗 gěng 谷 gǔ 犷 *guǎng 酣 hān

概 gài 稿 gǎo 工 gōng 股 gǔ 逛 guàng 憨 hān

干 gān/ 镐 gǎo 弓 gōng 骨 gǔ 归 guī 鼾 *hān

　 gàn 告 gào 公 gōng 鼓 gǔ 龟 guī 含 hán

甘 gān 戈 gē 功 gōng 固 gù 规 guī 函 hán

杆 gān/ 疙 gē 攻 gōng 故 gù 皈 *guī 涵 hán

　 gǎn 哥 gē 供 gōng/ 顾 gù 闺 guī 寒 hán

肝 gān 胳 gē 　 gòng 梏 *gù 硅 guī 韩 hán

坩 *gān 鸽 gē 宫 gōng 雇 gù 瑰 guī 罕 hǎn

柑 gān 割 gē 恭 gōng 锢 *gù 轨 guǐ 喊 hǎn

竿 gān 搁 gē 躬 gōng 瓜 guā 诡 guǐ 汉 hàn

秆 gǎn 歌 gē 龚 *Gōng 刮 guā 鬼 guǐ 汗 hàn

赶 gǎn 阁 gé 巩 gǒng 寡 guǎ 柜 guì 旱 hàn

敢 gǎn 革 gé 汞 gǒng 卦 guà 贵 guì 悍 hàn

感 gǎn 格 gé 拱 gǒng 挂 guà 桂 guì 捍 hàn

橄 gǎn 蛤 gé/há 共 gòng 褂 guà 跪 guì 焊 hàn

擀 *gǎn 隔 gé 贡 gòng 乖 guāi 滚 gǔn 憾 hàn

赣 *Gàn 膈 *gé 勾 gōu/ 拐 guǎi 棍 gùn 撼 hàn

刚 gāng 骼 *gé 　 gòu 怪 guài 埚 *guō 杭 háng

纲 gāng 葛 Gě 沟 gōu 关 guān 郭 guō 航 háng

肛 gāng 个 gè 钩 gōu 观 guān/ 锅 guō 毫 háo

缸 gāng 各 gè 篝 *gōu 　 guàn 国 guó 豪 háo

钢 gāng 给 gěi/jǐ 狗 gǒu 官 guān 果 guǒ 嚎 háo

港 gǎng 根 gēn 苟 gǒu 冠 guān/ 裹 guǒ 壕 háo

岗 gǎng/ 跟 gēn 构 gòu 　 guàn 过 guò 好 hǎo/

　 gāng 亘 *gèn 购 gòu 馆 guǎn 　 　 hào

杠 gàng 更 gēng/ 垢 gòu 管 guǎn **H** 郝 *Hǎo

　 　 　 gèng 够 gòu 贯 guàn 哈 hā 号 hào/

第一列

háo
浩 hào
耗 hào
呵 hē
喝 hē/hè
禾 hé
合 hé
何 hé
劾 *hé
和 hé/hè/
　hú/huó/
　huò
河 hé
阂 *hé
核 hé/hú
荷 hé/hè
涸 *hé
盒 hé
颌 *hé
贺 hè
褐 hè
赫 hè
鹤 hè
壑 *hè
黑 hēi
痕 hén
很 hěn
狠 hěn
恨 hèn
恒 héng
横 héng/
　hèng
衡 héng
轰 hōng

第二列

哄 hōng/
　hǒng/
　hòng
烘 hōng
弘 *hóng
红 hóng
宏 hóng
洪 hóng
虹 hóng
鸿 hóng
侯 hóu
喉 hóu
猴 hóu
吼 hǒu
后 hòu
厚 hòu
候 hòu
乎 hū
呼 hū
忽 hū
惚 *hū
弧 hú
狐 hú
胡 hú
壶 hú
湖 hú
瑚 *hú
糊 hú
蝴 hú
虎 hǔ
唬 hǔ
互 hù
户 hù
护 hù

第三列

沪 hù
花 huā
华 huá/
　Huà
哗 huá
滑 huá
猾 huá
化 huà
划 huà/
　huá
画 huà
话 huà
桦 huà
怀 huái
淮 huái
槐 huái
坏 huài
欢 huān
还 huán/
　hái
环 huán
缓 huǎn
幻 huàn
宦 huàn
唤 huàn
换 huàn
涣 huàn
患 huàn
焕 huàn
痪 huàn
豢 *huàn
荒 huāng
慌 huāng
皇 huáng

第四列

凰 huáng
黄 huáng
惶 huáng
煌 huáng
潢 huáng
蝗 huáng
磺 huáng
簧 *huáng
恍 huǎng
晃 huǎng/
　huàng
谎 huǎng
幌 huǎng
灰 huī
诙 *huī
恢 huī
挥 huī
辉 huī
徽 huī
回 huí
洄 *huí
蛔 huí
悔 huǐ
毁 huǐ
卉 *huì
汇 huì
会 huì/
　kuài
讳 huì
绘 huì
荟 *huì
诲 huì
贿 huì
彗 *huì

第五列

晦 huì
秽 huì
喙 *huì
惠 huì
慧 huì
昏 hūn
荤 hūn
婚 hūn
浑 hún
魂 hún
混 hùn/
　hún
豁 huō/
　huò
活 huó
火 huǒ
伙 huǒ
或 huò
货 huò
获 huò
祸 huò
惑 huò
霍 huò

J

讥 jī
击 jī
饥 jī
机 jī
肌 jī
鸡 jī
姬 *jī
积 jī
基 jī

第六列

畸 jī
箕 jī
稽 jī
激 jī
羁 jī
及 jí
吉 jí
汲 *jí
级 jí
即 jí
极 jí
急 jí
疾 jí
棘 jí
集 jí
嫉 jí
辑 jí
瘠 *jí
籍 jí
几 jǐ/jī
己 jǐ
挤 jǐ
脊 jǐ
戟 *jǐ
麂 *jǐ
计 jì
迹 jì
记 jì
伎 *jì
纪 jì/Jǐ
妓 jì
忌 jì
技 jì
际 jì

剂 jì	奸 jiān	谏 *jiàn	椒 jiāo	结 jié/	进 jìn
季 jì	尖 jiān	键 *jiàn	焦 jiāo	jiē	晋 jìn
既 jì	坚 jiān	溅 jiàn	跤 *jiāo	捷 jié	浸 jìn
济 jì/jǐ	歼 jiān	腱 *jiàn	蕉 jiāo	睫 *jié	烬 *jìn
继 jì	间 jiān/	践 jiàn	礁 jiāo	截 jié	禁 jìn/
寂 jì	jiàn	鉴 jiàn	角 jiāo/	竭 jié	jīn
寄 jì	肩 jiān	键 jiàn	jué	姐 jiě	靳 *Jìn
悸 *jì	艰 jiān	槛 *jiàn/	狡 jiāo	解 jiě/	噤 *jìn
绩 jì	兼 jiān	kǎn	绞 jiāo	jiè/	京 jīng
祭 jì	监 jiān/	箭 jiàn	饺 jiāo	xiè	经 jīng
暨 *jì	jiàn	江 jiāng	皎 *jiāo	介 jiè	茎 jīng
冀 jì	缄 *jiān	姜 jiāng	矫 jiāo	戒 jiè	荆 jīng
髻 *jì	煎 jiān	将 jiāng/	脚 jiāo	届 jiè	惊 jīng
加 jiā	拣 jiǎn	jiàng	搅 jiāo	界 jiè	晶 jīng
夹 jiā/	俭 jiǎn	浆 jiāng	剿 jiāo/	诫 jiè	睛 jīng
jiá	柬 jiǎn	僵 jiāng	chāo	借 jiè	精 jīng
佳 jiā	茧 jiǎn	缰 jiāng	缴 jiāo	藉 *jiè	鲸 jīng
枷 jiā	捡 jiǎn	疆 jiāng	叫 jiào	巾 jīn	井 jǐng
浃 *jiā	减 jiǎn	讲 jiǎng	轿 jiào	今 jīn	阱 jǐng
家 jiā	剪 jiǎn	奖 jiǎng	较 jiào	斤 jīn	颈 jǐng/
嘉 jiā	检 jiǎn	桨 jiǎng	教 jiào/	金 jīn	gěng
荚 jiá	睑 *jiǎn	蒋 Jiǎng	jiào	津 jīn	景 jǐng
颊 jiá	简 jiǎn	匠 jiàng	窖 jiào	矜 *jīn	憬 *jǐng
甲 jiǎ	碱 jiǎn	降 jiàng/	醮 *jiào	筋 jīn	警 jǐng
胛 *jiǎ	见 jiàn	xiáng	阶 jiē	襟 jīn	净 jìng
贾 jiǎ/gǔ	件 jiàn	绛 *jiàng	皆 jiē	仅 jǐn	径 jìng
钾 jiǎ	建 jiàn	酱 jiàng	接 jiē	紧 jǐn	胫 *jìng
价 jià	剑 jiàn	犟 *jiàng	秸 jiē	谨 jǐn	竞 jìng
驾 jià	荐 jiàn	交 jiāo	揭 jiē	锦 jǐn	竟 jìng
架 jià	贱 jiàn	郊 jiāo	街 jiē	尽 jǐn/	敬 jìng
假 jià/	健 jiàn	娇 jiāo	节 jié	jìn	境 jìng
jiǎ	涧 jiàn	浇 jiāo	劫 jié	劲 jìn/	静 jìng
嫁 jià	舰 jiàn	骄 jiāo	杰 jié	jìng	镜 jìng
稼 jià	渐 jiàn	胶 jiāo	洁 jié	近 jìn	炯 *jiǒng

窘 jiǒng	剧 jù	君 jūn	炕 kàng	孔 kǒng	窥 kuī
纠 jiū	惧 jù	均 jūn	考 kǎo	恐 kǒng	奎 *kuí
究 jiū	据 jù	钧 jūn	烤 kǎo	控 kòng	葵 kuí
揪 jiū	距 jù	菌 jūn	铐 kào	抠 kōu	魁 kuí
九 jiǔ	锯 jù	俊 jùn	靠 kào	口 kǒu	傀 kuǐ
久 jiǔ	聚 jù	郡 *jùn	坷 kē/kě	叩 *kòu	匮 *kuì
灸 jiǔ	踞 *jù	峻 jùn	苛 kē	扣 kòu	愧 kuì
韭 jiǔ	遽 *jù	骏 jùn	柯 *kē	寇 kòu	溃 kuì
酒 jiǔ	捐 juān	竣 jùn	科 kē	枯 kū	馈 *kuì
旧 jiù	鹃 juān		棵 kē	哭 kū	坤 kūn
臼 jiù	卷 juǎn/	**K**	稞 *kē	窟 kū	昆 kūn
疚 jiù	juàn	咖 kā	颗 kē	苦 kǔ	捆 kǔn
厩 *jiù	倦 juàn	卡 kǎ/qiǎ	瞌 *kē	库 kù	困 kùn
救 jiù	绢 juàn	喀 *kǎ	磕 kē	裤 kù	扩 kuò
就 jiù	眷 juàn	开 kāi	蝌 kē	酷 kù	括 kuò
舅 jiù	撅 *juē	揩 kāi	壳 ké/	夸 kuā	阔 kuò
居 jū	决 jué	凯 kǎi	qiào	垮 kuǎ	廓 kuò
拘 jū	诀 jué	慨 kǎi	咳 ké	挎 kuà	
驹 jū	抉 *jué	楷 kǎi	可 kě	跨 kuà	**L**
鞠 jū	绝 jué	刊 kān	渴 kě	块 kuài	
局 jú	觉 jué/	勘 kān	克 kè	快 kuài	拉 lā/lá
桔 *jú	jiào	龛 *kān	刻 kè	脍 *kuài	喇 lǎ
菊 jú	倔 jué/	堪 kān	客 kè	筷 kuài	腊 là
橘 jú	juè	坎 kǎn	恪 *kè	宽 kuān	蜡 là
咀 *jǔ	崛 *jué	砍 kǎn	课 kè	款 kuǎn	辣 là
沮 jǔ	掘 jué	看 kàn/	肯 kěn	筐 kuāng	来 lái
举 jǔ	厥 *jué	kān	垦 kěn	狂 kuáng	徕 *lái
矩 jǔ	獗 *jué	瞰 *kàn	恳 kěn	况 kuàng	睐 *lài
句 jù	蕨 *jué	康 kāng	啃 kěn	旷 kuàng	赖 lài
巨 jù	爵 jué	慷 kāng	吭 kēng	矿 kuàng	癞 lài
拒 jù	嚼 jué/	糠 kāng	坑 kēng	框 kuàng	兰 lán
具 jù	jiáo	扛 káng	铿 *kēng	眶 kuàng	拦 lán
炬 jù	攫 *jué	亢 *kàng	空 kōng/	亏 kuī	栏 lán
俱 jù	军 jūn	抗 kàng	kòng	盔 kuī	婪 *lán
					蓝 lán

澜 lán	肋 lèi	隶 lì	两 liǎng	琳 lín	馏 liú
斓 *lán	泪 lèi	俐 lì	亮 liàng	嶙 *lín	榴 liú
篮 lán	类 lèi	荔 lì	谅 liàng	霖 *lín	瘤 liú
览 lǎn	累 lèi/léi/lěi	栗 lì	辆 liàng	磷 lín	柳 liǔ
揽 lǎn		砾 lì	晾 liàng	鳞 lín	绺 *liǔ
缆 lǎn	擂 lèi/léi	笠 *lì	量 liàng/	吝 lìn	六 liù
榄 lǎn	棱 léng	粒 lì	liáng	赁 lìn	蹓 *liù/
懒 lǎn	冷 lěng	蛎 *lì		蔺 lìn	liū
烂 làn	愣 *lèng	痢 lì	辽 liáo	伶 líng	龙 lóng
滥 làn	厘 lí	雳 lì	疗 liáo	灵 líng	咙 lóng
郎 láng	梨 lí	俩 liǎ/	聊 liáo	玲 líng	珑 *lóng
狼 láng	狸 lí	liǎng	僚 liáo	凌 líng	笼 lóng/
廊 láng	离 lí	连 lián	嘹 liáo	铃 líng	lǒng
琅 láng	犁 lí	帘 lián	撩 liáo/	陵 líng	聋 lóng
螂 *láng	漓 lí	怜 lián	liāo	绫 *líng	隆 lóng
朗 lǎng	璃 lí	涟 *lián	缭 liáo	羚 *líng	窿 lóng
浪 làng	黎 lí	莲 lián	燎 liáo/	翎 líng	陇 *Lǒng
捞 lāo	篱 lí	联 lián	liǎo	聆 *líng	垄 lǒng
劳 láo	礼 lǐ	廉 lián	了 liǎo/	菱 líng	拢 lǒng
牢 láo	李 lǐ	镰 lián	·le	零 líng	楼 lóu
老 lǎo	里 lǐ	敛 liǎn	料 liào	龄 líng	搂 lǒu/
姥 lǎo	理 lǐ	脸 liǎn	廖 *Liào	岭 lǐng	lōu
潦 lǎo/	锂 *lǐ	练 liàn	撂 *liào	领 lǐng	篓 lǒu
liǎo	鲤 lǐ	炼 liàn	瞭 liào	令 lǐng/	陋 lòu
涝 lào	力 lì	恋 liàn	咧 liě	lìng	漏 lòu
烙 lào	历 lì	链 liàn	列 liè	另 lìng	露 lòu/
乐 lè/	厉 lì	良 liáng	劣 liè	溜 liū/	lù
yuè	立 lì	凉 liáng/	烈 liè	liù	卢 Lú
勒 lè/lēi	吏 lì	liàng	猎 liè	刘 liú	芦 lú
雷 léi	丽 lì	梁 liáng	裂 liè	浏 *liú	炉 lú
镭 *léi	利 lì	粮 liáng	拎 *līn	流 liú	颅 lú
垒 lěi	励 lì	梁 liáng	邻 lín	留 liú	卤 lǔ
蕾 lěi	沥 lì	踉 *liáng/	林 lín	琉 liú	虏 lǔ
儡 lěi	例 lì	liàng	临 lín	硫 liú	掳 *lǔ
			淋 lín		

鲁 lǔ	沦 lún	迈 mài	袤 *mào	Měng	藐 miǎo
陆 lù/liù	纶 *lún	麦 mài	帽 mào	锰 měng	妙 miào
录 lù	轮 lún	卖 mài	瑁 *mào	蜢 *měng	庙 miào
赂 lù	论 lùn	脉 mài	貌 mào	孟 mèng	灭 miè
鹿 lù	捋 *luō/lǚ	蛮 mán	么 •me	梦 mèng	蔑 miè
禄 *lù	罗 luó	馒 mán	没 méi/	眯 mī	篾 *miè
碌 lù	萝 luó	瞒 mán	mò	弥 mí	民 mín
路 lù	逻 luó	鳗 *mán	枚 méi	迷 mí	皿 mǐn
戮 *lù	锣 luó	满 mǎn	玫 méi	猕 *mí	抿 *mǐn
麓 *lù	箩 luó	螨 *mǎn	眉 méi	谜 mí	泯 *mǐn
驴 lǘ	骡 luó	曼 màn	莓 *méi	糜 mí	闽 Mǐn
橹 *lǔ	螺 luó	谩 *màn	梅 méi	靡 mí/mǐ	悯 mǐn
吕 lǚ	裸 luǒ	幔 màn	媒 méi	米 mǐ	敏 mǐn
侣 lǚ	洛 Luò	慢 màn	煤 méi	泌 mì/bì	名 míng
旅 lǚ	络 luò	漫 màn	酶 *méi	觅 mì	明 míng
铝 lǚ	骆 luò	蔓 màn/	霉 méi	秘 mì/bì	鸣 míng
屡 lǚ	落 luò/là/	wàn	每 měi	密 mì	冥 *míng
缕 lǚ	lào	忙 máng	美 měi	幂 *mì	铭 míng
履 lǚ	摞 *luò	芒 máng	镁 *měi	谧 *mì	命 mìng
律 lǜ		盲 máng	妹 mèi	蜜 mì	谬 miù
虑 lǜ	**M**	茫 máng	昧 mèi	眠 mián	摸 mō
率 lǜ/	妈 mā	莽 mǎng	媚 mèi	绵 mián	摹 mó
shuài	麻 má	蟒 *mǎng	寐 *mèi	棉 mián	模 mó/mú
绿 lǜ/lù	蟆 má	猫 māo	魅 *mèi	免 miǎn	膜 mó
氯 lǜ	马 mǎ	毛 máo	门 mén	勉 miǎn	摩 mó
滤 lǜ	玛 mǎ	矛 máo	闷 mèn/	娩 miǎn	磨 mó/mò
孪 *luán	码 mǎ	茅 máo	mēn	缅 miǎn	蘑 mó
峦 luán	蚂 mǎ	锚 máo	们 •men	面 miàn	魔 mó
卵 luǎn	骂 mà	髦 *máo	氓 méng	苗 miáo	抹 mǒ/mò/
乱 luàn	嘛 *•ma	卯 *mǎo	萌 méng	描 miáo	mā
掠 lüè	埋 mái/	铆 mǎo	盟 méng	瞄 miáo	末 mò
略 lüè	mán	茂 mào	猛 měng	秒 miǎo	沫 mò
抡 lūn	霾 *mái	冒 mào	蒙 méng/	渺 miǎo	陌 mò
伦 lún	买 mǎi	贸 mào	mēng		

莫	mò	捺	nà	年	nián	农	nóng	排	pái	配	pèi
寞	mò	乃	nǎi	黏	*nián	浓	nóng	牌	pái	喷	pēn
漠	mò	奶	nǎi	捻	niǎn	脓	nóng	派	pài	盆	pén
蓦	*mò	氖	*nǎi	撵	niǎn	弄	nòng/	潘	pān	抨	*pēng
墨	mò	奈	nài	碾	niǎn		lòng	攀	pān	烹	pēng
默	mò	耐	nài	廿	*niàn	奴	nú	盘	pán	朋	péng
眸	*móu	男	nán	念	niàn	努	nǔ	槃	#pán	彭	Péng
谋	móu	南	nán	娘	niáng	怒	nù	判	pàn	棚	péng
某	mǒu	难	nán/	酿	niàng	女	nǚ	叛	pàn	硼	péng
母	mǔ		nàn	鸟	niǎo	疟	nüè	盼	pàn	蓬	péng
亩	mǔ	囔	*nāng	袅	*niǎo	虐	nüè	畔	pàn	篷	péng
牡	mǔ	囊	náng	尿	niào	暖	nuǎn	乓	pāng	膨	péng
姆	mǔ	挠	náo	捏	niē	挪	nuó	庞	páng	捧	pěng
拇	mǔ	恼	nǎo	涅	*niè	诺	nuò	旁	páng	碰	pèng
木	mù	脑	nǎo	聂	Niè	懦	nuò	胖	pàng	批	pī
目	mù	瑙	*nǎo	啮	*niè	糯	nuò	抛	pāo	坯	pī
沐	mù	闹	nào	镊	niè			刨	páo/	披	pī
牧	mù	馁	něi	镍	*niè	**O**			bào	劈	pī/pǐ
募	mù	内	nèi	孽	niè	讴	*ōu	咆	páo	霹	pī
墓	mù	嫩	nèn	蘖	*niè	欧	Ōu	狍	*páo	皮	pí
幕	mù	能	néng	您	nín	殴	ōu	炮	páo/	毗	*pí
睦	mù	呢	ní/	宁	níng/	鸥	ōu		pào	疲	pí
慕	mù		·ne		nìng	呕	ǒu		bāo	啤	pí
暮	mù	尼	ní	咛	*níng	偶	ǒu	袍	páo	琵	*pí
穆	mù	泥	ní/nì	拧	níng/	藕	ǒu	跑	pǎo	脾	pí
		倪	*ní		nǐng/			泡	pào/	匹	pǐ
N		霓	*ní		nìng	**P**			pāo	痞	*pǐ
拿	ná	你	nǐ	狞	*níng	趴	pā	胚	pēi	癖	*pǐ
哪	nǎ	拟	nǐ	凝	níng	爬	pá	陪	péi	屁	pì
那	nà	昵	nì	泞	nìng	耙	pá/bà	培	péi	媲	*pì
纳	nà	逆	nì	牛	niú	琶	*pá	赔	péi	僻	*pì
娜	nà	溺	nì	扭	niǔ	帕	pà	裴	*Péi	譬	pì
钠	nà	腻	nì	纽	niǔ	怕	pà	沛	pèi	片	piān/
		拈	*niān	钮	niǔ	拍	pāi	佩	pèi		piàn

偏	piān	粕	*pò	畦	qí	潜	qián	撬	qiào	庆	qìng
篇	piān	魄	pò	骑	qí	黔	qián	鞘	*qiào	磬	*qìng
骗	piàn	剖	pōu	棋	qí	浅	qiǎn	切	qiē/	穷	qióng
漂	piāo/	仆	pū/pú	旗	qí	遣	qiǎn		qiè	穹	*qióng
	piǎo/	扑	pū	鳍	qí	谴	qiǎn	茄	qié/jiā	琼	qióng
	piào	铺	pū/pù	乞	qǐ	欠	qiàn	且	qiě	丘	qiū
飘	piāo	匍	*pú	企	qǐ	嵌	qiàn	妾	*qiè	邱	*qiū
瓢	piáo	菩	pú	岂	qǐ	歉	qiàn	怯	qiè	秋	qiū
瞟	*piǎo	葡	pú	启	qǐ	呛	qiāng/	窃	qiè	鳅	*qiū
票	piào	蒲	pú	起	qǐ		qiàng	惬	*qiè	囚	qiú
撇	piē/	朴	pǔ/	绮	*qǐ	枪	qiāng	亲	qīn/	求	qiú
	piě		Piáo	气	qì	腔	qiāng		qìng	酋	*qiú
瞥	*piē	圃	pǔ	迄	qì	锵	*qiāng	侵	qīn	球	qiú
拼	pīn	浦	pǔ	弃	qì	强	qiáng/	钦	qīn	裘	*qiú
贫	pín	普	pǔ	汽	qì		qiǎng/	秦	Qín	区	qū
频	pín	谱	pǔ	泣	qì		jiàng	琴	qín	曲	qū/qǔ
品	pǐn	瀑	pù	契	qì	墙	qiáng	禽	qín	岖	qū
聘	pìn			砌	qì	抢	qiǎng	勤	qín	驱	qū
乒	pīng	**Q**		器	qì	跄	*qiàng	噙	*qín	屈	qū
平	píng	七	qī	掐	qiā	悄	qiāo/	寝	qǐn	祛	*qū
评	píng	沏	*qī	恰	qià		qiǎo	沁	*qìn	蛆	qū
凭	píng	妻	qī	洽	qià	跷	qiāo	青	qīng	躯	qū
坪	píng	凄	qī	千	qiān	敲	qiāo	氢	qīng	趋	qū
苹	píng	栖	qī	扦	*qiān	锹	qiāo	轻	qīng	渠	qú
屏	píng/	戚	qī	迁	qiān	乔	qiáo	倾	qīng	取	qǔ
	bǐng	期	qī	牵	qiān	侨	qiáo	卿	qīng	娶	qǔ
瓶	píng	欺	qī	铅	qiān	桥	qiáo	清	qīng	去	qù
萍	píng	漆	qī	谦	qiān	瞧	qiáo	蜻	qīng	趣	qù
坡	pō	齐	qí	签	qiān	巧	qiǎo	情	qíng	圈	quān/
泼	pō	其	qí	前	qián	俏	qiào	晴	qíng		juān/
颇	pō	奇	qí	虔	*qián	峭	qiào	擎	qíng		juàn
婆	pó	歧	qí	钱	qián	窍	qiào	顷	qǐng	全	quán
迫	pò	祈	qí	钳	qián	翘	qiào/	请	qǐng	权	quán
破	pò	崎	qí	乾	qián		qiáo			泉	quán

拳 quán	认 rèn	闰 rùn	shǎi	伤 shāng	娠 *shēn
痊 quán	任 rèn/	润 rùn	涩 sè	商 shāng	砷 *shēn
蜷 *quán	Rén	若 ruò	啬 *sè	裳 •shang	深 shēn
犬 quǎn	纫 rèn	弱 ruò	瑟 sè	晌 shǎng	神 shén
劝 quàn	妊 *rèn		森 sēn	赏 shǎng	沈 Shěn
券 quàn	韧 rèn	**S**	僧 sēng	上 shàng/	审 shěn
缺 quē	饪 *rèn	仨 *sā	杀 shā	shǎng	婶 shěn
瘸 qué	扔 rēng	撒 sā/sǎ	沙 shā	尚 shàng	肾 shèn
却 què	仍 réng	洒 sǎ	纱 shā	捎 shāo	甚 shèn
雀 què	日 rì	卅 *sà	刹 shā/	梢 shāo	渗 shèn
确 què	绒 róng	萨 sà	chà	烧 shāo	慎 shèn
阙 *què	荣 róng	塞 sāi/	砂 shā	稍 shāo	蜃 *shèn
鹊 què	容 róng	sài/	傻 shǎ	勺 sháo	升 shēng
榷 *què	溶 róng	sè	煞 shà/	少 shǎo/	生 shēng
裙 qún	蓉 róng	腮 sāi	shā	shào	声 shēng
群 qún	熔 róng	鳃 *sāi	霎 shà	绍 shào	牲 shēng
	融 róng	赛 sài	筛 shāi	哨 shào	笙 shēng
R	冗 rǒng	三 sān	晒 shài	奢 shē	绳 shéng
然 rán	柔 róu	伞 sǎn	山 shān	舌 shé	省 shěng/
燃 rán	揉 róu	散 sǎn/	杉 shān/	蛇 shé	xǐng
冉 *rán	蹂 róu	sàn	shā	舍 shě/	胜 shèng
染 rǎn	肉 ròu	桑 sāng	衫 shān	shè	圣 shèng
嚷 rǎng	如 rú	嗓 sǎng	珊 shān	设 shè	盛 shèng/
壤 rǎng	儒 rú	丧 sàng/	煽 *shān	社 shè	chéng
让 ràng	蠕 rú	sāng	闪 shǎn	射 shè	剩 shèng
饶 ráo	汝 *rǔ	搔 sāo	陕 shǎn	涉 shè	尸 shī
扰 rǎo	乳 rǔ	骚 sāo	讪 *shàn	赦 shè	失 shī
绕 rào	辱 rǔ	缫 *sāo	扇 shàn/	摄 shè	师 shī
惹 rě	入 rù	臊 sāo/	shān	麝 *shè	虱 shī
热 rè	褥 rù	sào	善 shàn	申 shēn	诗 shī
人 rén	软 ruǎn	扫 sǎo/	缮 *shàn	伸 shēn	施 shī
仁 rén	蕊 ruǐ	sào	擅 shàn	身 shēn	狮 shī
忍 rěn	锐 ruì	嫂 sǎo	膳 shàn	呻 shēn	湿 shī
刃 rèn	瑞 ruì	色 sè	赡 shàn	绅 shēn	十 shí

什	shí/	柿	shì	熟	shú/	睡	shuì	送	sòng	孙	sūn
	shén	适	shì		shóu	吮	shǔn	颂	sòng	损	sǔn
石	shí/	舐	*shì	暑	shǔ	顺	shùn	搜	sōu	笋	sǔn
	dàn	逝	shì	署	shǔ	舜	*shùn	艘	sōu	唆	suō
时	shí	释	shì	鼠	shǔ	瞬	shùn	擞	*sǒu	梭	suō
识	shí/	嗜	shì	蜀	shǔ	说	shuō	嗽	sòu	蓑	*suō
	zhì	誓	shì	薯	shǔ	烁	shuò	苏	sū	缩	suō
实	shí	噬	*shì	曙	shǔ	硕	shuò	酥	sū	所	suǒ
拾	shí	螫	*shì	术	shù	丝	sī	稣	*sū	索	suǒ
蚀	shí	收	shōu	束	shù	司	sī	俗	sú	琐	suǒ
食	shí	手	shǒu	述	shù	私	sī	诉	sù	锁	suǒ
史	shǐ	守	shǒu	树	shù	思	sī	肃	sù		
矢	shǐ	首	shǒu	竖	shù	斯	sī	素	sù	**T**	
使	shǐ	寿	shòu	恕	shù	厮	*sī	速	sù	他	tā
始	shǐ	受	shòu	庶	shù	嘶	sī	宿	sù/xiǔ/	她	tā
驶	shǐ	狩	*shòu	数	shù/	撕	sī		xiù	它	tā
屎	shǐ	兽	shòu		shǔ	死	sǐ	粟	sù	塌	tā
士	shì	售	shòu	墅	shù	四	sì	塑	sù	塔	tǎ
氏	shì	授	shòu	刷	shuā	寺	sì	溯	sù	獭	*tǎ
世	shì	瘦	shòu	耍	shuǎ	伺	sì	酸	suān	榻	*tà
仕	*shì	书	shū	衰	shuāi	似	sì/	蒜	suàn	踏	tà
市	shì	抒	shū	摔	shuāi		shì	算	suàn	蹋	tà
示	shì	叔	shū	甩	shuǎi	祀	*sì	虽	suī	胎	tāi
式	shì	枢	shū	帅	shuài	饲	sì	绥	*suí	台	tái
事	shì	倏	*shū	拴	shuān	俟	*sì	隋	*suí	抬	tái
侍	shì	殊	shū	栓	shuān	嗣	*sì	随	suí	苔	tái/tāi
势	shì	梳	shū	涮	shuàn	肆	sì	髓	suǐ	太	tài
视	shì	疏	shū	双	shuāng	松	sōng	岁	suì	汰	tài
试	shì	舒	shū	霜	shuāng	怂	*sǒng	崇	suì	态	tài
饰	shì	输	shū	爽	shuǎng	悚	*sǒng	遂	suì/suí	钛	*tài
室	shì	蔬	shū	谁	shuí/	耸	sǒng	碎	suì	泰	tài
恃	shì	孰	*shú		shéi	讼	sòng	隧	suì	坍	*tān
拭	shì	赎	shú	水	shuǐ	宋	Sòng	穗	suì	贪	tān
是	shì	塾	*shú	税	shuì	诵	sòng	邃	*suì	摊	tān

滩	tān	啕	*táo	窕	*tiǎo	突	tū	洼	wā	危	wēi
瘫	tān	淘	táo	眺	*tiào	图	tú	蛙	wā	威	wēi
坛	tán	萄	táo	跳	tiào	徒	tú	娃	wá	偎	wēi
谈	tán	讨	tǎo	贴	tiē	涂	tú	瓦	wǎ	微	wēi
痰	tán	套	tào	铁	tiě	途	tú	袜	wà	巍	wēi
谭	Tán	特	tè	帖	tiě/tiè	屠	tú	歪	wāi	为	wéi/
潭	tán	疼	téng	厅	tīng	土	tǔ	外	wài		wèi
坦	tǎn	腾	téng	听	tīng	吐	tǔ/tù	弯	wān	韦	*wéi
毯	tǎn	滕	*téng	廷	tíng	兔	tù	剜	*wān	围	wéi
叹	tàn	藤	téng	亭	tíng	湍	*tuān	湾	wān	违	wéi
炭	tàn	剔	tī	庭	tíng	团	tuán	丸	wán	桅	wéi
探	tàn	梯	tī	停	tíng	推	tuī	完	wán	唯	wéi
碳	tàn	踢	tī	蜓	tíng	颓	tuí	玩	wán	帷	*wéi
汤	tāng	啼	tí	挺	tǐng	腿	tuǐ	顽	wán	惟	*wéi
唐	táng	提	tí/dī	艇	tǐng	退	tuì	宛	wǎn	维	wéi
堂	táng	题	tí	通	tōng/	蜕	tuì	挽	wǎn	伟	wěi
棠	táng	蹄	tí		tòng	褪	tuì	晚	wǎn	伪	wěi
塘	táng	体	tǐ	同	tóng/	吞	tūn	婉	wǎn	尾	wěi
搪	táng	屉	tì		tòng	屯	tún	惋	wǎn	纬	wěi
膛	táng	剃	tì	佟	*Tóng	豚	*tún	皖	*Wǎn	苇	wěi
糖	táng	涕	tì	桐	tóng	臀	tún	碗	wǎn	委	wěi
螳	*táng	惕	tì	铜	tóng	托	tuō	万	wàn	萎	wěi
倘	tǎng	替	tì	童	tóng	拖	tuō	腕	wàn	卫	wèi
淌	tǎng	嚏	*tì	瞳	tóng	脱	tuō	汪	wāng	未	wèi
躺	tǎng	天	tiān	统	tǒng	驮	tuó	亡	wáng	位	wèi
烫	tàng	添	tiān	捅	tǒng	陀	*tuó	王	wáng	味	wèi
趟	tàng	田	tián	桶	tǒng	驼	tuó	网	wǎng	畏	wèi
涛	tāo	恬	tián	筒	tǒng	妥	tuǒ	往	wǎng	胃	wèi
绦	*tāo	甜	tián	痛	tòng	椭	tuǒ	枉	wǎng	谓	wèi
掏	tāo	填	tián	偷	tōu	拓	tuò/tà	惘	*wǎng	喂	wèi
滔	tāo	舔	tiǎn	头	tóu	唾	tuò	妄	wàng	猬	wèi
逃	táo	挑	tiāo/	投	tóu			忘	wàng	蔚	wèi
桃	táo		tiǎo	透	tòu	**W**		旺	wàng	慰	wèi
陶	táo	条	tiáo	凸	tū	挖	wā	望	wàng	魏	wèi
				秃	tū						

温	wēn	武	wǔ	熄	xī	锨	xiān	祥	xiáng	笑	xiào
瘟	wēn	侮	wǔ	蜥	*xī	鲜	xiān/	翔	xiáng	啸	xiào
文	wén	捂	wǔ	嬉	xī		xiǎn	享	xiǎng	些	xiē
纹	wén	鹉	wǔ	膝	xī	闲	xián	响	xiǎng	楔	xiē
闻	wén	舞	wǔ	曦	*xī	弦	xián	饷	*xiǎng	歇	xiē
蚊	wén	勿	wù	习	xí	贤	xián	想	xiǎng	协	xié
吻	wěn	务	wù	席	xí	咸	xián	向	xiàng	邪	xié
紊	wěn	物	wù	袭	xí	涎	xián	巷	xiàng/	胁	xié
稳	wěn	误	wù	媳	xí	娴	*xián		hàng	挟	xié
问	wèn	悟	wù	洗	xǐ	舷	xián	项	xiàng	偕	*xié
翁	wēng	晤	wù	铣	xǐ	衔	xián	象	xiàng	斜	xié
瓮	wèng	雾	wù	喜	xǐ	嫌	xián	像	xiàng	谐	xié
涡	wō			戏	xì	显	xiǎn	橡	xiàng	携	xié
窝	wō	**X**		系	xì/jì	险	xiǎn	削	xiāo/	鞋	xié
蜗	wō	夕	xī	细	xì	县	xiàn		xuē	写	xiě
我	wǒ	兮	*xī	隙	xì	现	xiàn	宵	xiāo	泄	xiè
沃	wò	汐	*xī	虾	xiā	线	xiàn	消	xiāo	泻	xiè
卧	wò	西	xī	瞎	xiā	限	xiàn	逍	*xiāo	卸	xiè
握	wò	吸	xī	匣	xiá	宪	xiàn	萧	xiāo	屑	xiè
乌	wū	希	xī	峡	xiá	陷	xiàn	硝	xiāo	械	xiè
污	wū	昔	xī	狭	xiá	馅	xiàn	销	xiāo	亵	*xiè
呜	wū	析	xī	遐	*xiá	羡	xiàn	潇	*xiāo	谢	xiè
巫	wū	唏	*xī	暇	xiá	献	xiàn	箫	xiāo	懈	xiè
屋	wū	奚	*xī	辖	xiá	腺	xiàn	嚣	xiāo	蟹	xiè
诬	wū	息	xī	霞	xiá	霰	*xiàn	淆	xiáo	心	xīn
无	wú	牺	xī	下	xià	乡	xiāng	小	xiǎo	芯	xīn
毋	*wú	悉	xī	吓	xià/hè	相	xiāng/	晓	xiǎo	辛	xīn
吴	wú	惜	xī	夏	xià		xiàng	孝	xiào	欣	xīn
吾	*wú	晰	xī	厦	*xià	香	xiāng	肖	xiào/	锌	xīn
芜	wú	犀	xī	仙	xiān	厢	xiāng		Xiāo	新	xīn
梧	wú	稀	xī	先	xiān	湘	xiāng	哮	xiào	薪	xīn
五	wǔ	溪	xī	纤	xiān/	箱	xiāng	效	xiào	馨	*xīn
午	wǔ	皙	#xī		qiàn	镶	xiāng	校	xiào/	信	xìn
伍	wǔ	锡	xī	掀	xiān	详	xiáng		jiào	衅	xìn

兴	xīng/	虚	xū		xiě	咽	yān/	堰	yàn	遥	yáo
	xìng	嘘	*xū	谑	*xuè		yàn/	焰	yàn	瑶	*yáo
星	xīng	需	xū	勋	xūn		ye	雁	yàn	咬	yǎo
猩	xīng	徐	xú	熏	xūn	烟	yān	燕	yàn/	窈	*yǎo
腥	xīng	许	xǔ	薰	*xūn	胭	*yān		Yān	舀	yǎo
刑	xíng	旭	xù	寻	xún	淹	yān	央	yāng	药	yào
行	xíng/	序	xù	巡	xún	焉	*yān	殃	yāng	要	yào/
	háng	叙	xù	旬	xún	湮	*yān	秧	yāng		yāo
邢	Xíng	畜		询	xún	腌	yān	鸯	yāng	耀	yào
形	xíng		xù/chù	峋	*xún	蔫	yān/	扬	yáng	钥	yào
型	xíng	绪	xù	循	xún		niān	羊	yáng	椰	yē
醒	xǐng	续	xù	驯	xùn	延	yán	阳	yáng	噎	*yē
杏	xìng	婿	xù	训	xùn	严	yán	杨	yáng	耶	*yē
姓	xìng	絮	xù	讯	xùn	言	yán	佯	*yáng	爷	yé
幸	xìng	蓄	xù	汛	xùn	岩	yán	疡	*yáng	也	yě
性	xìng	宣	xuān	迅	xùn	沿	yán	洋	yáng	冶	yě
凶	xiōng	喧	xuān	逊	xùn	炎	yán	仰	yǎng	野	yě
兄	xiōng	暄	*xuān			研	yán	养	yǎng	业	yè
匈	xiōng	玄	xuán	**Y**		盐	yán	氧	yǎng	叶	yè
汹	xiōng	悬	xuán			阎	Yán	痒	yǎng	曳	*yè
胸	xiōng	旋	xuán/	丫	*yā	筵	*yán	样	yàng	页	yè
雄	xióng		xuàn	压	yā	颜	yán	漾	yàng	夜	yè
熊	xióng	选	xuǎn	押	yā	檐	yán	夭	yāo	掖	yè/yē
休	xiū	癣	xuǎn	鸦	yā	俨	*yǎn	吆	yāo	液	yè
修	xiū	炫	xuàn	鸭	yā	衍	yán	妖	yāo	腋	yè
羞	xiū	绚	*xuàn	牙	yá	掩	yǎn	腰	yāo	一	yī
朽	xiǔ	眩	*xuàn	芽	yá	眼	yǎn	邀	yāo	伊	yī
秀	xiù	渲	*xuàn	蚜	yá	演	yǎn	尧	*yáo	衣	yī
绣	xiù	靴	xuē	崖	yá	厌	yàn	肴	yáo	医	yī
袖	xiù	薛	Xuē	涯	*yá	砚	yàn	姚	yáo	依	yī
锈	xiù	穴	xué	衙	yá	宴	yàn	窑	yáo	漪	*yī
嗅	xiù	学	xué	哑	yǎ	艳	yàn	谣	yáo	仪	yí
戌	*xū	雪	xuě	雅	yǎ	验	yàn	徭	*yáo	夷	yí
须	xū	血	xuè /	讶	yà	谚	yàn	摇	yáo	宜	yí

怡	*yí	翌	*yì	莺	yīng	踊	yǒng	渔	yú	誉	yù
姨	yí	逸	yì	婴	yīng	用	yòng	隅	yú	豫	yù
贻	*yí	意	yì	樱	yīng	优	yōu	愉	yú	冤	yuān
胰	yí	溢	yì	鹦	yīng	忧	yōu	腴	*yú	鸳	yuān
移	yí	裔	*yì	膺	*yīng	幽	yōu	逾	yú	渊	yuān
遗	yí	蝎	*yì	鹰	yīng	悠	yōu	愚	yú	元	yuán
疑	yí	毅	yì	迎	yíng	尤	yóu	榆	yú	员	yuán
乙	yǐ	熠	*yì	盈	yíng	由	yóu	虞	*yú	园	yuán
已	yǐ	翼	yì	荧	yíng	犹	yóu	舆	yú	垣	*yuán
以	yǐ	臆	*yì	莹	yíng	邮	yóu	与	yǔ/	原	yuán
矣	*yǐ	因	yīn	萤	yíng	油	yóu		yù	圆	yuán
蚁	yǐ	阴	yīn	营	yíng	铀	*yóu	宇	yǔ	袁	yuán
倚	yǐ	姻	yīn	萦	*yíng	游	yóu	屿	yǔ	援	yuán
椅	yǐ	音	yīn	蝇	yíng	友	yǒu	羽	yǔ	缘	yuán
义	yì	殷	yīn/	赢	yíng	有	yǒu	雨	yǔ	源	yuán
亿	yì		yān	颖	yǐng	酉	*yǒu	禹	*Yǔ	猿	yuán
忆	yì	吟	yín	影	yǐng	黝	*yǒu	语	yǔ	远	yuǎn
艺	yì	垠	*yín	映	yìng	又	yòu	玉	yù	苑	*yuàn
议	yì	寅	*yín	硬	yìng	右	yòu	驭	*yù	怨	yuàn
亦	yì	淫	yín	佣	yōng/	幼	yòu	吁	yù	院	yuàn
屹	yì	银	yín		yòng	佑	yòu	育	yù	愿	yuàn
异	yì	龈	*yín	拥	yōng	诱	yòu	郁	yù	曰	*yuē
呓	*yì	尹	*yǐn	痈	*yōng	柚	*yòu/	狱	yù	约	yuē/
役	yì	引	yǐn	庸	yōng		yóu	浴	yù		yāo
抑	yì	饮	yǐn/	壅	*yōng	釉	*yòu	预	yù	月	yuè
译	yì		yìn	臃	*yōng	迂	yū	域	yù	岳	yuè
邑	yì	隐	yǐn	永	yǒng	淤	yū	欲	yù	悦	yuè
易	yì	瘾	yǐn	甬	*yǒng	于	yú	谕	*yù	阅	yuè
绎	yì	印	yìn	咏	yǒng	予	yú/yǔ	喻	yù	跃	yuè
诣	*yì	荫	*yìn/	泳	yǒng	余	yú	寓	yù	粤	Yuè
驿	*yì		yīn	勇	yǒng	臾	*yú	御	yù	越	yuè
疫	yì	应	yīng/	涌	yǒng	鱼	yú	裕	yù	云	yún
益	yì		yìng	恿	*yǒng	俞	*yú	遇	yù	匀	yún
谊	yì	英	yīng	蛹	yǒng	娱	yú	愈	yù	纭	*yún

耘	yún	凿	záo	乍	zhà		zhǎng	侦	zhēn	枝	zhī
允	yǔn	早	zǎo	诈	zhà	掌	zhǎng	珍	zhēn	知	zhī
陨	yǔn	枣	zǎo	栅	zhà	丈	zhàng	真	zhēn	织	zhī
孕	yùn	蚤	zǎo	炸	zhà/	仗	zhàng	砧	*zhēn	肢	zhī
运	yùn	澡	zǎo		zhá	帐	zhàng	斟	zhēn	脂	zhī
晕	yùn/	藻	zǎo	蚱	*zhà	杖	zhàng	臻	*zhēn	执	zhí
	yūn	灶	zào	榨	zhà	胀	zhàng	诊	zhěn	侄	zhí
酝	yùn	皂	zào	斋	zhāi	账	zhàng	枕	zhěn	直	zhí
韵	yùn	造	zào	摘	zhāi	障	zhàng	疹	zhěn	值	zhí
蕴	yùn	噪	zào	宅	zhái	招	zhāo	阵	zhèn	职	zhí
		燥	zào	窄	zhǎi	昭	zhāo	振	zhèn	植	zhí
Z		躁	zào	债	zhài	找	zhǎo	朕	*zhèn	殖	zhí
咂	*zā	则	zé	寨	zhài	沼	zhǎo	镇	zhèn	止	zhǐ
杂	zá	择	zé/	沾	zhān	召	zhào	震	zhèn	只	zhǐ/zhī
砸	zá		zhái	毡	zhān	兆	zhào	争	zhēng	旨	zhǐ
灾	zāi	泽	zé	粘	zhān	诏	*zhào	征	zhēng	址	zhǐ
哉	*zāi	责	zé	瞻	zhān	赵	zhào	挣	zhēng/	纸	zhǐ
栽	zāi	啧	*zé	斩	zhǎn	照	zhào		zhèng	指	zhǐ
宰	zǎi	仄	*zè	展	zhǎn	罩	zhào	睁	zhēng	趾	zhǐ
载	zǎi/	贼	zéi	盏	zhǎn	肇	*zhào	筝	zhēng	至	zhì
	zài	怎	zěn	崭	zhǎn	蜇	*zhē	蒸	zhēng	志	zhì
崽	*zǎi	曾	zēng/	辗	*zhǎn	遮	zhē	拯	zhěng	制	zhì
再	zài		céng	占	zhàn/	折	zhē/	整	zhěng	帜	zhì
在	zài	增	zēng		zhān		zhé/shé	正	zhèng/	治	zhì
咱	zán	憎	zēng	战	zhàn	哲	zhé		zhēng	炙	*zhì
攒	zǎn/	赠	zèng	站	zhàn	辄	*zhé	证	zhèng	质	zhì
	cuán	渣	zhā	绽	zhàn	辙	zhé	郑	zhèng	峙	*zhì
暂	zàn	楂	*zhā	湛	*zhàn	者	zhě	政	zhèng	挚	zhì
赞	zàn	扎	zhā/zā	蘸	zhàn	褶	*zhě	症	zhèng/	桎	*zhì
脏	zāng/	轧	zhá/	张	zhāng	这	zhè		zhēng	秩	zhì
	zàng		yà	章	zhāng	浙	Zhè	之	zhī	致	zhì
葬	zàng	闸	zhá	彰	zhāng	蔗	zhè	支	zhī	掷	zhì
遭	zāo	铡	zhá	樟	zhāng	贞	zhēn	汁	zhī	窒	zhì
糟	zāo	眨	zhǎ	涨	zhàng/	针	zhēn	芝	zhī	智	zhì

滞 zhì	帚 zhǒu	注 zhù	幢 zhuàng/	咨 zī	卒 zú/
稚 zhì	咒 zhòu	贮 zhù	chuáng	姿 zī	cù
置 zhì	宙 zhòu	驻 zhù	撞 zhuàng	资 zī	族 zú
中 zhōng/	昼 zhòu	柱 zhù	追 zhuī	滋 zī	诅 zǔ
zhòng	皱 zhòu	祝 zhù	椎 zhuī	仔 zǐ/zǎi	阻 zǔ
忠 zhōng	骤 zhòu	著 zhù	锥 zhuī	籽 zǐ	组 zǔ
终 zhōng	朱 zhū	蛀 zhù	坠 zhuì	子 zǐ	祖 zǔ
盅 zhōng	诛 *zhū	筑 zhù	缀 zhuì	姊 zǐ	纂 *zuǎn
钟 zhōng	株 zhū	铸 zhù	赘 zhuì	紫 zǐ	钻 zuàn/
衷 zhōng	珠 zhū	抓 zhuā	准 zhǔn	滓 zǐ	zuān
肿 zhǒng	诸 zhū	爪 zhuǎ/	拙 zhuō	字 zì	攥 *zuàn
种 zhǒng/	猪 zhū	zhǎo	捉 zhuō	自 zì	嘴 zuǐ
zhòng	蛛 zhū	拽 *zhuài	桌 zhuō	渍 *zì	最 zuì
冢 *zhǒng	竹 zhú	专 zhuān	卓 zhuó	宗 zōng	罪 zuì
仲 zhòng	烛 zhú	砖 zhuān	灼 zhuó	综 zōng	醉 zuì
众 zhòng	逐 zhú	转 zhuǎn/	茁 zhuó	棕 zōng	尊 zūn
重 zhòng/	主 zhǔ	zhuàn	浊 zhuó	踪 zōng	遵 zūn
chóng	拄 zhǔ	赚 zhuàn	酌 zhuó	鬃 *zōng	昨 zuó
州 zhōu	属 zhǔ/	撰 zhuàn	啄 zhuó	总 zǒng	左 zuǒ
舟 zhōu	shǔ	篆 *zhuàn	着 zhuó/	纵 zòng	佐 *zuǒ
周 zhōu	煮 zhǔ	妆 zhuāng	zhāo/	粽 *zòng	作 zuò/
洲 zhōu	嘱 zhǔ	庄 zhuāng	zháo/	走 zǒu	zuō
粥 zhōu	瞩 *zhǔ	桩 zhuāng	·zhe	奏 zòu	坐 zuò
轴 zhóu/	伫 *zhù	装 zhuāng	琢 zhuó/	揍 zòu	座 zuò
zhòu	住 zhù	壮 zhuàng	zuó	租 zū	做 zuò
肘 zhǒu	助 zhù	状 zhuàng	兹 *zī	足 zú	

（二）韵母难点字练读

　　本表从《〈普通话水平测试用普通话词语表〉（表一）（表二）用字统计表》中选取了 738 个字，包含了各类韵母容易误读的字：前鼻韵母 in、en 和后鼻韵母 ing、eng 的字；前鼻韵母 an 和后鼻韵母 ang 的字；复韵母 ai、ei、ao、ou 的字。

　　1. 前鼻韵母 in、en 和后鼻韵母 ing、eng 单字练读（本表共选取含前鼻韵母 in、en 和后鼻韵母 ing、eng 的单字 438 个）。

（1）前鼻韵母 in 单字练读（92个）。

宾 bīn	锦 jǐn	琳 lín	拼 pīn	沁 *qìn	yān
滨 bīn	尽 jǐn/jìn	嶙 *lín	贫 pín	心 xīn	吟 yín
濒 bīn	劲 jìn/jìng	霖 *lín	频 pín	芯 xīn	垠 *yín
摈 *bìn	近 jìn	磷 lín	品 pǐn	辛 xīn	寅 *yín
鬓 bìn	进 jìn	鳞 lín	聘 pìn	欣 xīn	淫 yín
巾 jīn	晋 jìn	吝 lìn	亲 qīn/	锌 xīn	银 yín
今 jīn	浸 jìn	赁 lìn	qìng	新 xīn	龈 *yín
斤 jīn	烬 *jìn	躏 lìn	侵 qīn	薪 xīn	尹 *yǐn
金 jīn	禁 jìn/jīn	民 mín	钦 qīn	馨 *xīn	引 yǐn
津 jīn	靳 *Jìn	皿 mǐn	秦 Qín	信 xìn	饮 yǐn/
矜 *jīn	喋 *jìn	抿 *mǐn	琴 qín	衅 xìn	
筋 jīn	拎 *līn	泯 *mǐn	禽 qín	因 yīn	隐 yǐn
襟 jīn	邻 lín	闽 Mǐn	勤 qín	阴 yīn	瘾 yǐn
仅 jǐn	林 lín	悯 mǐn	噙 *qín	姻 yīn	印 yìn
紧 jǐn	临 lín	敏 mǐn	擒 qín	音 yīn	荫 *yìn
谨 jǐn	淋 lín	您 nín	寝 qǐn	殷 yīn/	yīn

（2）前鼻韵母 en 单字练读（91个）。

奔 bēn/	趁 chèn	亘 *gèn	人 rén	绅 shēn	贞 zhēn
bèn	恩 ēn	痕 hén	仁 rén	娠 *shēn	针 zhēn
本 běn	分 fēn/fèn	很 hěn	忍 rěn	砷 *shēn	侦 zhēn
苯 *běn	纷 fēn	狠 hěn	刃 rèn	深 shēn	珍 zhēn
笨 bèn	芬 fēn	恨 hèn	认 rèn	什 shén/	真 zhēn
抻 *chēn	氛 fēn	肯 kěn	任 rèn/	shí	砧 *zhēn
尘 chén	酚 *fēn	垦 kěn	Rén	神 shén	斟 zhēn
臣 chén	坟 fén	恳 kěn	纫 rèn	沈 Shěn	臻 *zhēn
忱 chén	焚 fén	啃 kěn	妊 *rèn	审 shěn	诊 zhěn
沉 chén	粉 fěn	门 mén	韧 rèn	婶 shěn	枕 zhěn
辰 chén	份 fèn	闷 mèn/	饪 *rèn	肾 shèn	疹 zhěn
陈 chén	奋 fèn	mēn	森 sēn	甚 shèn	阵 zhèn
晨 chén	愤 fèn	们 ·men	申 shēn	渗 shèn	振 zhèn
衬 chèn	粪 fèn	嫩 nèn	伸 shēn	慎 shèn	朕 *zhèn
称 chèn/	根 gēn	喷 pēn	身 shēn	蜃 *shèn	镇 zhèn
chēng	跟 gēn	盆 pén	呻 shēn	怎 zěn	震 zhèn

（3）后鼻韵母 ing 单字练读（140 个）。

冰	bīng	晶	jīng	绫	*líng	泞	nìng	磬	*qìng	应	yīng/
兵	bīng	睛	jīng	羚	líng	乒	pīng				yìng
丙	bǐng	精	jīng	翎	líng	平	píng	厅	tīng	英	yīng
柄	bǐng	鲸	jīng	聆	*líng	评	píng	听	tīng	莺	yīng
饼	bǐng	井	jǐng	菱	líng	凭	píng	廷	tíng	婴	yīng
禀	bǐng	阱	jǐng	零	líng	坪	píng	亭	tíng	樱	yīng
并	bìng	颈	jǐng/	龄	líng	苹	píng	庭	tíng	鹦	yīng
病	bìng		gěng	岭	líng	屏	píng/	停	tíng	膺	*yīng
摒	*bìng	景	jǐng	领	lǐng		bǐng	蜓	tíng	鹰	yīng
丁	dīng	憬	*jǐng	令	lǐng/	瓶	píng	挺	tǐng	迎	yíng
叮	dīng	警	jǐng		lìng	萍	píng	艇	tǐng	盈	yíng
盯	dīng	净	jìng	另	lìng	青	qīng	兴	xīng/	荧	yíng
钉	dīng/	径	jìng	名	míng	氢	qīng		xìng	莹	yíng
	dìng	胫	*jìng	明	míng	轻	qīng	星	xīng	萤	yíng
顶	dǐng	竞	jìng	鸣	míng	倾	qīng	猩	xīng	营	yíng
鼎	dǐng	竟	jìng	冥	*míng	卿	qīng	腥	xīng	萦	*yíng
订	dìng	敬	jìng	铭	míng	清	qīng	刑	xíng	蝇	yíng
定	dìng	境	jìng	命	mìng	蜻	qīng	行	xíng/	赢	yíng
锭	dìng	静	jìng	宁	níng/	情	qíng		háng	颖	yǐng
劲	jìng/	镜	jìng		nìng	晴	qíng	邢	Xíng	影	yǐng
	jìn	伶	líng		nìng	擎	qíng	形	xíng	映	yìng
京	jīng	灵	líng	咛	*níng	顷	qǐng	型	xíng	硬	yìng
经	jīng	玲	líng	拧	níng/	请	qǐng	醒	xǐng		
茎	jīng	凌	líng		nǐng/	亲	qìng/	杏	xìng		
荆	jīng	铃	líng		nìng		qīn	姓	xìng		
惊	jīng	陵	líng	狞	níng			幸	xìng		
				凝	níng	庆	qìng	性	xìng		

（4）后鼻韵母 eng 单字练读（115 个）。

崩	bēng	进	*bèng		chèn	承	chéng	程	chéng	骋	*chěng
绷	bēng/	蹦	bèng	撑	chēng	诚	chéng	澄	chéng/	秤	chèng
	běng/	层	céng	丞	*chéng	城	chéng		dèng	灯	dēng
	bèng	蹭	cèng	成	chéng	乘	chéng	橙	chéng	登	dēng
泵	bèng	称	chēng/	呈	chéng	惩	chéng	逞	chěng	蹬	dēng

等	děng	讽	fěng	坑	kēng	抨	*pēng	省	shěng/	征	zhēng
邓	Dèng	风	fèng	铿	*kēng	烹	pēng		xǐng	挣	zhēng/
凳	dèng	奉	fèng	棱	léng	朋	péng	胜	shèng		zhēng
瞪	dèng	更	gēng/	冷	lěng	彭	péng	圣	shèng	睁	zhēng
丰	fēng		gèng	愣	*lèng	棚	péng	盛	shèng/	筝	zhēng
风	fēng	庚	*gēng	氓	méng	硼	péng		chéng	蒸	zhēng
枫	fēng	耕	gēng	萌	méng	蓬	péng	剩	shèng	拯	zhěng
封	fēng	羹	gēng	盟	méng	篷	péng	疼	téng	整	zhěng
疯	fēng	哽	*gěng	蒙	méng/	膨	péng	腾	téng	正	zhèng
峰	fēng	埂	gěng		mēng/	捧	pěng	滕	*téng		zhèng
烽	*fēng	耿	gěng		Měng	碰	pèng	藤	téng	证	zhèng
锋	fēng	梗	gěng	猛	měng	升	shēng	曾	zēng/	郑	zhèng
蜂	fēng	恒	héng	锰	měng	生	shēng		céng	政	zhèng
冯	Féng	横	héng/	蜢	*měng	声	shēng	增	zēng	症	zhèng/
逢	féng		hèng	孟	mèng	牲	shēng	憎	zēng		zhēng
缝	féng/	衡	héng	梦	mèng	笙	shēng	赠	zèng		
	fèng	吭	kēng	能	néng	绳	shéng	争	zhēng		

2. 前鼻韵母 an 和后鼻韵母 ang 单字练读(本表共选取含前鼻韵母 an 和后鼻韵母 ang 的单字 100 个)。

(1) 前鼻韵母 an 单字练读(50 个)。

安	ān	产	chǎn	竿	gān	瞰	kàn	盘	pán	探	tàn
按	àn	颤	chàn	秆	gǎn	拦	lán	盼	pàn	咱	zán
颁	bān	耽	dān	赣	Gàn	懒	lǎn	伞	sǎn	暂	zàn
板	bǎn	胆	dǎn	酣	hān	烂	làn	衫	shān	粘	zhān
扮	bàn	诞	dàn	寒	hán	瞒	mán	闪	shǎn	斩	zhǎn
餐	cān	帆	fān	喊	hǎn	满	mǎn	善	shàn		
惨	cǎn	烦	fán	捍	hàn	幔	màn	摊	tān		
灿	càn	返	fǎn	刊	kān	南	nán	潭	tán		
缠	chán	犯	fàn	砍	kǎn	攀	pān	毯	tǎn		

(2) 后鼻韵母 ang 单字练读(字 50 个)。

昂	áng	榜	bǎng	肠	cháng	畅	chàng	挡	dǎng	妨	fáng
盎	àng	蚌	bàng	偿	cháng	倡	chàng	档	dàng	仿	fǎng
帮	bāng	苍	cāng	敞	chǎng	裆	dāng	方	fāng	放	fàng

缸 gāng	炕 kàng	嚷 nāng	嗓 sǎng	膛 táng	掌 zhǎng
港 gǎng	郎 láng	囊 náng	商 shāng	躺 tǎng	帐 zhàng
杠 gàng	朗 lǎng	乓 pāng	赏 shǎng	烫 tàng	
杭 háng	浪 làng	旁 páng	尚 shàng	趟 tàng	
康 kāng	忙 máng	胖 pàng	汤 tāng	葬 zàng	
扛 káng	莽 mǎng	桑 sāng	塘 táng	张 zhāng	

3. 复韵母 ai、ei、ao、ou 单字练读(本表共选取含复韵母 ai、ei、ao、ou 的单字 200 个)。

(1) 复韵母 ai 单字练读(50 个)。

哀 āi	裁 cái	改 gǎi	迈 mài	赛 sài	再 zài
癌 ái	彩 cǎi	盖 gài	脉 mài	筛 shāi	摘 zhāi
矮 ǎi	菜 cài	孩 hái	乃 nǎi	晒 shài	宅 zhái
爱 ài	拆 chāi	海 hǎi	奶 nǎi	胎 tāi	窄 zhǎi
掰 bāi	柴 chái	害 hài	耐 nài	抬 tái	债 zhài
白 bái	呆 dāi	开 kāi	拍 pāi	太 tài	
摆 bǎi	歹 dǎi	慨 kǎi	牌 pái	泰 tài	
拜 bài	戴 dài	赖 lài	派 pài	灾 zāi	
猜 cāi	该 gāi	买 mǎi	腮 sāi	宰 zǎi	

(2) 复韵母 ei 单字练读(50 个)。

卑 bēi	辈 bèi	沸 fèi	泪 lèi	美 měi	赔 péi
杯 bēi	飞 fēi	肺 fèi	类 lèi	妹 mèi	沛 pèi
悲 bēi	非 fēi	黑 hēi	枚 méi	昧 mèi	佩 pèi
碑 bēi	啡 fēi	雷 léi	眉 méi	媚 mèi	配 pèi
北 běi	肥 féi	镭 léi	梅 méi	馁 něi	贼 zéi
贝 bèi	匪 fěi	垒 lěi	媒 méi	内 nèi	
备 bèi	诽 fěi	蕾 lěi	煤 méi	胚 pēi	
倍 bèi	吠 fèi	儡 lěi	霉 méi	陪 péi	
被 bèi	废 fèi	肋 lèi	每 měi	培 péi	

(3) 复韵母 ao 单字练读(50 个)。

凹 āo	雹 báo	糙 cāo	岛 dǎo	告 gào	靠 kào
袄 ǎo	宝 bǎo	曹 cáo	到 dào	豪 háo	捞 lāo
傲 ào	报 bào	吵 chǎo	糕 gāo	浩 hào	牢 láo
包 bāo	爆 bào	刀 dāo	搞 gǎo	考 kǎo	老 lǎo

烙 lào	挠 náo	跑 pǎo	嫂 sǎo	讨 tǎo	找 zhǎo
猫 māo	恼 nǎo	饶 ráo	勺 sháo	套 tào	
茅 máo	闹 nào	扰 rǎo	哨 shào	凿 záo	
铆 mǎo	抛 pāo	绕 rào	涛 tāo	造 zào	
茂 mào	咆 páo	搔 sāo	逃 táo	招 zhāo	

(4) 复韵母 ou 单字练读(50 个)。

抽 chōu	否 fǒu	厚 hòu	偶 ǒu	艘 sōu	帚 zhǒu
仇 chóu	沟 gōu	抠 kōu	柔 róu	嗽 sòu	咒 zhòu
绸 chóu	狗 gǒu	口 kǒu	肉 ròu	偷 tōu	宙 zhòu
丑 chǒu	苟 gǒu	扣 kòu	收 shōu	头 tóu	走 zǒu
凑 còu	构 gòu	寇 kòu	手 shǒu	投 tóu	奏 zòu
兜 dōu	垢 gòu	谋 móu	首 shǒu	透 tòu	
抖 dǒu	猴 hóu	某 mǒu	寿 shòu	舟 zhōu	
陡 dǒu	吼 hǒu	鸥 ōu	受 shòu	粥 zhōu	
豆 dòu	后 hòu	呕 ǒu	搜 sōu	肘 zhǒu	

(三) 声韵母类推列举表

本表含声母 z 和 zh、c 和 ch、s 和 sh 代表字类推表;韵母 en 和 eng、in 和 ing 代表字类推表,共选取代表字 184 个。本表中列举的代表字和类推出的字均为《普通话水平测试用普通话词语表》范围中的字。

1. 声母 z 和 zh、c 和 ch、s 和 sh 代表字类推表(本表选取声母代表字 111 个)。

zh声母	至—致 侄 窒 桎
丈—仗 杖	贞—侦
专—转 砖 传	朱—珠 株 蛛 诛
支—枝 肢 吱	争—挣 睁 筝
止—趾 址	志—痣
中—忠 钟 仲 种 肿 盅 衷	折—哲 浙 蜇
长—账 胀 帐 张 涨	者—著 诸 猪 煮
主—注 住 驻 拄 柱 蛀	直—值 置 植 殖
正—政 证 症 征 整	知—智
占—站 战 粘 沾 毡	旨—指 脂
只—织 职 帜	珍—诊 疹
召—招 昭 照 诏 沼	真—镇
执—挚	振—震

章—障　樟　彰

啄—琢

z声母

子—字　仔　籽

砸—咂

宗—棕　综　踪　粽　鬃

卒—醉

责—啧

兹—滋

组—租　阻　祖　诅

资—姿　咨

曾—赠　增　憎

赞—攒　臜

澡—躁　噪　燥　藻

奏—揍

尊—遵

最—撮

ch声母

叉—权

斥—拆

出—础

池—驰

产—铲

场—畅　肠

成—城　诚　盛

抄—炒　吵　钞

辰—晨　唇

呈—程　逞

昌—唱　倡　猖　娼

垂—捶　锤　陲

春—蠢

绸—稠　惆

馋—搀

朝—潮　嘲

揣—喘　踹

筹—踌　畴

厨—橱　蹰

创—疮

c声母

才—财　材

寸—村　忖

仓—苍　舱　沧

从—丛

采—彩　菜　踩　睬

参—惨

挫—锉

曹—槽　嘈

崔—催　摧　璀

窜—蹿

搓—磋

慈—磁

次—瓷　茨

此—雌

粹—翠　瘁　萃　悴　啐　淬

醋—错　措

测—侧　厕

sh声母

山—讪

少—沙　纱　砂

市—柿

申—审　伸　神　呻　绅　婶　砷

生—胜　笙　牲

召—绍

式—试　拭

师—狮　筛

舒—抒

诗—侍　恃

叔—淑

尚—赏　裳

受—授　绶

舍—舒

刷—涮

姗—珊

扇—煽

捎—哨　稍　梢

孰—熟　塾

率—摔

善—膳　缮

暑—曙　署　薯

s声母

四—泗

司—饲　伺　嗣

松—颂　讼

思—腮　鳃

搜—艘

梭—唆　酸

桑—嗓

遂—隧　邃

散—撒

斯—撕　厮　嘶

锁—琐

2. 韵母 en 和 eng、in 和 ing 代表字类推表(本表选取韵母代表字 73 个)。

en 韵母

门—焖　们　闷

刃—忍　纫　韧

分—芬　份　粉　纷　酚　氛　盆

任—妊　饪

本—笨　苯

申—审　伸　神　呻　绅　婶　砷

珍—疹　诊　趁

贞—侦

根—跟　恳　垦　很　恨　狠　痕

辰—晨　唇　震　蜃　娠

枕—忱　沈

肯—啃

参—渗

愤—喷

甚—斟

真—镇　慎

eng 韵母

风—枫　疯　讽

正—政　证　症　征　整　惩

生—胜　笙　牲

成—城　诚　盛

争—挣　睁　筝

丞—蒸　拯

更—梗　哽　埂

呈—程　逞

奉—捧

朋—棚　硼　崩　蹦　绷

孟—猛　锰

逢—峰　缝　锋　蜂　烽　蓬　篷

乘—剩

曾—憎　增　赠　僧　蹭

彭—膨

登—澄　瞪　凳　蹬　灯　橙

腾—藤　滕

扔—仍

坑—吭

in 韵母

心—沁　芯

今—矜　吟　琴

斤—近　靳　欣　新　薪

民—泯　抿

因—姻

阴—荫

尽—烬

辛—锌 亲

林—琳 淋 霖 彬 禁

侵—浸 寝

宾—滨 鬓 摈

谨—勤

禽—擒 噙

禁—襟 噤

嶙—鳞 磷 粼 邻

频—濒

银—垠 龈

平—评 萍 苹 坪

令—玲 领 龄 零 伶 铃 岭
　　 聆 翎 羚

名—铭

廷—挺 艇 庭 蜓

形—型 邢 刑 荆

京—惊 鲸

定—锭

茎—经 径 颈 胫 泾 劲 轻 氢

青—清 请 情 晴 蜻 精 静 睛

亭—停

凌—菱 陵 绫

竟—境 镜

营—萦 莺 荧 萤 莹

ing 韵母

丁—顶 订 钉 盯 叮 汀 厅

婴—樱 鹦 嘤

并—屏 饼 瓶

敬—警 擎

宁—拧 狞 泞 咛

景—憬 影

丙—病 柄

星—腥 醒 猩

（四）上声字练读

本表从《〈普通话水平测试用普通话词语表〉(表一)(表二)用字统计表》中选取了154个上声(第三声),供应试人练读。

矮 ǎi	楚 chǔ	尔 ěr	虎 hǔ	酒 jiǔ	脸 liǎn
袄 ǎo	喘 chuǎn	法 fǎ	缓 huǎn	举 jǔ	两 liǎng
靶 bǎ	闯 chuǎng	抚 fǔ	谎 huǎng	卡 kǎ	咧 liě
彼 bǐ	蠢 chǔn	拱 gǒng	毁 huǐ	渴 kě	柳 liǔ
扁 biǎn	此 cǐ	鼓 gǔ	火 huǒ	恐 kǒng	拢 lǒng
表 biǎo	底 dǐ	寡 guǎ	挤 jǐ	苦 kǔ	鲁 lǔ
瘪 biě	点 diǎn	拐 guǎi	贾 jiǎ	垮 kuǎ	旅 lǚ
跛 bǒ	董 dǒng	馆 guǎn	拣 jiǎn	款 kuǎn	卵 luǎn
捕 bǔ	赌 dǔ	广 guǎng	奖 jiǎng	傀 kuǐ	裸 luǒ
扯 chě	短 duǎn	诡 guǐ	绞 jiǎo	捆 kǔn	码 mǎ
耻 chǐ	盹 dǔn	滚 gǔn	姐 jiě	喇 lǎ	米 mǐ
宠 chǒng	朵 duǒ	果 guǒ	窘 jiǒng	礼 lǐ	免 miǎn

秒	miǎo	抢	qiǎng	甩	shuǎi	腿	tuǐ	许	xǔ	眨	zhǎ
母	mǔ	巧	qiǎo	爽	shuǎng	妥	tuǒ	选	xuǎn	者	zhě
哪	nǎ	且	qiě	水	shuǐ	瓦	wǎ	雪	xuě	指	zhǐ
拟	nǐ	取	qǔ	吮	shǔn	宛	wǎn	雅	yǎ	肿	zhǒng
碾	niǎn	犬	quǎn	死	sǐ	往	wǎng	演	yǎn	肘	zhǒu
鸟	niǎo	惹	rě	耸	sǒng	伪	wěi	仰	yǎng	主	zhǔ
钮	niǔ	乳	rǔ	髓	suǐ	我	wǒ	咬	yǎo	准	zhǔn
努	nǔ	软	ruǎn	笋	sǔn	舞	wǔ	野	yě	紫	zǐ
女	nǚ	蕊	ruǐ	索	suǒ	喜	xǐ	以	yǐ	总	zǒng
暖	nuǎn	洒	sǎ	塔	tǎ	险	xiǎn	永	yǒng	组	zǔ
匹	pǐ	傻	shǎ	体	tǐ	想	xiǎng	有	yǒu	嘴	zuǐ
普	pǔ	始	shǐ	铁	tiě	晓	xiǎo	羽	yǔ	左	zuǒ
启	qǐ	署	shǔ	统	tǒng	写	xiě	远	yuǎn		
浅	qiǎn	耍	shuǎ	土	tǔ	朽	xiǔ	允	yǔn		

（五）容易读错的字练读

本表从《〈普通话水平测试用普通话词语表〉（表一）（表二）用字统计表》中选取了 299 个容易出现误读的字，供应试人参考。

1. 容易误读的形近字（147 个）。

bá—bō—pō　　　　bái—bǎi　　　biāo—piāo—piáo—piǎo—piào(piāo piǎo)

拔—拨—泼　　　白—百　　　　膘 — 飘 — 瓢 — 瞟 — 漂

bì—biē—piē—piě(piē)　　　bīn—bìn—bìn　　　chán—chán—chǎn—dǎn

弊—憋—瞥—撇　　　　滨—鬓—摈　　　禅 — 蝉 — 阐 — 掸

chè—chè—zhé—sǎ(sā)　　chuài—tuān—ruì—duān—chuāi(chuǎi)　　chuō—lù

撤—澈—辙—撒　　　　踹 — 湍 — 瑞 — 端 — 揣　　　　戳 —戮

chuāng—cāng—cāng—chuàng(chuāng)　　chuò—duō—zhuì　　cuàn—zuǎn

疮 — 舱 — 苍 — 创　　　　啜 — 掇 — 缀　　篡 — 纂

diàn—zhàn—dìng　　gài—gài—kǎi　　hùn—hún　　jìn—bèng　　jiū—qiāo

淀 — 绽 — 锭　　　概 — 溉 — 慨　　混 — 浑　　进 — 迸　　揪 — 锹

jí—jiè　kàng—kàng—kēng　kuā—kuà—kuà—kuǎ　　kuàng—kuàng—kuāng

籍—藉　亢 — 炕 — 坑　　夸 — 跨 — 挎 — 垮　　眶 — 框 — 筐

kōu—ǒu—ōu　léng—suō　lì—sù—piào　liǎng—liǎ—liàng　nài—nà

抠 — 呕 — 讴　棱 — 梭　栗 — 粟 — 票　两 — 俩 — 辆　奈 — 捺

náo—rào—ráo　　pī—pēi　　qì—xiē　　rì—yuē　　ruò—rě—nuò

挠 — 绕 — 饶　　坯 — 胚　　契 — 楔　　日 — 曰　　若 — 惹 — 诺

shī—zǎo—sāo　　shuā—shuàn　　suí—duò　　tā—tà—tà　　tí—dī
虱 — 蚤 — 骚　　刷 — 涮　　隋 — 惰　　塌 — 榻 — 蹋　　提 — 堤

tuǒ—něi—suí　　wèi—mò　　xiàn—xiàn—qiā—yàn　　xiāng—náng—rǎng
妥 — 馁 — 绥　　未 — 末　　陷 — 馅 — 掐 — 焰　　镶 — 囊 — 嚷

xiǎng—shǎng—xiǎng　　xīn—xiān　　xuān—xuàn—xuān—xuān
响 — 晌 — 饷　　欣 — 掀　　宣 — 渲 — 喧 — 暄

xuàn—xuàn—xián—xián　　yīn—yìn(yīn)　　yōng—yǒng　　yú—yǔ　　yún—jūn
炫 — 眩 — 弦 — 舷　　阴 — 荫　　拥 — 涌　　于 — 予　　匀 — 均

zàn—zhǎn　　zào—zào—zào—cāo—zǎo—sào(sāo)　　zhèng—zhì　　zhuó—zhú
暂 — 崭　　燥 — 躁 — 噪 — 操 — 澡 — 臊　　郑 — 掷　　浊 — 烛

2. 容易误读声旁的字(80个)。

ái	ài	bí	bì	bì	cāo	chǎn	chè	chēng	chěng
皑	隘	荸	愎	婢	糙	谄	掣	瞠	骋
chì	chù	cóng	cǔn	dí	duō	fù	guī	hé	huái
炽	怵	淙	忖	涤	咄	讣	皈	涸	踝
huì	huì	jiān	jiào	jiē	jīng	jiǔ	jū	jǔ	kài
讳	秽	缄	酵	秸	粳	韭	狙	矩	忾
kàn	kè	kù	kuài	kuī	mái	mèi	mèn	miǎo	pàn
瞰	恪	绔	脍	岿	霾	袂	懑	藐	畔
pí	pì	qí	qí	qiè	qǔ	quán	rěn	rù	shēn
毗	媲	歧	畦	怯	龋	蜷	稔	褥	娠
shěn	shì	shòu	shū	shǔn	sǒng	tà	tiáo	tòng	tuí
哂	谥	狩	枢	吮	悚	挞	迢	恸	颓
tuì	wān	xí	xiá	xián	xù	xuǎn	xuè	xùn	yè
蜕	剜	檄	黠	涎	酗	癣	谑	逊	谒
yì	yì	yuán	yùn	zhēn	zhēn	zhēn	zhèng	zhì	zǐ
诣	翌	垣	愠	箴	砧	臻	诤	栉	梓

3. 容易读错的冷僻字(72个)。

ào	bó	chán	chàn	chì	cuàn	chēn	chī	chōng	chōng
坳	礴	潺	忏	啻	篡	抻	嗤	舂	憧
cūn	dú	duì	dā	diān	dòu	dǔ	è	fàn	fáng
皴	犊	兑	耷	滇	窦	笃	厄	梵	妨
gèn	gēng	gěng	gàn	hài	huà	huì	jǐ	jǐng	jiǒng
亘	庚	梗	赣	骇	桦	喙	戟	阱	窘
jiào	jiù	jiù	jù	kāi	kuī	má	míng	miè	náng
窖	臼	厩	遽	揩	窥	蟆	冥	蔑	囊

niē	niè	niǎn	nì	pán	pēng	péi	qī	qǐ	qián
捏	镍	捻	溺	槃	烹	裴	沏	绮	潜

qū	qū	qué	ráo	sè	shāi	shùn	shì	shì	sì
祛	蛆	瘸	饶	涩	筛	舜	舐	螫	俟

sì	sāo	shè	tián	tuò	xué	xǐ	xiàn	xù	yì
祀	缫	赦	恬	唾	穴	铣	霰	婿	裔

yè	zhě
曳	褶

第三节　读多音节词语指导

一、目的与范围

　　读多音节词语的测试目的,除了测查应试人声母、韵母、声调的发音情况外,还要测查应试人变调、轻声、儿化等音变的标准程度。这个测试项要求应试人在 2.5 分钟之内完成双音节词语、三音节词语或四音节词语共计 100 个音节的发音,共 20 分。

　　在 100 个音节中,轻声音节不少于 3 个,儿化音节不少于 4 个,上声与上声相连的词语不少于 3 个,上声与非上声相连的词语不少于 4 个。每个音节的声、韵、调(包括各种音变)中的任何一部分读错,作整个音节错误处理,扣 0.2 分,同样,其中的任何一部分有缺陷,作整个音节缺陷处理,扣 0.1 分。

　　读多音节词语测试项的测查范围,为《普通话水平测试纲要》的"普通话水平测试用普通话词语表",该表共收词语 17 055 条。本书针对本测试项的测查重点和常见的应试难点,选取词语表的部分内容,供应试人学习和准备。

二、重点与难点

　　读多音节词语的分值占总分的 20%,是一个十分重要的测试项。对应试人来说,读单音字词测试项应试指导中提到的那些常见语音难点,同样是本测试项容易出现的问题,而且,由于它们出现在词语中,受到其他音节的干扰,更会在一定程度上增加判断和反应的困难,因此,这些语音难点同样是我们准备的重点和难点。由于本测试项还要测查应试人变调、轻声、儿化等音变(所谓音变,就是当两个音节或是两个以上的音节连在一起时,有时因其中的音素或声调相互影响,而产生的语音变化)的标准程度,这对除北方方言区以外的各方言区应试人来说,同样是值得关注的难点。除音变现象外,汉字的多音现象等其他容易读错的词语也是本测试项的常见失分点。以下,我们就这些语音问题进行分类分析。

(一)变调

由于临近音节声调的影响,有些音节的声调往往要发生变化。这种声调变化现象叫变调。普通话中的四个声调中,变化最明显的是上声(第三声)和两个具体词语"一"和"不"。这里的变调音节注音时标原调,朗读时读变调。重叠形容词的有些音节也会产生变调现象。

1. 上声的变调。

(1)掌握上声的变调规律。上声在非上声(阴平、阳平、去声)前面变成半上,即调值由214变成21;上声在上声前面,前一个上声变得近乎阳平,即由214变成24,接近阳平调值35,而后一个上声仍然读原调214。

记忆口诀:上上相连,前"上"变"阳";上在非上前,变成"半上"。

(2)学会上声在非上声前的发音。

上声在阴平前:祖先　好枪　采摘　洗衣

上声在阳平前:祖国　好人　采撷　洗头

上声在去声前:祖父　好棒　采购　洗菜

(3)学会上声在上声前的发音,并辨正容易读错的上上相连词语。

处理	感慨	给以	给予	尽管	勉强	偶尔	请帖	所属	往返
总得	补给	草拟	处暑	处死	诋毁	短跑	梗阻	枸杞	骨髓
果脯	脊髓	济济	给养	搅扰	矩尺	咯血	可鄙	恳请	傀儡
懒散	凛凛	腼腆	脑髓	拟稿	予以	捧场	漂染	龋齿	曲谱
染指	省俭	萎靡	猥琐	窈窕	咫尺	纸捻	准予		

2. "一"的变调。

(1)掌握"一"的变调规律。"一"的本调:"一"在单念或在词末时念原调阴平,即"第一声",如"第一"、"十一"、"二分之一"、"九九归一"、"始终如一"等。

"一"的变调:"一"在去声(第四声)前面,变为阳平;"一"在非去声(第一声、第二声、第三声)前面,变为去声。

记忆口诀:你去我不去,你不去我去。

(2)学会"一"的变调的发音。

在第四声前:一件、一句、一定、一副、一切、一夜、一趟、一次、一下、一贯、一度、一再。

在第一声前:一根、一双、一些、一天、一杯、一边、一生、一般、一心、一端、一瞥、一招。

在第二声前：一直、一头、一年、一连、一条、一行、一瓶、一时、一团、一齐、一排、一叠。

在第三声前：一本、一笔、一种、一脚、一碗、一起、一闪、一首、一体、一早、一举、一宿。

3. "不"的变调。

（1）掌握"不"的变调规律。"不"的本调："不"在单念或在词末时念原调去声，即"第四声"，如"不"、"我不"、"决不"等；在阴平、阳平、上声，即第一声、第二声、第三声前面时也念去声，如"不安"、"不行"、"不好"；在去声（第四声）前面变为阳平（第二声），如"不论"。

记忆口诀：你去我不去。

（2）学会"不"的变调的发音。在第四声前：不对、不幸、不愧、不但、不屑、不孝、不适、不坏、不去、不坐、不睡、不错。

4. 重叠形容词的变调。

（1）AA 式——单音节的形容词重叠。重叠部分（后一音节）如果不儿化，就保持原调不变；重叠部分（后一音节）如果儿化，不管这个音节原来是什么声调，都变成阴平（第一声）。例如：

hǎohǎo——hǎohāor	kuàikuài——kuàikuāir
好好　　　好好儿	快快　　　快快儿
zǎozǎo——zǎozāor	mànmàn——mànmānr
早早　　　早早儿	慢慢　　　慢慢儿

（2）AABB 式——双音节的形容词重叠。第二个音节轻读，后面的重叠部分可以都变成阴平（第一声），也可以不变。例如：

piàopiaoliāngliāng	lǎolaoshīshī	zhěngzhengqīqī
漂漂亮亮	老老实实	整整齐齐
gānganjīngjīng	pòpolānlān	
干干净净	破破烂烂	

（3）ABB 式——后面重叠的两个音节可以变为阴平（第一声），也可以不变。例如：

máorōngrōng	ruǎnmiānmiān	hóngtōngtōng
毛茸茸	软绵绵	红彤彤
chéndiāndiān	xiàoyīngyīng	liàngjīngjīng
沉甸甸	笑盈盈	亮晶晶

变调词语练读见"难点词语练习（一）"（88 页）

（二）轻声

1. 了解轻声的特点。普通话的每一个音节都有一定的声调，可是在词或句子里，有的音节常常失去原有的声调而读成又轻又短的调子。轻声注音时不标声调。

轻声音节的特点是：

（1）存在于词语和句子中。

（2）一般在词中、词末或句中、句末，绝不会在词头或句首。

（3）决定轻声的因素，主要是音长短，其次是音高低。

2. 学会轻声的发音。

（1）有附点感。发音时，适当延长前一音节的长度，顺势落到后一音节，点到为止。

（2）不能吃字。轻声不是一味地轻，轻得连韵母也没有，只发一个声母。其实，轻声的特点主要是短，其次是低，何况有的轻声音节的调值比前一音节要高，但因为短，所以还是轻声。

（3）练习轻声音节调值的两种形式。第一种，当前面一个音节的声调是阴平、阳平、去声的时候，后面一个轻声音节的调形是短促的低降调，调值为（调值下加短横线表示音长短，下同）31，如先生、粮食、漂亮。第二种，当前面一个音节的声调是上声的时候，后面一个轻声音节的调形是短促的半高平调，调值为 44，如耳朵、老实、口袋、首饰、使唤。

3. 掌握轻声的规律。

（1）记住语法轻声（有规律的）。

① 助词读轻声。助词包括结构助词（"的""地""得"）、时态助词（"着""了""过"）、语气助词（"啊""吧""吗""呢"）。例如：

tāde	mànmànde	chòudehěn	xiàozhe	zǒule	kànguo	láiba
他的	慢慢地	臭得很	笑着	走了	看过	来吧

zǒuma	shuíne
走吗	谁呢

② 名词的后缀读轻声。双音节词大部分是合成词，这些合成词中，有的语素意义实在，称之为词根；少数语素只出现在词根的前后，只有语法意义，没有实在意义的，我们称之为词缀。在词根后面的词缀如"子、头、们"等都读轻声。例如：

gēnzi	xiùzi	zhuōzi	xiézi	chēzi	yǐzi
根子	袖子	桌子	鞋子	车子	椅子
kùzi	màozi	gǎotou	kǔtou	shítou	hàotou
裤子	帽子	镐头	苦头	石头	号头
zhàotou	làngtou	fēngtou	wǒmen	tāmen	nǐmen
兆头	浪头	风头	我们	他们	你们
shīfumen	lǎoshīmen	xuéshengmen			
师傅们	老师们	学生们			

③ 叠音的名词读轻声。有些名词是两个音节重叠，表现在汉字上就是相同的两个字。这种叠音名词一般后一个音节读成轻声。例如：

bàba	yéye	nǎinai	gēge	jiějie	xīngxing
爸爸	爷爷	奶奶	哥哥	姐姐	星星
bǎobao	lǎolao	shūshu	shěnshen	dìdi	jiùjiu
宝宝	姥姥	叔叔	婶婶	弟弟	舅舅

④ 动词的尝试态读轻声。有些动词重叠，表示一种尝试着做的意思，这种形式一般后一个音节也读成轻声。例如：

kànkan	zǒuzou	xiǎngxiang	tīngting	zuòzuo	dúdu
看看	走走	想想	听听	做做	读读
xiěxie	huàhua	xiàoxiao	shìshi	tántan	shuìshui
写写	画画	笑笑	试试	谈谈	睡睡

⑤ 方位名词读轻声。在名词、代词后面的表示方位的词可以读成轻声。例如：

shùshang	xiāngxia	dìshang	huáili
树上	乡下	地上	怀里
guìdǐngshang	xiǎolùshang	tiānshang	píngrìli
柜顶上	小路上	天上	平日里

⑥ 趋向词读轻声。动词后面的一种表示趋向的词，往往也可以读成轻声。例如：

jìnlai	chūqu	tiàoxialai	páshang
进来	出去	跳下来	爬上
kànxiaqu	zǒuguoqu	xiàoqilai	zuòxia
看下去	走过去	笑起来	坐下

⑦ 有一个相同词素的一组词，一般都读轻声，可以集中记忆。例如：

huàichu	kǔchu	hàichu	nánchu	yìchu
坏处	苦处	害处	难处	益处
chángchu	duǎnchu	yòngchu	hǎochu	píjiang
长处	短处	用处	好处	皮匠
wǎjiang	mùjiang	tóngjiang	qījiang	tiějiang
瓦匠	木匠	铜匠	漆匠	铁匠
xiéjiang	tòngkuai	shuǎngkuai	sōngkuai	liángkuai
鞋匠	痛快	爽快	松快	凉快
gōngqian	shǎngqian	běnqian	jiàqian	yuèqian
工钱	赏钱	本钱	价钱	月钱
xiùqi	míngqi	kuòqi	jiéqi	xiǎoqi
秀气	名气	阔气	节气	小气
yùnqi	kèqi	héqi	fúqi	gànshi
运气	客气	和气	福气	干事
běnshi	chāishi			
本事	差事			

(2) 积累习惯轻声(无规律的)。普通话中大部分轻声词语是习惯上读轻声的,没有规律。如裁缝、萝卜、别扭、窗户、明白、事情等。这些词语需要在学习和运用普通话过程中多记多练,逐步加以积累。

(3) 辨别容易读错的轻声词。例如:

把手	本事	部分	长处	凑合	打扮	打发	打量	打算	打听
耽误	倒腾	东边	动静	队伍	对付	富余	告诉	骨头	故事
规矩	活泼	伙计	机灵	脊梁	记号	记性	宽敞	利害	力量
玫瑰	牌楼	清楚	情形	任务	烧饼	生意	牲口	时候	事情
收成	收拾	说法	斯文	岁数	踏实	特务	听见	妥当	委屈
位置	稳当	学生	胭脂	应酬	云彩	早上	招牌	指甲	琢磨

轻声词语练读见"难点词语练习(二)"(94 页)

(三) 儿化

1. 了解儿化的特点和作用。

(1) 特点:儿化是"儿"(er)同它前面的韵母结合起来后失去了独立性,"化"到前一个音节上,只保持一个卷舌动作,使两个音节融合为一体,并或多或少改变原来韵母的读音而形成的一种卷舌韵母。因此,儿化的特点有 3 个:一是卷舌;二是两个汉字读一个音节;三是实际读音的音素已不是原韵母的音素。儿化音节注音时在原韵母后加"r"。

(2) 作用:一是儿化有区别词义的作用。如"头"是指脑袋,"头儿"是指领导;二是儿化有区别词性的作用,如"画"是动词,"画儿"是名词;三是儿化能表示亲切、喜爱的感情,如鲜花儿、小鸟儿、小孩儿、小脸蛋儿,加不加儿化韵感觉就不一样;四是儿化有表示轻微和细小的意思,如纸条儿、药丸儿、小不点儿等。

2. 掌握儿化的实际读法。儿化音变的基本性质是使一个音节的主要元音带上卷舌色彩(-r 是儿化韵的形容性符号,不把它作为一个音素看待),儿化韵的音变条件取决于韵腹元音是否便于发生卷舌动作。因此,方言区的人学习儿化,必须掌握儿化韵的音变规则。

(1) 韵腹或韵尾是"a""o""e""u"的韵母儿化,原音素基本不变,只需在发该音素或该韵母的同时带上卷舌动作。例如:

a:	在哪——在哪儿	ia:	一下——一下儿	ua:	香瓜——香瓜儿
o:	山坡——山坡儿	uo:	大伙——大伙儿	ao:	熊猫——熊猫儿
iao:	小鸟——小鸟儿	e:	山歌——山歌儿	ie:	树叶——树叶儿
üe:	有约——有约儿	u:	水珠——水珠儿	ou:	裤兜——裤兜儿
iou:	小牛——小牛儿				

(2) 韵尾是"i"的韵母儿化,儿化以后韵尾失落,变成在主要元音(韵腹)上加卷舌动作。例如:

ai: 小孩——小孩儿　　ei: 后背——后背儿　　ei: 宝贝——宝贝儿

uai: 一块——一块儿　　uei: 香味——香味儿　　ui: 配对——配对儿

(3) 前鼻音韵母儿化时,失落了韵尾"n",在主要元音(韵腹)上加卷舌动作。例如:

an: 脸蛋——脸蛋儿　　ian: 一点——一点儿　　uan: 好玩——好玩儿

üan: 花园——花园儿　　en: 墙根——墙根儿　　in: 有劲——有劲儿

uen: 嘴唇——嘴唇儿　　üan: 汤圆——汤圆儿　　ian: 小钱——小钱儿

(4) 后鼻音韵母的儿化,韵尾同前面的主要元音(韵腹)合成鼻化元音,同时加上卷舌动作。例如:

ang: 帮忙——帮忙儿　　iang: 亮——亮儿

uang: 蛋黄——蛋黄儿　　eng: 板凳——板凳儿

ing: 小瓶——小瓶儿　　ueng: 瓮——瓮儿

ong: 胡同——胡同儿　　iong: 小熊——小熊儿

(5) 韵母是"i"、"ü"的儿化,在原来的韵母之后加上"er","e"成为韵腹,读的时候响亮一些,长一些。例如:

i: 小鸡——小鸡儿　小玩意——小玩意儿 梨——梨儿　　手艺——手艺儿

ü: 金鱼——金鱼儿　小驴——小驴儿　　痰盂——痰盂儿 宝玉——宝玉儿

(6) 舌尖元音儿化,原韵母失落,变成 er。例如:

-i: 棋子——棋子儿　小词——小词儿　写字——写字儿　一根刺——一根刺儿

-i: 乳汁——乳汁儿　小指——小指儿　小尺——小尺儿　钥匙——钥匙儿

3. 辨正练习易错的儿化词。

冰棍儿	旦角儿	铺盖卷儿	说头儿	针鼻儿	蝈蝈儿
藕节儿	蒲墩儿	死扣儿	中间儿	爆肚儿	裤衩儿
盘儿菜	蛐蛐儿	头头儿	爪儿	本色儿	愣神儿
刨根儿	桑葚儿	兔儿爷	爷们儿	单弦儿	拈阄儿
上座儿	应名儿	爷儿们			

儿化词语练读见"难点词语练习(三)"(100 页)

（四）多音现象

多音字在汉字中占相当比例,据粗略统计,约占 3 500 个常用字的 10%。普通话水平测试中,读单音节字词测试项中没有出现多音字,但在读多音节字词测试项的词语中,就有不少多音字出现,由于没掌握词语里的多音字读音,不少人难免读错。如"地壳(qiào)"、"给(jǐ)予"、"模(mú)样",就容易错念成"地壳(ké)"、"给

(gěi)予"、"模(mó)样",这是因为多音字几个读音的使用频率不同,组合进词语后,应试人容易按常用的、习惯的读音去读而造成错读。这就需要我们掌握多音字的不同读音,尽量减少误读。

1. 形成多音字的几种情况。

(1) 由于词性不同而读多音的。如"长"作形容词时读 cháng(长久、长远),作动词时读 zhǎng(生长、成长);"数"作动词时读 shǔ(数不清、数落),作名词时读 shù(数量、数据)。这时,不同的读音有区别词性的作用。

(2) 由于词义不同而读多音的。如"降"作为动词,表示"下落"的意思时读 jiàng(下降、降雨),表示"归顺、使驯服"的意思时读 xiáng(投降、降龙伏虎);又如"看"表示"瞧、望"的意思时读 kàn(看见、看望),表示"看守、看护"的意思时读 kān(看守、看护)。这时,不同读音有区别词性的作用。

(3) 由于普通用法和人名地名等用法不同而造成多音的。如"单"的一般用法读 dān(单位、简单),用于姓氏和地名读 shàn(单县),而用于古代匈奴君主的称号,读作 chán(单于);又如"朴"的一般用法读 pǔ(朴实、俭朴),用于姓氏读作 piáo。

(4) 由于使用情况不同而读多音的。如"剥"单用时读 bāo(剥花生、剥皮),用于合成词时读 bō(剥夺、剥削);又如"削"单用时读 xiāo(削果皮、削铅笔),用于合成词时读 xuē(削弱、瘦削)。这时,不同读音有区别用法的作用。

(5) 由于语体不同而读多音的。如"血"用于书面语时读 xuè(血海深仇、血压),常组成复合词,用于口语时读 xiě(流血了、吐了两口血),常单用;又如"落"用于书面语时读 luò(落后、降落),用于口语时读 lào(落枕、落炕)。这时,不同读音有区别语体的作用。

另外,文言文中的一些通假字延续使用到现在,方言词汇的存在等也会造成一字多音现象。

2. 如何掌握多音字词读音。

(1) 抓住重点,掌握多数。多音字中,绝大部分都是因词性不同、词义不同造成的。有人做过统计,在 600 多个常见的多音字中,这两种类型的多音字约有 500 个,掌握了这两种类型的多音多义字,就意味着掌握了大多数的多音字。因此,我们在学习时,应把注意力更多地集中在这两类多音字上。

(2) 利用规律,注意类推。由于大多数多音字的读音有区别词性和词义的作用,所以,只要认真加以比较,其不同的读音还是比较容易掌握的。有些多音字掌握了词性和词义,就能推断一组词中该字的读音。比如动词性的"处"读作 chǔ,那么,动词中的"处"一定读第三声(处罚、处分、处理、判处、惩处、查处、处决、处事、处置、相处),而名词性的"处"读作 chù,那么,名词中的"处"都读第四声（到处、四处、处所、住处）。又如"曲"表示"弯曲、使弯曲"之类含义时读作 qū，那么，有这一含义的词语中的"曲"一定读第一声（曲线、弯曲、扭曲、曲解、曲面、曲轴、曲折），而表示"歌曲、歌谱、戏曲"之类含义时，读作 qǔ，那么，有这一含义的词语中的"曲"一定读第三声（歌曲、戏曲、乐曲、插曲、进行曲、曲调、曲目、曲艺、曲子）。

（3）勤于观察，善于积累。在学习和生活中，我们经常会碰到一些多音字的不同读法，这是掌握多音字的很好机会。比如一次旅游，可能因为一个不同的地名使我们知道了一个字的不同读音；又比如，我们结识了一位新朋友、新同学，就可能了解他姓名中的一个多音字。只要勤于观察思考，我们就会积累起很多这方面的知识。

多音字词练读见"难点词语练习（四）"（102 页）

（五）词的轻重格式

准确掌握普通话声、韵、调的发音，这是学习普通话的基础，非常必要。但是，如果在朗读或说话时，像读字那样把每个字的声韵调原原本本、不折不扣地读出来，就会出现字顿、词顿的现象，听起来会感到很生硬，影响到普通话语调的纯正、自然。产生这种现象的重要原因之一，就是词语的轻重音格式没有把握好。在普通话水平测试的第二、第三、第四个测试项，尤其是朗读短文测试项中，由于应试人对词语的轻重格式掌握不好而读得生硬、不自然的现象是比较常见的。

1. 普通话词的轻重格式的特点。普通话双音节或多音节词语在发音时，各个音节在音量（声音的强弱轻重）上分布并不均衡，它有着约定俗成的轻重、强弱之分，形成了词的轻重音格式。普通话词语的轻重音一般分为四个等次：重、中、次轻、轻。所谓"重"，就是发音响亮清晰，所谓"轻"，就是相对轻短模糊，而"中""次轻"则是介于"重""轻"之间，两者强弱略有不同。

2. 普通话词轻重格式的形式。

（1）轻重格式的基本形式。普通话词轻重格式的基本形式是：双音节、三音节、四音节词语大多数最后一个音节读为重音。双音节词语占普通话词语总数的绝对优势，绝大多数读为"中·重"的格式，如群众、伟大、杰出等；三音节词语大多数读为"中·次轻·重"的格式，如普通话、录音机、幼儿园等；四音节词语大多数为"中·次轻·中·重"格式，如慢条斯理、潜移默化、若无其事等。

（2）双音节词语的后轻形式。掌握不好普通话双音节词语后轻格式的读音是造成朗读或说话生硬、不自然现象的主要原因之一，也是应试人练习时要关注的重点。双音节后轻格式词语可以分为两类：一类为"重·轻"格式，即我们通常所说的轻声词语，如嘴巴、麻烦、规矩、客气等，这在前文已有专门介绍；另一类是"重·中"格式，这部分双音节词语，两个音节的发音相比较，前一音节比后一音节响亮清晰，后一个音节并没有读成轻声，既不重也不轻，我们称之为"重·中"（或描述为"重·次轻"）格式。如爱护、分析、制度、效率等。这部分双音节词语中，有些也可读作"重·轻"格式，我们通常称之为"可轻可不轻"词语。

由于学习普通话时，我们对轻声词语十分关注，通常都会加以专门的介绍和训练，应试人一般都比较了解，因此，在词语的轻重格式方面，我们应侧重关注的就是数量相对较多的"重·中"格式词语。

轻重格式词语练读见"难点词语练习（五）"（118 页）

（六）其他容易读错的词语

1. 容易误读的词语。读多音节词语时，应试人还经常会出现误读词语的现象，也就是说，应试人是因为不了解这些词语的正确读音而造成失误的，这也是值得我们关注的。

（1）词语误读的原因。除前面谈到的多音现象外，造成词语误读还有以下几个原因：

① 有些词语不常用，本身比较生僻。如"秸秆（jiēgǎn）"、"窈窕（yǎotiāo）"、"荫庇（yìnbì）"、"桎梏（zhìgù）"等，由于平时使用频率不高，所以看着眼熟，读起来却很容易出错。

② 有些词受习惯读法影响而容易读错。如将"鲸（jīng）鱼"误读成"鲸（qíng）鱼"、将"枯燥（zào）"误读成"枯燥（cào）"、将"发酵（jiào）"误读成"发酵（xiào）"等，这类错误是受生活中方言的习惯读法而造成的。

③ 因为字词的异读现象（指原来习惯上有两个或几个不同的读音）造成误读。例如将"从（cóng）容"错读作"从（cōng）容"、将"呆（dāi）板"错读作"呆（ái）板"等，这是因为不了解"普通话异读词审音表"（1985 年 12 月修订）的审定情况而造成的。

（2）如何避免词语误读。

① 多查阅《普通话水平测试实施纲要》或工具书。对自己觉得比较生疏的词语，不能想当然地去读，应该查看《普通话水平测试实施纲要》，或查看权威工具书，最新版的《现代汉语词典》是一本比较实用的工具书。

② 充分利用本书的词表和附录。准备时应该着重阅读本书的"容易误读的词语表"、"多音字词表"，以及"普通话异读词审音表"（见本书附录），努力将你自己存在的、却一直没有发现的误读问题解决掉。

③ 重视日常积累。要真正解决词语误读现象，关键在于平时注意积累。从应试人员的角度看，由于各人的学习背景、知识涵养、工作环境、生活经历等的不同，

存在词语误读问题的个体差异性比较大,这就需要各自在平时注意发现问题,及时加以纠正,逐步提高语言素养。

容易误读词语练读见"难点词语练习(六)"(121页)

2. 难点重叠的词语。本测试项中的词语,主要是双音节词语,偶有三音节、四音节词语。这些词语中,有些没有出现上面论及的难点,有些只出现上述难点中的一种,这都比较容易辨析、把握和朗读,但也有不少词语,同时出现了两个以上难点,我们称之为难点重叠。比如"数字"一词中的"数"是翘舌音,"字"是平舌音;"本领"一词中的"本"是前鼻音,"领"是后鼻音。类似的还有声母 r 和 l 音节重叠,声母 n 和 l 音节重叠,鼻韵母 an 和 ang 音节重叠等等。

这些发音难点出现频率较高,使用较普遍,当它们重叠出现在一个词语中时,应试人如果不能瞬间分清,或是虽分辨出了却不能即时准确读出,就会造成失分。因此,应试人必须在掌握单音节发音的基础上,准确辨析多音节词语中音节的读音,由慢到快加强训练,提高发音部位的灵活程度,做到连贯地读准一个词的两个或多个难点音节。

难点重叠词语练读见"难点词语练习(七)"(125页)

三、准备与应试

(一) 准备要领

同读单音节字词的准备一样,应试人应力求掌握上述相关的语音基础知识,指导自己的准备工作;同时,应侧重针对重点和难点词语进行练习;练习时,要结合自己的语音薄弱环节加强练习。在训练时,要注意提高质量,做到触类旁通。在词语训练时还要做到:

1. 注意词语要读得连贯。一个词的几个音节要读得连贯,不能一个音节一个音节地读出,这首先是因为一个词表达一个完整的意义,割裂开的话不符合交际的语流规范,影响词义的表达,而且如果不能连贯读出,将影响词语中音变现象的表现。

2. 注意音变因素对读音的影响。前面已经说过,本项测试的目的之一是测查应试人变调、轻声、儿化等音变的掌握情况。一般来说,本项试题中上声和上声连读的词语不少于 3 个,上声(在前)和其他声调(阴平、阳平、去声、轻声)连读的词语不少于 4 个,轻声词语不少于 3 个,儿化词语不少于 4 个(且为不同的儿化韵母)。这些音变词语,除儿化词有明显的标记外(词末有"儿"字),其余的都要靠应试人的积累和反应,要在刹那间判断音变现象并准确读出。在准备过程中,就需注意这方面的训练。

（二）应试要领

同单音节字词的应试要领一样，本项测试应该横向朗读，要掌握合适的语速，读得从容不迫，清晰响亮。如果发现读错了，同样可以重复读一次。另外，碰到生僻词语不要轻易放弃。除此以外，还要注意以下几点：

1. 词语读得连贯，词和词之间应略有停顿，切忌一字一顿。

2. 词末的上声读本调，调值为 214，不能读半上 21。

3. 本项测试限时 2.5 分钟，要把握好时间。既要把词语读得从容饱满，又不能超时。

四、难点词语练习

（一）变调词语练读

本表从《普通话水平测试用普通话词语表》中选取了 560 个涉及变调的词语，包含了 3 类变调词语：上声变调词语、"一"的变调词语、"不"的变调词语。

1. 上声在第一声前词语的变调练读（本表共选取上声在第一声前的词语 60 个）。

摆脱	bǎituō	感光	gǎnguāng	满腔	mǎnqiāng
保安	bǎo'ān	港湾	gǎngwān	哪些	nǎxiē
北方	běifāng	股东	gǔdōng	扭曲	niǔqū
补贴	bǔtiē	拐弯	guǎiwān	女工	nǚgōng
笔尖	bǐjiān	管家	guǎnjiā	普通	pǔtōng
贬低	biǎndī	广播	guǎngbō	起飞	qǐfēi
打开	dǎkāi	海军	hǎijūn	浅滩	qiǎntān
倒塌	dǎotā	好多	hǎoduō	抢修	qiǎngxiū
抵消	dǐxiāo	火光	huǒguāng	取消	qǔxiāo
点滴	diǎndī	海滩	hǎitān	体温	tǐwēn
陡坡	dǒupō	简单	jiǎndān	挑拨	tiǎobō
短期	duǎnqī	检修	jiǎnxiū	铁锨	tiěxiān
耳机	ěrjī	脚尖	jiǎojiān	晚期	wǎnqī
法规	fǎguī	解剖	jiěpōu	往昔	wǎngxī
反光	fǎnguāng	酒家	jiǔjiā	委托	wěituō
匪帮	fěibāng	可惜	kěxī	武功	wǔgōng
抚摸	fǔmō	恐慌	kǒnghuāng	许多	xǔduō
改编	gǎibiān	口腔	kǒuqiāng	小区	xiǎoqū

| 雪花 | xuěhuā | 有机 | yǒujī | 雨衣 | yǔyī |
| 眼光 | yǎnguāng | 友邦 | yǒubāng | 远方 | yuǎnfāng |

2. 上声在第二声前词语的变调练读（本表共选取上声在第二声前的词语60个）。

百年	bǎinián	缓和	huǎnhé	讨伐	tǎofá
饱和	bǎohé	火柴	huǒchái	体格	tǐgé
北极	běijí	几何	jǐhé	妥协	tuǒxié
表达	biǎodá	解答	jiědá	椭圆	tuǒyuán
表皮	biǎopí	解决	jiějué	晚霞	wǎnxiá
党员	dǎngyuán	酒席	jiǔxí	往年	wǎngnián
倒霉	dǎoméi	咀嚼	jǔjué	委员	wěiyuán
点头	diǎntóu	砍伐	kǎnfá	舞台	wǔtái
法学	fǎxué	考核	kǎohé	小儿	xiǎo'ér
反而	fǎn'ér	口头	kǒutóu	小学	xiǎoxué
返回	fǎnhuí	每年	měinián	选拔	xuǎnbá
仿佛	fǎngfú	美学	měixué	雪白	xuěbái
改革	gǎigé	美元	měiyuán	眼前	yǎnqián
赶忙	gǎnmáng	缅怀	miǎnhuái	演员	yǎnyuán
敢于	gǎnyú	奶油	nǎiyóu	野蛮	yěmán
感觉	gǎnjué	女儿	nǚ'ér	以前	yǐqián
骨骼	gǔgé	普及	pǔjí	以为	yǐwéi
管辖	guǎnxiá	企图	qǐtú	勇于	yǒngyú
海拔	hǎibá	起源	qǐyuán	羽毛	yǔmáo
海洋	hǎiyáng	取得	qǔdé	语言	yǔyán

3. 上声在第四声前词语的变调练读（本表共选取上声在第四声前的词语79个）。

把握	bǎwò	笔记	bǐjì	访问	fǎngwèn
摆动	bǎidòng	表面	biǎomiàn	腐败	fǔbài
板块	bǎnkuài	打破	dǎpò	改变	gǎibiàn
榜样	bǎngyàng	导线	dǎoxiàn	赶快	gǎnkuài
宝贝	bǎobèi	抵抗	dǐkàng	感到	gǎndào
保护	bǎohù	法院	fǎyuàn	岗位	gǎngwèi
比较	bǐjiào	反对	fǎnduì	巩固	gǒnggù

古代	gǔdài	考验	kǎoyàn	统计	tǒngjì
管道	guǎndào	可靠	kěkào	晚饭	wǎnfàn
广泛	guǎngfàn	渴望	kěwàng	纬度	wěidù
轨道	guǐdào	孔雀	kǒngquè	武器	wǔqì
果断	guǒduàn	恐怕	kǒngpà	舞剧	wǔjù
海外	hǎiwài	口号	kǒuhào	喜剧	xǐjù
罕见	hǎnjiàn	苦难	kǔnàn	显现	xiǎnxiàn
好像	hǎoxiàng	满意	mǎnyì	想象	xiǎngxiàng
缓慢	huǎnmàn	美妙	měimiào	小麦	xiǎomài
毁灭	huǐmiè	免疫	miǎnyì	选用	xuǎnyòng
火箭	huǒjiàn	跑步	pǎobù	掩盖	yǎngài
伙伴	huǒbàn	匹配	pǐpèi	氧化	yǎnghuà
检验	jiǎnyàn	普遍	pǔbiàn	野外	yěwài
简化	jiǎnhuà	起义	qǐyì	以便	yǐbiàn
讲话	jiǎnghuà	抢救	qiǎngjiù	勇气	yǒngqì
角度	jiǎodù	巧妙	qiǎomiào	涌现	yǒngxiàn
脚步	jiǎobù	取代	qǔdài	友谊	yǒuyì
姐妹	jiěmèi	讨厌	tǎoyàn	有趣	yǒuqù
解放	jiěfàng	体会	tǐhuì	语句	yǔjù
举办	jǔbàn				

4. 上声连读词语的变调练读(本表共选取上声和上声相连的词语208个)。

(1)双音节上声连读词语196个。

矮小	ǎixiǎo	哺乳	bǔrǔ	党委	dǎngwěi
把柄	bǎbǐng	采访	cǎifǎng	导演	dǎoyǎn
靶场	bǎchǎng	彩礼	cǎilǐ	岛屿	dǎoyǔ
版本	bǎnběn	惨死	cǎnsǐ	诋毁	dǐhuǐ
保管	bǎoguǎn	草拟	cǎonǐ	抵挡	dǐdǎng
饱满	bǎomǎn	产品	chǎnpǐn	典雅	diǎnyǎ
本领	běnlǐng	场所	chǎngsuǒ	点火	diǎnhuǒ
彼此	bǐcǐ	吵嘴	chǎozuǐ	顶点	dǐngdiǎn
笔者	bǐzhě	处理	chǔlǐ	抖擞	dǒusǒu
表演	biǎoyǎn	耻辱	chǐrǔ	短跑	duǎnpǎo
补给	bǔjǐ	打倒	dǎdǎo	躲闪	duǒshǎn

耳语	ěryǔ	尽早	jǐnzǎo	敏感	mǐngǎn
粉笔	fěnbǐ	警犬	jǐngquǎn	母体	mǔtǐ
辅导	fǔdǎo	炯炯	jiǒngjiǒng	拇指	mǔzhǐ
腐朽	fǔxiǔ	久远	jiǔyuǎn	奶粉	nǎifěn
改组	gǎizǔ	举止	jǔzhǐ	恼火	nǎohuǒ
赶紧	gǎnjǐn	坎坷	kǎnkě	脑海	nǎohǎi
感染	gǎnrǎn	考古	kǎogǔ	袅袅	niǎoniǎo
港口	gǎngkǒu	烤火	kǎohuǒ	扭转	niǔzhuǎn
稿纸	gǎozhǐ	可以	kěyǐ	女子	nǚzǐ
给以	gěiyǐ	口语	kǒuyǔ	偶尔	ǒu'ěr
拱手	gǒngshǒu	苦恼	kǔnǎo	品种	pǐnzhǒng
苟且	gǒuqiě	傀儡	kuǐlěi	普法	pǔfǎ
古典	gǔdiǎn	懒散	lǎnsǎn	谱写	pǔxiě
鼓舞	gǔwǔ	老板	lǎobǎn	起点	qǐdiǎn
管理	guǎnlǐ	冷水	lěngshuǐ	乞讨	qǐtǎo
广场	guǎngchǎng	理解	lǐjiě	浅显	qiǎnxiǎn
鬼脸	guǐliǎn	礼品	lǐpǐn	抢险	qiǎngxiǎn
果品	guǒpǐn	脸谱	liǎnpǔ	取暖	qǔnuǎn
海港	hǎigǎng	了解	liǎojiě	犬齿	quǎnchǐ
好比	hǎobǐ	领导	lǐngdǎo	冉冉	rǎnrǎn
缓解	huǎnjiě	笼统	lǒngtǒng	软骨	ruǎngǔ
悔改	huǐgǎi	卤水	lǔshuǐ	审美	shěnměi
火种	huǒzhǒng	鲁莽	lǔmǎng	使馆	shǐguǎn
济济	jǐjǐ	卵子	luǎnzǐ	始祖	shǐzǔ
给予	jǐyǔ	裸体	luǒtǐ	手表	shǒubiǎo
甲板	jiǎbǎn	旅馆	lǚguǎn	守法	shǒufǎ
假使	jiǎshǐ	马匹	mǎpǐ	首长	shǒuzhǎng
简朴	jiǎnpǔ	玛瑙	mǎnǎo	爽朗	shuǎnglǎng
减少	jiǎnshǎo	蚂蚁	mǎyǐ	水手	shuǐshǒu
讲解	jiǎngjiě	买主	mǎizhǔ	死守	sǐshǒu
奖赏	jiǎngshǎng	满口	mǎnkǒu	怂恿	sǒngyǒng
脚掌	jiǎozhǎng	美好	měihǎo	索取	suǒqǔ
解体	jiětǐ	勉强	miǎnqiǎng	所有	suǒyǒu
尽管	jǐnguǎn	渺小	miǎoxiǎo	倘使	tǎngshǐ

讨好	tǎohǎo	选举	xuǎnjǔ	早已	zǎoyǐ
体检	tǐjiǎn	演讲	yǎnjiǎng	眨眼	zhǎyǎn
铁轨	tiěguǐ	眼角	yǎnjiǎo	展览	zhǎnlǎn
统领	tǒnglǐng	养老	yǎnglǎo	辗转	zhǎnzhuǎn
土壤	tǔrǎng	窈窕	yǎotiǎo	长者	zhǎngzhě
腿脚	tuǐjiǎo	也许	yěxǔ	掌管	zhǎngguǎn
瓦解	wǎjiě	以免	yǐmiǎn	诊所	zhěnsuǒ
婉转	wǎnzhuǎn	已往	yǐwǎng	整理	zhěnglǐ
网点	wǎngdiǎn	引导	yǐndǎo	只有	zhǐyǒu
往往	wǎngwǎng	饮水	yǐnshuǐ	指导	zhǐdǎo
委婉	wěiwǎn	影响	yǐngxiǎng	主管	zhǔguǎn
稳妥	wěntuǒ	永远	yǒngyuǎn	转眼	zhuǎnyǎn
舞蹈	wǔdǎo	勇敢	yǒnggǎn	准许	zhǔnxǔ
五谷	wǔgǔ	友好	yǒuhǎo	子女	zǐnǚ
侮辱	wǔrǔ	有理	yǒulǐ	总理	zǒnglǐ
洗澡	xǐzǎo	语法	yǔfǎ	走访	zǒufǎng
显眼	xiǎnyǎn	雨水	yǔshuǐ	阻止	zǔzhǐ
享有	xiǎngyǒu	予以	yǔyǐ	祖母	zǔmǔ
小组	xiǎozǔ	远古	yuǎngǔ	嘴脸	zuǐliǎn
写法	xiěfǎ	允许	yǔnxǔ	左手	zuǒshǒu
许可	xǔkě				

(2) 其他上声连读词语 12 个。

老百姓	lǎobǎixìng	此起彼伏	cǐqǐ-bǐfú	脚手架	jiǎoshǒujià
所有制	suǒyǒuzhì	打火机	dǎhuǒjī	两口子	liǎngkǒuzi
小伙子	xiǎohuǒzi	胆小鬼	dǎnxiǎoguǐ	蒙古包	měnggǔbāo
保险丝	bǎoxiǎnsī	甲骨文	jiǎgǔwén	岂有此理	qǐyǒu-cǐlǐ

5. "一"的变调练读(本表选取"一"的变调练读词语 52 个。注音时,"一"仍标原调)。

一	yī	一带	yīdài	一律	yīlù
一般	yībān	一旦	yīdàn	一面	yīmiàn
一半	yībàn	一定	yīdìng	一起	yīqǐ
一边	yībiān	一会儿	yīhuìr	一切	yīqiè

一时	yīshí	一向	yīxiàng	专一	zhuānyī
一直	yīzhí	一心	yīxīn	统一体	tǒngyītǐ
一致	yīzhì	一再	yīzài	一辈子	yībèizi
统一	tǒngyī	一早	yīzǎo	一块儿	yīkuàir
一度	yīdù	一概	yīgài	一点儿	yīdiǎnr
一端	yīduān	一举	yījǔ	别具一格	biéjù-yīgé
一共	yīgòng	一流	yīliú	独一无二	dúyī-wúèr
一贯	yīguàn	一瞥	yīpiē	焕然一新	huànrán-yīxīn
一连	yīlián	一气	yīqì	千钧一发	qiānjūn-yīfà
一旁	yīpáng	一瞬	yīshùn	一筹莫展	yīchóu-mòzhǎn
一齐	yīqí	单一	dānyī	一帆风顺	yīfān-fēngshùn
一体	yītǐ	万一	wànyī	一目了然	yīmù-liǎorán
一同	yītóng	惟一	wéiyī	一丝不苟	yīsī-bùgǒu
一线	yīxiàn				

6. "不"的变调练读(本表选取"不"的变调练读词语 101 个。注音时,"不"仍标原调)。

不	bù	不论	bùlùn	不妨	bùfáng
不安	bù'ān	不满	bùmǎn	不服	bùfú
不必	bùbì	不怕	bùpà	不光	bùguāng
不错	bùcuò	不然	bùrán	不合	bùhé
不但	bùdàn	不如	bùrú	不及	bùjí
不断	bùduàn	不想	bùxiǎng	不堪	bùkān
不对	bùduì	不行	bùxíng	不快	bùkuài
不够	bùgòu	不幸	bùxìng	不料	bùliào
不顾	bùgù	不许	bùxǔ	不免	bùmiǎn
不管	bùguǎn	不要	bùyào	不平	bùpíng
不过	bùguò	不用	bùyòng	不容	bùróng
不禁	bùjīn	不足	bùzú	不时	bùshí
不仅	bùjǐn	不便	bùbiàn	不惜	bùxī
不久	bùjiǔ	不曾	bùcéng	不宜	bùyí
不可	bùkě	不当	bùdàng	不已	bùyǐ
不利	bùlì	不等	bùděng	不止	bùzhǐ
不良	bùliáng	不定	bùdìng	不啻	bùchì

不乏	bùfá	不一	bùyī	不可一世	bùkě-yīshì
不法	bùfǎ	不依	bùyī	不速之客	bùsùzhīkè
不凡	bùfán	不只	bùzhǐ	不言而喻	bùyán'éryù
不符	bùfú	不像话	bùxiànghuà	不以为然	bùyǐwéirán
不甘	bùgān	不锈钢	bùxiùgāng	不约而同	bùyuē'értóng
不力	bùlì	不由得	bùyóude	层出不穷	céngchū-bù
不妙	bùmiào	不得了	bùdéliǎo		qióng
不配	bùpèi	不得已	bùdéyǐ	出其不意	chūqíbùyì
不屈	bùqū	不动产	bùdòngchǎn	川流不息	chuānliú-bùxī
不忍	bùrěn	不敢当	bùgǎndāng	奋不顾身	fènbùgùshēn
不善	bùshàn	不在乎	bùzàihu	刻不容缓	kèbùrónghuǎn
不适	bùshì	不至于	bùzhìyú	屡见不鲜	lǚjiàn-bùxiān
不祥	bùxiáng	不动声色	bùdòng-	漫不经心	mànbùjīngxīn
不孝	bùxiào		shēngsè	目不转睛	mùbùzhuǎnjīng
不屑	bùxiè	不计其数	bùjì-qíshù	迫不及待	pòbùjídài
不懈	bùxiè	不胫而走	bùjìng'érzǒu	情不自禁	qíngbùzìjīn
不休	bùxiū	不可思议	bùkě-sīyì	心不在焉	xīnbùzàiyān
不朽	bùxiǔ				

（二）轻声词语练读

本表包含《实施纲要》中《普通话水平测试用必读轻声词语表》的词语共544个。条目中的非轻声音节只标本调，不标变调；条目中的轻声音节，注音不标调号。本表将必轻词表略作归类，按类排列。

爱人	àiren	簸箕	bòji	除了	chúle
巴掌	bāzhang	补丁	bǔding	畜生	chùsheng
白净	báijing	不由得	bùyóude	窗户	chuānghu
帮手	bāngshou	不在乎	bùzàihu	刺猬	cìwei
棒槌	bàngchui	部分	bùfen	凑合	còuhe
包袱	bāofu	财主	cáizhu	耷拉	dāla
包涵	bāohan	裁缝	cáifeng	答应	dāying
比方	bǐfang	苍蝇	cāngying	打扮	dǎban
扁担	biǎndan	差事	chāishi	打点	dǎdian
别扭	bièniu	柴火	cháihuo	打发	dǎfa
拨弄	bōnong	称呼	chēnghu	打量	dǎliang

打算	dǎsuan	姑娘	gūniang	交情	jiāoqing
打听	dǎting	故事	gùshi	叫唤	jiàohuan
大方	dàfang	寡妇	guǎfu	结实	jiēshi
大爷	dàye	怪物	guàiwu	街坊	jiēfang
大夫	dàifu	关系	guānxi	姐夫	jiěfu
耽搁	dānge	官司	guānsi	戒指	jièzhi
耽误	dānwu	规矩	guīju	精神	jīngshen
道士	dàoshi	闺女	guīnü	咳嗽	késou
灯笼	dēnglong	蛤蟆	háma	口袋	kǒudai
提防	dīfang	含糊	hánhu	窟窿	kūlong
地道	dìdao	行当	hángdang	快活	kuàihuo
地方	dìfang	合同	hétong	困难	kùnnan
弟兄	dìxiong	和尚	héshang	喇叭	lǎba
点心	diǎnxin	核桃	hétao	喇嘛	lǎma
东家	dōngjia	红火	hónghuo	懒得	lǎnde
东西	dōngxi	厚道	hòudao	老婆	lǎopo
动弹	dòngtan	狐狸	húli	老实	lǎoshi
动静	dòngjing	胡琴	húqin	老爷	lǎoye
豆腐	dòufu	糊涂	hútu	累赘	léizhui
嘟囔	dūnang	皇上	huángshang	篱笆	líba
队伍	duìwu	胡萝卜	húluóbo	厉害	lìhai
对付	duìfu	活泼	huópo	利落	lìluo
多么	duōme	火候	huǒhou	利索	lìsuo
耳朵	ěrduo	伙计	huǒji	痢疾	lìji
风筝	fēngzheng	护士	hùshi	连累	liánlei
干事	gànshi	机灵	jīling	凉快	liángkuai
甘蔗	gānzhe	脊梁	jǐliang	粮食	liángshi
高粱	gāoliang	记号	jìhao	溜达	liūda
膏药	gāoyao	记性	jìxing	萝卜	luóbo
告诉	gàosu	家伙	jiāhuo	骆驼	luòtuo
疙瘩	gēda	架势	jiàshi	麻烦	máfan
胳膊	gēbo	嫁妆	jiàzhuang	麻利	máli
工夫	gōngfu	见识	jiànshi	马虎	mǎhu
功夫	gōngfu	将就	jiāngjiu	买卖	mǎimai

忙活	mánghuo	勤快	qínkuai	岁数	suìshu
冒失	màoshi	清楚	qīngchu	特务	tèwu
眉毛	méimao	亲家	qìngjia	挑剔	tiāoti
媒人	méiren	热闹	rènao	跳蚤	tiàozao
门道	méndao	人家	rénjia	铁匠	tiějiang
眯缝	mīfeng	认识	rènshi	头发	tóufa
迷糊	míhu	扫帚	sàozhou	妥当	tuǒdang
苗条	miáotiao	商量	shāngliang	唾沫	tuòmo
名堂	míngtang	上司	shàngsi	挖苦	wāku
名字	míngzi	烧饼	shāobing	晚上	wǎnshang
明白	míngbai	少爷	shàoye	尾巴	wěiba
蘑菇	mógu	什么	shénme	委屈	wěiqu
模糊	móhu	生意	shēngyi	为了	wèile
木匠	mùjiang	牲口	shēngkou	位置	wèizhi
那么	nàme	师父	shīfu	稳当	wěndang
难为	nánwei	师傅	shīfu	稀罕	xīhan
脑袋	nǎodai	石匠	shíjiang	媳妇	xífu
能耐	néngnai	石榴	shíliu	喜欢	xǐhuan
念叨	niàndao	时候	shíhou	下巴	xiàba
娘家	niángjia	实在	shízai	吓唬	xiàhu
奴才	núcai	拾掇	shíduo	先生	xiānsheng
女婿	nǚxu	使唤	shǐhuan	乡下	xiāngxia
疟疾	nüèji	世故	shìgu	相声	xiàngsheng
暖和	nuǎnhuo	似的	shìde	消息	xiāoxi
牌楼	páilou	事情	shìqing	笑话	xiàohua
盘算	pánsuan	收成	shōucheng	心思	xīnsi
朋友	péngyou	收拾	shōushi	行李	xíngli
屁股	pìgu	首饰	shǒushi	兄弟	xiōngdi
便宜	piányi	舒服	shūfu	休息	xiūxi
漂亮	piàoliang	舒坦	shūtan	秀才	xiùcai
婆家	pójia	疏忽	shūhu	学生	xuésheng
铺盖	pūgai	爽快	shuǎngkuai	学问	xuéwen
欺负	qīfu	思量	sīliang	衙门	yámen
亲戚	qīnqi	算计	suànji	哑巴	yǎba

烟筒	yāntong	主意	zhǔyi	车子	chēzi
胭脂	yānzhi	转悠	zhuànyou	池子	chízi
眼睛	yǎnjing	庄稼	zhuāngjia	尺子	chǐzi
秧歌	yāngge	壮实	zhuàngshi	虫子	chóngzi
养活	yǎnghuo	状元	zhuàngyuan	绸子	chóuzi
吆喝	yāohe	琢磨	zuómo	窗子	chuāngzi
妖精	yāojing	字号	zìhao	锤子	chuízi
钥匙	yàoshi	自在	zìzai	村子	cūnzi
衣服	yīfu	祖宗	zǔzong	带子	dàizi
衣裳	yīshang	嘴巴	zuǐba	袋子	dàizi
意思	yìsi	作坊	zuōfang	单子	dānzi
应酬	yìngchou			胆子	dǎnzi
冤枉	yuānwang	案子	ànzi	担子	dànzi
月饼	yuèbing	把子	bǎzi	刀子	dāozi
月亮	yuèliang	把子	bàzi	稻子	dàozi
云彩	yúncai	班子	bānzi	笛子	dízi
在乎	zàihu	板子	bǎnzi	底子	dǐzi
早上	zǎoshang	梆子	bāngzi	调子	diàozi
怎么	zěnme	膀子	bǎngzi	钉子	dīngzi
扎实	zhāshi	棒子	bàngzi	豆子	dòuzi
眨巴	zhǎba	包子	bāozi	肚子	dǔzi
栅栏	zhàlan	豹子	bàozi	肚子	dùzi
张罗	zhāngluo	杯子	bēizi	缎子	duànzi
丈夫	zhàngfu	被子	bèizi	蛾子	ézi
帐篷	zhàngpeng	本子	běnzi	儿子	érzi
丈人	zhàngren	鼻子	bízi	贩子	fànzi
招呼	zhāohu	鞭子	biānzi	房子	fángzi
招牌	zhāopai	辫子	biànzi	份子	fènzi
折腾	zhēteng	饼子	bǐngzi	疯子	fēngzi
这个	zhège	脖子	bó	斧子	fǔzi
这么	zhème	步子		盖子	gàizi
芝麻	zhīma	肠子	zi	杆子	gānzi
知识	zhīshi	厂子	ngzi	杆子	gǎnzi
指甲	zhǐjia	场子	zi	杠子	gàngzi

稿子	gǎozi	口子	kǒuzi	棚子	péngzi
鸽子	gēzi	扣子	kòuzi	皮子	pízi
格子	gézi	裤子	kùzi	痞子	pǐzi
个子	gèzi	筷子	kuàizi	片子	piānzi
根子	gēnzi	框子	kuàngzi	骗子	piànzi
弓子	gōngzi	篮子	lánzi	票子	piàozi
钩子	gōuzi	老头子	lǎotóuzi	瓶子	píngzi
谷子	gǔzi	老子	lǎozi	旗子	qízi
褂子	guàzi	例子	lìzi	钳子	qiánzi
罐子	guànzi	栗子	lìzi	茄子	qiézi
鬼子	guǐzi	帘子	liánzi	曲子	qǔzi
柜子	guìzi	两口子	liǎngkǒuzi	圈子	quānzi
棍子	gùnzi	料子	liàozi	裙子	qúnzi
锅子	guōzi	林子	línzi	日子	rìzi
果子	guǒzi	翎子	língzi	褥子	rùzi
孩子	háizi	领子	lǐngzi	塞子	sāizi
汉子	hànzi	聋子	lóngzi	嗓子	sǎngzi
盒子	hézi	笼子	lóngzi	嫂子	sǎozi
猴子	hóuzi	炉子	lúzi	沙子	shāzi
幌子	huǎngzi	路子	lùzi	傻子	shǎzi
夹子	jiāzi	轮子	lúnzi	扇子	shànzi
架子	jiàzi	骡子	luózi	勺子	sháozi
尖子	jiānzi	麻子	mázi	哨子	shàozi
茧子	jiǎnzi	麦子	màizi	身子	shēnzi
剪子	jiǎnzi	帽子	màozi	婶子	shěnzi
毽子	jiànzi	面子	miànzi	绳子	shéngzi
饺子	jiǎozi	脑子	nǎozi	虱子	shīzi
轿子	jiàozi	镊子	nièzi	狮子	shīzi
金子	jīnzi	拍子	pāizi	柿子	shìzi
镜子	jìngzi	牌子	páizi	梳子	shūzi
橘子	júzi	盘子	pánzi	孙子	sūnzi
句子	jùzi	胖子	pàngzi	台子	táizi
卷子	juànzi	狍子	páozi	摊子	tānzi
空子	kòngzi	盆子	pénzi	坛子	tánzi

毯子	tǎnzi	寨子	zhàizi	爷爷	yéye
桃子	táozi	帐子	zhàngzi		
梯子	tīzi	镇子	zhènzi	锄头	chútou
蹄子	tízi	侄子	zhízi	对头	duìtou
挑子	tiāozi	种子	zhǒngzi	跟头	gēntou
条子	tiáozi	珠子	zhūzi	骨头	gǔtou
亭子	tíngzi	竹子	zhúzi	罐头	guàntou
头子	tóuzi	主子	zhǔzi	后头	hòutou
兔子	tùzi	柱子	zhùzi	浪头	làngtou
袜子	wàzi	爪子	zhuǎzi	里头	lǐtou
位子	wèizi	庄子	zhuāngzi	码头	mǎtou
蚊子	wénzi	锥子	zhuīzi	馒头	mántou
屋子	wūzi	桌子	zhuōzi	苗头	miáotou
席子	xízi	粽子	zòngzi	木头	mùtou
瞎子	xiāzi			念头	niàntou
匣子	xiázi	爸爸	bàba	前头	qiántou
箱子	xiāngzi	弟弟	dìdi	拳头	quántou
小伙子	xiǎohuǒzi	哥哥	gēge	上头	shàngtou
小子	xiǎozi	公公	gōnggong	舌头	shétou
性子	xìngzi	姑姑	gūgu	石头	shítou
袖子	xiùzi	姐姐	jiějie	丫头	yātou
靴子	xuēzi	舅舅	jiùjiu	枕头	zhěntou
鸭子	yāzi	老太太	lǎotàitai	指头	zhǐtou
燕子	yànzi	姥姥	lǎolao		
样子	yàngzi	妈妈	māma	福气	fúqi
椰子	yēzi	妹妹	mèimei	客气	kèqi
叶子	yèzi	奶奶	nǎinai	阔气	kuòqi
一辈子	yībèizi	婆婆	pópo	力气	lìqi
椅子	yǐzi	叔叔	shūshu	脾气	píqi
银子	yínzi	太太	tàitai	小气	xiǎoqi
影子	yǐngzi	娃娃	wáwa	秀气	xiùqi
柚子	yòuzi	谢谢	xièxie	运气	yùnqi
院子	yuànzi	星星	xīngxing		
宅子	zháizi	猩猩	xīngxing	你们	nǐmen

| 人们 | rénmen | 它们 | tāmen | 我们 | wǒmen |
| 他们 | tāmen | 她们 | tāmen | 咱们 | zánmen |

（三）儿化词语练读

本表包含《实施纲要》中《普通话水平测试用儿化词语表》的词语共 189 个，排列时适当照顾儿化音变发音的不同类型，以方便练读。"一"和"不"标原调。

刀把儿	dāobàr	鱼漂儿	yúpiāor	年头儿	niántóur
板擦儿	bǎncār	开窍儿	kāiqiàor	线轴儿	xiànzhóur
戏法儿	xìfǎr	面条儿	miàntiáor	抓阄儿	zhuājiūr
号码儿	hàomǎr	挨个儿	āigèr	棉球儿	miánqiúr
打杂儿	dǎzár	唱歌儿	chànggēr	顶牛儿	dǐngniúr
找茬儿	zhǎochár	打嗝儿	dǎgér	加油儿	jiāyóur
在哪儿	zàinǎr	饭盒儿	fànhér	碎步儿	suìbùr
掉价儿	diàojiàr	逗乐儿	dòulèr	儿媳妇儿	érxífur
一下儿	yīxiàr	模特儿	mótèr	梨核儿	líhúr
豆芽儿	dòuyár	在这儿	zàizhèr	没谱儿	méipǔr
大褂儿	dàguàr	半截儿	bànjiér	有数儿	yǒushùr
脑瓜儿	nǎoguār	小鞋儿	xiǎoxiér	泪珠儿	lèizhūr
牙刷儿	yáshuār	旦角儿	dànjuér	鞋带儿	xiédàir
麻花儿	máhuār	主角儿	zhǔjuér	壶盖儿	húgàir
笑话儿	xiàohuar	耳膜儿	ěrmór	小孩儿	xiǎoháir
红包儿	hóngbāor	粉末儿	fěnmòr	名牌儿	míngpáir
半道儿	bàndàor	火锅儿	huǒguōr	加塞儿	jiāsāir
跳高儿	tiàogāor	大伙儿	dàhuǒr	一块儿	yīkuàir
叫好儿	jiàohǎor	做活儿	zuòhuór	刀背儿	dāobèir
灯泡儿	dēngpàor	小说儿	xiǎoshuōr	摸黑儿	mōhēir
口哨儿	kǒushàor	被窝儿	bèiwōr	走味儿	zǒuwèir
手套儿	shǒutàor	小丑儿	xiǎochǒur	耳垂儿	ěrchuír
蜜枣儿	mìzǎor	邮戳儿	yóuchuōr	一会儿	yīhuìr
绝着儿	juézhāor	衣兜儿	yīdōur	墨水儿	mòshuǐr
口罩儿	kǒuzhàor	门口儿	ménkǒur	跑腿儿	pǎotuǐr
跑调儿	pǎodiàor	纽扣儿	niǔkòur	围嘴儿	wéizuǐr
豆角儿	dòujiǎor	老头儿	lǎotóur	老伴儿	lǎobànr
火苗儿	huǒmiáor	小偷儿	xiǎotōur	蒜瓣儿	suànbànr

脸蛋儿	liǎndànr	杂院儿	záyuànr	蛋黄儿	dànhuángr
包干儿	bāogānr	后跟儿	hòugēnr	钢镚儿	gāngbèngr
笔杆儿	bǐgǎnr	把门儿	bǎménr	夹缝儿	jiāfèngr
快板儿	kuàibǎnr	哥们儿	gēmenr	脖颈儿	bógěngr
门槛儿	ménkǎnr	纳闷儿	nàmènr	提成儿	tíchéngr
栅栏儿	zhàlanr	嗓门儿	sǎngménr	小瓮儿	xiǎowèngr
脸盘儿	liǎnpánr	花盆儿	huāpénr	人影儿	rényǐngr
收摊儿	shōutānr	刀刃儿	dāorènr	图钉儿	túdīngr
心眼儿	xīnyǎnr	小人儿书	xiǎorénrshū	眼镜儿	yǎnjìngr
小辫儿	xiǎobiànr	杏仁儿	xìngrénr	门铃儿	ménlíngr
差点儿	chàdiǎnr	大婶儿	dàshěnr	打鸣儿	dǎmíngr
一点儿	yīdiǎnr	别针儿	biézhēnr	花瓶儿	huāpíngr
雨点儿	yǔdiǎnr	一阵儿	yīzhènr	蛋清儿	dànqīngr
坎肩儿	kǎnjiānr	老本儿	lǎoběnr	火星儿	huǒxīngr
冒尖儿	màojiānr	高跟儿鞋	gāogēnrxié	小葱儿	xiǎocōngr
扇面儿	shànmiànr	走神儿	zǒushénr	果冻儿	guǒdòngr
照片儿	zhàopiānr	开春儿	kāichūnr	门洞儿	méndòngr
牙签儿	yáqiānr	打盹儿	dǎdǔnr	抽空儿	chōukòngr
聊天儿	liáotiānr	胖墩儿	pàngdūnr	胡同儿	hútòngr
露馅儿	lòuxiànr	冰棍儿	bīnggùnr	酒盅儿	jiǔzhōngr
拉链儿	lāliànr	砂轮儿	shālúnr	小熊儿	xiǎoxióngr
大腕儿	dàwànr	合群儿	héqúnr	玩意儿	wányìr
拐弯儿	guǎiwānr	没准儿	méizhǔnr	针鼻儿	zhēnbír
好玩儿	hǎowánr	有劲儿	yǒujìnr	垫底儿	diàndǐr
茶馆儿	cháguǎnr	送信儿	sòngxìnr	肚脐儿	dùqír
饭馆儿	fànguǎnr	脚印儿	jiǎoyìnr	毛驴儿	máolúr
火罐儿	huǒguànr	香肠儿	xiāngchángr	痰盂儿	tányúr
落款儿	luòkuǎnr	药方儿	yàofāngr	小曲儿	xiǎoqǔr
打转儿	dǎzhuànr	瓜瓤儿	guārángr	瓜子儿	guāzǐr
手绢儿	shǒujuànr	赶趟儿	gǎntàngr	石子儿	shízǐr
烟卷儿	yānjuǎnr	鼻梁儿	bíliángr	没词儿	méicír
出圈儿	chūquānr	花样儿	huāyàngr	挑刺儿	tiāocìr
包圆儿	bāoyuánr	透亮儿	tòuliàngr	墨汁儿	mòzhīr
绕远儿	ràoyuǎnr	天窗儿	tiānchuāngr	锯齿儿	jùchǐr
人缘儿	rényuánr	打晃儿	dǎhuàngr	记事儿	jìshìr

（四）多音字词练读

本表将《实施纲要》的《普通话水平测试用普通话词语表》中涉及的多音字（268个）的不同读法——列出，每个读音分别列举若干常用词语供应试人参考并练读。

有些多音字有轻声读法，在本表中暂作为一种读音处理，注音时不标声调，音节前加"·"方便区别。

阿　1. ā　　阿姨
　　 2. ē　　阿（阿胶）

挨　1. āi　　挨（挨顺序）
　　 2. ái　　挨（挨打）

熬　1. āo　　熬（熬豆腐）
　　 2. áo　　煎熬

拗　1. ào　　拗（拗口）
　　 2. niù　　执拗

扒　1. bā　　扒（扒土）
　　 2. pá　　扒（扒手）

把　1. bǎ　　把握　把柄　把持　把手　把守　把戏　把子
　　 2. bà　　把儿　把子

膀　1. bǎng　　翅膀　肩膀　膀子　臂膀
　　 2. pāng　　膀（膀肿）
　　 3. páng　　膀胱

磅　1. bàng　　磅（磅秤）
　　 2. páng　　磅礴

堡　1. bǎo　　堡垒　城堡　碉堡
　　 2. pù　　堡（多用于地名）

背　1. bēi　　背（背包）
　　 2. bèi　　背后　背景　违背　背脊　背离　背叛　背影　手背

奔　1. bēn　　奔跑　奔波　奔驰　奔赴　奔腾　奔涌　奔走　狂奔
　　 2. bèn　　投奔

绷　1. bēng　　绷带
　　 2. běng　　绷（绷脸）
　　 3. bèng　　绷（绷了一道缝）

辟　1. bì　　复辟
　　 2. pì　　开辟　精辟

泌　1. Bì　　泌阳（地名）
　　 2. mì　　分泌

秘　1. bì　　秘鲁(国名)
　　2. mì　　秘密　秘书　秘诀

便　1. biàn　便利　便于　不便　方便　随便　以便　即便　轻便　顺便
　　2. pián　便宜

别　1. bié　　辨别　别人　差别　分别　告别　个别　鉴别　区别　性别
　　2. biè　　别扭

剥　1. bāo　　剥(剥果皮)
　　2. bō　　剥夺　剥削　剥离　剥蚀　盘剥

泊　1. bó　　漂泊　停泊
　　2. pō　　湖泊　血泊

薄　1. báo　　薄(薄冰)
　　2. bó　　薄弱　单薄　淡薄　厚薄　刻薄　浅薄　稀薄
　　3. bò　　薄(薄荷)

簸　1. bǒ　　颠簸
　　2. bò　　簸箕

卜　1. bǔ　　占卜
　　2. ·bo　　胡萝卜　萝卜

参　1. cān　　参观　参加　参考　参谋　参数　参与　参赛　参战
　　2. shēn　海参　人参
　　3. cēn　　参(参差)

藏　1. cáng　隐藏　蕴藏　贮藏　暗藏　藏身　藏书　储藏　躲藏　埋藏
　　2. zàng　宝藏

差　1. chā　　差别　差价　差距　差异　误差　差错　差额　偏差
　　2. chà　　差不多　差点儿
　　3. chāi　差使　差事　出差　当差　公差　钦差

叉　1. chā　　交叉　叉腰
　　2. chǎ　　叉(叉着腿)

杈　1. chā　　杈(一种农具)
　　2. chà　　杈(杈子)

禅　1. chán　禅宗
　　2. shàn　禅(禅让)

颤　1. chàn　颤抖　颤动　震颤
　　2. zhàn　打颤　寒颤

长　1. cháng　波长　长处　长度　长久　长期　长远　漫长　延长　长途　特长
　　2. zhǎng　成长　船长　家长　酋长　生长　师长　首长　消长　长辈　长相　长者

场　1. cháng　登场　场(一场雨)
　　2. chǎng　场地　场合　场面　场所　磁场　当场　登场　机场　剧场　立场　市场

朝 1. cháo　朝廷　王朝　朝拜　朝代　朝向　朝阳　朝野　朝政
　　2. zhāo　朝气　朝夕　朝霞　朝阳

车 1. chē　车间　车辆　车厢　车站　车子　火车　列车　汽车　车床
　　2. jū　车（象棋棋子的一种）

称 1. chèn　对称　称职　相称　匀称
　　2. chēng　称号　称呼　称赞　简称　名称　俗称　号称　人称　声称　职称　总称

澄 1. chéng　澄清
　　2. dèng　澄（澄沙）　黄澄澄

冲 1. chōng　冲动　冲击　冲破　冲突　冲淡　冲锋　冲积　冲刷　冲洗　俯冲　缓冲
　　2. chòng　冲（冲床）

仇 1. chóu　仇恨　报仇　仇敌　仇人　仇视　复仇
　　2. Qiú　仇（姓）

臭 1. chòu　臭氧　恶臭
　　2. xiù　乳臭　铜臭

处 1. chǔ　处罚　处分　处境　处理　处于　判处　查处　处世　处置　相处
　　2. chù　到处　四处　处所　去处

揣 1. chuāi　揣（怀揣）
　　2. chuǎi　揣测　揣摩

传 1. chuán　传播　传达　传导　传递　传奇　传染　传承　传单　传输　传送
　　2. zhuàn　传记　自传

创 1. chuāng　创伤　创口
　　2. chuàng　创办　创立　创新　创造　创作　开创　创建　创业　独创　首创

撮 1. cuō　撮（撮合）
　　2. zuǒ　撮（一撮）

答 1. dā　答应
　　2. dá　答案　答复　回答　解答　报答　答辩　答话　对答　问答

打 1. dá　打（一打毛巾）
　　2. dǎ　打败　打扮　打倒　打击　打架　打开　打破　打仗　打消

大 1. dà　大伯　大臣　大胆　大地　大豆　大队　大会　大量　强大　广大
　　2. dài　大夫

待 1. dāi　待（待一会儿）
　　2. dài　待遇　等待　对待　接待　看待　期待　招待　待命　待业　交待

逮 1. dǎi　逮（逮老鼠）
　　2. dài　逮捕

单 1. dān　单纯　单调　单独　单位　简单　单薄　单价　单元　孤单　名单　清单
　　2. Shàn　单（姓）

担 1. dān　　承担　担负　担任　担心　负担　担保　担当　担架　担忧　分担

　　2. dàn　　担子　重担

　　3. ·dan　　扁担

弹 1. dàn　　导弹　炮弹　手榴弹　炸弹　子弹　弹片　弹头　弹药　枪弹　氢弹

　　2. tán　　弹簧　弹性　评弹　弹劾　弹力　弹跳

当 1. dāng　　充当　当场　当初　当代　当地　当即　当前　当然　相当　应当　当选
　　　　　　　正当

　　2. dàng　　不当　当做　恰当　适当　正当　当铺　当真　得当　勾当　上当

　　3. ·dang　　行当　妥当　稳当

倒 1. dǎo　　打倒　倒霉　倒闭　倒伏　倒卖　倒塌　颠倒　倾倒　推倒　压倒

　　2. dào　　倒挂　倒立　倒退　倒影　倒置　反倒　倾倒

得 1. dé　　得到　得以　得意　懂得　获得　记得　觉得　难得　取得　得当　得体

　　2. děi　　非得　总得

　　3. ·de　　不由得　懒得

的 1. dí　　的确

　　2. dì　　有的放矢　标的　目的

　　3. ·de　　似的

调 1. diào　　单调　调拨　调查　调动　强调　声调　调度　调换　调集　调配　格调
　　　　　　　基调

　　2. tiáo　　失调　调和　调节　调解　调整　协调　调剂　调价　调控　调配　调皮

钉 1. dīng　　钉子

　　2. dìng　　钉(钉钉子)

斗 1. dǒu　　斗笠　漏斗　烟斗

　　2. dòu　　搏斗　斗争　斗志　奋斗　械斗　战斗　争斗

都 1. dōu　　都(都是)

　　2. dū　　都会　都市　首都　定都　都城

肚 1. dǔ　　肚子

　　2. dù　　肚子　肚皮

度 1. dù　　长度　程度　尺度　幅度　高度　过度　角度　密度　温度　难度　适度

　　2. duó　　度(揣度)

垛 1. duǒ　　垛(垛子)

　　2. duò　　垛(麦垛)

囤 1. dùn　　囤(粮囤)

　　2. tún　　囤积

恶 1. è　　恶化　恶劣　罪恶　丑恶　恶霸　恶毒　恶棍　恶果　恶魔　凶恶

　　2. wù　　厌恶　好恶　可恶　憎恶

发 1. fā   爆发   出发   发表   发病   发布   发动   发抖   发挥   发觉   启发   颁发
　 2. fà   发型   理发   毛发   千钧一发
　 3. fa   打发   头发

分 1. fēn   分辨   分别   分布   分割   分工   分化   分解   分类   分明   瓜分   评分
　 2. fèn   成分   充分   处分   分量   过分   水分   养分   安分   本分   盐分
　 3. ·fen   部分

缝 1. féng   缝合   缝纫
　 2. fèng   缝隙   裂缝
　 3. ·feng   裁缝   眯缝

服 1. fú   不服   服从   服务   服装   克服   佩服   屈服   说服   征服   服饰
　 2. fù   服（一服药）
　 3. ·fu   舒服   衣服

佛 1. fú   仿佛
　 2. fó   佛教   佛典   佛法   佛经   佛寺   佛像   佛学

干 1. gān   包干儿   干脆   干旱   干净   干扰   干涉   干燥   若干   饼干   干杯
　 2. gàn   干部   骨干   树干   才干   单干   干劲   精干   蛮干   能干   主干

杆 1. gān   杆子   栏杆   桅杆
　 2. gǎn   杆菌   杆子   杠杆

岗 1. gǎng   岗位   站岗
　 2. gāng   花岗岩

膏 1. gāo   膏药   石膏   牙膏
　 2. gào   膏（膏笔）

葛 1. gé   纠葛
　 2. Gě   葛（姓）

给 1. gěi   给以
　 2. jǐ   供给   给予   补给   给养   自给

更 1. gēng   变更   更新   自力更生   更改   更换   更替   更正
　 2. gèng   更加

供 1. gōng   供给   供求   供应   提供   供销   供需   供养
　 2. gòng   供奉   供养

勾 1. gōu   勾结   勾画   勾勒   勾引
　 2. gòu   勾当

贾 1. Jiǎ   贾（姓）
　 2. gǔ   商贾

观 1. guān   参观   观测   观察   观点   观看   观念   观众   客观   景观   美观
　 2. guàn   观（白云观）

冠　1. guān　桂冠　花冠　皇冠　树冠　王冠

　　2. guàn　冠军

号　1. háo　呼号

　　2. hào　称号　符号　号召　口号　信号　暗号　编号　代号　号称　号码

　　3. •hao　记号　字号

好　1. hǎo　好比　好处　好多　好看　好像　美好　恰好　友好　良好　幸好

　　2. hào　爱好　好奇　好客　好恶　嗜好　喜好

还　1. hái　还（还有）

　　2. huán　还原　偿还　发还　返还　归还　还击　交还　退还

喝　1. hē　喝（吃喝）

　　2. hè　喝彩

　　3. •he　吆喝

和　1. hé　饱和　共和国　和平　和尚　和谐　缓和　柔和　调和　温和　总和
　　　　　　和蔼

　　2. hè　和（唱和）

　　3. hú　和（麻将术语）

　　4. huó　和（和面）

　　5. huò　和（和稀泥）

　　6. •huo　暖和

核　1. hé　核算　核心　考核　原子核　地核　复核　核定　核对　核桃　核准

　　2. hú　核儿

荷　1. hè　电荷　负荷

　　2. hé　荷包

横　1. héng　横向　横渡　横亘　横贯　横扫　横行　纵横

　　2. hèng　蛮横　专横

华　1. huá　华北　华侨　中华　才华　繁华　豪华　华贵　华丽　华夏　精华

　　2. Huà　华（姓）

划　1. huá　划（划船）

　　2. huà　规划　划分　计划

晃　1. huǎng　晃（人影一晃）

　　2. huàng　摇晃　晃动

会　1. huì　奥运会　大会　工会　国会　会场　会见　领会　社会　晚会　再会

　　2. kuài　会计　财会

混　1. hún　混（混蛋）

　　2. hùn　混合　混乱　混淆

哄　1. hōng　哄（哄抬）

　　2. hǒng　哄（哄骗）

3. hòng　　起哄

豁 1. huō　　豁口
2. huò　　豁免

几 1. jī　　　几乎　茶几　几率
2. jǐ　　　几何　几经　几时

济 1. jǐ　　　济济
2. jì　　　经济　救济　接济

纪 1. Jǐ　　　纪(姓)
2. jì　　　纪录　纪律　纪念　年纪　世纪　党纪　法纪　纪年　纪实　纪要

夹 1. jiā　　夹攻　夹击　夹杂　夹子
2. jiá　　夹(夹袄)

假 1. jiǎ　　假定　假如　假设　假使　假说　假借　假冒　假若　假想　假意　假装
2. jià　　放假　寒假　假期　假日　请假　暑假　休假

间 1. jiān　　车间　房间　空间　民间　年间　其间　人间　时间　瞬间　夜间　中间
2. jiàn　　间隔　间接　间谍　间断　间或　间隙　间歇　间作　相间

监 1. jiān　　监督　监视　监狱　监测　监察　监工　监管　监禁　监牢
2. jiàn　　太监

将 1. jiāng　　即将　将近　将军　将来　将要　将就　行将
2. jiàng　　大将　健将　将领　将士　麻将　上将　少将　主将

教 1. jiāo　　教学　教书
2. jiào　　教材　教导　教练　教师　教室　教授　教堂　教学　教训　教养

降 1. jiàng　　降低　降落　降水　下降　沉降　降价　降临　降生　降温　升降
2. xiáng　　投降

角 1. jiǎo　　触角　额角　角度　角落　号角　角膜　棱角　墙角　直角　视角
2. jué　　旦角儿　角色　角逐　配角　主角

剿 1. jiǎo　　围剿
2. chāo　　剿(剿袭)

结 1. jiē　　结果　结实
2. jié　　勾结　归结　结构　结合　结婚　结晶　结局　结论　结束　小结

解 1. jiě　　辩解　分解　电解　费解　见解　解除　解答　解放　解释　解脱
2. jiè　　解(押解)
3. xiè　　解(解数)

尽 1. jǐn　　尽管　尽快　尽量　尽早
2. jìn　　尽力　尽量　尽情　尽头　尽心　鞠躬尽瘁　穷尽　无尽　详尽

禁 1. jīn　　不禁　禁不住　情不自禁
2. jìn　　禁止　查禁　监禁　禁锢　禁忌　禁令　禁区　囚禁　软禁　严禁

劲 1. jìn　　带劲　费劲　干劲　后劲　劲头　使劲　没劲　起劲　用劲

　　2. jìng　　刚劲　劲旅　强劲

颈　1. jǐng　　颈　长颈鹿　颈椎
　　2. gěng　　脖颈儿

觉　1. jiào　　睡觉
　　2. jué　　察觉　触觉　发觉　错觉　感觉　幻觉　觉察　觉得　觉悟　警觉
　　　　　　　知觉　直觉　自觉　痛觉　味觉　嗅觉

嚼　1. jiáo　　嚼（嚼舌）
　　2. jué　　咀嚼

卷　1. juǎn　　卷烟　龙卷风　席卷
　　2. juàn　　画卷　卷子　试卷　书卷　问卷

倔　1. jué　　倔强
　　2. juè　　倔（脾气倔）

卡　1. kǎ　　卡车　卡片　千卡
　　2. qiǎ　　关卡

看　1. kān　　看管　看护　看守
　　2. kàn　　观看　好看　看待　看法　看见　看望　眼看　参看　查看　看重　照看

壳　1. ké　　贝壳
　　2. qiào　　地壳　甲壳　躯壳

空　1. kōng　　高空　航空　空间　空军　空气　空前　空虚　上空　时空　太空　天空
　　2. kòng　　空白　抽空　空地　空隙　空闲　空子　填空

拉　1. lā　　拖拉机　拉力　拉拢
　　2. lá　　拉（手上拉了个口子）
　　3. ·la　　奔拉

乐　1. lè　　安居乐业　伯乐　逗乐儿　欢乐　快乐　乐观　乐趣　乐意　乐园　娱乐
　　2. yuè　　哀乐　音乐　乐队　乐器　乐曲　器乐　声乐　乐谱　乐师　乐团

勒　1. lè　　勾勒　勒令　勒索
　　2. lēi　　勒（勒紧）

擂　1. léi　　擂（擂钵）
　　2. lèi　　擂（擂台）

累　1. lèi　　劳累　受累
　　2. léi　　累赘
　　3. lěi　　积累　累积　累及　累计　受累　拖累
　　4. ·lei　　连累

俩　1. liǎ　　俩（咱俩）
　　2. liǎng　　伎俩

量　1. liáng　　测量　衡量　估量　丈量
　　2. liàng　　变量　产量　储量　大量　定量　分量　力量　质量　重量　适量

	3. liang	打量　商量　思量
凉	1. liáng	悲凉　冰凉　乘凉　荒凉　凉快　凉爽　凉水　凄凉　清凉
	2. liàng	凉（把热的东西放一会儿,使温度降低）
撩	1. liāo	撩（撩起帘子）
	2. liáo	撩（撩拨）
燎	1. liáo	燎（燎原）
	2. liǎo	燎（接近了火而烧焦）
了	1. liǎo	不得了　大不了　了不起　了解　了不得　了结　了然　了如指掌　明了
	2. ·le	除了　为了
笼	1. lóng	牢笼　笼子
	2. lǒng	笼罩　笼络　笼统
	3. ·long	灯笼
露	1. lòu	泄露
	2. lù	暴露　表露　揭露　甘露　流露　透露　露水　露天　露珠　裸露
搂	1. lōu	搂（搂头盖脸）
	2. lǒu	搂（搂抱）
令	1. lǐng	令（一令纸）
	2. lìng	法令　命令　司令　下令　指令　传令　号令　禁令　口令　责令
溜	1. liū	溜达
	2. liù	溜（一溜烟儿跑了）
蹓	1. liū	蹓（蹓跶）
	2. liù	蹓（蹓早儿）
陆	1. liù	陆（六的大写）
	2. lù	大陆　登陆　陆地　陆军　陆续　陆路　内陆　水陆　着陆
罗	1. luó	包罗万象　罗汉　罗列　罗盘　搜罗　网罗
	2. ·luo	张罗
率	1. lǜ	比率　出生率　概率　功率　利率　汇率　几率　频率　速率　效率
	2. shuài	表率　草率　率领　轻率　率先　坦率　统率　直率
绿	1. lǜ	碧绿　翠绿　绿化　绿灯　绿地　绿豆　绿肥　绿洲　嫩绿　叶绿素
	2. lù	绿林
捋	1. lǚ	捋（捋麻绳）
	2. luō	捋（捋胡须）
落	1. là	落（落在后面）
	2. lào	落（落枕）
	3. luò	部落　村落　低落　跌落　段落　堕落　降落　角落　落后　落实
	4. ·luo	利落
埋	1. mái	埋藏　埋伏　埋没　埋头　埋葬

　　　　2. mán　　埋怨

蔓　1. màn　　蔓延

　　　2. wàn　　蔓(蔓儿)

没　1. méi　　没事　没有　没劲　没命　没趣　没准儿

　　　2. mò　　沉没　出没　没落　没收　埋没　吞没　淹没　湮没　隐没

闷　1. mēn　　闷热

　　　2. mèn　　沉闷　烦闷　苦闷　纳闷儿　郁闷

蒙　1. mēng　　蒙(蒙骗)

　　　2. méng　　蒙蔽　蒙昧　蒙受　迷蒙　启蒙

　　　3. Měng　　蒙古包　蒙医

靡　1. mí　　靡(奢靡)

　　　2. mǐ　　风靡

模　1. mó　　规模　模范　模仿　模糊　模拟　模式　模型　楷模　劳模　模特儿

　　　2. mú　　模样　模板

抹　1. mā　　抹布

　　　2. mǒ　　抹杀　涂抹

　　　3. mò　　抹(抹墙)

磨　1. mó　　折磨　琢磨　磨擦　磨炼　磨难　磨损　消磨

　　　2. mò　　磨(磨房)

　　　3. •mo　　琢磨

难　1. nán　　艰难　难道　难得　难怪　难过　难免　难受　难题　为难　难保　难听

　　　2. nàn　　苦难　灾难　避难　刁难　非难　国难　患难　磨难　难民　责难　危难

　　　3. •nan　　困难

泥　1. ní　　泥土　水泥　烂泥　泥浆　泥泞　泥鳅　泥塑　泥炭　淤泥

　　　2. nì　　拘泥

宁　1. níng　　宁静　安宁

　　　2. nìng　　宁可　宁肯　宁愿

拧　1. níng　　拧(拧毛巾)

　　　2. nǐng　　拧(拧螺丝)

　　　3. nìng　　拧(脾气拧)

弄　1. nòng　　摆弄　嘲弄　弄虚作假　玩弄　戏弄　愚弄

　　　2. lòng　　弄(里弄)

　　　3. •nong　　拨弄

耙　1. pá　　耙(耙子)

　　　2. bà　　耙(用耙子弄碎土块)

泡　1. pāo　　泡(眼泡)

　　　2. pào　　灯泡儿　浸泡　泡菜　泡沫　气泡

刨 1. páo   刨(刨土)
    2. bào   刨(刨刀)

炮 1. pào   鞭炮   大炮   放炮   火炮   炮弹   开炮   炮兵   炮火   炮击   炮楼
    2. páo   炮   炮制
    3. bāo   炮(一种烹调方法)

劈 1. pī   劈(劈木柴)
    2. pǐ   劈(劈叉)

片 1. piān   片子
    2. piàn   片刻   片面   鸦片   叶片   影片   照片   唱片   弹片   画片   胶片

漂 1. piāo   漂泊   漂浮   漂流   漂移
    2. piǎo   漂白粉
    3. piào   漂亮

屏 1. píng   屏幕   荧光屏   屏风   屏障   荧屏
    2. bǐng   屏息

朴 1. Piáo   朴(姓)
    2. pǔ   淳朴   古朴   朴素   简朴   朴实   质朴

撇 1. piē   撇开
    2. piě   撇(撇嘴)

铺 1. pū   铺盖   铺设
    2. pù   床铺   当铺   店铺

仆 1. pū   前仆后继
    2. pú   公仆   奴仆   仆人   仆役

强 1. qiáng   加强   坚强   富强   刚强   高强   强大   强调   强度   强化   强烈
    2. qiǎng   勉强   强求
    3. jiàng   倔强

呛 1. qiāng   呛(吃饭吃呛了)
    2. qiàng   呛(味儿呛人)

悄 1. qiāo   悄悄
    2. qiǎo   悄然   悄声

翘 1. qiáo   翘(翘首)
    2. qiào   翘(翘尾巴)

切 1. qiē   切除   切磋   切点   切割   切口   切面   切片   切线
    2. qiè   密切   迫切   切实   亲切   确切   一切   关切   急切   恳切

茄 1. qié   番茄   茄子
    2. jiā   雪茄

亲 1. qīn   成亲   父亲   母亲   亲密   亲戚   亲切   亲热   亲人   亲属   亲近
    2. qìng   亲家

曲 1. qū 　　曲线　歪曲　弯曲　扭曲　曲解　曲面　曲轴　曲折
　　2. qǔ 　　歌曲　戏曲　乐曲　插曲　昆曲　曲调　曲目　曲牌　曲艺

圈 1. quān 　垫圈　花圈　线圈　圈套　圈子　眼圈　圆圈
　　2. juān 　圈（用栅栏把家禽家畜围起来）
　　3. juàn 　圈（猪圈）

任 1. Rén 　　任（姓）
　　2. rèn 　　担任　任何　任命　任务　任意　信任　责任　主任　出任　放任　任免

撒 1. sā 　　撒谎　撒娇　撒手
　　2. sǎ 　　撒（撒播）

塞 1. sāi 　　活塞　塞子
　　2. sài 　　塞（要塞）
　　3. sè 　　闭塞　充塞　堵塞　搪塞　填塞　阻塞

散 1. sǎn 　　散射　散文　懒散　零散　散漫　闲散
　　2. sàn 　　分散　解散　扩散　散布　散步　散发　发散　涣散　飘散　驱散

丧 1. sāng 　丧事　丧葬
　　2. sàng 　丧失　懊丧　沮丧　丧气　颓丧

扫 1. sǎo 　　扫荡　打扫　横扫　清扫　扫除　扫地　扫盲　扫描　扫射　扫视
　　2. sào 　　扫帚

臊 1. sāo 　　臊（腥臊）
　　2. sào 　　臊（害臊）

色 1. sè 　　白色　保护色　本色　彩色　变色　出色　春色　红色　色彩　神色
　　　　　　　景色
　　2. shǎi 　色（掉色）

刹 1. shā 　　刹车
　　2. chà 　　刹那

煞 1. shā 　　煞（煞车）
　　2. shà 　　煞（煞白）

杉 1. shā 　　杉木
　　2. shān 　杉（水杉）

扇 1. shān 　扇动
　　2. shàn 　电扇　蒲扇　扇贝　扇子

上 1. shǎng 　上（上声）
　　2. shàng 　马上　上班　上边　上层　上帝　上级　上课　上空　上演　上阵

少 1. shǎo 　　多少　减少　缺少　少量　少数　稀少　至少　少见
　　2. shào 　　少年　少女　少爷　老少　少儿　少妇　少将

舍 1. shě 　　舍不得　取舍　舍弃　舍身　施舍
　　2. shè 　　宿舍　邻舍　校舍

省 1. shěng 节省 省城 省份 省会 省略 省事 外省
　 2. xǐng 反省 内省

盛 1. shèng 鼎盛 繁盛 丰盛 盛行 旺盛 茂盛 强盛 盛产 盛大 盛会
　 2. chéng 盛(盛饭)

什 1. shén 什么
　 2. shí 什(什锦)

石 1. shí 宝石 大理石 化石 基石 礁石 石头 石油 矿石 岩石 石榴
　 2. dàn 石(容量单位)

识 1. shí 常识 结识 识别 识字 意识 赏识 识破 相识 学识
　 2. zhì 标识
　 3. ·shi 见识 认识 知识

熟 1. shóu 熟(多在口语中单用)
　 2. shú 成熟 熟练 熟悉 熟人 熟睡 熟知 娴熟 早熟

谁 1. shéi 谁(多用于口语)
　 2. shuí 谁(多用于书面语)

数 1. shǔ 数(数九)
　 2. shù 参数 常数 次数 多数 数据 数量 数目 数学 数值 数字

属 1. shǔ 家属 金属 亲属 属性 属于 所属 下属 从属 附属 直属
　 2. zhǔ 属(属望)

似 1. shì 似的
　 2. sì 近似 类似 好似 似乎 酷似 相似 貌似 恰似 似是而非

宿 1. sù 归宿 宿舍 宿营 住宿
　 2. xiǔ 宿(量词,多用于计算夜)
　 3. xiù 宿(星宿)

遂 1. suí 遂(半身不遂)
　 2. suì 未遂

拓 1. tà 拓(拓片)
　 2. tuò 开拓

苔 1. tāi 舌苔
　 2. tái 青苔

提 1. tí 孩提 前提 提倡 提高 提供 提炼 提前 提取 提醒 提议 提案
　 2. dī 提防

挑 1. tiāo 挑选 挑剔 挑子
　 2. tiǎo 挑战 挑拨 挑衅

帖 1. tiě 帖(请帖)
　 2. tiè 帖(碑帖)

通　1. tōng　沟通　交通　流通　普通　通常　通道　通过　通讯　通用　通知　畅通
　　2. tòng　通（打了一通鼓）
同　1. tóng　共同　连同　如同　同伴　同胞　同等　同情　同时　同样　同意　相同
　　　　　　赞同
　　2. tòng　胡同儿
　　3. ·tong　合同
吐　1. tǔ　倾吐　谈吐　吐露　吞吐
　　2. tù　呕吐　吐血
为　1. wéi　成为　极为　较为　人为　认为　为难　为止　行为　以为　作为　最为
　　　　　　难为
　　2. wèi　为何　为了　因为
系　1. xì　根系　联系　太阳系　体系　系列　系数　系统　星系　母系　派系
　　　　　　维系
　　2. jì　系（系鞋带）
　　3. ·xi　关系
吓　1. xià　惊吓　吓唬　吓人
　　2. hè　恐吓　威吓
纤　1. xiān　化纤　纤维　纤毛　纤细
　　2. qiàn　纤（拉船用的绳子）
鲜　1. xiān　鲜花　鲜明　鲜血　鲜艳　新鲜　屡见不鲜　鲜红　鲜美　鲜嫩
　　2. xiǎn　鲜（鲜见）
相　1. xiāng　互相　相当　相等　相对　相反　相关　相互　相继　相似　相同　相信
　　2. xiàng　照相　变相　丞相　亮相　首相　相机　相貌　相声　宰相　长相　真相
巷　1. xiàng　巷（大街小巷）
　　2. hàng　巷道
削　1. xiāo　削（削铅笔）
　　2. xuē　剥削　削弱　削价　削减
肖　1. Xiāo　肖（姓）
　　2. xiào　肖像
校　1. xiào　校风　高校　党校　军校　校长　学校　母校　校舍　校园　夜校
　　2. jiào　校对　校样　校正
兴　1. xīng　新兴　兴奋　兴建　兴起　振兴　复兴　时兴　兴办　兴盛　兴亡　兴旺
　　2. xìng　高兴　兴趣　即兴　扫兴　兴高采烈　兴致
行　1. xíng　暴行　不行　并行　步行　成行　发行　飞行　航行　放行　举行　履行
　　2. háng　本行　行列　行业　改行　行当　行会　行家　行情　同行　内行　在行
畜　1. xù　畜牧
　　2. chù　畜力　畜生　家畜　牲畜

血 1. xiě 　出血　吐血

　　2. xuè 　充血　高血压　流血　鲜血　心血　血液　血汗　血迹　血泪　血泊
　　　　　　　血肉　血腥

旋 1. xuán 　回旋　凯旋　螺旋桨　盘旋　气旋　旋即　旋涡　周旋

　　2. xuàn 　旋风

咽 1. yān 　咽喉

　　2. yàn 　吞咽

　　3. yè 　哽咽　呜咽

燕 1. Yān 　燕(姓、周朝国名)

　　2. yàn 　燕麦　燕子

殷 1. yān 　殷红

　　2. yīn 　殷切　殷勤

约 1. yāo 　约(约重量)

　　2. yuē 　不约而同　大约　缔约　节约　公约　和约　契约　条约　约束　制约
　　　　　　　特约　约会

要 1. yāo 　要求　要挟

　　2. yào 　必要　不要　次要　将要　快要　首要　需要　要素　重要　纲要　简要
　　　　　　　要害

掖 1. yē 　掖(掖在怀里)

　　2. yè 　掖(扶掖)

饮 1. yǐn 　饮食　冷饮　饮料　饮水

　　2. yìn 　饮(饮牲口)

应 1. yīng 　应当　应该　理应　应届　应允

　　2. yìng 　对应　反应　感应　供应　适应　相应　响应　效应　应付　应用

　　3. ying 　答应

佣 1. yōng 　雇佣

　　2. yòng 　佣金

与 1. yǔ 　与其　与日俱增

　　2. yù 　参与　与会

予 1. yǔ 　赐予　赋予　给予　寄予　授予　予以

　　2. yú 　予[(书面语)我]

晕 1. yūn 　晕(晕厥)

　　2. yùn 　红晕　眩晕

载 1. zǎi 　记载　登载　刊载

　　2. zài 　负载　满载　运载　载体　载重　装载

攒 1. zǎn 　攒(积攒)

　　2. cuán 　攒(攒聚)

脏 1. zāng　脏

　　2. zàng　肝脏　内脏　心脏　脾脏　肾脏　五脏　脏腑

择 1. zé　抉择　选择　择优

　　2. zhái　择菜

曾 1. zēng　曾（曾祖）

　　2. céng　不曾　曾经　未曾

扎 1. zā　包扎

　　2. zhā　扎根　扎实　驻扎

轧 1. zhá　轧（轧钢）

　　2. yà　轧（轧道机）

炸 1. zhá　炸（炸糕）

　　2. zhà　爆炸　炸弹　轰炸　炸药

占 1. zhān　占卜

　　2. zhàn　独占　侵占　占据　占领　占用　霸占　攻占　强占

涨 1. zhǎng　高涨　上涨　暴涨　飞涨　涨潮

　　2. zhàng　涨（头昏脑涨）

折 1. zhē　折腾

　　2. zhé　波折　挫折　存折　骨折　曲折　折磨　折射　夭折　折叠　折合　折扣

　　3. shé　折（折本）

正 1. zhēng　正月

　　2. zhèng　端正　反正　改正　公正　纠正　真正　正常　正当　正规　正好　正确

症 1. zhēng　症结

　　2. zhèng　症状　病症　炎症

挣 1. zhēng　挣（挣扎）

　　2. zhèng　挣（挣脱）

只 1. zhī　船只　只身

　　2. zhǐ　只得　只顾　只好　只是　只要　只有　不只　只管　只消

中 1. zhōng　暗中　初中　从中　当中　高中　集中　空中　其中　中间　中心　中学

　　2. zhòng　中毒　看中　命中　中风　中肯　中意

种 1. zhǒng　播种　剧种　良种　品种　树种　物种　种类　种群　种族　变种　火种

　　2. zhòng　播种　耕种　种植　接种　栽种　种地　种田

重 1. zhòng　比重　保重　笨重　侧重　敬重　沉重　严重　重大　着重　尊重　重任

　　2. chóng　重复　重合　重新　重叠　重逢　重申　重围　重行　重修　重演　双重

爪 1. zhǎo　魔爪　爪牙

　　2. zhuǎ　爪子

转　1. zhuǎn　好转　扭转　旋转　运转　周转　转变　转化　转换　流转　转眼

　　2. zhuàn　自转　倒转　公转　转速　转悠　转轴

幢　1. zhuàng　幢（一幢楼）

　　2. chuáng　幢（经幢）

着　1. zháo　着急　着迷　着火

　　2. zhāo　着（着数）

　　3. zhuó　沉着　穿着　附着　着手　着重　衣着　执著　着力　着陆　着落　着实
　　　　　　着想

琢　1. zhuó　琢磨　雕琢

　　2. zuó　琢磨

仔　1. zǐ　　仔细

　　2. zǎi　牛仔裤

钻　1. zuān　钻研　钻探

　　2. zuàn　钻石　钻头

作　1. zuō　作坊

　　2. zuò　操作　创作　动作　发作　耕作　工作　合作　协作　制作　作风　作业
　　　　　　作用

（五）轻重格式词语练读

本表是从《实施纲要》中摘录的部分一般情况下读为"重中"格式的词语（295个），供应试人练习体会。

爱好	àihào	便利	biànlì	产物	chǎnwù
爱护	àihù	变化	biànhuà	产业	chǎnyè
爱情	àiqíng	变换	biànhuàn	长度	chángdù
爱人	àirén	表示	biǎoshì	成绩	chéngjì
安排	ānpái	病人	bìngrén	程度	chéngdù
安慰	ānwèi	博士	bóshì	程式	chéngshì
安置	ānzhì	布置	bùzhì	程序	chéngxù
奥秘	àomì	步骤	bùzhòu	尺度	chǐdù
奥妙	àomiào	部位	bùwèi	处分	chǔfèn
把握	bǎwò	材料	cáiliào	创造	chuàngzào
办法	bànfǎ	参谋	cānmóu	创作	chuàngzuò
帮助	bāngzhù	参与	cānyù	春天	chūntiān
宝贝	bǎobèi	侧面	cèmiàn	次数	cìshù
比喻	bǐyù	策略	cèlüè	次序	cìxù

打开	dǎkāi	坏人	huàirén	利润	lìrùn
待遇	dàiyù	会议	huìyì	利息	lìxī
敌人	dírén	混乱	hùnluàn	利益	lìyì
地步	dìbù	货物	huòwù	利用	lìyòng
地势	dìshì	计划	jìhuà	联系	liánxì
地位	dìwèi	纪律	jìlǜ	烈士	lièshì
动物	dòngwù	纪念	jìniàn	贸易	màoyì
动作	dòngzuò	技术	jìshù	秘书	mìshū
对待	duìdài	家务	jiāwù	密度	mìdù
对应	duìyìng	建筑	jiànzhù	面貌	miànmào
恶化	èhuà	交代	jiāodài	明天	míngtiān
恶劣	èliè	交际	jiāojì	命令	mìnglìng
恶意	èyì	叫做	jiàozuò	命运	mìngyùn
翻译	fānyì	教训	jiàoxùn	没落	mòluò
反映	fǎnyìng	教义	jiàoyì	模样	múyàng
方便	fāngbiàn	教育	jiàoyù	目的	mùdì
方式	fāngshì	阶级	jiējí	哪些	nǎxiē
放任	fàngrèn	节目	jiémù	那些	nàxiē
分析	fēnxī	节日	jiérì	那样	nàyàng
风气	fēngqì	解释	jiěshì	男子	nánzǐ
服务	fúwù	介绍	jièshào	内容	nèiróng
福利	fúlì	界限	jièxiàn	能力	nénglì
父亲	fùqīn	今天	jīntiān	浓度	nóngdù
富裕	fùyù	境界	jìngjiè	女子	nǚzǐ
概率	gàilǜ	救济	jiùjì	偶尔	ǒu'ěr
干部	gànbù	觉悟	juéwù	盼望	pànwàng
根据	gēnjù	军人	jūnrén	配合	pèihé
工程	gōngchéng	军事	jūnshì	配置	pèizhì
估计	gūjì	刊物	kānwù	批评	pīpíng
顾忌	gùjì	看待	kàndài	品种	pǐnzhǒng
挂念	guàniàn	看望	kànwàng	迫害	pòhài
行业	hángyè	控制	kòngzhì	气愤	qìfèn
号召	hàozhào	快乐	kuàilè	气候	qìhòu
厚度	hòudù	老虎	lǎohǔ	气味	qìwèi

气质	qìzhì	手势	shǒushì	项目	xiàngmù
恰当	qiàdàng	寿命	shòumìng	效率	xiàolǜ
亲人	qīnrén	数量	shùliàng	效益	xiàoyì
情况	qíngkuàng	数目	shùmù	效应	xiàoyìng
秋季	qiūjì	数字	shùzì	信号	xìnhào
秋天	qiūtiān	树木	shùmù	信念	xìnniàn
趣味	qùwèi	顺利	shùnlì	信任	xìnrèn
权力	quánlì	顺序	shùnxù	信用	xìnyòng
权利	quánlì	私人	sīrén	兴趣	xìngqù
确切	quèqiè	素材	sùcái	形式	xíngshì
热量	rèliàng	素质	sùzhì	形势	xíngshì
人物	rénwù	速度	sùdù	性质	xìngzhì
任务	rènwù	他人	tārén	性状	xìngzhuàng
若是	ruòshì	特色	tèsè	叙述	xùshù
商人	shāngrén	天气	tiānqì	血液	xuèyè
上午	shàngwǔ	跳动	tiàodòng	训练	xùnliàn
设备	shèbèi	跳跃	tiàoyuè	迅速	xùnsù
设计	shèjì	外部	wàibù	厌恶	yànwù
设置	shèzhì	忘记	wàngjì	样式	yàngshì
深度	shēndù	文人	wénrén	药物	yàowù
甚至	shènzhì	问题	wèntí	业务	yèwù
慎重	shènzhòng	物力	wùlì	液态	yètài
生物	shēngwù	物质	wùzhì	医生	yīshēng
声音	shēngyīn	误会	wùhuì	艺术	yìshù
胜利	shènglì	戏剧	xìjù	议论	yìlùn
诗人	shīrén	系数	xìshù	抑制	yìzhì
食物	shíwù	细致	xìzhì	意味	yìwèi
事故	shìgù	下午	xiàwǔ	意义	yìyì
事迹	shìjì	现象	xiànxiàng	意志	yìzhì
事务	shìwù	限度	xiàndù	印象	yìnxiàng
事物	shìwù	限制	xiànzhì	应用	yìngyòng
事业	shìyè	线路	xiànlù	影响	yǐngxiǎng
适应	shìyìng	线索	xiànsuǒ	犹豫	yóuyù
手法	shǒufǎ	羡慕	xiànmù	于是	yúshì

预备	yùbèi	振动	zhèndòng	重力	zhònglì
预计	yùjì	振奋	zhènfèn	重量	zhòngliàng
预料	yùliào	震动	zhèndòng	重视	zhòngshì
欲望	yùwàng	正确	zhèngquè	重要	zhòngyào
愿望	yuànwàng	证据	zhèngjù	祝贺	zhùhè
月份	yuèfèn	政策	zhèngcè	著作	zhùzuò
越过	yuèguò	政治	zhèngzhì	装饰	zhuāngshì
运动	yùndòng	症状	zhèngzhuàng	装置	zhuāngzhì
运用	yùnyòng	职务	zhíwù	状况	zhuàngkuàng
赞成	zànchéng	植物	zhíwù	状态	zhuàngtài
责任	zérèn	制度	zhìdù	姿势	zīshì
债务	zhàiwù	制造	zhìzào	滋味	zīwèi
战略	zhànlüè	质量	zhìliàng	组织	zǔzhī
战士	zhànshì	秩序	zhìxù	罪恶	zuì'è
障碍	zhàng'ài	智慧	zhìhuì	作物	zuòwù
招待	zhāodài	智力	zhìlì	作用	zuòyòng
这样	zhèyàng				

（六）容易误读词语练读

本表将《实施纲要》的《普通话水平测试用普通话词语表》中部分容易出现误读的词语（384 个）列出，供应试人参考。

皑皑	ái'ái	陛下	bìxià	不胫而走	bùjìng'érzǒu
按捺	ànnà	婢女	bìnǚ	不屑	bùxiè
按时	ànshí	编撰	biānzhuàn	不懈	bùxiè
盎然	àngrán	编纂	biānzuǎn	蟾蜍	chánchú
跋涉	báshè	标的	biāodì	阐明	chǎnmíng
白桦	báihuà	标识	biāozhì	阐释	chǎnshì
包庇	bāobì	濒临	bīnlín	忏悔	chànhuǐ
褒贬	bāo·biǎn	摈弃	bìnqì	猖獗	chāngjué
卑鄙	bēibǐ	屏息	bǐngxī	怅惘	chàngwǎng
被褥	bèirù	摒弃	bìngqì	称职	chènzhí
笨拙	bènzhuō	脖颈儿	bógěngr	驰骋	chíchěng
迸发	bèngfā	补给	bǔjǐ	齿龈	chǐyín
匕首	bǐshǒu	不啻	bùchì	炽烈	chìliè

充沛	chōngpèi	动弹	dòngtan	哽咽	gěngyè
充塞	chōngsè	动辄	dòngzhé	供给	gōngjǐ
抽搐	chōuchù	都会	dūhuì	供求	gōngqiú
踌躇	chóuchú	堵塞	dǔsè	供养	gōngyǎng
惆怅	chóuchàng	遏止	èzhǐ	骨头	gǔtou
处方	chǔfāng	发酵	fājiào	雇佣	gùyōng
处女	chǔnǚ	反馈	fǎnkuì	皈依	guīyī
处理	chǔlǐ	藩镇	fānzhèn	瑰丽	guīlì
处死	chǔsǐ	繁衍	fányǎn	诡辩	guǐbiàn
处于	chǔyú	反刍	fǎnchú	桂冠	guìguān
矗立	chùlì	梵文	fànwén	寒噤	hánjìn
创伤	chuāngshāng	妨碍	fáng'ài	寒颤	hánzhàn
啜泣	chuòqì	妨害	fánghài	巷道	hàngdào
绰号	chuòhào	诽谤	fěibàng	好恶	hàowù
从容	cóngróng	分泌	fēnmì	号召	hàozhào
粗犷	cūguǎng	分蘖	fēnniè	横亘	hénggèn
篡夺	cuànduó	愤慨	fènkǎi	红晕	hóngyùn
萃取	cuìqǔ	风驰电掣	fēngchí-	后裔	hòuyì
淬火	cuìhuǒ		diànchè	呼号	hūháo
磋商	cuōshāng	丰腴	fēngyú	花冠	huāguān
挫折	cuòzhé	俘虏	fúlǔ	化纤	huàxiān
搭讪	dā·shàn	符合	fúhé	宦官	huànguān
答辩	dábiàn	拂晓	fúxiǎo	豢养	huànyǎng
呆板	dāibǎn	俯瞰	fǔkàn	黄疸	huángdǎn
胆怯	dǎnqiè	复辟	fùbì	幌子	huǎngzi
旦角儿	dànjuér	复杂	fùzá	诙谐	huīxié
当天	dàngtiān	赋予	fùyǔ	会晤	huìwù
当成	dàngchéng	负荷	fùhè	讳言	huìyán
当做	dàngzuò	附和	fùhè	荟萃	huìcuì
涤纶	dílún	附着	fùzhuó	晦气	huì·qì
诋毁	dǐhuǐ	赋税	fùshuì	混沌	hùndùn
地壳	dìqiào	富庶	fùshù	混淆	hùnxiáo
电荷	diànhè	干涸	gānhé	豁口	huōkǒu
调拨	diàobō	坩埚	gānguō		

豁免	huòmiǎn	静谧	jìngmì	绿林	lùlín
几率	jīlǜ	纠葛	jiūgé	氯气	lùqì
羁绊	jībàn	臼齿	jiùchǐ	玫瑰	méi·guī
即便	jíbiàn	拘泥	jūnì	门槛	ménkǎn
即日	jírì	咀嚼	jǔjué	迷惘	míwǎng
急遽	jíjù	锯齿	jùchǐ	糜烂	mílàn
嫉妒	jídù	角色	juésè	泯灭	mǐnmiè
脊梁	jǐliang	角逐	juézhú	冥想	míngxiǎng
脊髓	jǐsuǐ	倔强	juéjiàng	魔爪	mózhǎo
忌讳	jì·huì	慨然	kǎirán	模板	múbǎn
畸形	jīxíng	看护	kānhù	目瞪口呆	mùdèng-kǒudāi
给养	jǐyǎng	恪守	kèshǒu		
给予	jǐyǔ	铿锵	kēngqiāng	内省	nèixǐng
甲壳	jiǎqiào	枯燥	kūzào	涅槃	nièpán
驾驭	jiàyù	脍炙人口	kuàizhì-rénkǒu	宁愿	nìngyuàn
缄默	jiānmò			疟疾	nüèji
间断	jiànduàn	矿藏	kuàngcáng	偶尔	ǒu'ěr
间隔	jiàngé	框架	kuàngjià	排挤	páijǐ
间作	jiànzuò	魁梧	kuí·wú	牌坊	pái·fāng
矫揉造作	jiǎoróu-zàozuò	傀儡	kuílěi	盘踞	pánjù
		匮乏	kuìfá	咆哮	páoxiào
缴纳	jiǎonà	勒索	lèsuǒ	狍子	páozi
叫嚣	jiàoxiāo	累赘	léizhui	炮制	páozhì
教诲	jiàohuì	砾石	lìshí	配角	pèijué
秸秆	jiēgǎn	涟漪	liányī	抨击	pēngjī
结合	jiéhé	两栖	liǎngqī	毗邻	pílín
结婚	jiéhūn	踉跄	liàngqiàng	痞子	pǐzi
矜持	jīnchí	瞭望	liàowàng	譬如	pìrú
禁不住	jīn·bù zhù	吝啬	lìnsè	媲美	pìměi
尽管	jǐnguǎn	聆听	língtīng	漂泊	piāobó
尽快	jǐnkuài	翎子	língzi	剖面	pōumiàn
尽早	jǐnzǎo	零散	língsǎn	匍匐	púfú
劲旅	jìnglǚ	卤素	lǔsù	蒲公英	púgōngyīng

契约　qìyuē
栖息　qīxī
绮丽　qǐlì
气馁　qìněi
器皿　qìmǐn
前仆后继　qiánpū-hòujì
潜力　qiánlì
潜移默化　qiányí-mòhuà
潜在　qiánzài
强劲　qiángjìng
强求　qiǎngqiú
悄然　qiǎorán
悄声　qiǎoshēng
切除　qiēchú
惬意　qièyì
情不自禁　qíngbùzìjīn
躯干　qūgàn
躯壳　qūqiào
曲折　qūzhé
冉冉　rǎnrǎn
妊娠　rènshēn
冗长　rǒngcháng
蹂躏　róulìn
儒家　Rújiā
如释重负　rúshìzhòngfù
褥子　rùzi
杀戮　shālù
杉木　shāmù
扇动　shāndòng
煽动　shāndòng
赡养　shànyǎng
商贾　shānggǔ
商榷　shāngquè

奢侈　shēchǐ
神龛　shénkān
生肖　shēngxiào
时分　shífèn
拾掇　shíduo
适当　shìdàng
事迹　shìjì
狩猎　shòuliè
倏然　shūrán
树冠　shùguān
庶民　shùmín
水泵　shuǐbèng
水獭　shuǐtǎ
思忖　sīcǔn
伺机　sìjī
怂恿　sǒngyǒng
坍塌　tāntā
绦虫　tāochóng
特赦　tèshè
剔除　tīchú
田亩　tiánmǔ
挑衅　tiǎoxìn
铜臭　tóngxiù
投奔　tóubèn
吐血　tùxiě
湍急　tuānjí
湍流　tuānliú
吞噬　tūnshì
拖累　tuōlěi
威吓　wēihè
围剿　wéijiǎo
违约　wéiyuē
慰藉　wèijiè

紊乱　wěnluàn
污秽　wūhuì
呜咽　wūyè
无垠　wúyín
侮辱　wǔrǔ
犀利　xīlì
戏谑　xìxuè
纤维　xiānwéi
掀起　xiānqǐ
相称　xiāngchèn
相间　xiāngjiàn
嚣张　xiāozhāng
肖像　xiàoxiàng
泄露　xièlòu
亵渎　xièdú
兴奋　xīngfèn
羞怯　xiūqiè
须臾　xūyú
喧嚣　xuānxiāo
眩晕　xuànyùn
削价　xuējià
削减　xuējiǎn
削弱　xuēruò
熏陶　xūntáo
牙龈　yáyín
殷红　yānhóng
湮没　yānmò
俨然　yǎnrán
眼睑　yǎnjiǎn
演绎　yǎnyì
要挟　yāoxié
窈窕　yǎotiǎo
一瞥　yīpiē

依偎	yīwēi	载体	zàitǐ	滞留	zhìliú
贻误	yíwù	糟粕	zāopò	重担	zhòngdàn
胰腺	yíxiàn	造诣	zàoyì	诸如此类	zhūrúcǐlèi
疑难	yínán	憎恶	zēngwù	诸位	zhūwèi
驿站	yìzhàn	择菜	zháicài	主角	zhǔjué
翌日	yìrì	占卜	zhānbǔ	伫立	zhùlì
熠熠	yìyì	粘连	zhānlián	专横	zhuānhèng
阴霾	yīnmái	着急	zháojí	着落	zhuóluò
淫秽	yínhuì	爪牙	zhǎoyá	着想	zhuóxiǎng
引擎	yǐnqíng	沼气	zhǎoqì	着意	zhuóyì
荫庇	yìnbì	召开	zhàokāi	卓越	zhuóyuè
应届	yīngjiè	症结	zhēngjié	着重	zhuózhòng
萦绕	yíngrào	脂肪	zhīfáng	自给	zìjǐ
佣金	yòngjīn	只身	zhīshēn	棕榈	zōnglú
有的放矢	yǒudì-fàngshǐ	执拗	zhíniù	总得	zǒngděi
与其	yǔqí	桎梏	zhìgù	作祟	zuòsuì
予以	yǔyǐ				

（七）难点重叠词语练读

本表从《普通话水平测试用普通话词语表》中选取了1 330个难点重叠词语，包含了五类情况：平舌音z、c、s和翘舌音zh、ch、sh重叠；舌尖后音r和舌尖中音l重叠；舌尖中音n和l重叠；前鼻音en、in和后鼻音eng、ing重叠，以及鼻韵母an和ang重叠。

1. 平舌音z、c、s和翘舌音zh、ch、sh重叠（本表共选取平舌音z、c、s和翘舌音zh、ch、sh重叠的词语862个）。

（1）平舌音—平舌音。

Z-Z

自在	zìzài/zìzai	在座	zàizuò	自尊	zìzūn
祖宗	zǔzong	啧啧	zézé	粽子	zòngzi
再造	zàizào				

Z-C

自从	zìcóng	紫菜	zǐcài	座舱	zuòcāng
资财	zīcái	遵从	zūncóng		

Z-S

子孙	zǐsūn	总算	zǒngsuàn	赞颂	zànsòng

葬送	zàngsòng	棕色	zōngsè	阻塞	zǔsè
赠送	zèngsòng	走私	zǒusī	作祟	zuòsuì
自私	zìsī				

C-Z

操纵	cāozòng	村子	cūnzi	嘈杂	cáozá
操作	cāozuò	存在	cúnzài	错综复杂	cuòzōng-fùzá
词组	cízǔ				

C-C

层次	céngcì	猜测	cāicè	草丛	cǎocóng
从此	cóngcǐ	残存	cáncún	催促	cuīcù
粗糙	cūcāo	仓促	cāngcù	璀璨	cuǐcàn
摧残	cuīcán	苍翠	cāngcuì		

C-S

彩色	cǎisè	蚕丝	cánsī	厕所	cèsuǒ
彩塑	cǎisù	惨死	cǎnsǐ	测算	cèsuàn
参赛	cānsài	沧桑	cāngsāng	粗俗	cūsú

S-Z

嗓子	sǎngzi	所在	suǒzài	私自	sīzì
嫂子	sǎozi	塞子	sāizi	送葬	sòngzàng
塑造	sùzào	丧葬	sāngzàng	酸枣	suānzǎo
孙子	sūnzi	色泽	sèzé		

S-C

| 色彩 | sècǎi | 思忖 | sīcǔn | 随从 | suícóng |
| 素材 | sùcái | | | | |

S-S

思索	sīsuǒ	四散	sìsàn	搜索	sōusuǒ
诉讼	sùsòng	松散	sōngsǎn	琐碎	suǒsuì
色素	sèsù				

（2）翘舌音—翘舌音。

zh-zh

战争	zhànzhēng	政治	zhèngzhì	植株	zhízhū
珍珠	zhēnzhū	症状	zhèngzhuàng	种植	zhòngzhí
真正	zhēnzhèng	直至	zhízhì	周转	zhōuzhuǎn

主张	zhǔzhāng	征兆	zhēngzhào	周折	zhōuzhé
住宅	zhùzhái	整治	zhěngzhì	主旨	zhǔzhǐ
注重	zhùzhòng	正直	zhèngzhí	助长	zhùzhǎng
专政	zhuānzhèng	正中	zhèngzhōng	住址	zhùzhǐ
专制	zhuānzhì	郑重	zhèngzhòng	驻扎	zhùzhā
着重	zhuózhòng	支柱	zhīzhù	著者	zhùzhě
辗转	zhǎnzhuǎn	执照	zhízhào	专职	zhuānzhí
长者	zhǎngzhě	执政	zhízhèng	专注	zhuānzhù
招致	zhāozhì	执著	zhízhuó	专著	zhuānzhù
折中	zhézhōng	纸张	zhǐzhāng	转战	zhuǎnzhàn
褶皱	zhězhòu	指摘	zhǐzhāi	转折	zhuǎnzhé
珍重	zhēnzhòng	指针	zhǐzhēn	转轴	zhuànzhóu
真知	zhēnzhī	中止	zhōngzhǐ	庄重	zhuāngzhòng
真挚	zhēnzhì	中转	zhōngzhuǎn	壮志	zhuàngzhì
斟酌	zhēnzhuó	忠贞	zhōngzhēn	茁壮	zhuózhuàng
诊治	zhěnzhì	终止	zhōngzhǐ	卓著	zhuózhù
争执	zhēngzhí	肿胀	zhǒngzhàng		

zh－ch

战场	zhànchǎng	支出	zhīchū	直肠	zhícháng
章程	zhāngchéng	忠诚	zhōngchéng	职称	zhíchēng
侦查	zhēnchá	主持	zhǔchí	住处	zhù·chù
侦察	zhēnchá	摘除	zhāichú	著称	zhùchēng
真诚	zhēnchéng	展翅	zhǎnchì	专长	zhuāncháng
正常	zhèngcháng	涨潮	zhǎngcháo	专车	zhuānchē
支撑	zhīchēng	震颤	zhènchàn	专程	zhuānchéng
支持	zhīchí	争吵	zhēngchǎo	追查	zhuīchá

zh－sh

展示	zhǎnshì	折射	zhéshè	知识	zhīshi
战胜	zhànshèng	真实	zhēnshí	只是	zhǐshì
战士	zhànshì	征收	zhēngshōu	指示	zhǐshì
战术	zhànshù	正式	zhèngshì	指数	zhǐshù
招生	zhāoshēng	证实	zhèngshí	至少	zhìshǎo
照射	zhàoshè	证书	zhèngshū	致使	zhìshǐ

中世纪	zhōngshìjì	珍视	zhēnshì	周身	zhōushēn
中枢	zhōngshū	阵势	zhèn·shì	主食	zhǔshí
忠实	zhōngshí	镇守	zhènshǒu	主事	zhǔshì
终身	zhōngshēn	整数	zhěngshù	注射器	zhùshèqì
重视	zhòngshì	正视	zhèngshì	注释	zhùshì
助手	zhùshǒu	政事	zhèngshì	驻守	zhùshǒu
注射	zhùshè	只身	zhīshēn	著述	zhùshù
注视	zhùshì	直属	zhíshǔ	转手	zhuǎnshǒu
转身	zhuǎnshēn	直率	zhíshuài	转瞬	zhuǎnshùn
装饰	zhuāngshì	直爽	zhíshuǎng	装束	zhuāngshù
着手	zhuóshǒu	指使	zhǐshǐ	壮实	zhuàngshi
扎实	zhāshi	至上	zhìshàng	壮士	zhuàngshì
战事	zhànshì	治水	zhìshuǐ	赘述	zhuìshù
招收	zhāoshōu	置身	zhìshēn	准绳	zhǔnshéng
招手	zhāoshǒu	终生	zhōngshēng	准时	zhǔnshí
诏书	zhàoshū	众生	zhòngshēng	着实	zhuóshí
肇事	zhàoshì	重伤	zhòngshāng		

ch–zh

产值	chǎnzhí	船只	chuánzhī	持重	chízhòng
长征	chángzhēng	垂直	chuízhí	冲撞	chōngzhuàng
车站	chēzhàn	查找	cházhǎo	出征	chūzhēng
沉重	chénzhòng	常住	chángzhù	出众	chūzhòng
沉着	chénzhuó	朝政	cháozhèng	处置	chǔzhì
成长	chéngzhǎng	撤职	chèzhí	传真	chuánzhēn
城镇	chéngzhèn	称职	chènzhí	船闸	chuánzhá
初中	chūzhōng	诚挚	chéngzhì	创制	chuàngzhì
穿着	chuānzhuó	惩治	chéngzhì	纯真	chúnzhēn
船长	chuánzhǎng	持之以恒	chízhīyǐhéng	纯正	chúnzhèng

ch–ch

长城	chángchéng	出产	chūchǎn	蟾蜍	chánchú
长处	cháng·chù	查处	cháchǔ	铲除	chǎnchú
超出	chāochū	拆除	chāichú	超产	chāochǎn
成虫	chéngchóng	潺潺	chánchán	超常	chāocháng

车床	chēchuáng	抽搐	chōuchù	初春	chūchūn
惩处	chéngchǔ	踌躇	chóuchú	除尘	chúchén
驰骋	chíchěng	惆怅	chóuchàng	橱窗	chúchuāng
赤诚	chìchéng	出差	chūchāi	穿插	chuānchā
充斥	chōngchì	出厂	chūchǎng	传承	chuánchéng
抽查	chōuchá	出场	chūchǎng	戳穿	chuōchuān

ch-sh

产生	chǎnshēng	差使	chāishǐ	仇视	chóushì
阐述	chǎnshù	差事	chāishi	出山	chūshān
尝试	chángshì	阐释	chǎnshì	出神	chūshén
常识	chángshí	长衫	chángshān	出生率	chūshēnglǜ
常数	chángshù	长寿	chángshòu	出师	chūshī
潮湿	cháoshī	常设	chángshè	出使	chūshǐ
陈述	chénshù	厂商	chǎngshāng	出示	chūshì
成熟	chéngshú	超声波	chāoshēngbō	出世	chūshì
诚实	chéng·shí	潮水	cháoshuǐ	出事	chūshì
承受	chéngshòu	车身	chēshēn	出手	chūshǒu
城市	chéngshì	沉睡	chénshuì	厨师	chúshī
程式	chéngshì	陈设	chénshè	处世	chǔshì
充实	chōngshí	衬衫	chènshān	处事	chǔshì
出身	chūshēn	趁势	chènshì	畜生	chùsheng
出生	chūshēng	成书	chéngshū	触手	chùshǒu
出售	chūshòu	吃水	chīshuǐ	穿山甲	chuānshānjiǎ
传授	chuánshòu	赤手空拳	chìshǒu-kōngquán	传神	chuánshén
传说	chuánshuō			传输	chuánshū
创伤	chuāngshāng	冲刷	chōngshuā	创设	chuàngshè
插手	chāshǒu	重申	chóngshēn	创始	chuàngshǐ
茶水	cháshuǐ	崇尚	chóngshàng	蠢事	chǔnshì

sh-zh

上涨	shàngzhǎng	生长	shēngzhǎng	始终	shǐzhōng
设置	shèzhì	生殖	shēngzhí	试制	shìzhì
甚至	shènzhì	师长	shīzhǎng	手掌	shǒuzhǎng
慎重	shènzhòng	实质	shízhì	手指	shǒuzhǐ

首长	shǒuzhǎng	胜仗	shèngzhàng	市镇	shìzhèn
树种	shùzhǒng	盛装	shèngzhuāng	市政	shìzhèng
数值	shùzhí	失真	shīzhēn	试纸	shìzhǐ
水蒸气	shuǐzhēngqì	失职	shīzhí	适中	shìzhōng
山楂	shānzhā	失重	shīzhòng	手杖	shǒuzhàng
善战	shànzhàn	施展	shīzhǎn	受制	shòuzhì
上阵	shàngzhèn	施政	shīzhèng	书桌	shūzhuō
上肢	shàngzhī	时针	shízhēn	舒展	shūzhǎn
摄制	shèzhì	时钟	shízhōng	舒张	shūzhāng
伸展	shēnzhǎn	时装	shízhuāng	熟知	shúzhī
伸张	shēnzhāng	实战	shízhàn	树脂	shùzhī
深重	shēnzhòng	实证	shízhèng	水闸	shuǐzhá
神经质	shénjīngzhì	食指	shízhǐ	水质	shuǐzhì
神志	shénzhì	使者	shǐzhě	水肿	shuǐzhǒng
神州	shénzhōu	示众	shìzhòng	水准	shuǐzhǔn
圣旨	shèngzhǐ				

sh-ch

深沉	shēnchén	山川	shānchuān	失常	shīcháng
审查	shěnchá	擅长	shàncháng	失传	shīchuán
生产	shēngchǎn	商场	shāngchǎng	视察	shìchá
生产力	shēngchǎnlì	商船	shāngchuán	收场	shōuchǎng
生成	shēngchéng	上场	shàngchǎng	收成	shōucheng
牲畜	shēngchù	奢侈	shēchǐ	首创	shǒuchuàng
时常	shícháng	射程	shèchéng	舒畅	shūchàng
市场	shìchǎng	身长	shēncháng	水产	shuǐchǎn
输出	shūchū	声称	shēngchēng	水车	shuǐchē
刹车	shāchē	省城	shěngchéng	说唱	shuōchàng
山茶	shānchá	盛产	shèngchǎn	说穿	shuōchuān

sh-sh

山水	shānshuǐ	上市	shàngshì	设施	shèshī
闪烁	shǎnshuò	上述	shàngshù	伸手	shēnshǒu
上山	shàngshān	稍稍	shāoshāo	神圣	shénshèng
上升	shàngshēng	少数	shǎoshù	实施	shíshī

事实	shìshí	烧伤	shāoshāng	时尚	shíshàng
逝世	shìshì	舍身	shěshēn	时事	shíshì
收拾	shōushi	射手	shèshǒu	时势	shíshì
手势	shǒushì	摄食	shèshí	实事	shíshì
手术	shǒushù	身世	shēnshì	实数	shíshù
受伤	shòushāng	绅士	shēnshì	史诗	shǐshī
叔叔	shū·shu	深山	shēnshān	史实	shǐshí
舒适	shūshì	审慎	shěnshèn	史书	shǐshū
水手	shuǐshǒu	审视	shěnshì	适时	shìshí
税收	shuìshōu	生疏	shēngshū	世事	shìshì
顺手	shùnshǒu	声势	shēngshì	首饰	shǒushi
杀伤	shāshāng	省事	shěngshì	书生	shūshēng
霎时	shàshí	尸首	shī·shǒu	熟睡	shúshuì
膳食	shànshí	失神	shīshén	述说	shùshuō
伤势	shāngshì	失声	shīshēng	水势	shuǐshì
赏识	shǎngshí	失实	shīshí	顺势	shùnshì
上身	shàngshēn	失守	shīshǒu	瞬时	shùnshí
上书	shàngshū	施舍	shīshě	硕士	shuòshì

　　（3）平舌音—翘舌音。

z－zh

杂志	zázhì	最终	zuìzhōng	自制	zìzhì
杂质	zázhì	尊重	zūnzhòng	自重	zìzhòng
增长	zēngzhǎng	作战	zuòzhàn	自传	zìzhuàn
增殖	zēngzhí	作者	zuòzhě	奏章	zòuzhāng
自治	zìzhì	栽植	zāizhí	诅咒	zǔzhòu
自治区	zìzhìqū	栽种	zāizhòng	组装	zǔzhuāng
自主	zìzhǔ	在职	zàizhí	罪证	zuìzhèng
自转	zìzhuàn	载重	zàizhòng	罪状	zuìzhuàng
宗旨	zōngzhǐ	赞助	zànzhù	遵照	zūnzhào
总之	zǒngzhī	增值	zēngzhí	坐镇	zuòzhèn
阻止	zǔzhǐ	资助	zīzhù	做主	zuòzhǔ
组织	zǔzhī	滋长	zīzhǎng		

z-ch

在场	zàichǎng	自称	zìchēng	责成	zéchéng
赞成	zànchéng	嘴唇	zuǐchún	总称	zǒngchēng
早晨	zǎo·chén	最初	zuìchū	祖传	zǔchuán
增产	zēngchǎn	早春	zǎochūn	尊称	zūnchēng
资产	zīchǎn				

z-sh

合作社	hézuòshè	杂事	záshì	滋生	zīshēng
暂时	zànshí	在世	zàishì	自首	zìshǒu
遭受	zāoshòu	赞赏	zànshǎng	自述	zìshù
早上	zǎoshang	葬身	zàngshēn	宗室	zōngshì
姿势	zīshì	早熟	zǎoshú	纵身	zòngshēn
自杀	zìshā	噪声	zàoshēng	纵深	zòngshēn
自身	zìshēn	增设	zēngshè	纵使	zòngshǐ
总数	zǒngshù	增生	zēngshēng	钻石	zuànshí
遵守	zūnshǒu	增收	zēngshōu	做声	zuòshēng
左手	zuǒshǒu				

c-zh

财政	cáizhèng	才智	cáizhì	惨重	cǎnzhòng
参照	cānzhào	财主	cáizhu	瓷砖	cízhuān
侧重	cèzhòng	采摘	cǎizhāi	从众	cóngzhòng
辞职	cízhí	参展	cānzhǎn	粗壮	cūzhuàng
从中	cóngzhōng	参战	cānzhàn	村寨	cūnzhài
村庄	cūnzhuāng	参政	cānzhèng	村镇	cūnzhèn
挫折	cuòzhé	餐桌	cānzhuō	存折	cúnzhé

c-ch

财产	cáichǎn	操场	cāochǎng	存储	cúnchǔ
磁场	cíchǎng	操持	cāochí	电磁场	diàncíchǎng
促成	cùchéng	草场	cǎochǎng		
菜场	càichǎng	层出不穷	céngchū-bùqióng		

c-sh

参数	cānshù	从事	cóngshì	措施	cuòshī
次数	cìshù	促使	cùshǐ	擦拭	cāshì

菜蔬	càishū	草率	cǎoshuài	从属	cóngshǔ
残杀	cánshā	侧身	cèshēn	丛生	cóngshēng
蚕食	cánshí	测试	cèshì	丛书	cóngshū
藏身	cángshēn	慈善	císhàn	磋商	cuōshāng
藏书	cángshū	刺杀	cìshā	挫伤	cuòshāng

s–zh

四肢	sìzhī	素质	sùzhì	扫帚	sàozhou
四周	sìzhōu	不速之客	bùsùzhīkè	算账	suànzhàng

s–ch

思潮	sīcháo	散场	sànchǎng	搜查	sōuchá
四处	sìchù	扫除	sǎochú	速成	sùchéng
俗称	súchēng	丝绸	sīchóu	随处	suíchù
赛场	sàichǎng	私产	sīchǎn		

s–sh

散射	sǎnshè	散失	sànshī	四时	sìshí
丧失	sàngshī	丧事	sāngshì	似是而非	sìshì'érfēi
宿舍	sùshè	扫射	sǎoshè	松手	sōngshǒu
虽说	suīshuō	扫视	sǎoshì	松鼠	sōngshǔ
随时	suíshí	私事	sīshì	诉说	sùshuō
损伤	sǔnshāng	私塾	sīshú	算术	suànshù
损失	sǔnshī	厮杀	sīshā	随身	suíshēn
所属	suǒshǔ	死伤	sǐshāng	岁数	suìshu
撒手	sāshǒu	死神	sǐshén	唆使	suōshǐ
赛事	sàishì	死守	sǐshǒu	琐事	suǒshì

（4）翘舌音—平舌音。

zh–z

正在	zhèngzài	中子	zhōngzǐ	渣滓	zhāzǐ
职责	zhízé	种子	zhǒngzi	宅子	zháizi
指责	zhǐzé	种族	zhǒngzú	寨子	zhàizi
制造	zhìzào	著作	zhùzuò	帐子	zhàngzi
制作	zhìzuò	准则	zhǔnzé	沼泽	zhǎozé
质子	zhìzǐ	桌子	zhuōzi	振作	zhènzuò

镇子	zhènzi	主宰	zhǔzǎi	庄子	zhuāngzi
正宗	zhèngzōng	主子	zhǔzi	装载	zhuāngzài
侄子	zhízi	柱子	zhùzi	追踪	zhuīzōng
珠子	zhūzi	铸造	zhùzào	锥子	zhuīzi
竹子	zhúzi	爪子	zhuǎzi		

zh-c

政策	zhèngcè	择菜	zháicài	中层	zhōngcéng
至此	zhìcǐ	贞操	zhēncāo	仲裁	zhòngcái
贮藏	zhùcáng	珍藏	zhēncáng	主次	zhǔcì
贮存	zhùcún	制裁	zhìcái	注册	zhùcè

zh-s

清真寺	qīngzhēnsì	致死	zhìsǐ	住所	zhùsuǒ
折算	zhésuàn	周岁	zhōusuì	转速	zhuànsù
真丝	zhēnsī	竹笋	zhúsǔn	追溯	zhuīsù
诊所	zhěnsuǒ	住宿	zhùsù	追随	zhuīsuí

ch-z

车子	chēzi	肠子	chángzi	斥责	chìzé
称赞	chēngzàn	厂子	chǎngzi	赤字	chìzì
充足	chōngzú	场子	chǎngzi	虫子	chóngzi
窗子	chuāngzi	吵嘴	chǎozuǐ	绸子	chóuzi
创造	chuàngzào	沉醉	chénzuì	出资	chūzī
创造性	chuàngzàoxìng	趁早	chènzǎo	出走	chūzǒu
创作	chuàngzuò	乘坐	chéngzuò	出租	chūzū
插嘴	chāzuǐ	池子	chízi	吹奏	chuīzòu
禅宗	chánzōng	迟早	chízǎo	锤子	chuízi
长足	chángzú	尺子	chǐzi		

ch-c

储存	chǔcún	成才	chéngcái	储藏	chǔcáng
纯粹	chúncuì	成材	chéngcái	揣测	chuāicè
差错	chācuò	尺寸	chǐ·cùn	穿刺	chuāncì
唱词	chàngcí	筹措	chóucuò	船舱	chuáncāng

ch-s

场所	chǎngsuǒ	称颂	chēngsòng	穿梭	chuānsuō
沉思	chénsī	充塞	chōngsè	传送	chuánsòng
出色	chūsè	抽穗	chōusuì	传诵	chuánsòng
派出所	pàichūsuǒ	处死	chǔsǐ	垂死	chuísǐ
畅所欲言	chàngsuǒyùyán	处所	chùsuǒ	春色	chūnsè

sh-z

身子	shēnzi	哨子	shàozi	石子儿	shízǐr
绳子	shéngzi	涉足	shèzú	始祖	shǐzǔ
识字	shízì	深造	shēnzào	士族	shìzú
实在	shízài/shízai	婶子	shěnzi	柿子	shìzi
氏族	shìzú	肾脏	shènzàng	手足	shǒuzú
数字	shùzì	生字	shēngzì	守则	shǒuzé
沙子	shāzi	失踪	shīzōng	受灾	shòuzāi
傻子	shǎzi	失足	shīzú	受阻	shòuzǔ
扇子	shànzi	师资	shīzī	受罪	shòuzuì
擅自	shànzì	虱子	shīzi	梳子	shūzi
上座	shàngzuò	狮子	shīzi	赎罪	shúzuì
勺子	sháozi	十足	shízú	水灾	shuǐzāi

sh-c

上层	shàngcéng	深层	shēncéng	手册	shǒucè
身材	shēncái	神采	shéncǎi	受挫	shòucuò
生存	shēngcún	实测	shícè	树丛	shùcóng
蔬菜	shūcài	史册	shǐcè	水草	shuǐcǎo
山村	shāncūn	侍从	shìcóng	顺从	shùncóng
赏赐	shǎngcì	收藏	shōucáng		

sh-s

上诉	shàngsù	不动声色	bùdòng-shēngsè	深思	shēnsī
神色	shénsè	上司	shàngsi	深邃	shēnsuì
收缩	shōusuō	哨所	shàosuǒ	神速	shénsù
输送	shūsòng	申诉	shēnsù	生死	shēngsǐ
维生素	wéishēngsù	伸缩	shēnsuō	声速	shēngsù

| 绳索 | shéngsuǒ | 石笋 | shísǔn | 疏散 | shūsàn |
| 失散 | shīsàn | 世俗 | shìsú | 疏松 | shūsōng |

2. 舌尖后音 r 和舌尖中音 l 重叠(本表共选取舌尖后音 r 和舌尖中音 l 重叠的词语 34 个)。

r–l

燃料	ránliào	容量	róngliàng	热流	rèliú
扰乱	rǎoluàn	染料	rǎnliào	人流	rénliú
热量	rèliàng	热浪	rèlàng	人伦	rénlún
热烈	rèliè	热泪	rèlèi	日历	rìlì
人类	rénlèi	热力	rèlì	蹂躏	róulìn
人力	rénlì	热恋	rèliàn	锐利	ruìlì

l–r

代理人	dàilǐrén	恋人	liànrén	猎人	lièrén
老人	lǎorén	连日	liánrì	烈日	lièrì
老人家	lǎo·rén·jiā	了然	liǎorán	路人	lùrén
利润	lìrùn	缭绕	liáorào	落日	luòrì
例如	lìrú	了如指掌	liǎorúzhǐzhǎng	一目了然	yīmù-liǎorán
礼让	lǐràng				

3. 舌尖中音 n 和 l 重叠(本表共选取舌尖中音 n 和 l 重叠的词语 28 个)。

n–l

哪里	nǎ·lǐ	耐力	nàilì	逆流	nìliú
那里	nà·lǐ	脑力	nǎolì	年轮	niánlún
能力	nénglì	内力	nèilì	农历	nónglì
能量	néngliàng	内陆	nèilù	浓烈	nóngliè
年龄	niánlíng	内乱	nèiluàn	女郎	nǚláng
奴隶	núlì	嫩绿	nènlù	暖流	nuǎnliú
努力	nǔlì	尼龙	nílóng		

l–n

老年	lǎonián	冷凝	lěngníng	利尿	lìniào
来年	láinián	冷暖	lěngnuǎn	连年	liánnián
烂泥	lànní	历年	lìnián		

4. 前鼻音 en、in 和后鼻音 eng、ing 重叠(本表共选取前鼻音 en、in 和后鼻音 eng、ing 重叠的词语 361 个)。

（1）前鼻音—前鼻音。

en-en

本人	běnrén	文人	wénrén	门诊	ménzhěn
本身	běnshēn	振奋	zhènfèn	人参	rénshēn
根本	gēnběn	本分	běnfèn	妊娠	rènshēn
人们	rénmen	沉闷	chénmèn	人文	rénwén
人身	rénshēn	恩人	ēnrén	审慎	shěnshèn
认真	rènzhēn	粉尘	fěnchén	审问	shěnwèn
身份	shēn·fèn	愤恨	fènhèn	文本	wénběn
深沉	shēnchén	根深蒂固	gēnshēn-dìgù		

in-en

人民	rénmín	臣民	chénmín	深信	shēnxìn
人民币	rénmínbì	沉吟	chényín	呻吟	shēnyín
人心	rénxīn	狠心	hěnxīn	温馨	wēnxīn
森林	sēnlín	人品	rénpǐn	珍品	zhēnpǐn
身心	shēnxīn	忍心	rěnxīn	真心	zhēnxīn
沉浸	chénjìn				

in-en

谨慎	jǐnshèn	新闻	xīnwén	心神	xīnshén
亲人	qīnrén	金文	jīnwén	阴沉	yīnchén
新陈代谢	xīnchén-dàixiè	勤奋	qínfèn	阴森	yīnsēn
信任	xìnrèn	亲身	qīnshēn	引申	yǐnshēn
新人	xīnrén	亲吻	qīnwěn	引文	yǐnwén

in-in

邻近	línjìn	近亲	jìnqīn	亲近	qīnjìn
辛勤	xīnqín	尽心	jìnxīn	亲临	qīnlín
信心	xìnxīn	临近	línjìn	亲信	qīnxìn
引进	yǐnjìn	民心	mínxīn	新近	xīnjìn
濒临	bīnlín	贫民	pínmín	薪金	xīnjīn
近邻	jìnlín	拼音	pīnyīn	殷勤	yīnqín

（2）后鼻音—后鼻音。

eng-eng

生成	shēngchéng	更正	gēngzhèng	声称	shēngchēng
成风	chéngfēng	吭声	kēngshēng	省城	shěngchéng
丰盛	fēngshèng	冷风	lěngfēng	增生	zēngshēng
风声	fēngshēng	萌生	méngshēng	蒸腾	zhēngténg
风筝	fēngzheng	升腾	shēngténg	整风	zhěngfēng

eng-ing

曾经	céngjīng	成行	chéngxíng	冷清	lěng·qīng
风景	fēngjǐng	成形	chéngxíng	梦境	mèngjìng
恒星	héngxīng	澄清	chéngqīng	生病	shēngbìng
冷静	lěngjìng	风情	fēngqíng	生平	shēngpíng
生命	shēngmìng	风行	fēngxíng	生性	shēngxìng
生命力	shēngmìnglì	奉命	fèngmìng	生硬	shēngyìng
声明	shēngmíng	奉行	fèngxíng	声名	shēngmíng
圣经	shèngjīng	恒定	héngdìng	盛名	shèngmíng
盛行	shèngxíng	横行	héngxíng	争鸣	zhēngmíng
证明	zhèngmíng	棱镜	léngjìng	整形	zhěngxíng
成名	chéngmíng	冷凝	lěngníng		

ing-eng

竞争	jìngzhēng	病症	bìngzhèng	平整	píngzhěng
名称	míngchēng	顶峰	dǐngfēng	凭证	píngzhèng
平等	píngděng	鼎盛	dǐngshèng	屏风	píngfēng
平衡	pínghéng	订正	dìngzhèng	清风	qīngfēng
轻声	qīngshēng	京城	jīngchéng	清冷	qīnglěng
行政	xíngzhèng	名声	míngshēng	兴盛	xīngshèng
形成	xíngchéng	名胜	míngshèng	行程	xíngchéng
性能	xìngnéng	平衡木	pínghéngmù	迎风	yíngfēng
冰冷	bīnglěng	平生	píngshēng	应征	yìngzhēng
病程	bìngchéng				

ing-ing

病情	bìngqíng	经营	jīngyíng	命令	mìnglìng
定型	dìngxíng	惊醒	jīngxǐng	命名	mìngmíng

宁静	níngjìng	定名	dìngmíng	评定	píngdìng
平静	píngjìng	定性	dìngxìng	轻盈	qīngyíng
平行	píngxíng	晶莹	jīngyíng	清净	qīngjìng
倾听	qīngtīng	精灵	jīnglíng	清静	qīngjìng
清醒	qīngxǐng	精明	jīngmíng	清明	qīngmíng
情景	qíngjǐng	精英	jīngyīng	蜻蜓	qīngtíng
情境	qíngjìng	灵性	língxìng	庆幸	qìngxìng
情形	qíng·xíng	聆听	língtīng	猩猩	xīngxing
星星	xīngxing	菱形	língxíng	行径	xíngjìng
行星	xíngxīng	零星	língxīng	性病	xìngbìng
性情	xìngqíng	另行	lìngxíng	性命	xìngmìng
冰晶	bīngjīng	明净	míngjìng	英明	yīngmíng
兵营	bīngyíng	明镜	míngjìng	荧屏	yíngpíng
并行	bìngxíng	明星	míngxīng	硬性	yìngxìng
叮咛	dīngníng	平定	píngdìng		

（3）前鼻音—后鼻音。

en-eng

本能	běnnéng	真诚	zhēnchéng	门生	ménshēng
分成	fēnchéng	真正	zhēnzhèng	人称	rénchēng
人生	rénshēng	奔腾	bēnténg	人声	rénshēng
神圣	shénshèng	纷争	fēnzhēng	深层	shēncéng

en-ing

本领	běnlǐng	神经	shénjīng	盆景	pénjǐng
本性	běnxìng	神情	shénqíng	人丁	réndīng
分明	fēnmíng	振兴	zhènxīng	人命	rénmìng
肯定	kěndìng	震惊	zhènjīng	人情	rénqíng
人性	rénxìng	沉静	chénjìng	人行道	rénxíngdào
人影儿	rényǐngr	大本营	dàběnyíng	任凭	rènpíng
认定	rèndìng	恩情	ēnqíng	任性	rènxìng
任命	rènmìng	分兵	fēnbīng	韧性	rènxìng
申请	shēnqǐng	分清	fēnqīng	申明	shēnmíng
身影	shēnyǐng	门铃	ménlíng	神经质	shénjīngzhì
深情	shēnqíng				

神灵	shénlíng	真情	zhēnqíng	镇定	zhèndìng
神明	shénmíng	阵营	zhènyíng	镇静	zhènjìng
审定	shěndìng				

in-eng

进程	jìnchéng	亲生	qīnshēng	信奉	xìnfèng
晋升	jìnshēng	心声	xīnshēng	阴冷	yīnlěng
民生	mínshēng	心疼	xīnténg	音程	yīnchéng
民政	mínzhèng	信风	xìnfēng	引证	yǐnzhèng
亲朋	qīnpéng	信封	xìnfēng	印证	yìnzhèng

in-ing

进行	jìnxíng	得心应手	déxīn-yìngshǒu	品行	pǐnxíng
民兵	mínbīng	金星	jīnxīng	聘请	pìnqǐng
拼命	pīnmìng	尽情	jìnqíng	心病	xīnbìng
心灵	xīnlíng	进行曲	jìnxíngqǔ	心境	xīnjìng
心情	xīnqíng	禁令	jìnlìng	新星	xīnxīng
新兴	xīnxīng	民警	mínjǐng	阴性	yīnxìng
新型	xīnxíng	民情	mínqíng	银杏	yínxìng
新颖	xīnyǐng	民营	mínyíng	引擎	yǐnqíng
阴影	yīnyǐng	品评	pǐnpíng	印行	yìnxíng

（4）后鼻音—前鼻音。

eng-en

成本	chéngběn	保证人	bǎozhèngrén	生根	shēnggēn
成分	chéng·fèn	登门	dēngmén	省份	shěngfèn
成人	chéngrén	缝纫	féngrèn	圣人	shèngrén
诚恳	chéngkěn	横亘	hénggèn	胜任	shèngrèn
承认	chéngrèn	能人	néngrén	憎恨	zēnghèn
城镇	chéngzhèn	烹饪	pēngrèn	正门	zhèngmén
继承人	jìchéngrén	升任	shēngrèn	证人	zhèng·rén

eng-in

更新	gēngxīn	增进	zēngjìn	保证金	bǎozhèngjīn
声音	shēngyīn	半成品	bànchéngpǐn	成品	chéngpǐn

成亲	chéngqīn	诚心	chéngxīn	冷饮	lěngyǐn
成因	chéngyīn	恒心	héngxīn		

ing-en

病人	bìngrén	病根	bìnggēn	清真寺	qīngzhēnsì
惊人	jīngrén	定神	dìngshén	情人	qíngrén
精神	jīngshén	凌晨	língchén	听任	tīngrèn
精神	jīngshen	名人	míngrén	庭审	tíngshěn
平分	píngfēn	凝神	níngshén	挺身	tǐngshēn
清晨	qīngchén	宁肯	nìngkěn	星辰	xīngchén
兴奋	xīngfèn	评分	píngfēn	刑侦	xíngzhēn
行人	xíngrén	评审	píngshěn	杏仁	xìngrén

ing-in

精心	jīngxīn	红领巾	hónglǐngjīn	清新	qīngxīn
灵敏	língmǐn	精品	jīngpǐn	听信	tīngxìn
平民	píngmín	轻信	qīngxìn	挺进	tǐngjìn
并进	bìngjìn	轻音乐	qīngyīnyuè	行进	xíngjìn
病因	bìngyīn	倾心	qīngxīn	迎亲	yíngqīn
触目惊心	chùmù-jīngxīn				

5. 鼻韵母 an 和 ang 重叠(本表共选取鼻韵母 an 和 ang 重叠的词语 45 个)。

an-ang

反抗	fǎnkàng	不敢当	bùgǎndāng	赶场	gǎnchǎng
肝脏	gānzàng	担当	dāndāng	感伤	gǎnshāng
赶忙	gǎnmáng	单方	dānfāng	男方	nánfāng
漫长	màncháng	胆囊	dǎnnáng	散场	sànchǎng
南方	nánfāng	繁忙	fánmáng	擅长	shàncháng
安放	ānfàng	反常	fǎncháng	赞赏	zànshǎng
安葬	ānzàng	返航	fǎnháng	站岗	zhàngǎng
暗藏	àncáng	战场	zhànchǎng		

ang-an

当然	dāngrán	上班	shàngbān	盎然	àngrán
抗战	kàngzhàn	上山	shàngshān	帮办	bāngbàn
茫然	mángrán	昂然	ángrán	长衫	chángshān

长叹	chángtàn	钢板	gāngbǎn	伤感	shānggǎn
畅谈	chàngtán	杠杆	gànggǎn	伤寒	shānghán
防范	fángfàn	抗旱	kànghàn	商贩	shāngfàn
防寒	fánghán	浪漫	làngmàn	商谈	shāngtán
房产	fángchǎn				

第四节　朗读短文应试指导

一、目的与范围

　　"朗读短文"的测试目的，是测查应试人使用普通话朗读书面作品的水平，在测查声母、韵母、声调读音标准程度的同时，重点测查连读音变、停连、语调和流畅程度。这个测试项要求应试人在 4 分钟之内完成一篇朗读作品中前 400 个音节（"//"之前的音节）的朗读。本测试项共 30 分。

　　朗读短文的评分是定量与定性相结合的，每读错一个音节（包括添、漏、改），扣 0.1 分；语音缺陷视程度扣 0.5 分、1 分；停连不当（包括回读、卡壳、破句）视程度扣 0.5 分、1 分、2 分；语调偏误（包括轻重、升降、快慢、声调）和朗读不流畅（包括字顿、词顿、不连贯、语速不当）均视程度扣 0.5 分、1 分、2 分。

　　本测试项用的朗读作品从《实施纲要》规定的 60 篇普通话水平测试用朗读作品中随机给定。

二、重点与难点

　　如果说，读单音节字词和读多音节词语侧重于测查语音标准程度的话，朗读短文则不仅要求语音规范标准，更要求读得熟练流畅。因此，在字词练习的基础上，首先要通读作品，扫清作品中的语音障碍，这是达到朗读规范的基本条件；然后要读通作品，避免无谓失误，这是达到朗读流畅的重要途径；最后要读懂作品，力求表情达意，这是达到朗读熟练的必由之路。

　　（一）通读作品，力求读准

　　本测试项的语音错误是以音节为单位量化评分的（扣 0.1 分/音节），而语音缺陷是以类为单位评分的（原则上扣 0.5 分/类）。造成字音错误和缺陷失分的主要原因是应试人的普通话基础不扎实和准备不充分。

首先,由于受方音的影响,应试人难免会不同程度地出现若干类的语音错误或缺陷,常见的正如前文所述表现在平翘舌音不分、前后鼻音不分、r-l 不分、n-l 不分、an-ang 不分等方面。其中平翘舌音不分和前后鼻音不分是应试人普遍存在的两类问题,加之平翘舌音字和前后鼻音字在作品中出现的频率比较高,因此,应试人尤其要引起重视。需要提醒的是,应试人应该针对自己的实际情况,确定相关的语音难点加以强化训练。由于上文对这些语音难点已有详尽的分析,这里不再赘述。

其次,朗读作品时语流中的各种音变现象,作品中的一些容易误读的字和一些常被忽视的语音细节,容易造成字音的失分。下面就这些难点作具体介绍:

1. 读准作品后面的"语音提示"。作品后的"语音提示"是就作品中的一些容易读错的字词,加以注音提示,以帮助应试人及时查阅,避免误读,减少失分。语音提示中的字词主要包括以下几类:

(1) 高频率难点字词。高频率难点字词是指在一篇作品中反复出现的难读的字词。这些字词一般是作品中涉及方音难点的主要人物和主要事物的名称,或是句中反复出现的多音字。前者如 13 号作品中的后鼻韵母词"生命"(容易误读为前鼻韵母),共出现了 13 次;后者如 54 号作品中的"当(dàng)"(常被误读为第一声),共出现了 8 次。因此,读好一篇作品中高频率的难点字词,就可以有效地提高语音的准确率。

(2) 多音字。相同的字在不同的词或语境中读音不同,作品中或多或少都有多音字,如"因为"中的"为"、"几乎"中的"几"、"店铺"中的"铺"、"兴奋"中的"兴"、"似的"中的"似"等。这些字都是十分常用的,很容易由于大意造成误读,应试人必须仔细辨读。

(3) 形声字。形声字的声旁具有表音作用,但同时又存在表音不确切的局限,应试人往往会因声旁类推错误而造成失分。如"婆娑"、"槐阴"、"暮地"、"澄明"等。特别是一些平时使用较少,比较生僻或专业性较强的形声字,很容易犯读半边的毛病,尤应引起注意。如"胸中有丘壑(hè)"(作品 36 号),"那时候我们往往步履(lǚ)匆匆。"(作品 40 号),"这块广袤(mào)的土地"(作品 45 号),"正踟蹰(chíchú)的时候"(作品 57 号),"其中一种称为二噁(è)英的化合物,毒性极大"(作品 60 号)。

(4) 轻声词。作品中出现的一些没有规律的习惯轻声词,应试人不容易掌握,如"丈夫(fu)"、"盘算(suan)"、"地方(fang)"、"告诉(su)"等。这些轻声词需要应试人参照"语音提示"加以练习、记忆。

(5) 其他音变词。"语音提示"对一些较难掌握的音变现象也作了标注,其中句末语气词"啊"的音变要适当关注。句末语气词"啊"受它前面那个音节末尾音素的影响,会产生音变,具体读法多达 6 种。考虑到语气词"啊"在作品中出现不多,这里不再具体介绍各种变化的规律。60 篇短文涉及的所有"啊"字的音变,都会在

"语音提示"中根据实际读音加以标注,如"是啊(ra)"、"一样啊(nga)",应试人只要根据注音练习即可。

(6) 音译外来词。音译的外来词主要是一些外国的人名、地名,它们虽然没有汉字的实际意义,但在朗读时必须按照汉字音节的实际声、韵、调来读,如"布鲁诺(bùlǔnuò)"、"托尔斯泰(tuō'ěrsītài)"、"达瑞(dáruì)"等,千万不要读得洋腔洋调,不然也会被扣分。

2. 注意朗读中的几个语音处理细节。在朗读短文时,还要注意处理好一些语音细节。比如作品中有规律的轻声,尤其是方位名词和趋向动词的读法;一些没有注明读儿化但习惯上可读儿化的词语的表现;有些词语书读音和口语音的处理;前面谈到的"重·中"格式词语的体现等。处理好这些语音细节,不但能减少语音失误,还能克服由此产生的方音语调,使朗读更纯正规范,表达更自然完美。

(1) 方位名词和趋向动词一般读轻声。前文提到的有规律的轻声词在朗读作品中应该都读轻声,但在测试中,应试人经常不能准确读出,尤其是方位名词和趋向动词,这会使朗读的语调显得生硬不自然。建议应试人在通读作品时,关注方位名词和趋向动词的读法,比如"大街上的积雪足有一尺多深,人踩上去,脚底下发出咯吱咯吱的响声。一群群孩子在雪地里堆雪人,掷雪球儿。那欢乐的叫喊声,把树枝上的雪都震落下来了。"(作品5号)。又比如"我们的船渐渐地逼近榕树了。我有机会看清它的真面目:是一棵大树,有数不清的丫枝,枝上又生根,有许多根一直垂到地上,伸进泥土里。一部分树枝垂到水面,从远处看,就像一棵大树斜躺在水面上一样。"(作品48号)。文中加点的方位名词和趋向动词都应该读轻声,这样,才能使朗读显得更为自然生动。

(2) "这、那、哪"建议用书读音。"这、那、哪"是常用字,它们的读音都有书读音和口语音之分。"这"的书读音为 zhè,口语音为 zhèi;"那"的书读音为 nà,口语音为 nèi 或 nè;"哪"的书读音为 nǎ,口语音为 něi 或 nǎi。这3个字读口语音都有一定的条件——或是后面跟量词或数词加量词时,或是在特定双音节或多音节词中。考虑到朗读作品书面色彩较浓,加上应试人掌握两种读音的规律有难度,建议在朗读作品时,这3个字一律采用书读音。

(3) 没有注明必读儿化但习惯上可读儿化的词语可以读儿化。在作品中,有些词语在语音提示中要求读儿化,这是必读儿化词语,没有读出是要扣分的。但作品中还有一些没有注明要读儿化的词,这些词习惯上可以读成儿化,如果应试人有较好的普通话基础,那么,能读出这些词的儿化韵更好,这能使朗读的语调更有韵味,更富有生活气息,也更有亲切感,如土豆——土豆儿(作品2号);小鸟——小鸟儿(作品22号)。在实际测试时,这类词语读不读儿化都可以。

（二）读通作品，力求流畅

"朗读短文"要求保持一定的语速，连贯流畅地读完作品。在测试过程中，如果应试人缺少测前练习，往往会出现顾此失彼的现象，具体表现有两种：一是由于对朗读作品生疏而频频出现添字、漏字、改字的现象；二是由于准备不充分导致心理紧张而造成回读、卡壳、读破句。这都是要被扣分的，比如，出现添字、漏字、改字现象，每个音节扣 0.1 分；出现回读、卡壳、读破句等现象，要视程度扣 0.5 分、1 分、2 分。

产生以上现象与应试人的语音面貌无关，属于非语音因素造成的无谓失分。为了避免这类无谓失分，应试人必须注意以下几个方面：

1. 作品要朗读两遍以上，有难度的文章应多读几遍，每篇作品都要读到比较熟练流畅的程度。

2. 练习时，可以在长句或容易读破的句子中标注一些提示符号，帮助自己顺利断句。

3. 对一些语音难点较多且比较拗口的句子作反复练读，直到读顺为止。

（三）读懂作品，力求达意

"语调偏误"等评分点是"朗读短文"的定性评测指标，如出现轻重不当、字调句调有系统性缺陷、节律失当、字顿词顿、语速不当等现象，均会视程度被扣 0.5 分、1 分、2 分。

朗读作品时的"语调偏误"现象，往往同方音的影响有关，通常体现在字调句调的系统性缺陷方面。比如，方言区的人学习普通话时遗留的方言语调，因为没有掌握轻声词语（包括词语的轻重格式词语）而出现的"港台腔"等，这是应试人从字和词语练习时就应该注意避免的。

出现朗读偏误现象，还在于应试人不了解朗读的基本要求和方法，一方面是由于应试人缺乏对作品内容的深刻理解，缺乏对作品思想情感的揣摩感悟，朗读时只是念字出声，不讲究表情达意；另一方面是由于不了解停连、轻重、快慢、升降等语调的处理方法，朗读时要么一路平直地念下去，要么一概在句尾上扬或下降，或者随意地安排轻重、停连、升降、快慢，形成一种朗诵腔。这既影响朗读给人的美感，又不利于准确地表情达意。

要克服朗读偏误现象，理解作品是前提。每一篇文章，都反映了作者的观点和态度，融注着作者的思想感情。朗读作品，就要把作者的思想准确地表达出来，把作者的感情恰当地抒发开来，这就需要应试人理解作品。要理解作品，首先要把握文章的主题。文章的主题好比文章的灵魂，反映了作者的观点和情感，支配着作品的结构、风格、语言等。只有理解了主题，才能读得准，读得活，读出神韵。其次要熟悉文章的情节结构。每篇文章都有完整的结构，朗读前，对作品的结构层次有整体的把握，才能读得内容清楚，层次分明，意蕴顺畅。再次要感悟文章的感情色彩。文章的感情色彩有很多类型，有热情爽朗，也有深沉凝重；有欢快轻松，也有含蓄委婉。只有对作品深入理解，反复体验，才能准确把握，并通过声和情的和谐统一，给人以声情并茂的感染力。

要克服朗读偏误现象，还应该学习一些语言表达的基本技巧。下面针对应试人在朗读表达方面的偏误现象，结合普通话水平测试用朗读作品，介绍一些语气语调的处理方法，供应试人参考练习。

1. 重音要合适。重音就是指朗读或说话时对某些词语从声音上加以突出的现象，也称为"轻重"。朗读时不可能把每个字、每个词都读得一般重，因为一句话中有重要和次要之分。对那些重要的词或词组，要运用轻重对比的手段加以强调突出，这些被强调、突出的词或词组就是重音。重音可以分为体现语法结构的重音和强调某种意味的重音。

(1) 体现语法结构的重音。这类重音，就是根据一句话的语法结构特点，把其中的某些成分稍稍加重。比如，一般主谓句的谓语要重读，如"她**老**了，身体不好"(33 号作品)；带宾语的主谓句的宾语要重读，如"我爱**月夜**，但我也爱**星天**。"(8 号作品)；句子中的修饰语(定语、状语、补语)通常要重读，如"它没有**婆婆**的姿态"(1 号作品)、"青年人**若有所思**地说"(50 号作品)、"他起得**特别**早"(51 号作品)。

体现语法结构的重音不表示什么特殊的思想和感情，属于人们自然形成的语言习惯，且有一定的规律可循，应试人只要增强这方面的意识，并加强练习，就能有所掌握。

(2) 强调某种意味的重音。在朗读作品时，更应关注的是强调某种意味的重音。这类重音，是为突出句子的主要意思或表达作品的某种感情而特意安排的重音，其目的是为了突出体现作品主题或主要情感的那些词或短语，以便听众更容易理解、感受作品。这类重音总是随着内容和思想情感的不同而呈现的。这里所说的"重音"，并不是一味地大声读，而是可以读得重一点，或者拉得长一点，或者提得高一点，或者反而轻一点。总之，为了强调体现某种意味或情感的词语，可以运用各种不同的表现方法。

要确定强调重音，应该根据文章所要表达的主要意思和感情色彩来判断。例如 51 号作品中有这样一个情节：一个智障的小男孩儿在作文课上，根据题目《愿望》极其认真地写了一篇极短的作文。作文"只有**三句**话：我有两个愿望，第一个是，妈妈天天笑眯眯地看着我说：'你真聪明。'第二个是，老师天天笑眯眯地看着我说：'你一点儿也不笨。'于是，就是**这篇**作文，深深地打动了他的老师，那位妈妈式的老师不仅给了他**最高分**，在班上带感情地**朗读**了这篇作文，还**一笔一画**地批道：你很聪明，你的作文写得非常感人，请放心，**妈妈**肯定会格外喜欢你的，**老师**肯定会格外喜欢你的，**大家**肯定会格外喜欢你的。"

这是一个美丽的故事，面对一个智力受损的孩子写的"这篇"只有"三句话"的作文，老师却给了他"最高分"，不仅在班上通过"朗读"加以表扬，还"一笔一画"地写上肯定鼓励的评语,让孩子相信他的愿望一定能实现,"妈妈"、"老师"、"大家"都会喜欢他的。这些重音的处理,可以形成鲜明的反差,使作品内在的逻辑关系非常清晰,突显出"智力可以受损,但爱永远不会"的主题。

又如"这南方**初春**的田野,大块小块的**新绿**随意地铺着,有的**浓**,有的**淡**,树上的**嫩芽**也**密**了,田里的**冬水**也**咕咕**地起着水泡。**这一切**都使人想着一样东西——**生命**。"(33 号作品)

这段话说的是作者一家三代去散步时,所看到的"初春"大自然的变化:"浓""淡"相宜的"新绿","密"起来的"嫩芽","咕咕"泛着水泡的"冬水",作者进而由"这一切"感受到了生生不息的"生命"的神圣。确定这些词语作为重音,整个段落的语意就十分清楚,既表现了初春田野的蓬勃生机,又暗合作品对人生的感悟。

2. 停顿要恰当。停顿是指朗读时词语或语句之间声音上的间歇,也称为"停连"。停顿既是生理上换气的需要,又是表情达意的需要。停顿处理得恰当,可以使语言表达的层次更清楚,语意更鲜明,从而增强朗读的表现力和感染力。处理好朗读的停连,就能克服停连不当、一字一顿、一词一顿等弊病,减少破句、卡壳等现象。停顿可以分为句逗段落间的停顿、语法成分间的停顿和强调某种意味的停顿。

(1)句逗段落间的停顿。这类停顿是由文章的内部结构决定的,比如文章的标题、段落、层次、句子之间,都可以利用不同的停顿体现出来。又比如不同的标点符号也可以通过不同的停顿体现出来。一般情况下,段落之间停顿时间的长短为:标题＞段落＞层次＞句子。标点符号之间停顿时间的长短为:句号、问号、感叹号＞分号、冒号＞逗号＞顿号;省略号、破折号等则应视内容需要可长可短。而段落间的停顿时间通常又长于标点间的停顿时间。当然,停顿或停顿时间的长短不是绝对的,可以根据内容的需要作适当调整。

(2)语法成分间的停顿。在很多应试人中存在一个误区,以为把一句句子读得越连贯越好,连得越紧越好,似乎这样就能体现流畅熟练。其实不然,适当的句中停顿更有利于传达句意,特别是一些长句,恰当的句中停顿,不仅能把句意表达得更清晰,而且为应试人作必要的气息调整提供时间。比如在主语和谓语之间可略作停顿,如"苏东坡的朋友张鹗/拿着一张宣纸来求他写一幅字"(54 号作品);在修饰语和中心语之间可略作停顿,如"这谜语比课本上的/'日历挂在墙壁,一天撕去一页,使我心里着急'和'一寸光阴一寸金,寸金难买寸光阴'/还让我感到可怕;也比作文本上的/'光阴似箭,日月如梭'/更让我觉得有一种说不出的滋味"(14号作品);在谓语和宾语之间可略作停顿,如"我永远追求/安静的工作和简单的家庭生活"(43 号作品)。

(3)强调某种特定意味的停顿。在朗读作品时,更应关注的是强调某种意味的停顿。这类停顿,是为突出某种语意或突出某种感情而作的停顿。根据表达的需要,这类停顿可以安排在句逗停顿处,适当改变停顿的时间,也可以安排在不是句逗停顿的地方。这类停顿,可以根据强调内容的不同,通过停顿时间的不同体现强调意味的强弱,在突出某种感情时,有时也可以运用急呼急吸或屏气等方法来加强感情色彩。

例如:

"陶行知却掏出一块糖果//送给王友…… 这是//奖给你的"

"陶行知//又掏出一块糖果放到他手里……我//应该奖你"

"陶行知又掏出//第三块糖果塞到王友手里……应该//奖励你啊"

"他随即掏出//第四块糖果递给王友…… 我//再奖给你一块糖果"(39号作品)

面对"顽皮"的学生,陶行知的教育方式着实令人意外,居然接连掏出糖果"送给"学生,作为"奖励"。这里的停顿安排,既能造成一种心理悬念,以突出陶行知教育方式的独特,又能很好地体现文章的脉络,更能很好地体现陶行知先生对学生意味深长的爱的教育。

又例如:

"老麻雀全身倒竖着羽毛,惊恐万状,发出绝望、凄惨的叫声,接着向露出牙齿、大张着的狗嘴//扑去。

//老麻雀是猛扑下来救护幼雀的。它用身体掩护着自己的幼儿……但它整个小小的身体因恐怖而战栗着,它小小的声音也变得粗暴嘶哑,它在 //牺牲自己!"(27号作品)

这篇作品中的老麻雀面对狗这个庞然大物,奋不顾身"扑"下去的时候,是多么的撼人心魄,所以这里的停顿,可以让人感觉倒吸一口冷气的战栗;然后继续为它扑下去的结果捏一把汗,所以不急着马上读下一段,而应作稍长时间的停顿,以渲染紧张的气氛,增加悬念;尽管老麻雀的力量非常微弱,但它宁愿"牺牲自己"也要救护幼雀,这里的停顿,既表现了作者对老麻雀的崇敬,也体现了文章"爱,我想,比死和死的恐惧更强大"这一主题。

3. 快慢要适中。快慢就是指朗读时语流速度的变化。随着作品内容和思想感情的发展变化,朗读的语流也会随之产生自然的节奏和语速变化。通常轻快活泼、强疾急切之类的内容或情感,朗读时语速可稍快一些;而沉稳庄重、舒缓平和的内容和情感,则可读得稍慢些。如果作品中有人物,语速还同人物的年龄、个性、身份等有关。就测试用的 60 篇短文来看,大多为叙事、写景、议论的抒情散文,一般都适合用中速来读,但就每篇作品而言,随着内容、情节的推进和感情色彩的变化,语速也会有所不同。应试人应该在理解作品内容,体会情感变化的基础上,处理出语速的适当变化,克服常见的通篇读得过快或过慢、随意忽快忽慢的弊病。

例如:"请放心,妈妈肯定会格外喜欢你的,老师肯定会格外喜欢你的,大家肯定会格外喜欢你的。……捧着作文本,他笑了,蹦蹦跳跳地回家了,像只喜鹊。但他并没有把作文本拿给妈妈看,他是在等待,等待着一个美好的时刻。"(51号作品)

其中前面的三个排比句可以用渐快的语速表现老师充满爱的鼓励,接着"捧着"作文本,慢慢地读着老师的评语,然后开心地笑了,语速就可稍慢些,紧接着像喜鹊一样蹦蹦跳跳回家,又可稍快些,最后几句则可以用渐慢的语速读出期待的心情。

又比如2号作品中,老板的话要适当读慢一点儿,以体现老板的年龄和身份特点;而描述布鲁诺的行事简单和阿诺德的聪明干练的语句,则要适当读得快些。再比如10号作品中,"于是我马上爬上自行车,而且自己骑给他看"就要稍快些,以体现"我"非常生气的情状,而紧接的这句"他只是微笑"就应适当放慢速度,以体现"他"(父亲)的性格特点。

4.升降要得体。升降就是指朗读和说话时声音高低起伏的变化,也称为"抑扬"或"句调"。朗读时,应该随着作品内容的变化,随着作者感情的起伏,读出或平直,或上扬,或下降,或曲折等不同的变化。通常陈述性的文字及庄严、沉着类感情多用比较平直的调子;疑问类句子及热烈紧张类情绪多用上扬的调子;感叹类句子及坚毅、伤感类的情绪多用下降的调子;而表示嘲讽、惊讶等意味时多用曲折起伏的调子。测试时,比较常见的毛病是将整篇作品读成一成不变的一个调子,或是不顾作品内容和情感的走向,随意处理抑扬变化,这都会造成明显的语调偏误。

下面以7号作品为例,作升降处理的简要分析:

①"一天,爸爸下班回到家已经很晚了,他很累也有点儿烦,他发现五岁的儿子靠在门旁正等着他。"

②"爸,我可以问您一个问题吗?"

③"如果你只是要借钱去买毫无意义的玩具的话,给我回到你的房间睡觉去。"

④"好好想想**为什么**你会那么自私。我每天辛苦工作,**没时间**和你玩儿小孩子的游戏。"

句子①多为陈述句,且在文章开头,比较适合用平直或略微下降的调子;句子②是一句疑问句,又出自小孩之口,所以比较适合用上扬调;句子③是父亲毋庸置疑地命令孩子,用下降调可以表示父亲责怪、肯定的语气;句子④要读出父亲恼怒烦躁时的情态,可以用升降变化比较大,起伏、曲折的句调。

三、准备与应试

（一）准备要领

1. 篇篇落实。朗读的作品有 60 篇之多，在准备阶段，要有计划性地练习，做到篇篇落实。避免出现前面的几篇滚瓜烂熟，中间的作品半生不熟，后面的作品生疏磕绊的情况，做到不遗漏任何一篇作品。

2. 字字落实。根据方音难点的标注和"语音提示"，发准作品中的每个音节，对自己没有把握的字要查实后再读，做到字字落实。

3. 难句强化。有的作品长句或拗口的句子较多，准备时，应试人要针对这些句子进行强化练习，长句要注意安排好停顿，拗口的句子要反复练读，读到顺畅为止。

4. 语调揣摩。仔细体会文意，理解作品内容，揣摩语调处理，准确地表情达意，在准确规范的基础上进一步做到流畅熟练。

5. 范文跟读。通过网上学习或参加培训等途径，利用音频资料或老师的范读，进行跟读练习。跟读范文可以提高自己的正音能力、语言感悟能力以及语言表现能力，从而有效地提高普通话的朗读水平。

（二）应试要领

1. 快看慢读。朗读作品时，要学会快看慢读，即在读前面文字的时候，眼睛的余光先扫视到后面的内容，使自己读的时候心中有数，读得顺畅。

2. 抓大放小。每篇作品的难点有主次轻重之分，应试程序中，准备的时间是有限的。应试人应快速通读全文，扫清平翘舌音、前后鼻音等主要语音障碍，减少"语音错误"的失分；然后再把长句或拗口的句子多读几遍，尽量减少或避免朗读项"停连不当"等无谓失分。对评分影响不大的细节可不必考虑。

3. 随机应变。朗读测试时，由于紧张等原因，很容易读错字。而大多数的应试人都习惯回读纠正，结果造成更多的失分。一般情况下，建议应试人将错就错，能不回读就尽量不要回读，以连贯流畅为重。

四、朗读短文练习

（一）注意事项

1. 评分以朗读作品的前 400 个音节（不含标点符号和括注的音节）为限，400 个音节后用"//"标注，但应试人应将第 400 个音节所在的句子读完整。

2. 朗读前，先参照"语音提示"读准高频率字、不认识的字以及不会读的字。"语音提示"中注音基本按词连写。上声和"一、不"的音变仍标注原调，必读轻声词不标声调,可轻可不轻的词语在注音上标调号,但在中间加小圆点以示提醒。儿化音节在所标注的拼音音节末加上"r","啊"按照音变后的实际读音标注。

3. 按照标注符号读准平翘舌音和前后鼻音。加注"＿"线的为平舌音字(z、c、s),如所。加注" ⌣ "线的为后鼻韵母字(ing、eng、ueng),如争。加注" ⌣⌣ "线的,表示该字既是平舌音声母又是后鼻尾音韵母字,如层。

（二）朗读作品及语音提示

作品 1 号

那是力争上游的一种树[1],笔直的干[2],笔直的枝。它的干呢,通常是丈把高,像是加以人工似的[3],一丈以内,绝无旁枝;它所有的桠枝[4]呢,一律向上,而且紧紧靠拢,也像是加以人工似的,成为一束,绝无横斜逸出[5];它的宽大的叶子也是片[6]片向上,几乎[7]没有斜生的,更不用说倒垂[8]了;它的皮,光滑而有银色的晕圈[9],微微泛出淡青色。这是虽在北方的风雪的压迫下却保持着倔强[10]挺立的一种树!哪怕只有碗来粗细罢,它却努力向上发展,高到丈许,两丈,参天耸立[11],不折不挠[12],对抗着西北风。

这就是白杨树,西北极普通的一种树,然而决不是平凡的树!

它没有婆娑[13]的姿态,没有屈曲[14]盘旋的虬[15]枝,也许你要说它不美丽,——如果美是专指"婆娑"或"横斜逸出"之类而言,那么,白杨树算不得树中的好女子[16];但是它却是伟岸,正直,朴质,严肃,也不缺乏温和,更不用提它的坚强不屈与挺拔,它是树中的伟丈夫[17]!当你在积雪初融的高原上走过,看见平坦的大地上傲然挺立这么一株或一排白杨树,难道你就只觉得树只是树,难道你就不想到它的朴质,严肃,坚强不屈,至少也象征了北方的农民;难道你竟一点儿也不联想到,在敌后的广大土//地上,到处有坚强不屈,就像这白杨树一样傲然挺立的守卫他们家乡的哨兵!难道你又不更远一点想到这样枝枝叶叶靠紧团结,力求上进的白杨树,宛然象征了今天在华北平原纵横决荡用血[18]写出新中国历史的那种精神和意志。

节选自茅盾《白杨礼赞》

语音提示

1. 树 shù
2. 干 gàn
3. 似的 shìde
4. 桠枝 yāzhī
5. 横斜逸出 héngxiéyìchū
6. 片 piàn
7. 几乎 jīhū
8. 倒垂 dàochuí

9. 晕圈 yùnquān
10. 倔强 juéjiàng
11. 参天耸立 cāntiānsǒnglì
12. 挠 náo
13. 婆娑 pósuō
14. 屈曲 qūqū
15. 虬 qiú
16. 女子 nǚzǐ

17. 丈夫 zhàngfu   18. 血 xuè

作品 2 号

两个同龄的年轻人同时受雇于一家店铺[1],并且拿同样的薪水。

可是一段时间后,叫阿诺德[2]的那个小伙子青云直上,而那个叫布鲁诺[3]的小伙子却仍在原地踏步。布鲁诺很不满意老板的不公正待遇。终于有一天他到老板那儿发牢骚[4]了。老板一边耐心地听着他的抱怨,一边在心里盘算[5]着怎样向他解释清楚[6]他和阿诺德之间的差别[7]。

"布鲁诺先生[8],"老板开口说话了,"您现在到集市上去一下,看看今天早上有什么[9]卖的。"

布鲁诺从集市上回来向老板汇报说,今早集市上只有一个农民拉了一车土豆在卖。

"有多少?"老板问。

布鲁诺赶快戴上帽子又跑到集上,然后回来告诉[10]老板一共四十袋土豆。

"价格是多少?"

布鲁诺又第三次跑到集上问来了价格。

"好吧,"老板对他说,"现在请您坐到这把椅子上一句话也不要说,看看阿诺德怎么[11]说。"

阿诺德很快就从集市上回来了。向老板汇报说到现在为止只有一个农民在卖土豆,一共四十口袋[12],价格是多少多少;土豆质量很不错,他带回来一个让老板看看。这个农民一个钟头以后还会弄[13]来几箱西红柿,据他看价格非常公道。昨天他们铺子[14]的西红柿卖得很快,库存已经不//多了。他想这么便宜[15]的西红柿,老板肯定会要进一些的,所以他不仅带回了一个西红柿做样品,而且把那个农民也带来了,他现在正在外面等回话呢。

此时老板转向了布鲁诺,说:"现在您肯定知道为什么阿诺德的薪水比您高了吧!"

节选自张健鹏、胡足青主编《故事时代》中《差别》

语音提示

1. 店铺 diànpù
2. 阿诺德 Ānuòdé
3. 布鲁诺 Bùlǔnuò
4. 牢骚 láo·sāo
5. 盘算 pánsuan
6. 清楚 qīngchu
7. 差别 chābié
8. 先生 xiānsheng
9. 什么 shénme
10. 告诉 gàosu
11. 怎么 zěnme
12. 口袋 kǒudai
13. 弄 nòng
14. 铺子 pùzi
15. 便宜 piányi

作品 3 号

　　我常常遗憾我家门前那块丑石：它黑黝黝[1]地卧在那里，牛似的[2]模样[3]；谁也不知道是什么[4]时候[5]留在这里的，谁也不去理会它。只是麦收时节，门前摊了麦子，奶奶总是说：这块丑石，多占地面呀，抽空把它搬走吧。

　　它不像汉白玉那样的细腻，可以刻字雕花，也不像大青石那样的光滑，可以供[6]来浣纱[7]捶布。它静静地卧在那里，院边的槐阴[8]没有庇覆[9]它，花儿[10]也不再在它身边生长。荒草便繁衍[11]出来，枝蔓[12]上下，慢慢地，它竟锈上了绿苔[13]、黑斑。我们这些做孩子的，也讨厌起它来，曾合伙要搬走它，但力气又不足；虽时时咒骂它，嫌弃它，也无可奈何，只好任它留在那里了。

　　终有一日，村子里来了一个天文学家。他在我家门前路过，突然发现了这块石头，眼光立即[14]就拉直了。他再没有离开，就住了下来；以后又来了好些人，都说这是一块陨石[15]，从天上落下来已经有二三百[16]年了，是一件了不起的东西[17]。不久便来了车，小心翼翼地将它运走了。

　　这使我们都很惊奇，这又怪又丑的石头，原来是天上的啊[18]！它补过天，在天上发过热、闪过光，我们的先祖[19]或许仰望过它，它给了他们光明、向往、憧憬；而它落下来了，在污土里，荒草里，一躺就//是几百年了！

　　我感到自己的无知，也感到了丑石的伟大，我甚至怨恨它这么多年竟会默默地忍受着这一切！而我又立即深深地感到它那种不屈于误解、寂寞的生存的伟大。

节选自贾平凹《丑石》

语音提示

1. 黑黝黝 hēiyǒuyǒu/hēiyōuyōu
2. 似的 shìde
3. 模样 múyàng
4. 什么 shénme
5. 时候 shíhou
6. 供 gōng
7. 浣纱 huànshā
8. 槐阴 huáiyīn
9. 庇覆 bìfù
10. 花儿 huā'er
11. 繁衍 fányǎn
12. 枝蔓 zhīmàn
13. 绿苔 lùtái
14. 立即 lìjí
15. 陨石 yǔnshí
16. 二三百 èr-sānbǎi
17. 东西 dōngxi
18. 啊 ya
19. 先祖 xiānzǔ

作品 4 号

　　在达瑞[1]八岁[2]的时候[3]，有一天他想去看电影。因为没有钱，他想是向爸妈要钱，还是自己挣[4]钱。最后他选择了后者。他自己调制[5]了一种汽水[6]，向过路的行人出售。可那时正是寒冷的冬天,没有人买,只有两个人例外——他的爸爸和妈妈。

他偶然有一个和非常成功的商人谈话的机会。当他对商人讲述了自己的"破产史"后,商人给了他两个重要的建议:一是尝试为别人解决一个难题;二是把精力集中在你知道的、你会的和你拥有的东西[7]上。

这两个建议很关键。因为对于一个八岁的孩子而言,他不会做的事情[8]很多。于是他穿过大街小巷,不停地思考:人们[9]会有什么难题,他又如何利用这个机会?

一天,吃早饭时父亲让达瑞去取报纸。美国的送报员总是把报纸从花园篱笆[10]的一个特制的管子里塞[11]进来。假如你想穿着睡衣舒舒服服地吃早饭和看报纸,就必须离开温暖的房间,冒着寒风,到花园去取。虽然路短,但十分麻烦[12]。

当达瑞为父亲取报纸的时候,一个主意[13]诞生了。当天[14]他就按[15]响邻居的门铃,对他们说,每个月只需付给他一美元,他就每天早上把报纸塞到他们的房门底下。大多数人都同意了,很快他有//了七十多个顾客。一个月后,当他拿到自己赚的钱时,觉得[16]自己简直是飞上了天。

很快他又有了新的机会,他让他的顾客每天把垃圾袋放在门前,然后由他早上运到垃圾桶里,每个月加一美元。之后他还想出了许多孩子赚钱的办法,并把它集结[17]成书,书名为[18]《儿童挣钱的二百五十个主意》。为此[19],达瑞十二岁时就成了畅销书作家,十五岁有了自己的谈话节目,十七岁就拥有了几百万美元。

节选自[德]博多·舍费尔《达瑞的故事》,刘志明译

语音提示

1. 达瑞 Dáruì
2. 岁 suì
3. 时候 shíhou
4. 挣 zhèng
5. 调制 tiáozhì
6. 汽水 qìshuǐr
7. 东西 dōngxi
8. 事情 shìqing
9. 人们 rénmen
10. 篱笆 líba
11. 塞 sāi
12. 麻烦 máfan
13. 主意 zhǔyi
14. 当天 dàngtiān
15. 按 àn
16. 觉得 jué·dé
17. 集结 jíjié
18. 为 wéi
19. 为此 wèicǐ

作品 5 号

这是入冬以来,胶东半岛上第一场[1]雪。

雪纷纷扬扬,下得很大。开始还伴着一阵儿小雨,不久就只见大片大片的雪花,从彤云[2]密布的天空中飘落下来。地面上一会儿[3]就白了。冬天的山村,到了夜里就万籁

俱寂[4]，只听得雪花簌簌[5]地不断往下落，树木的枯枝被雪压断了，偶尔[6]咯吱一声响。

大雪整整下了一夜。今天早晨，天放晴了，太阳出来了。推开门一看，嗬[7]！好大的雪啊[8]！山川、河流、树木、房屋，全都罩上了一层厚厚的雪，万里江山，变成了粉妆玉砌[9]的世界。落光了叶子的柳树上挂满了毛茸茸[10]亮晶晶[11]的银条儿[12]；而那些冬夏常青的松树和柏树[13]上，则挂满了蓬松松[14]沉甸甸[15]的雪球儿[16]。一阵风吹来，树枝轻轻地摇晃，美丽的银条儿和雪球儿簌簌地落下来，玉屑[17]似的[18]雪末儿随风飘扬，映着清晨的阳光，显出一道道五光十色的彩虹。

大街上的积雪足有一尺多深，人踩上去，脚底下发出咯吱咯吱的响声。一群群孩子在雪地里堆雪人，掷[19]雪球儿。那欢乐的叫喊声，把树枝上的雪都震落下来了。

俗话说，"瑞雪兆丰年"。这个话有充分的科学根据，并不是一句迷信的成语。寒冬大雪，可以冻死一部分越冬的害虫；融化了的水渗[20]进土层深处，又能供应[21]//庄稼[22]生长的需要。我相信这一场[23]十分及时的大雪，一定会促进明年春季作物，尤其是小麦的丰收。有经验的老农把雪比作是"麦子的棉被"。冬天"棉被"盖得越厚，明春麦子就长得越好，所以又有这样一句谚语："冬天麦盖三层被，来年枕着馒头睡"。

我想，这就是人们为什么把及时的大雪称为"瑞雪"的道理吧。

节选自峻青《第一场雪》

语音提示

1. 场 cháng	13. 柏树 bǎishù
2. 彤云 tóngyún	14. 蓬松松 péngsōngsōng
3. 一会儿 yīhuìr	15. 沉甸甸 chéndiàndiàn/
4. 万籁俱寂 wànlài-jùjì	chéndiāndiān
5. 簌簌 sùsù	16. 雪球儿 xuěqiúr
6. 偶尔 ǒu'ěr	17. 玉屑 yùxiè
7. 嗬 hē/hè	18. 似的 shìde
8. 啊 ya	19. 掷 zhì
9. 粉妆玉砌 fěnzhuāng-yùqì	20. 渗 shèn
10. 毛茸茸 máoróngróng/	21. 供应 gōngyìng
máorōngrōng	22. 庄稼 zhuāngjia
11. 亮晶晶 liàngjīngjīng	23. 一场 yīcháng
12. 银条儿 yíntiáor	

作品6号

我常想读书人是世间幸福[1]人，因为[2]他除了拥有现实的世界之外，还拥有另一个更为浩瀚[3]也更为丰富的世界。现实的世界是人人都有的，而后一个世界却为[4]

读书人<u>所</u>独有。由<u>此</u>我想,那些失去或不能阅读的人是多么的不<u>幸</u>,他们的<u>丧失</u>[5]是不可补偿的。世间有诸多[6]的不<u>平等</u>[7],财富的不平等,权力的不平等,而阅读能力的拥有或<u>丧失</u>却体现为[8]精神的不平等。

一个人的一<u>生</u>,只能经历自己拥有的那一份欣悦,那一份苦难,也许<u>再加上</u>他亲自闻知的那一些关于<u>自身</u>以外的<u>经</u>历和经验。然而,人们通过阅读,<u>却能</u>进入不同时空的诸多他人的世界。这样,具有阅读能力的人,无形间获得[9]了超越有限<u>生命的无限可能性</u>。阅读不仅使他多识[10]了<u>草木虫鱼之名</u>,而且可以上溯[11]远古下及未来,饱览<u>存</u>在的与非<u>存</u>在的奇<u>风异俗</u>。

更为[12]重要的是,读书加惠于人们[13]的不仅是知识[14]的增<u>广</u>,而且还在于精神的感化与陶冶。[15]人们<u>从读书学做人</u>,<u>从</u>那些往哲先贤以及当代才俊的著述中学得他们的人格。人们<u>从</u>《论语[16]》中学得[17]智慧的思考,从《史记》中学得严<u>肃</u>的历史精神,<u>从</u>《正气歌》中学得人格的刚烈,<u>从马克思</u>学得人世//的激<u>情</u>,<u>从鲁迅</u>学得批判精<u>神</u>,<u>从托尔斯泰</u>学得道德的执著[18]。歌德的诗句刻写着睿智[19]的人<u>生</u>,拜伦的诗句呼唤着奋斗的热<u>情</u>。一个读书人,一个有机会拥有超乎个人生命体验的幸运人。

节选自谢冕《读书人是幸福人》

语音提示

1. 幸福 xìngfú
2. 因为 yīn·wèi
3. 浩瀚 hàohàn
4. 为 wéi
5. 丧失 sàngshī
6. 诸多 zhūduō
7. 不平等 bùpíngděng
8. 为 wéi
9. 获得 huòdé
10. 识 shí

11. 溯 sù
12. 为 wéi
13. 人们 rénmen
14. 知识 zhīshi
15. 陶冶 táoyě
16. 论语 lúnyǔ
17. 学得 xuédé
18. 执著 zhízhuó
19. 睿智 ruìzhì

作品 7 号

一天,爸爸下班回到家已<u>经</u>很晚了,他很累也有点儿烦,他发现五岁的儿子靠在门旁<u>正</u>等着他。

"爸,我可以问您一个问题吗?"

"什么[1]问题?""爸,您一小时可以赚多少钱?""这与[2]你无关,你为什么问这个问题?"父亲<u>生气</u>地说。

"我只是想知道,请告<u>诉</u>[3]我,您一小时赚多少钱?"小孩儿哀求道。"假如你一定要知道的话,我一小时赚二十美金。"

"哦[4],"小孩儿低下了头,接着又说,"爸,可以借我十美金吗?"父亲发怒了:"如果你只是要借钱去买毫无意义的玩具的话,给我回到你的房间睡觉[5]去。好好[6]想想[7]为什么你会那么<u>自</u>私。我每天辛苦工<u>作</u>,没时间和你玩儿[8]小孩子的游戏。"

小孩儿默默地回到<u>自</u>己的房间关上门。

父亲<u>坐</u>下来还<u>在</u>生气。后来,他平<u>静</u>下来了。心想他可<u>能</u>对孩<u>子</u>太凶了——或许孩子真的很想买什么东西,<u>再</u>说他平时很少要过钱。

父亲走进孩子的房间:"你睡了吗?""爸,还没有,我还<u>醒</u>着。"孩子回答[9]。

"我刚<u>才</u>可能对你太凶了,"父亲说,"我不应该发那么大的火儿——这是你要的十美金。""爸,谢谢您。"孩子高<u>兴</u>地<u>从</u>枕头下[10]拿出一<u>些</u>被弄皱[11]的钞票,慢慢[12]地数[13]着。

"为什么你已<u>经</u>有钱了还要?"父亲不解地问。

"因为[14]原来不够,但现<u>在</u>凑够了。"孩子回答:"爸,我现<u>在</u>有//二十美金了,我可以向您买一个小时的时间吗?<u>明</u>天<u>请</u>早一点儿回家——我想和您一起吃晚<u>餐</u>。"

节选自唐继柳编译《二十美金的价值》

语音提示

1. 什么 shénme
2. 与 yǔ
3. 告诉 gàosu
4. 哦 ò
5. 睡觉 shuìjiào
6. 好好 hǎohǎo/hǎohāor
7. 想想 xiǎngxiang

8. 玩儿 wánr
9. 回答 huídá
10. 枕头 zhěntou
11. 弄皱 nòngzhòu
12. 慢慢 mànmàn/mànmānr
13. 数 shǔ
14. 因为 yīn·wèi

作品 8 号

我爱月夜,但我也爱星天。<u>从</u>前<u>在</u>家乡七八月的夜晚在庭院里纳凉的时候[1],我<u>最</u>爱看天上密密麻麻的繁星。望着星天,我就会忘记一切,仿佛[2]回到了母亲的怀里似的[3]。

<u>三年前在</u>南京我住的地方[4]有一道后门,每晚我打开后门,便看见一个<u>静</u>寂的夜。下面是一片<u>菜</u>园,上面是星群密布的蓝天。星光在我们的肉眼里虽然微小,然而它使我们觉得[5]光明无处不<u>在</u>。那时候我<u>正</u>在读一些天文学的书,也认得[6]一<u>些</u><u>星</u>星[7],好像它们就是我的朋友[8],它们常常<u>在</u>和我谈话一样。

如今<u>在</u>海上,每晚和繁星相对,我把它们认得很熟[9]了。我躺<u>在</u>舱面上,仰望天

空。深蓝色的天空里悬着无数半明半昧[10]的星。船在动,星也在动,它们是这样低,真是摇摇欲坠呢! 渐渐地我的眼睛[11]模糊[12]了,我好像看见无数萤火虫在我的周围飞舞。海上的夜是柔和的,是静寂的,是梦幻的。我望着许多认识[13]的星,我仿佛看见它们在对我眨眼[14],我仿佛听见它们在小声说话。这时我忘记了一切。在星的怀抱中我微笑着,我沉睡着。我觉得自己是一个小孩子,现在睡在母亲的怀里了。

有一夜,那个[15]在哥伦波上船的英国人指给我看天上的巨人。他用手指着: //那四颗明亮的星是头,下面的几颗是身子,这几颗是手,那几颗是腿和脚,还有三颗星算是腰带。经他这一番指点,我果然看清楚[16]了那个天上的巨人。看,那个巨人还在跑呢!

节选自巴金《繁星》

语音提示

1. 时候 shíhou	9. 熟 shú/shóu
2. 仿佛 fǎngfú	10. 昧 mèi
3. 似的 shìde	11. 眼睛 yǎnjing
4. 地方 dìfang	12. 模糊 móhu
5. 觉得 jué·dé	13. 认识 rènshi
6. 认得 rènde	14. 眨眼 zhǎyǎn
7. 星星 xīngxing	15. 那个 nàge
8. 朋友 péngyou	16. 清楚 qīngchu

作品9号

假日[1]到河滩上转转[2],看见许多孩子在放风筝[3]。一根根长长的引线,一头系[4]在天上,一头系在地上,孩子同风筝都在天与地之间悠荡,连心也被悠荡得恍恍惚惚了,好像又回到了童年。

儿时放的风筝,大多是自己的长辈或家人编扎[5]的,几根削[6]得很薄[7]的篾[8],用细纱线扎成各种鸟兽的造型,糊上雪白的纸片,再用彩笔勾勒出面孔与翅膀的图案。通常扎得最多的是"老雕"、"美人儿[9]"、"花蝴蝶"等。

我们家前院就有位叔叔,擅扎风筝,远近闻名。他扎的风筝不只体型好看,色彩艳丽,放飞得高远,还在风筝上绷一叶用蒲苇[10]削成的膜片,经风一吹,发出"嗡嗡"的声响,仿佛[11]是风筝的歌唱,在蓝天下播扬,给开阔的天地增添了无尽的韵味,给驰荡的童心带来几分疯狂。

我们那条胡同[12]的左邻右舍[13]的孩子们放的风筝几乎[14]都是叔叔编扎的。他的风筝不卖钱,谁上门去要,就给谁,他乐意自己贴钱买材料。

后来,这位叔叔去了海外,放风筝也渐与[15]孩子们远离了。不过年年叔叔给家乡写信,总不忘提起儿时的放<u>风</u>筝。香港回归之后,他<u>在</u>家信中说到,他这只被故乡放飞到海外的<u>风</u>筝,尽管飘荡游弋¹⁶,<u>经</u>沐风雨,可那线头儿一<u>直在</u>故乡和//<u>亲</u>人手中牵着,如今飘得太累了,也该要回归到家乡和亲人身边来了。

是的。我想,不光是叔叔,我们每个人都是<u>风</u>筝,<u>在</u>妈妈手中牵着,<u>从</u>小放到大,<u>再从</u>家乡放到<u>祖</u>国<u>最</u>需要的地方¹⁷去啊¹⁸!

节选自李恒瑞《风筝畅想曲》

语音提示

1. 假日 jiàrì
2. 转转 zhuànzhuan
3. 风筝 fēngzheng
4. 系 jì
5. 编扎 biānzā
6. 削 xiāo
7. 薄 báo
8. 篾 miè
9. 美人儿 měirénr
10. 蒲苇 púwěi
11. 仿佛 fǎngfú
12. 胡同 hú·tòngr
13. 舍 shè
14. 几乎 jīhū
15. 与 yǔ
16. 游弋 yóuyì
17. 地方 dìfang
18. 啊 ya

作品 10 号

爸不懂得怎样¹表达爱,使我们一家人融洽相处²的是我妈。他只是每天上班下班,而妈<u>则</u>把我们<u>做</u>过的错事开列清单,然后由他来<u>责</u>骂我们。

有一次我偷了一块糖果,他要我把它送回去,告诉³卖糖的说是我偷来的,说我愿意替他拆箱卸货作为⁴赔偿。但妈妈却明白⁵我只是个孩<u>子</u>。

我<u>在</u>运动场⁶打秋千跌断了腿,<u>在</u>前往医院途中一直抱着我的,是我妈。爸把汽车<u>停在</u>急诊室门口,他们叫他驶开,说那空位⁷是留给紧急车辆<u>停</u>放的。爸听了便叫嚷道:"你以为⁸这是什么车? 旅游车?"

<u>在</u>我<u>生</u>日会上,爸总是显得有些不大相称⁹。他只是忙于吹气球,布置<u>餐</u>桌,<u>做</u>杂务。把插着蜡烛的蛋糕推过来让我吹的,是我妈。

我翻阅照相册¹⁰时,人们总<u>是</u>问:"你爸爸是什么样<u>子</u>的?"天晓得! 他老是忙着替别人拍照。妈和我笑容可掬地一起拍的照片¹¹,多得不可胜数¹²。

我记得妈有一次叫他教¹³我骑<u>自</u>行车。我叫他别放手,但他却说是应该放手的时候¹⁴了。我摔倒之后,妈跑过来扶我,爸却挥手要她走开。我当时¹⁵生气极了,决心要给他点儿颜色看。于是我马上爬上<u>自</u>行车,而且<u>自</u>己骑给他看。他只是微笑。

我念大学时,<u>所</u>有的家信都是妈写的。他//除了寄支票外,还寄过一封短柬¹⁶

给我,说因为[17]我不在草坪上踢足球了,所以他的草坪长得很美。

每次我打电话回家,他似乎[18]都想跟我说话,但结果[19]总是说:"我叫你妈来接。"

我结婚时,掉眼泪的是我妈。他只是大声擤[20]了一下鼻子,便走出房间。

我从小到大都听他说:"你到哪里去?什么时候回家?汽车有没有汽油?不,不准去。"爸完全不知道怎样表达爱。除非……

会不会是他已经表达了,而我却未能察觉[21]?

节选自[美]艾尔玛·邦贝克《父亲的爱》

语音提示

1. 怎样 zěnyàng
2. 相处 xiāngchǔ
3. 告诉 gàosu
4. 作为 zuòwéi
5. 明白 míngbai
6. 运动场 yùndòngchǎng
7. 空位 kòngwèi
8. 以为 yǐwéi
9. 相称 xiāngchèn
10. 照相册 zhàoxiàngcè
11. 照片 zhàopiàn/zhàopiānr

12. 不可胜数 bùkě-shèngshǔ
13. 教 jiāo
14. 时候 shíhou
15. 当时 dāngshí
16. 柬 jiǎn
17. 因为 yīn·wèi
18. 似乎 sìhū
19. 结果 jiéguǒ
20. 擤 xǐng
21. 察觉 chájué

作品 11 号

一个大问题[1]一直盘踞[2]在我脑袋[3]里:

世界杯怎么会有如此巨大的吸引力?除去足球本身的魅力之外,还有什么超乎其上而更伟大的东西[4]?

近来观看世界杯,忽然丛中得到了答案:是由于一种无上崇高的精神情感——国家[5]荣誉感!

地球上的人都会有国家的概念,但未必时时都有国家的感情。往往人到异国,思念家乡,心怀故国,这国家概念就变得有血[6]有肉,爱国之情来得非常具体。而现代社会,科技昌达,信息快捷,事事上网,世界真是太小太小,国家的界限似乎[7]也不那么清晰了。再说足球正在快速世界化,平日里各国球员频繁转会[8],往来随意,致使越来越多的国家联赛都具有国际的因素。球员们不论国籍,只效力于自己的俱乐部,他们比赛时的激情中完全没有爱国主义的因子[9]。

然而,到了世界杯大赛,天下大变。各国球员都回国效力,穿上与光荣的国旗同样色彩的服装。在每一场比赛前，还高唱国歌以宣誓对自己祖国的挚爱与忠诚。一种血缘[10]情感开始在全身的血管[11]里燃烧起来，而且立刻热血[12]沸腾。

在历史时代，国家间经常发生对抗，好男儿[13]戎装[14]卫国。国家的荣誉往往需要以自己的生命去//换取。但在和平时代，唯有这种国家之间大规模对抗性的大赛，才可以唤起那种遥远而神圣的情感，那就是：为祖国而战！

节选自冯骥才《国家荣誉感》

语音提示

1. 问题 wèntí
2. 盘踞 pánjù
3. 脑袋 nǎodai
4. 东西 dōngxi
5. 国家 guójiā
6. 血 xiě
7. 似乎 sìhū
8. 转会 zhuǎnhuì
9. 因子 yīnzǐ
10. 血缘 xuèyuán
11. 血管 xuèguǎn
12. 热血 rèxuè
13. 男儿 nán'ér
14. 戎装 róngzhuāng

作品 12 号

夕阳落山不久，西方的天空，还燃烧着一片橘[1]红色的晚霞。大海，也被这霞光染成[2]了红色，而且比天空的景色更要壮观。因为它是活动的，每当一排排波浪涌起的时候[3]，那映照在浪峰[4]上的霞光，又红又亮，简直就像一片片霍霍燃烧着的火焰，闪烁着，消失了。而后面的一排，又闪烁着，滚动着，涌了过来。

天空的霞光渐渐地淡下去了，深红的颜色变成了绯红[5]，绯红又变为浅红。最后，当这一切红光都消失了的时候，那突然显得高而远了的天空，则呈现出一片肃穆的神色。最早出现的启明星，在这蓝色的天幕上闪烁起来了。它是那么大，那么亮，整个广漠的天幕上只有它在那里放射着令人注目的光辉，活像一盏[6]悬挂在高空的明灯。

夜色加浓，苍空中的"明灯"越来越多了。而城市各处的真的灯火也次第亮了起来，尤其是围绕[7]在海港周围山坡上的那一片灯光，从半空倒映[8]在乌蓝的海面上，随着波浪，晃动[9]着，闪烁着，像一串流动着的珍珠，和那一片片密布在苍穹[10]里的星斗[11]互相辉映，煞[12]是好看。

在这幽美的夜色中，我踏着软绵绵[13]的沙滩，沿着海边，慢慢地向前走去。海水，轻轻地抚摸着细软的沙滩，发出温柔的//刷刷声。晚来的海风，清新而又凉爽。我的心里，有着说不出的兴奋[14]和愉快。

夜风轻飘飘地吹拂[15]着，空气中飘荡着一种大海和田禾相混合[16]的香味儿[17]，柔软的沙滩上还残留着白天太阳炙晒[18]的余温。那些在各个工作岗位上劳动了一天的人们,三三两两地来到这软绵绵的沙滩上,他们浴着凉爽的海风,望着那缀满了星星的夜空,尽情地说笑,尽情地休憩[19]。

节选自峻青《海滨仲夏夜》

语音提示

1. 橘 jú	11. 星斗 xīngdǒu
2. 染成 rǎnchéng	12. 煞 shà
3. 时候 shíhou	13. 软绵绵 ruǎnmiánmián/
4. 浪峰 làngfēng	ruǎnmiānmiān
5. 绯红 fēihóng	14. 兴奋 xīngfèn
6. 盏 zhǎn	15. 吹拂 chuīfú
7. 围绕 wéirào	16. 混合 hùnhé
8. 倒映 dàoyìng	17. 香味儿 xiāngwèir
9. 晃动 huàngdòng	18. 炙晒 zhìshài
10. 苍穹 cāngqióng	19. 休憩 xiūqì

作品 13 号

生命[1]在海洋里诞生绝不是偶然的,海洋的物理和化学性质,使它成为[2]孕育原始生命的摇篮。

我们知道,水是生物的重要组成部分,许多动物组织的含水量在百分之八十以上,而一些海洋生物的含水量高达百分之九十五。水是新陈代谢的重要媒介,没有它,体内的一系列生理和生物化学反应就无法进行,生命也就停止。因此,在短时期内动物缺水要比缺少食物更加危险。水对今天的生命是如此重要,它对脆弱的原始生命,更是举足轻重了。生命在海洋里诞生,就不会有缺水之忧。

水是一种良好的溶剂。海洋中含有许多生命所必需的无机盐,如氯[3]化钠、氯化钾、碳酸盐、磷酸盐,还有溶解氧[4],原始生命可以毫不费力地从中吸取它所需要的元素。

水具有很高的热容量,加之海洋浩大,任凭夏季烈日曝晒[5],冬季寒风扫荡,它的温度变化却比较[6]小。因此,巨大的海洋就像是天然的"温箱",是孕育原始生命的温床。

阳光虽然为[7]生命所必需,但是阳光中的紫外线却有扼杀[8]原始生命的危险。水能有效地吸收紫外线,因而又为[9]原始生命提供[10]了天然的"屏障"。

这一切都是原始生命得以产生和发展的必要条件。//

节选自童裳亮《海洋与生命》

语音提示

1. 生命 shēngmìng
2. 成为 chéngwéi
3. 氯 lǜ
4. 溶解氧 róngjiěyǎng
5. 曝晒 pùshài

6. 比较 bǐjiào
7. 为 wéi
8. 扼杀 èshā
9. 为 wèi
10. 提供 tígōng

作品 14 号

读小学的时候[1]，我的外祖母[2]去世了。外祖母生前最疼爱我，我无法排除自己的忧伤，每天在学校的操场上一圈儿[3]又一圈儿地跑着，跑[4]得累倒在地上，扑在草坪上痛哭。

那哀痛的日子，断断续续地持续了很久，爸爸妈妈也不知道如何安慰我。他们知道与其[5]骗我说外祖母睡着[6]了，还不如对我说实话：外祖母永远不会回来了。

"什么是永远不会回来呢？"我问着。

"所有时间里的事物，都永远不会回来。你的昨天过去，它就永远变成昨天，你不能再回到昨天。爸爸以前也和你一样小，现在也不能回到你这么小的童年了；有一天你会长大，你会像外祖母一样老；有一天你度过了你的时间，就永远不会回来了。"爸爸说。

爸爸等于[7]给我一个谜语，这谜语比课本上的"日历挂在墙壁，一天撕去一页，使我心里着急[8]"和"一寸光阴一寸金，寸金难买寸光阴"还让我感到可怕；也比作文本上的"光阴似[9]箭，日月如梭[10]"更让我觉得有一种说不出的滋味。

时间过得那么飞快，使我的小心眼儿里不只是着急，还有悲伤。有一天我放学回家，看到太阳快落山了，就下决心说："我要比太阳更快地回家。"我狂奔回去，站在庭院前喘气的时候，看到太阳//还露[11]着半边脸，我高兴地跳跃起来，那一天我跑赢了太阳。以后我就时常做那样的游戏，有时和太阳赛跑，有时和西北风比快，有时一个暑假才能做完的作业，我十天就做完了；那时我三年级，常常把哥哥五年级的作业拿来做。每一次比赛胜过时间，我就快乐得不知道怎么形容。

如果将来我有什么要教[12]给我的孩子，我会告诉[13]他：假若[14]你一直和时间比赛，你就可以成功！

节选自（台湾）林清玄《和时间赛跑》

语音提示

1. 时候 shíhou
2. 外祖母 wàizǔmǔ

3. 圈儿 quānr
4. 跑 pǎo

5. 与其 yǔqí

6. 睡着 shuìzháo

7. 等于 děngyú

8. 着急 zháojí

9. 似 sì

10. 梭 suō

11. 露 lòu

12. 教 jiāo

13. 告诉 gàosu

14. 假若 jiǎruò

作品 15 号

三十年代初,胡适在北京大学任教授。讲课时他常常对白话文大加称赞[1],引起一些只喜欢文言文而不喜欢白话文的学生[2]的不满。

一次,胡适正讲得得意[3]的时候[4],一位姓魏的学生突然站了起来,生气地问:"胡先生[5],难道说白话文就毫无缺点吗?"胡适微笑着回答说:"没有。"那位学生更加激动了:"肯定有!白话文废话太多,打电报用字多,花钱多。"胡适的目光顿时变亮了,轻声地解释说:"不一定吧!前几天有位朋友[6]给我打来电报,请我去政府部门工作,我决定不去,就回电拒绝了。复电是用白话写的,看来也很省[7]字。请同学们根据我这个意思[8],用文言文写一个回电,看看究竟是白话文省字,还是文言文省字?"胡教授刚说完,同学们立刻认真地写了起来。

十五分钟过去,胡适让同学举手,报告用字的数目,然后挑了一份用字最少的文言电报稿,电文是这样写的:

"才疏学浅,恐难胜任[9],不堪[10]从命。"白话文的意思是:学问[11]不深,恐怕很难担任这个工作,不能服从安排。

胡适说,这份写得确实不错,仅用了十二个字。但我的白话电报却只用了五个字:"干不了[12],谢谢!"

胡适又解释说:"干不了"就有才疏学浅、恐难胜任的意思;"谢谢"既//对朋友的介绍表示感谢,又有拒绝的意思。所以,废话多不多,并不看它是文言文还是白话文,只要注意选用字词,白话文是可以比文言文更省字的。

节选自陈灼主编《实用汉语中级教程》(上)中《胡适的白话电报》

语音提示

1. 称赞 chēngzàn

2. 学生 xuésheng

3. 得意 déyì

4. 时候 shíhou

5. 先生 xiānsheng

6. 朋友 péngyou

7. 省 shěng

8. 意思 yìsi

9. 胜任 shèngrèn

10. 堪 kān

11. 学问 xuéwen

12. 干不了 gàn·bùliǎo

作品 16 号

很久以前,在一个漆黑的秋天的夜晚,我泛舟[1]在西伯利亚[2]一条阴森森的河上。船到一个转弯处,只见前面黑黢黢[3]的山峰下面一星火光蓦地[4]一闪。

火光又明又亮,好像就在眼前……

"好啦,谢天谢地!"我高兴地说,"马上就到过夜的地方[5]啦!"

船夫扭头朝身后的火光望了一眼,又不以为然地划[6]起桨[7]来。

"远着呢!"

我不相信他的话,因为[8]火光冲破朦胧的夜色,明明在那儿闪烁。不过船夫是对的,事实上,火光的确[9]还远着呢。

这些黑夜的火光的特点是:驱散[10]黑暗,闪闪发亮,近在眼前,令人神往。乍[11]一看,再划几下就到了……其实却还远着呢! ……

我们在漆黑如墨的河上又划了很久。一个个峡谷和悬崖,迎面驶来,又向后移去,仿佛[12]消失在茫茫的远方,而火光却依然停在前头,闪闪发亮,令人神往——依然是这么近,又依然是那么远……

现在,无论是这条被悬崖峭壁的阴影笼罩的漆黑的河流,还是那一星明亮的火光,都经常浮现在我的脑际,在这以前和在这以后,曾有许多火光,似乎[13]近在咫尺[14],不止使我一人心驰神往。可是生活之河却仍然在那阴森森的两岸之间流着,而火光也依旧非常遥远。因此,必须加劲[15]划桨……

然而,火光啊[16]……毕竟……毕竟就//在前头! ……

节选自[俄]柯罗连科《火光》,张铁夫译

语音提示

1. 泛舟 fànzhōu
2. 西伯利亚 Xībólìyà
3. 黑黢黢 hēiqūqū
4. 蓦地 mò·dì
5. 地方 dìfang
6. 划 huá
7. 桨 jiǎng
8. 因为 yīn·wèi
9. 的确 díquè
10. 驱散 qūsàn
11. 乍 zhà
12. 仿佛 fǎngfú
13. 似乎 sìhū
14. 咫尺 zhíchǐ
15. 劲 jìn/jìnr
16. 啊 nga

作品 17 号

对于一个在北平住惯的人,像我,冬天要是不刮风,便觉得[1]是奇迹[2];济南[3]的冬天是没有风声的。对于一个刚由伦敦回来的人,像我,冬天要能看得见日光,便觉得是怪事；济南的冬天是响晴的。<u>自然</u>，<u>在</u>热带的地方[4]，日光永远是那么毒，响亮的天气，反有点儿叫人害怕。可是，<u>在</u>北方的冬天，而能有温晴的天气，济南真<u>得</u>[5]算个宝地。

设若单单是有阳光，那也<u>算不了</u>[6]出奇。<u>请</u>闭上<u>眼睛</u>[7]想：一个老城，有山有水，全在天底下晒着阳光，<u>暖和</u>[8]安适地<u>睡着</u>[9]，只等春风来把它们唤醒，这是不是理想的境界？小山把济南围了个<u>圈儿</u>[10]，只有北边缺着点<u>口儿</u>[11]。这一圈小山<u>在</u>冬天特别可爱，好像是把济南放<u>在</u>一个小摇篮里，它们安<u>静</u>不动地低声地说："你们放心吧，这儿<u>准保</u>[12]暖和。"真的，济南的人们<u>在</u>冬天是面上含笑的。他们一看那些小山，心中便觉得有了<u>着落</u>[13]，有了依靠。他们由天上看到山上，便不知不觉地想起：<u>明天</u>也许就是春天了吧？这样的温暖，今天夜里山草也许就绿起来了吧？就是这点儿幻想不能一时实现，他们也<u>并</u>不<u>着急</u>[14]，<u>因为</u>[15]这样慈善的冬天，<u>干什么</u>[16]还希望别的呢！

最妙的是下点儿小雪呀。看吧，山上的矮<u>松</u>越发的<u>青黑</u>，树尖儿上<u>顶</u>//着一<u>髻儿</u>[17]白花，好像日本<u>看护</u>[18]妇。山尖儿全白了，给蓝天镶上一道银边。山坡上，有的地方雪厚点儿，有的地方<u>草色</u>还<u>露</u>[19]着；这样，一道儿白，一道儿暗黄，给山们穿上一件带水纹儿的花衣；看着看着，这件花衣好像被<u>风儿</u>[20]吹动，叫你希望看见一点儿更美的山的肌肤。<u>等</u>到快日落的<u>时候</u>[21]，微黄的阳光斜射<u>在</u>山腰上，那点儿<u>薄</u>[22]雪好像忽然害羞，微微<u>露</u>[23]出点儿粉<u>色</u>。就是下小雪吧，济南是受不住大雪的，那些小山太<u>秀气</u>[24]。

节选自老舍《济南的冬天》

语音提示

1. 觉得 jué · dé
2. 奇迹 qíjì
3. 济南 Jǐnán
4. 地方 dìfang
5. 得 děi
6. 算不了 suàn · bùliǎo
7. 眼睛 yǎnjing
8. 暖和 nuǎnhuo
9. 睡着 shuìzhe
10. 圈儿 quānr
11. 口儿 kǒur
12. 准保 zhǔnbǎo
13. 着落 zhuóluò
14. 着急 zháojí
15. 因为 yīn · wèi
16. 干什么 gànshénme
17. 髻儿 jìr
18. 看护 kānhù
19. 露 lòu
20. 风儿 fēng · ér
21. 时候 shíhou
22. 薄 báo
23. 露 lòu
24. 秀气 xiùqi

作品 18 号

　　纯朴的家乡村边有一条河,曲[1]曲弯弯,河中架一弯石桥,弓样的小桥横跨两岸。

　　每天,不管是鸡鸣[2]晓月,日丽中天,还是月华泻地,小桥都印下串串[3]足迹,洒落串串汗珠。那是乡亲[4]为[5]了追求多棱[6]的希望,兑现[7]美好的遐想[8]。弯弯小桥,不时荡过轻吟低唱,不时露[9]出舒心的笑容。

　　因而,我稚小的心灵,曾将心声献给小桥:你是一弯银色的新月,给人间普照光辉;你是一把闪亮的镰刀,割刈[10]着欢笑的花果;你是一根晃悠悠[11]的扁担[12],挑[13]起了彩色的明天!哦[14],小桥走进我的梦中。

　　我在飘泊[15]他乡的岁月,心中总涌动着故乡的河水,梦[16]中总看到弓样的小桥。当我访南疆探北国,眼帘闯进座座雄伟的长桥时,我的梦变得丰满了,增添了赤橙黄绿青蓝紫。

　　三十多年过去,我带着满头霜花回到故乡,第一紧要的便是去看望小桥。

　　啊!小桥呢?它躲起来了?河中一道长虹,浴着朝霞熠熠[17]闪光。哦,雄浑的大桥敞开胸怀,汽车的呼啸[18]、摩托[19]的笛音、自行车的叮铃,合奏着进行交响乐;南来的钢筋、花布、北往的柑橙[20]、家禽,绘出交流欢悦图……

　　啊!蜕变[21]的桥,传递了家乡进步的消息[22],透露[23]了家乡富裕的声音。时代的春风,美好的追求,我蓦地[24]记起儿时唱//给小桥的歌,哦,明艳艳的太阳照耀了,芳香甜蜜的花果捧来了,五彩斑斓的岁月拉开了!

　　我心中涌动的河水,激荡起甜美的浪花。我仰望一碧蓝天,心底轻声呼喊:家乡的桥啊[25],我梦中的桥!

节选自郑莹《家乡的桥》

语音提示

1. 曲 qū
2. 鸣 míng
3. 串串 chuànchuàn
4. 乡亲 xiāngqīn
5. 为 wèi
6. 棱 léng
7. 兑现 duìxiàn
8. 遐想 xiáxiǎng
9. 露 lù
10. 割刈 gēyì
11. 晃悠悠 huàngyōuyōu
12. 扁担 biǎndan
13. 挑 tiāo
14. 哦 ò
15. 飘泊 piāobó
16. 梦 mèng
17. 熠熠 yìyì
18. 呼啸 hūxiào
19. 摩托 mótuō
20. 柑橙 gānchéng

21. 蜕变 tuìbiàn
22. 消息 xiāoxi
23. 透露 tòulù
24. 蓦地 mòdì
25. 啊 wa

作品 19 号

　　三百多年前,建筑设计师莱伊恩[1]受命设计了英国温泽市政府[2]大厅。他运用工程力学的知识,依据自己多年的实践,巧妙地设计了只用一根柱子支撑的大厅天花板。一年以后,市政府权威人士进行工程验收时,却说只用一根柱子支撑天花板太危险,要求莱伊恩再多加几根柱子。

　　莱伊恩自信只要一根坚固的柱子足以保证大厅安全,他的"固执[3]"惹恼了市政官员,险些被送上法庭。他非常苦恼,坚持自己原先的主张吧,市政官员肯定会另找人修改设计;不坚持吧,又有悖[4]自己为人[5]的准则。矛盾了很长一段时间,莱伊恩终于想出了一条妙计,他在大厅里增加了四根柱子,不过这些柱子并未与天花板接触,只不过是装装样子。

　　三百多年过去了,这个秘密始终没有被人发现。直到前两年,市政府准备修缮[6]大厅的天花板,才发现莱伊恩当年的"弄虚作假"。消息传出后,世界各国的建筑专家和游客云集,当地政府对此也不加掩饰,在新世纪到来之际,特意将大厅作为[7]一个旅游景点对外开放,旨[8]在引导人们崇尚和相信科学。

　　作为一名建筑师,莱伊恩并不是最出色的。但作为一个人,他无疑非常伟大,这种//伟大表现在他始终恪守[9]着自己的原则,给高贵的心灵一个美丽的住所:哪怕是遭遇到最大的阻力,也要想办法抵达胜利。

节选自游宇明《坚守你的高贵》

语音提示

1. 莱伊恩 Láiyī'ēn
2. 政府 zhèngfǔ
3. 固执 gùzhi
4. 悖 bèi
5. 为人 wéirén
6. 修缮 xiūshàn
7. 作为 zuòwéi
8. 旨 zhǐ
9. 恪守 kèshǒu

作品 20 号

　　自从传言有人在萨文河畔[1]散步[2]时无意发现了金子后,这里便常有来自四面八方的淘金者。他们都想成为[3]富翁[4],于是寻遍了整个河床,还在河床上挖出很多大坑,希望借助它们找到更多的金子。的确,有一些人找到了,但另外一些人因为[5]一无所得而只好扫兴[6]归去。

也有不甘心落空的，便驻扎[7]在这里，继续寻找。彼得·弗雷特[8]就是其中一员。他在河床附近买了一块没人要的土地，一个人默默地工作。他为了找金子，已把所有的钱都押在这块土地上。他埋头苦干了几个月，直到土地全变成了坑坑洼洼[9]，他失望了——他翻遍了整块土地，但连一丁点儿金子都没看见。

六个月后，他连买面包的钱都没有了。于是他准备离开这儿到别处去谋生。

就在他即将[10]离去的前一个晚上，天下起了倾盆[11]大雨，并且一下就是三天三夜。雨终于停了，彼得走出小木屋，发现眼前的土地看上去好像和以前不一样：坑坑洼洼已被大水冲刷平整，松软的土地上长出一层绿茸茸[12]的小草。

"这里没找到金子，"彼得忽有所悟地说，"但这土地很肥沃，我可以用来种花，并且拿到镇上去卖给那些富人，他们一定会买些花装扮他们华丽的客//厅。如果真是这样的话，那么我一定会赚许多钱，有朝[13]一日我也会成为富人……"

于是他留了下来。彼得花了不少精力培育花苗，不久田地里长满了美丽娇艳的各色鲜花。

五年以后，彼得终于实现了他的梦想——成了一个富翁。"我是惟一的一个找到真金的人！"他时常不无骄傲地告诉人，"别人在这儿找不到金子后便远远地离开，而我的'金子'是在这块土地里，只有诚实的人用勤劳才能采集到。"

节选自陶猛译《金子》

语音提示

1. 河畔 hépàn
2. 散步 sànbù
3. 成为 chéngwéi
4. 富翁 fùwēng
5. 因为 yīn·wèi
6. 扫兴 sǎoxìng
7. 驻扎 zhùzhā
8. 彼得·弗雷特 Bǐdé·Fúléitè
9. 坑坑洼洼 kēngkeng-wāwā
10. 即将 jíjiāng
11. 倾盆 qīngpén
12. 绿茸茸 lùróngróng/lùrōngrōng
13. 朝 zhāo

作品 21 号

我在加拿大学习期间[1]遇到过两次募捐，那情景至今使我难以忘怀。

一天，我在渥太华[2]的街上被两个男孩子拦住去路。他们十来岁，穿得整整齐齐，每人头上戴着个做工精巧、色彩鲜艳的纸帽，上面写着"为帮助患小儿[3]麻痹的伙伴募捐"。其中的一个，不由分说就坐在小凳上给我擦起皮鞋来，另一个则彬彬有礼地发问："小姐，您是哪国人？喜欢渥太华吗？""小姐，在你们国家有没有小孩儿[4]患小儿麻痹？谁给他们医疗费？"一连串的问题，使我这个有生以来头一次在众目睽睽[5]之下让别人擦鞋的异乡人，从近乎狼狈的窘态[6]中解脱出来。我们像朋友一样聊起天儿⁷来……

　　几个月之后，也是在街上。一些十字路口处或车站坐着几位老人。他们满头银发⁸，身穿各种老式军装，上面布满了大大小小形形色色的徽章、奖章，每人手捧一大束⁹鲜花，有水仙、石竹、玫瑰及叫不出名字¹⁰的，一色¹¹雪白。匆匆过往的行人纷纷止步，把钱投进这些老人身旁的白色木箱内，然后向他们微微鞠躬，从他们手中接过一朵花。我看了一会儿¹²，有人投一两元，有人投几百元，还有人掏¹³出支票填好后投进木箱。那些老军人毫不注意人们捐多少钱，一直不//停地向人们低声道谢。同行¹⁴的朋友告诉我，这是为纪念二次大战中参战的勇士，募捐救济残废军人和烈士遗孀，每年一次；认捐的人可谓踊跃，而且秩序井然，气氛庄严。有些地方¹⁵，人们还耐心地排着队。我想，这是因为他们都知道：正是这些老人们的流血¹⁶牺牲换来了包括他们信仰自由在内的许许多多。

　　我两次把那微不足道的一点儿钱捧给他们，只想对他们说声"谢谢"。

　　　　　　　　　　　　　　　　　　　　　节选自青白《捐诚》

语音提示

1. 期间 qījiān
2. 渥太华 Wòtàihuá
3. 小儿 xiǎo'ér
4. 小孩儿 xiǎoháir
5. 众目睽睽 zhòngmù-kuíkuí
6. 窘态 jiǒngtài
7. 天儿 tiānr
8. 银发 yínfà

9. 束 shù
10. 名字 míngzi
11. 一色 yīsè
12. 一会儿 yīhuìr
13. 掏 tāo
14. 同行 tóngxíng
15. 地方 dìfang
16. 流血 liúxuè

作品 22 号

　　没有一片绿叶，没有一缕¹炊烟，没有一粒泥土，没有一丝花香，只有水的世界，云的海洋。

　　一阵台风袭²过，一只孤单的小鸟无家可归，落到被卷到洋里的木板上，乘³流而下，姗姗而来，近了，近了！……

　　忽然，小鸟张开翅膀，在人们头顶盘旋了几圈儿，"噗啦"一声落到了船上。许是累了？还是发现了"新大陆"？水手撵⁴它它不走，抓它，它乖乖地落在掌心。可爱的小鸟和善良的水手结成⁵了朋友。

　　瞧，它多美丽，娇巧的小嘴，啄理⁶着绿色的羽毛，鸭子样的扁脚，呈现出春草的鹅黄。水手们把它带到舱里，给它"搭铺⁷"，让它在船上安家落户，每天，把分到的一塑料筒⁸淡水匀给它喝，把从祖国带来的鲜美的鱼肉分给它吃，天长日久，小鸟和水手的感情日趋笃厚[9]。清晨,当第一束阳光射进舷窗[10]时,它便敞开美丽的歌喉,唱啊[11]唱,嘤嘤有韵,宛如春水淙淙[12]。人类给它以生命,它毫不悭吝[13]地把自己的艺术青春奉献给了哺育[14]它的人。可能都是这样? 艺术家们的青春只会献给尊敬他们的人。

小鸟给远航生活蒙上了一层浪漫色调。返航时,人们爱不释手,恋恋不舍地想把它带到异乡。可小鸟憔悴[15]了,给水,不喝! 喂肉,不吃! 油亮的羽毛失去了光泽。是啊[16],我//们有自己的祖国,小鸟也有它的归宿,人和动物都是一样啊[17],哪儿也不如故乡好!

慈爱的水手们决定放开它,让它回到大海的摇篮去,回到蓝色的故乡去。离别前,这个大自然的朋友与水手们留影纪念。它站在许多人的头上,肩上,掌上,胳膊[18]上,与[19]喂养过它的人们,一起融进那蓝色的画面……

节选自王文杰《可爱的小鸟》

语音提示

1. 缕 lǚ
2. 袭 xí
3. 乘 chéng
4. 撵 niǎn
5. 结成 jiéchéng
6. 啄理 zhuólǐ
7. 搭铺 dāpù
8. 筒 tǒng
9. 笃厚 dǔhòu
10. 舷窗 xiánchuāng
11. 啊 nga
12. 淙淙 cóngcóng
13. 悭吝 qiānlìn
14. 哺育 bǔyù
15. 憔悴 qiáocuì
16. 啊 ra
17. 啊 nga
18. 胳膊 gēbo
19. 与 yǔ

作品 23 号

纽约的冬天常有大风雪,扑面的雪花不但令人难以睁开眼睛[1],甚至呼吸都会吸入冰冷的雪花。有时前一天晚上还是一片晴朗,第二天拉开窗帘,却已经积雪盈[2]尺,连门都推不开了。

遇到这样的情况,公司、商店常会停止上班,学校也通过广播,宣布停课。但令人不解的是,惟有公立小学,仍然开放。只见黄色的校车,艰难地在路边接孩子,老师则一大早就口中喷[3]着热气,铲去车子前后的积雪,小心翼翼地开车去学校。

据[4]统计,十年来纽约的公立小学只因为超级暴风雪停过七次课。这是多么令人惊讶[5]的事。犯得着[6]在大人都无须上班的时候[7]让孩子去学校吗? 小学的老师也太倒霉了吧?

于是,每逢[8]大雪而小学不停课时,都有家长打电话去骂。妙的是,每个打电话的人,反应[9]全一样——先是怒气冲冲地责问,然后满口道歉,最后笑容满面地挂上电话。原因是,学校告诉[10]家长:

在纽约有许多百万富翁,但也有不少贫困的家庭。后者白天开不起暖气,供[11]不起午餐,孩子的营养全靠学校里免费的中饭,甚至可以多拿些回家当[12]晚餐。学校停课一天,穷孩子就受一天冻,挨[13]一天饿,所以老师们宁愿[14]自己苦一点儿[15],也不能停课。//

或许有家长会说:何不让富裕的孩子在家里,让贫穷的孩子去学校享受暖气和营养午餐呢?

学校的答复是:我们不愿让那些穷苦的孩子感到他们是在接受救济,因为施舍的最高原则是保持受施者的尊严。

节选自(台湾)刘墉《课不能停》

语音提示

1. 眼睛 yǎnjing
2. 盈 yíng
3. 喷 pēn
4. 据 jù
5. 惊讶 jīngyà
6. 犯得着 fàndezháo
7. 时候 shíhou
8. 逢 féng
9. 反应 fǎnyìng
10. 告诉 gàosu
11. 供 gōng
12. 当 dàng
13. 挨 ái
14. 宁愿 nìngyuàn
15. 一点儿 yīdiǎnr

作品 24 号

十年,在历史上不过是一瞬间[1]。只要稍加注意,人们就会发现:在这一瞬间里,各种事物都悄悄经历了自己的千变万化。

这次重新访日,我处处[2]感到亲切和熟悉[3],也在许多方面发觉[4]了日本的变化。就拿奈良[5]的一个角落[6]来说吧,我重游了为之[7]感受很深的唐招提寺,在寺内各处匆匆走了一遍,庭院依旧,但意想不到还看到了一些新的东西[8]。其中之一,就是近几年从中国移植来的"友谊[9]之莲"。

在存放鉴真[10]遗像的那个院子里,几株中国莲昂然挺立,翠绿的宽大荷叶正迎风而舞,显得十分愉快。开花的季节已过,荷花朵朵已变为莲蓬[11]累累[12]。莲子[13]的颜色正在由青转紫,看来已经成熟[14]了。

我禁不住[15]想:"因"已转化为[16]"果"。

中国的莲花开在日本,日本的樱花开在中国,这不是偶然。我希望这样一种盛况延续不衰。可能有人不欣赏花,但决不会有人欣赏落在自己面前的炮弹。

在这些日子里,我看到了不少多年不见的老朋友,又结识[17]了一些新朋友。大家喜欢涉及的话题之一,就是古长安和古奈良。那还用得着[18]问吗,朋友们缅怀[19]过去,正是瞩望[20]未来。瞩目于未来的人们必将获得[21]未来。

我不例外,也希望一个美好的未来。

为[22]//了中日人民之间的友谊,我将不浪费今后生命的每一瞬间。

节选自严文井《莲花和樱花》

语音提示

1. 瞬间 shùnjiān
2. 处处 chùchù
3. 熟悉 shú·xī
4. 发觉 fājué
5. 奈良 Nàiliáng
6. 角落 jiǎoluò
7. 为之 wèizhī
8. 东西 dōngxi
9. 友谊 yǒuyì
10. 鉴真 Jiànzhēn
11. 莲蓬 lián·péng
12. 累累 léiléi
13. 莲子 liánzǐ
14. 成熟 chéngshú
15. 禁不住 jīn·bùzhù
16. 为 wéi
17. 结识 jiéshí
18. 用得着 yòngdezháo
19. 缅怀 miǎnhuái
20. 瞩望 zhǔwàng
21. 获得 huòdé
22. 为 wèi

作品 25 号

梅雨潭闪闪的绿色招引着我们,我们开始追捉[1]她那离合的神光了。揪[2]着草,攀着乱石,小心探身下去,又鞠躬[3]过了一个石穹门[4],便到了汪汪一碧的潭边了。

瀑布[5]在襟袖[6]之间,但是我的心中已没有瀑布了。我的心随潭水的绿而摇荡。那醉人的绿呀!仿佛[7]一张极大极大的荷叶铺[8]着,满是奇异的绿呀。我想张开两臂抱住她,但这是怎样一个妄想啊[9]。

站在水边,望到那面,居然觉着[10]有些远呢!这平铺着、厚积着的绿,着实[11]可爱。她松松地皱缬[12]着,像少妇拖着的裙幅[13];她滑滑的明亮着,像涂了“明油”一般,有鸡蛋清那样软,那样嫩;她又不杂些尘滓[14],宛然一块温润的碧玉,只清清的一色[15]——但你却看不透她!

我曾见过北京什刹海[16]拂地[17]的绿杨,脱不了鹅黄的底子,似乎[18]太淡了。我又曾见过杭州虎跑寺[19]近旁高峻而深密的“绿壁”,丛叠着无穷的碧草与绿叶的,那又似乎太浓了。其余呢,西湖的波太明了,秦淮河的也太暗了。可爱的,我将什么来比拟[20]你呢?我怎么比拟得出呢?大约潭是很深的,故能蕴蓄[21]着这样奇异的绿;

仿佛蔚蓝的天融了一块在里面似的[22]，这才这般的鲜润啊[23]。

那醉人的绿呀！我若能裁你以为[24]带，我将赠[25]给那轻盈的//舞女，她必能临风飘举了。我若能把[26]你以为眼，我将赠给那善歌的盲妹，她必明眸善睐[27]了。我舍不得[28]你，我怎舍得你呢？我用手拍着你，抚摩着你，如同一个十二三岁的小姑娘[29]。我又掬[30]你入口，便是吻着她了。我送你一个名字[31]，我从此叫你"女儿[32]绿"，好吗？

第二次到仙岩的时候，我不禁[33]惊诧于梅雨潭的绿了。

节选自朱自清《绿》

语音提示

1. 追捉 zhuīzhuō
2. 揪 jiū
3. 鞠躬 jūgōng
4. 石穹门 shíqióngmén
5. 瀑布 pùbù
6. 襟袖 jīnxiù
7. 仿佛 fǎngfú
8. 铺 pū
9. 啊 nga
10. 觉着 juézhe
11. 着实 zhuóshí
12. 皱缬 zhòuxié
13. 裙幅 qúnfú
14. 尘滓 chénzǐ
15. 一色 yīsè
16. 什刹海 shíchàhǎi
17. 拂地 fúdì
18. 似乎 sìhū
19. 虎跑寺 Hǔpáosì
20. 比拟 bǐnǐ
21. 蕴蓄 yùnxù
22. 似的 shìde
23. 啊 na
24. 以为 yǐwéi
25. 赠 zèng
26. 把 yì
27. 明眸善睐 míngmóu-shànlài
28. 舍不得 shě·bùdé
29. 姑娘 gūniang
30. 掬 jū
31. 名字 míngzi
32. 女儿 nǚ'ér
33. 不禁 bùjīn

作品 26 号

我们家的后园[1]有半亩[2]空地[3]，母亲说："让它荒着怪可惜的，你们那么爱吃花生[4]，就开辟出来种[4]花生吧。"我们姐弟几个都很高兴[5]。买种[6]，翻地，播种[7]，浇水，没过几个月，居然收获了。

母亲说："今晚我们过一个收获节，请你们父亲也来尝尝[8]我们的新花生，好不好？"我们都说好。母亲把花生做成了好几样食品，还吩咐[9]就在后园的茅亭里过这个节。

晚上天色不太好，可是父亲也来了，实在很难得¹⁰。

父亲说："你们爱吃花生吗？"

我们争着答应¹¹："爱！"

"谁能把花生的好处¹²说出来？"

姐姐说："花生的味美。"

哥哥说："花生可以榨油。"

我说："花生的价钱便宜¹³，谁都可以买来吃，都喜欢¹⁴吃。这就是它的好处。"

父亲说："花生的好处很多，有一样最可贵：它的果实埋在地里，不像桃子、石榴¹⁵、苹果那样，把鲜红嫩绿的果实高高地挂在枝头上，使人一见就生爱慕之心。你们看它矮矮地长¹⁶在地上，等到成熟¹⁷了，也不能立刻分辨¹⁸出来它有没有果实，必须挖出来才知道。"

我们都说是，母亲也点点头。

父亲接下去说："所以你们要像花生，它虽然不好看，可是很有用，不是外表好看而没有实用的东西¹⁹。"

我说："那么，人要做有用的人，不要做只讲体面，而对别人没有好处的人了。"//

父亲说："对。这是我对你们的希望。"

我们谈到夜深才散。花生做的食品都吃完了，父亲的话却深深地印在我的心上。

节选自许地山《落花生》

语音提示

1. 后园 hòuyuán
2. 亩 mǔ
3. 空地 kòngdì
4. 种 zhòng
5. 高兴 gāoxìng
6. 买种 mǎizhǒng
7. 播种 bōzhǒng
8. 尝尝 chángchang
9. 吩咐 fēn·fù
10. 难得 nándé
11. 答应 dāying
12. 好处 hǎo·chù
13. 便宜 piányi
14. 喜欢 xǐhuan
15. 石榴 shíliu
16. 长 zhǎng
17. 成熟 chéngshú
18. 分辨 fēnbiàn
19. 东西 dōngxi

作品 27 号

我打猎归来，沿着花园的林阴路走着。狗跑¹在我前边。

突然，狗放慢脚步，蹑足潜行²，好像嗅³到了前边有什么野物。

我顺着林阴路望去,看见了一只嘴边还带黄色、头上生着柔毛的小麻雀。风猛烈地吹打着林阴路上的白桦[4]树,麻雀从巢[5]里跌落下来,呆呆[6]地伏在地上,孤立无援地张开两只羽毛还未丰满的小翅膀。

我的狗慢慢[7]向它靠近。忽然,从附近一棵树上飞下一只黑胸脯[8]的老麻雀,像一颗石子[9]似的[10]落到狗的跟前。老麻雀全身倒竖[11]着羽毛,惊恐万状,发出绝望、凄惨的叫声,接着向露出[12]牙齿、大张着的狗嘴扑去。

老麻雀是猛扑下来救护幼雀的。它用身体掩护着自己的幼儿……但它整个小小的身体因恐怖而战栗[13]着,它小小的声音也变得粗暴嘶哑,它在牺牲自己!

在它看来,狗该是多么庞大[14]的怪物[15]啊[16]!然而,它还是不能站在自己高高的、安全的树枝上……一种比它的理智更强烈的力量,使它从那儿扑下身来。

我的狗站住了,向后退了退……看来,它也感到了这种力量。

我赶紧唤住惊慌失措的狗,然后我怀着崇敬的心情,走开了。

是啊[17],请不要见笑。我崇敬那只小小的、英勇的鸟儿[18],我崇敬它那种爱的冲动和力量。

爱,我想,比//死和死的恐惧更强大。只有依靠它,依靠这种爱,生命才能维持下去,发展下去。

节选自[俄]屠格涅夫《麻雀》,巴金译

语音提示

1. 跑 pǎo
2. 蹑足潜行 nièzú-qiánxíng
3. 嗅 xiù
4. 桦 huà
5. 巢 cháo
6. 呆呆 dāidāi
7. 慢慢 mànmàn/mànmānr
8. 胸脯 xiōngpú
9. 石子 shízǐr
10. 似的 shìde
11. 倒竖 dàoshù
12. 露出 lùchū
13. 战栗 zhànlì
14. 庞大 pángdà
15. 怪物 guàiwu
16. 啊 wa
17. 啊 ra
18. 鸟儿 niǎor

作品 28 号

那年我六岁。离我家仅一箭之遥的小山坡旁,有一个早已被废弃的采石场[1],双亲从来不准我去那儿,其实那儿风景十分迷人。

一个夏季的下午,我随着一群小伙伴偷偷上那儿[2]去了。就在我们穿越了一条孤寂[3]的小路后,他们却把我一个人留在原地,然后奔[4]向"更危险[5]的地带"了。

等他们走后,我惊慌失措地发现,再也找不到要回家的那条孤寂的小道了。像只无头的苍蝇[6]，我到处乱钻[7]，衣裤上挂满了芒刺。太阳已经落山，而此时此刻，家里一定开始吃晚餐了，双亲正盼着我回家……想着想着，我不由得背靠着一棵树，伤心地呜呜大哭起来……

突然，不远处传来了声声柳笛。我像找到了救星，急忙循[8]声走去。一条小道边的树桩上坐着一位吹笛人，手里还正削[9]着什么。走近细看，他不就是被大家称为[10]"乡巴佬儿[11]"的卡廷[12]吗？

"你好，小家伙儿[13]，"卡廷说，"看天气多美，你是出来散步[14]的吧？"

我怯生生[15]地点点头，答[16]道："我要回家了。"

"请耐心等上几分钟，"卡廷说，"瞧，我正在削一支柳笛，差不多[17]就要做好了，完工后就送给你吧！"

卡廷边削边不时把尚未成形的柳笛放在嘴里试吹一下。没过多久，一支柳笛便递到我手中。我俩[18]在一阵阵清脆悦耳的笛音//中，踏上了归途……

当时，我心中只充满感激，而今天，当我自己也成了祖父时，却突然领悟到他用心之良苦！那天当他听到我的哭声时，便判定我一定迷了路，但他并不想在孩子面前扮演"救星"的角色[19]，于是吹响柳笛以便让我能发现他，并跟着他走出困境！就这样，卡廷先生[20]以乡下[21]人的纯朴，保护了一个小男孩儿强烈的自尊。

节选自唐若水译《迷途笛音》

语音提示

1. 采石场 cǎishíchǎng
2. 那儿 nàr
3. 孤寂 gūjì
4. 奔 bēn
5. 危险 wēixiǎn
6. 苍蝇 cāngying
7. 钻 zuān
8. 循 xún
9. 削 xiāo
10. 称为 chēngwéi
11. 乡巴佬儿 xiāngbalǎor
12. 卡廷 Kǎtíng
13. 小家伙儿 xiǎojiāhuor
14. 散步 sànbù
15. 怯生生 qièshēngshēng
16. 答 dá
17. 差不多 chà·bùduō
18. 俩 liǎ
19. 角色 juésè
20. 先生 xiānsheng
21. 乡下 xiāngxia

作品 29 号

在浩瀚无垠[1]的沙漠里，有一片美丽的绿洲，绿洲里藏着一颗闪光的珍珠。这颗珍珠就是敦煌[2]莫高窟[3]。它坐落在我国甘肃省敦煌市三危山[4]和鸣沙山[5]的怀抱中。

鸣沙山东麓[6]是平均高度为[7]十七米的崖壁[8]。在一千六百多米长的崖壁上，凿[9]有大小洞窟七百余个，形成了规模宏伟的石窟群。其中四百九十二个洞窟中，共有彩色塑像两千一百余尊，各种壁画共四万五千多平方米。莫高窟是我国古代无数艺术匠师留给人类的珍贵文化遗产。

莫高窟的彩塑，每一尊都是一件精美的艺术品。最大的有九层楼那么高，最小的还不如一个手掌大。这些彩塑个性鲜明，神态各异。有慈眉善目的菩萨[10]，有威风凛凛[11]的天王，还有强壮勇猛的力士……

莫高窟壁画的内容丰富多彩，有的是描绘古代劳动人民打猎、捕鱼、耕田、收割的情景，有的是描绘人们奏乐、舞蹈、演杂技的场面[12]，还有的是描绘大自然的美丽风光。其中最引人注目的是飞天。壁画上的飞天，有的臂挎[13]花篮，采摘鲜花；有的反弹[14]琵琶[15]，轻拨银弦[16]；有的倒悬[17]身子，自天而降；有的彩带飘拂[18]，漫天遨游[19]；有的舒展着双臂，翩翩起舞。看着这些精美动人的壁画，就像走进了//灿烂辉煌的艺术殿堂。

莫高窟里还有一个面积不大的洞窟——藏经洞。洞里曾藏有我国古代的各种经卷[20]、文书、帛画[21]、刺绣、铜像等共六万多件。由于清朝政府腐败无能，大量珍贵的文物被外国强盗掠[22]走。仅存的部分经卷，现在陈列于北京故宫等处。

莫高窟是举世闻名的艺术宝库。这里的每一尊彩塑、每一幅[23]壁画、每一件文物，都是中国古代人民智慧[24]的结晶。

节选自小学《语文》第六册中《莫高窟》

语音提示

1. 浩瀚无垠 hàohàn-wúyín
2. 敦煌 Dūnhuáng
3. 窟 kū
4. 三危山 Sānwēi Shān
5. 鸣沙山 Míngshā Shān
6. 麓 lù
7. 为 wéi
8. 崖壁 yábì
9. 凿 záo
10. 菩萨 pú·sà
11. 威风凛凛 wēifēng-lǐnlǐn
12. 场面 chǎngmiàn
13. 挎 kuà
14. 弹 tán
15. 琵琶 pí·pá
16. 弦 xián
17. 倒悬 dàoxuán
18. 飘拂 piāofú
19. 遨游 áoyóu
20. 经卷 jīngjuàn
21. 帛画 bóhuà
22. 掠 lüè
23. 幅 fú
24. 智慧 zhìhuì

作品 30 号

其实你在很久以前并不喜欢牡丹[1]，因为它总被人作为富贵膜拜[2]。后来你目睹了一次牡丹的落花，你相信所有的人都会为[3]之感动：一阵清风徐来，娇艳鲜嫩的盛期[4]牡丹忽然整朵[5]整朵地坠落，铺撒[6]一地绚丽的花瓣。那花瓣落地时依然鲜艳夺目，如同一只奉上祭坛的大鸟脱落的羽毛，低吟着壮烈的悲歌离去。

牡丹没有花谢花败之时，要么烁于枝头[7]，要么归于泥土，它跨越萎顿[8]和衰老，由青春而死亡，由美丽而消遁[9]。它虽美却不吝惜[10]生命，即使[11]告别也要展示给人最后一次的惊心动魄。

所以在这阴冷的四月里，奇迹[12]不会发生。任凭游人扫兴[13]和诅咒，牡丹依然安之若素。它不苟且[14]、不俯就、不妥协、不媚俗，甘愿自己冷落自己。它遵循自己的花期[15]自己的规律，它有权利为自己选择每年一度的盛大节日。它为什么不拒绝寒冷？

天南海北的看花人，依然络绎不绝[16]地涌入洛阳城。人们不会因牡丹的拒绝而拒绝它的美。如果它再被贬谪[17]十次，也许它就会繁衍出十个洛阳牡丹城。

于是你在无言的遗憾中感悟到，富贵与高贵只是一字之差[18]。同人一样，花儿[19]也是有灵性的，更有品位之高低。品位这东西[20]为[21]气为魂为//筋骨为神韵，只可意会。你叹服牡丹卓尔不群[22]之姿，方知品位是多么容易被世人忽略或是漠视的美。

节选自张抗抗《牡丹的拒绝》

语音提示

1. 牡丹 mǔ·dān
2. 膜拜 móbài
3. 为 wèi
4. 盛期 shèngqī
5. 整朵 zhěngduǒ
6. 铺撒 pūsǎ
7. 枝头 zhītóu
8. 萎顿 wěidùn
9. 消遁 xiāodùn
10. 吝惜 lìnxī
11. 即使 jíshǐ
12. 奇迹 qíjì
13. 扫兴 sǎoxìng
14. 苟且 gǒuqiě
15. 花期 huāqī
16. 络绎不绝 luòyì-bùjué
17. 贬谪 biǎnzhé
18. 差 chā
19. 花儿 huā'ér
20. 东西 dōngxi
21. 为 wéi
22. 卓尔不群 zhuó'ěr-bùqún

作品 31 号

森林[1]涵养水源,保持水土,防止水旱灾害的作用非常大。据专家测算,一片十万亩[2]面积的森林,相当于一个两百万立方米的水库,这正如农谚[3]所说的:"山上多栽树,等于[4]修水库。雨多它能吞,雨少它能吐[5]。"

说起森林的功劳,那还多得很。它除了为人类提供[6]木材及许多种生产、生活的原料之外,在维护生态环境方面也是功劳卓著[7]。它用另一种"能吞能吐"的特殊功能孕育了人类。因为地球在形成之初,大气中的二氧化碳含量很高,氧气很少,气温也高,生物是难以生存的。大约在四亿年之前,陆地才产生了森林。森林慢慢将大气中的二氧化碳吸收,同时吐[8]出新鲜氧气,调节气温:这才具备了人类生存的条件,地球上才最终有了人类。

森林,是地球生态系统的主体,是大自然的总调度[9]室,是地球的绿色之肺。森林维护地球生态环境的这种"能吞能吐"的特殊功能是其他任何物体都不能取代的。然而,由于地球上的燃烧物增多,二氧化碳的排放量急剧增加,使得地球生态环境急剧恶化,主要表现为全球气候变暖,水分[10]蒸发加快,改变了气流的循环[11],使气候变化加剧,从而引发热浪、飓风[12]、暴雨、洪涝[13]及干旱。

为了//使地球的这个"能吞能吐"的绿色之肺恢复健壮,以改善生态环境,抑制[14]全球变暖,减少水旱等自然灾害,我们应该大力造林、护林,使每一座荒山都绿起来。

节选自《中考语文课外阅读试题精选》中《"能吞能吐"的森林》

语音提示

1. 森林 sēnlín
2. 亩 mǔ
3. 农谚 nóngyàn
4. 等于 děngyú
5. 吐 tǔ
6. 提供 tígōng
7. 卓著 zhuózhù
8. 吐 tǔ
9. 调度 diàodù
10. 水分 shuǐfèn
11. 循环 xúnhuán
12. 飓风 jùfēng
13. 洪涝 hónglào
14. 抑制 yìzhì

作品 32 号

朋友[1]即将[2]远行。

暮春时节,又邀了几位朋友在家小聚。虽然都是极熟[3]的朋友,却是终年难得[4]一见,偶尔电话里相遇,也无非是几句寻常话。一锅小米稀饭,一碟大头菜,一盘自家酿制[5]的泡菜,一只巷口买回的烤鸭,简简单单,不像请客,倒[6]像家人团聚。

其实,友情也好,爱情也好,久而久之都会转化[7]为亲情。

说也奇怪,和新朋友会谈文学、谈哲学、谈人生道理等等,和老朋友却只话家常,柴米油盐,细细碎碎,种种琐事。很多时候[8],心灵的契合[9]已经不需要太多的言语来表达。

朋友新烫了个头,不敢回家见母亲,恐怕惊骇[10]了老人家,却欢天喜地来见我们,老朋友颇能以一种趣味性的眼光欣赏这个改变。

年少[11]的时候,我们差不多都在为别人而活,为苦口婆心的父母活,为循循善诱的师长活,为许多观念、许多传统的约束力而活。年岁逐增,渐渐挣脱[12]外在的限制与束缚[13],开始懂得为自己活,照自己的方式做一些自己喜欢[14]的事,不在乎[15]别人的批评意见,不在乎别人的诋毁[16]流言,只在乎那一份随心所欲的舒坦[17]自然。偶尔[18],也能够纵容自己放浪一下,并且有一种恶作剧的窃喜。

就让生命顺其自然,水到渠成吧,犹如窗前的//乌桕[19],自生自落之间,自有一份圆融丰满的喜悦。春雨轻轻落着,没有诗,没有酒,有的只是一份相知相属[20]的自在自得。

夜色在笑语中渐渐沉落,朋友起身告辞,没有挽留,没有送别,甚至也没有问归期[21]。

已经过[22]了大喜大悲的岁月,已经过了伤感流泪的年华,知道了聚散[23]原来是这样的自然和顺理成章,懂得这点,便懂得珍惜每一次相聚的温馨[24],离别便也欢喜。

节选自(台湾)杏林子《朋友和其他》

语音提示

1. 朋友 péngyou
2. 即将 jíjiāng
3. 熟 shú
4. 难得 nándé
5. 酿制 niàngzhì
6. 倒 dào
7. 转化 zhuǎnhuà
8. 时候 shíhou
9. 契合 qìhé
10. 惊骇 jīnghài
11. 年少 niánshào
12. 挣脱 zhèngtuō
13. 束缚 shùfù
14. 喜欢 xǐhuan
15. 在乎 zàihu
16. 诋毁 dǐhuǐ
17. 舒坦 shūtan
18. 偶尔 ǒu'ěr
19. 乌桕 wūjiù
20. 相属 xiāngzhǔ
21. 归期 guīqī
22. 过 guò
23. 聚散 jùsàn
24. 温馨 wēnxīn

作品 33 号

我们<u>在</u>田野<u>散步</u>[1]：我，我的母亲，我的妻子和儿子。

母亲本不愿出来的。她老了，身体不好，<u>走</u>远一点儿就觉得[2]很累。我说，<u>正因</u>为[3]如此，<u>才应</u>该多走走。母亲信服地点点头，便去拿外套。她现<u>在</u>很听我的话，就像我小时候[4]很听她的话一样。

这南方初春的田野，大块小块的新绿随意地铺[5]着，有的浓，有的淡，树上的嫩芽也密了，田里的冬水也咕咕[6]地起着水泡。这一切都使人想着一样东西[7]——<u>生命</u>。

我和母亲<u>走</u>在前面，我的妻子和儿子<u>走</u>在后面。小家伙[8]突然叫起来："前面是妈妈和儿子，后面也是妈妈和儿子。"我们都笑了。

后来发<u>生</u>了分歧[9]：母亲要走大路，大路<u>平</u>顺；我的儿子要<u>走</u>小路，小路有意思[10]。不过，一切都取决于我。我的母亲老了，她早已习惯<u>听从</u>她强壮的儿子；我的儿子还小，他还习惯听<u>从</u>他高大的父亲；妻子呢，在外面，她总是听我的。一霎时[11]我感到了<u>责任</u>的重大。我想找一个两全的办法，找不出；我想拆散[12]一家人，分成两路，各得其<u>所</u>，终不愿意。我决<u>定</u>委屈[13]儿子，因为我伴同他的时日还长。我说："走大路。"

但是母亲摸摸[14]孙儿[15]的小脑瓜，变了主意[16]："还是走小路吧。"她的眼随小路望去：那里有金<u>色</u>的<u>菜</u>花，两行[17]<u>整</u>齐的桑树，//尽头[18]一口水波粼粼[19]的鱼塘。"我<u>走</u>不过去的地方，你就背[20]着我。"母亲对我说。

这样，我们在阳光下，向着那<u>菜</u>花、桑树和鱼塘走去。到了一处，我蹲下来，背起了母亲；妻子也蹲下来，背起了儿子。我和妻子都是慢慢地，稳稳地，走得很仔细，好像我背[21]上的同她背上的加起来，就是<u>整</u>个世界。

节选自莫怀戚《散步》

语音提示

1. 散步 sànbù
2. 觉得 jué·dé
3. 因为 yīn·wèi
4. 时候 shíhou
5. 铺 pū
6. 咕咕 gūgū
7. 东西 dōngxi
8. 小家伙 xiǎojiāhuo
9. 分歧 fēnqí
10. 意思 yìsi
11. 霎时 shàshí
12. 拆散 chāisàn
13. 委屈 wěiqu
14. 摸摸 mōmo
15. 孙儿 sūn'ér
16. 主意 zhǔyi
17. 行 háng
18. 尽头 jìntóu

19. 粼粼 línlín
20. 背 bēi

21. 背 bèi

作品 34 号

地球上是否真的存在"无底洞"？按说地球是圆的，由地壳[1]、地幔[2]和地核三层组成，真正的"无底洞"是不应存在的。我们所看到的各种山洞、裂口、裂缝，甚至火山口也都只是地壳浅部的一种现象。然而中国一些古籍却多次提到海外有个深奥莫测的无底洞。事实上地球上确实有这样一个"无底洞"。

它位于希腊亚各斯[3]古城的海滨。由于濒临[4]大海，大涨潮[5]时，汹涌[6]的海水便会排山倒海[7]般地涌入洞中，形成一股湍湍[8]的急流。据测，每天流入洞内的海水量达三万多吨。奇怪的是，如此大量的海水灌入洞中，却从来没有把洞灌满。曾有人怀疑，这个"无底洞"，会不会就像石灰岩地区的漏斗[9]、竖井、落水洞一类的地形。然而从二十世纪三十年代以来，人们就做了多种努力企图寻找它的出口，却都是枉费心机[10]。

为了揭开这个秘密，一九五八年美国地理学会派出一支考察队，他们把一种经久不变的带色染料溶解在海水中，观察染料是如何随着海水一起沉下去。接着又察看了附近海面以及岛上的各条河、湖，满怀希望地寻找这种带颜色的水，结果[11]令人失望。难道是海水量太大把有色水稀释得太淡，以致无法发现？//

至今谁也不知道为什么这里的海水会没完没了[12]地"漏"下去，这个"无底洞"的出口又在哪里，每天大量的海水究竟都流到哪里去了？

节选自罗伯特·罗威尔《神秘的"无底洞"》

语音提示

1. 地壳 dìqiào
2. 地幔 dìmàn
3. 亚各斯 Yàgèsī
4. 濒临 bīnlín
5. 涨潮 zhǎngcháo
6. 汹涌 xiōngyǒng

7. 排山倒海 páishān-dǎohǎi
8. 湍湍 tuāntuān
9. 漏斗 lòudǒu
10. 枉费心机 wǎngfèi-xīnjī
11. 结果 jiéguǒ
12. 没完没了 méiwán-méiliǎo

作品 35 号

我在俄国见到的景物再没有比托尔斯泰[1]墓更宏伟、更感人的。

完全按照[2]托尔斯泰的愿望，他的坟墓成了世间最美的，给人印象最深刻的坟墓。它只是树林中的一个小小的长方形土丘，上面开满鲜花——没有十字架，没有墓碑，没有墓志铭，连托尔斯泰这个名字[3]也没有。

这位比谁都感到受自己的声名[4]所累[5]的伟人,却像偶尔[6]被发现的流浪汉,不为[7]人知的士兵,不留名姓[8]地被人埋葬了。谁都可以踏进他最后的安息地,围在四周稀疏的木栅栏[9]是不关闭的——保护列夫·托尔斯泰得以[10]安息的没有任何别的东西[11],惟有人们的敬意;而通常,人们却总是怀着好奇[12],去破坏伟人墓地的宁静。

这里,逼人的朴素禁锢[13]住任何一种观赏的闲情,并且不容许你大声说话。风儿[14]俯临[15],在这座无名者之墓的树木之间飒飒[16]响着,和暖[17]的阳光在坟头[18]嬉戏[19];冬天,白雪温柔地覆盖这片幽暗的圭[20]土地。无论你在夏天或冬天经过这儿,你都想像不到,这个小小的、隆起的长方体里安放着一位当代最伟大的人物。

然而,恰恰是这座不留姓名的坟墓,比所有挖空心思[21]用大理石和奢华[22]装饰建造的坟墓更扣人心弦[23]。在今天这个特殊的日子//里,到他的安息地[24]来的成百上千人中间,没有一个有勇气,哪怕仅仅从这幽暗的土丘上摘下一朵花留作纪念。人们重新感到,世界上再没有比托尔斯泰最后留下的、这座纪念碑式的朴素坟墓,更打动人心的了。

节选自[奥]茨威格《世间最美的坟墓》,张厚仁译

语音提示

1. 托尔斯泰 Tuō'ěrsītài
2. 按照 ànzhào
3. 名字 míngzi
4. 声名 shēngmíng
5. 累 lěi
6. 偶尔 ǒu'ěr
7. 为 wéi
8. 名姓 míngxìng
9. 栅栏 zhàlan
10. 得以 déyǐ
11. 东西 dōngxi
12. 好奇 hàoqí

13. 禁锢 jìngù
14. 风儿 fēng'ér
15. 俯临 fǔlín
16. 飒飒 sàsà
17. 和暖 hénuǎn
18. 坟头 féntóu
19. 嬉戏 xīxì
20. 圭 guī
21. 心思 xīnsi
22. 奢华 shēhuá
23. 心弦 xīnxián
24. 安息地 ānxīdì

作品 36 号

我国的建筑,从古代的宫殿到近代的一般住房,绝大部分[1]是对称[2]的,左边怎么样[3],右边怎么样。苏州园林可绝不讲究[4]对称,好像故意避免似的。东边有了一个亭子[5]或者一道回廊,西边决不会来一个同样的亭子或者一道同样的回廊。这是为什么[5]?我想,用图画来比方[6],对称的建筑是图案画,不是美术画,而园林是美术

画,美术画要求<u>自然</u>之趣,是不讲究对称的。

　　<u>苏州</u>园林里都有假山和池沼[7]。

　　假山的堆叠,可以说是一项艺术而不仅是技术。或者是重峦叠嶂[8],或者是几<u>座</u>小山配合着<u>竹子</u>花木,全<u>在乎</u>[9]设计者和匠师们<u>生平</u>多阅历,胸中有丘壑[10],<u>才</u>能使游览者攀<u>登</u>的时候忘却<u>苏州</u>城市,只<u>觉得</u>[11]身<u>在</u>山间。

　　至于池沼,大多引用活水。有<u>些</u>园林池沼宽敞,就把池沼<u>作</u>为全园的中心,其他景物配合着布置。水面假如[12]成河道模样[13],往往安排桥梁。假如安排两<u>座</u>以上的桥梁,那就一<u>座</u>一个样,决不雷同。

　　池沼或河道的边沿很少砌[14]齐整的石岸,<u>总</u>是高低屈曲[15]任[16]其自然。还在那儿布置几块玲珑的石头,或者种<u>些</u>花草。这也是为了取得[17]<u>丛</u>各个角度看都<u>成</u>一幅[18]画的效果。池沼里养着金鱼或各<u>色</u>鲤鱼,夏秋季节荷花或睡莲开//放,游览者看"鱼戏莲叶间",又是入画的一<u>景</u>。

节选自叶圣陶《苏州园林》

语音提示

1. 部分 bùfen
2. 对称 duìchèn
3. 怎么样 zěnmeyàng
4. 讲究 jiǎng·jiū
5. 为什么 wèishénme
6. 比方 bǐfang
7. 池沼 chízhǎo
8. 重峦叠嶂 chóngluán-diézhàng
9. 在乎 zàihu
10. 丘壑 qiūhè
11. 觉得 juéde
12. 假如 jiǎrú
13. 模样 múyàng
14. 砌 qì
15. 屈曲 qūqū
16. 任 rèn
17. 取得 qǔdé
18. 幅 fú

作品 37 号

　　一位访美中国女作家[1],<u>在</u>纽约遇到一位卖花的老太太。老太太穿着[2]破旧,身体虚弱,但脸上的神情却是那样祥和[3]兴奋[4]。女作家挑[5]了一朵花说:"看起来,你很高兴[6]。"老太太面带微笑地说:"是的,一切都这么美好,我为什么不高兴呢?""对烦恼,你倒[7]真能看得开。"女作家又说了一句。没料到,老太太的回答更令女作家大吃一惊:"<u>耶稣</u>[8]<u>在</u>星期五被钉[9]上<u>十字</u>架时,是全世界<u>最</u>糟糕的一天,可<u>三</u>天后就是复[10]活节。所以,当我遇到不幸时,就会<u>等待三</u>天,这样一切就恢复<u>正</u>常了。"

　　"<u>等待三</u>天",多么富于哲理的话语,多么乐观的<u>生活</u>方式。它把烦恼和痛苦抛下,全力去收获快乐。

　　<u>沈从文在</u>"文革"期间[11],陷入了非人的境地。可他毫不<u>在</u>意,他<u>在</u>咸宁时给他

的表侄、画家黄永玉写信说:"这里的荷花真好,你若来……"身陷苦难却仍为[12]荷花的盛开欣喜赞叹不已,这是一种趋于澄明[13]的境界,一种旷达洒脱的胸襟[14],一种面临磨难[15]坦荡从容[16]的气度,一种对生活童子[17]般的热爱和对美好事物无限向往的生命情感。

由此可见,影响一个人快乐的,有时并不是困境及磨难,而是一个人的心态。如果把自己浸泡在积极、乐观、向上的心态中,快乐必然会//占据[18]你的每一天。

节选自《态度创造快乐》

语音提示

1. 作家 zuòjiā
2. 穿着 chuānzhuó
3. 祥和 xiánghé
4. 兴奋 xīngfèn
5. 挑 tiāo
6. 高兴 gāoxìng
7. 倒 dào
8. 耶稣 Yēsū
9. 钉 dìng
10. 复 fù
11. 期间 qījiān
12. 为 wèi
13. 澄明 chéngmíng
14. 胸襟 xiōngjīn
15. 磨难 mónàn
16. 从容 cóngróng
17. 童子 tóngzǐ
18. 占据 zhànjù

作品 38 号

泰山极顶看日出,历来被描绘成十分壮观的奇景[1]。有人说:登泰山而看不到日出,就像一出大戏没有戏眼,味儿[2]终究有点寡淡。

我去爬山那天,正赶上个难得的好天,万里长空,云彩丝儿[3]都不见。素常,烟雾腾腾的山头[4],显得眉目分明。同伴们都欣喜地说:"明天早晨准可以看见日出了。"我也是抱着这种想头[5],爬上山去。

一路从山脚往上爬,细看山景,我觉得挂在眼前的不是五岳独尊的泰山,却像一幅[6]规模惊人的青绿山水画,从下面倒[7]展开来。在画卷[8]中最先露出[9]的是山根[10]底那座明朝建筑岱宗坊[11],慢慢[12]地便现出王母池、斗母宫[13]、经石峪[14]。山是一层比一层深,一叠比一叠奇,层层叠叠,不知还会有多深多奇。万山丛中,时而点染[15]着极其工细的人物。王母池旁的吕祖殿里有不少尊明塑,塑着吕洞宾等一些人,姿态神情是那样有生气,你看了,不禁[16]会脱口赞叹说:"活啦。"

画卷继续展开,绿阴森森的柏洞[17]露面[18]不太久,便来到对松山。两面奇峰对峙[19]着,满山峰都是奇形怪状的老松,年纪[20]怕都有上千岁了,颜色竟那么浓,浓得好像要流下来似的[21]。来到这儿,你不妨[22]权当[23]一次画里的写意人物,坐在路旁的对松亭里,看看山色,听听流//水和松涛。

一时间,我又觉得²⁴自己不仅是在看画卷,却又像是在零零乱乱翻着一卷²⁵历史稿本。

节选自杨朔《泰山极顶》

语音提示

1. 奇景 qíjǐng
2. 味儿 wèir
3. 云彩丝儿 yúncaisīr
4. 山头 shāntóu
5. 想头 xiǎngtou
6. 幅 fú
7. 倒 dào
8. 画卷 huàjuàn
9. 露出 lùchū
10. 山根 shān'gēnr
11. 岱宗坊 Dàizōngfāng
12. 慢慢 mànmàn/mànmānr
13. 斗母宫 Dǒumǔgōng

14. 峪 yù
15. 点染 diǎnrǎn
16. 不禁 bùjīn
17. 柏洞 bǎidòng
18. 露面 lòumiàn
19. 对峙 duìzhì
20. 年纪 niánjì
21. 似的 shìde
22. 不妨 bùfáng
23. 权当 quándāng
24. 觉得 jué·dé
25. 卷 juàn

作品 39 号

育才小学校长陶行知¹在校园看到学生²王友用泥块砸自己班上的同学,陶行知当即³喝止⁴了他,并令他放学后到校长室去。无疑,陶行知是要好好⁵教育这个"顽皮"的学生。那么他是如何教育的呢?

放学后,陶行知来到校长室,王友已经等在门口准备挨⁶训了。可一见面,陶行知却掏⁷出一块糖果送给王友,并说:"这是奖给⁸你的,因为你按时⁹来到这里,而我却迟到了。"王友惊疑地接过糖果。

随后,陶行知又掏出一块糖果放到他手里,说:"这第二块糖果也是奖给你的,因为当我不让你再打人时,你立即¹⁰就住手了,这说明你很尊重我,我应该奖你。"王友更惊疑了,他眼睛¹¹睁得大大的。

陶行知又掏出第三块糖果塞¹²到王友手里,说:"我调查过了,你用泥块砸¹³那些男生,是因为他们不守游戏规则,欺负¹⁴女生;你砸他们,说明你很正直善良,且有批评不良行为的勇气,应该奖励你啊¹⁵!"王友感动极了,他流着眼泪后悔地喊道:"陶……陶校长,你打我两下吧!我砸的不是坏人,而是自己的同学啊¹⁶……"

陶行知满意地笑了,他随即掏出第四块糖果递给王友,说:"为¹⁷你正确地认识错误,我再奖给你一块糖果,只可惜我只有这一块糖果了。我的糖果//没有了,我看我们的谈话也该结束[18]了吧!"说完,就走出了校长室。

节选自《教师博览·百期精华》中《陶行知的"四块糖果"》

语音提示

1. 陶行知 Táo Xíngzhī
2. 学生 xuésheng
3. 当即 dāngjí
4. 喝止 hèzhǐ
5. 好好 hǎohǎo/hǎohāor
6. 挨 ái
7. 掏 tāo
8. 奖给 jiǎnggěi
9. 按时 ànshí
10. 立即 lìjí
11. 眼睛 yǎnjing
12. 塞 sāi
13. 砸 zá
14. 欺负 qīfu
15. 啊 ya
16. 啊 ya
17. 为 wèi
18. 结束 jiéshù

作品 40 号

享受幸福[1]是需要学习的,当它即将[2]来临的时刻需要提醒。人可以自然而[3]然地学会感官的享乐,却无法天生地掌握幸福的韵律。灵魂的快意同器官的舒适像一对孪生[4]兄弟[5],时而相傍[6]相依,时而南辕北辙[7]。

幸福是一种心灵的震颤[8]。它像会倾听音乐的耳朵[9]一样,需要不断地训练。

简而言之,幸福就是没有痛苦的时刻。它出现的频率并不像我们想像的那样少。人们常常只是在幸福的金马车已经驶过去很远时,才拣起[10]地上的金鬃毛[11]说,原来我见过它。

人们喜爱回味幸福的标本,却忽略它披着露水散发[12]清香的时刻。那时候[13]我们往往步履匆匆,瞻前顾后不知在忙着什么[14]。

世上有预报台风的,有预报蝗灾的,有预报瘟疫[15]的,有预报地震的。没有人预报幸福。

其实幸福和世界万物一样,有它的征兆[16]。

幸福常常是朦胧的,很有节制地向我们喷洒甘霖。你不要总希望轰轰烈烈的幸福,它多半只是悄悄地扑面而来。你也不要企图把水龙头[17]拧[18]得更大,那样它会很快地流失。你需要静静地以平和之心,体验它的真谛。

幸福绝大多数是朴素的。它不会像信号弹似的[19],在很高的天际闪烁红色的光芒。它披着本色[20]的外衣,亲//切温暖地包裹起我们。

幸福不喜欢喧嚣[21]浮华,它常常在暗淡中降临。贫困中相濡以沫[22]的一块糕饼,患难[23]中心心相印的一个眼神,父亲一次粗糙[24]的抚摸,女友一张温馨的字条……这都是千金难[25]买的幸福啊[26]。像一粒粒缀在旧绸子上的红宝石,在凄凉中愈发熠熠夺目[27]。

节选自毕淑敏《提醒幸福》

语音提示

1. 幸福 xìngfú
2. 即将 jíjiāng
3. 而 ér
4. 孪生 luánshēng
5. 兄弟 xiōngdì
6. 相傍 xiāngbàng
7. 南辕北辙 nányuán-běizhé
8. 震颤 zhènchàn
9. 耳朵 ěrduo
10. 拣起 jiǎnqǐ
11. 鬃毛 zōngmáo
12. 散发 sànfā
13. 时候 shíhou
14. 什么 shénme
15. 瘟疫 wēnyì
16. 征兆 zhēngzhào
17. 龙头 lóngtóu
18. 拧 nǐng
19. 似的 shìde
20. 本色 běnsè
21. 喧嚣 xuānxiāo
22. 相濡以沫 xiāngrú-yǐmò
23. 患难 huànnàn
24. 粗糙 cūcāo
25. 难 nán
26. 啊 wa
27. 熠熠夺目 yìyì duómù

作品 41 号

在里约热内卢[1]的一个贫民窟[2]里,有一个男孩子,他非常喜欢足球,可是又买不起,于是就踢塑料盒,踢汽水瓶,踢从垃圾箱里拣来的椰子壳[3]。他在胡同[4]里踢,在能找到的任何一片空地[5]上踢。

有一天,当他在一处[6]干涸[7]的水塘里猛踢一个猪膀胱[8]时,被一位足球教练看见了。他发现这个男孩儿[9]踢得很像是那么回事,就主动提出要送给他一个足球。小男孩儿得到足球后踢得更卖劲[10]了。不久,他就能准确地把球踢进远处随意摆放的一个水桶里[11]。

圣诞节到了,孩子的妈妈说:"我们没有钱买圣诞礼物送给我们的恩人,就让我们为他祈祷[12]吧。"

小男孩儿跟随妈妈祈祷完毕,向妈妈要了一把铲子便跑[13]了出去。他来到一座别墅[14]前的花园里,开始挖坑。

就在他快要挖好坑的时候,从别墅里走出一个人来,问小孩儿在干什么,孩子抬起满是汗珠的脸蛋儿,说:"教练,圣诞节到了,我没有礼物送给您,我愿给您的圣诞树挖一个树坑。"

教练把小男孩儿从树坑里拉上来,说:"我今天得到了世界上最好的礼物。明天你就到我的训练场¹⁵去吧。"

三年后,这位十七岁的男孩儿在第六届足球锦标赛上独进二十一球,为巴西第一次捧回了金杯。一个原来不//为¹⁶世人所知的名字¹⁷——贝利,随之传遍世界。

节选自刘燕敏《天才的造就》

语音提示

1. 里约热内卢 Lǐyuērènèilú
2. 窟 kū
3. 壳 kér
4. 胡同 hú • tòngr
5. 空地 kòngdì
6. 处 chù
7. 干涸 gānhé
8. 膀胱 pángguāng
9. 男孩儿 nánháir

10. 卖劲 màijìnr
11. 水桶里 shuǐtǒng • lǐ
12. 祈祷 qídǎo
13. 跑 pǎo
14. 别墅 biéshù
15. 场 chǎng
16. 为 wéi
17. 名字 míngzi

作品 42 号

记得我十三岁时,和母亲¹住在法国东南部的耐斯城²。母亲没有丈夫³,也没有亲戚⁴,够清苦的,但她经常能拿出令人吃惊的东西⁵,摆在我面前。她从来不吃肉,一再说自己是素食者。然而有一天,我发现母亲正仔细地用一小块碎面包擦那给我煎牛排用的油锅。我明白⁶了她称⁷自己为⁸素食者的真正原因。

我十六岁时,母亲成了耐斯市美蒙⁹旅馆的女经理。这时,她更忙碌了。一天,她瘫在椅子上,脸色苍白,嘴唇发灰。马上找来医生¹⁰,做出诊断:她摄取了过多的胰岛素。直到这时我才知道母亲多年一直对我隐瞒的疾痛¹¹——糖尿病。

她的头歪向枕头¹²一边,痛苦地用手抓挠¹³胸口。床架上方,则挂着一枚我一九三二年赢得¹⁴耐斯市少年乒乓球冠军的银质奖章。

啊,是对我的美好前途的憧憬¹⁵支撑着她活下去,为了给她那荒唐的梦至少加一点真实的色彩,我只能继续努力,与时间竞争,直至一九三八年我被征入空军。巴黎很快失陷,我辗转¹⁶调¹⁷到英国皇家空军。刚到英国就接到了母亲的来信。这些信是由在瑞士的一个朋友¹⁸秘密¹⁹地转²⁰到伦敦,送到我手中的。

现在我要回家了,胸前佩带着醒目的绿黑两色的解放十字绶//带²¹,上面挂着五六枚我终生难忘的勋章,肩上还佩带着军官肩章。到达旅馆时,没有一个人跟我打招呼²²。原来,我母亲在三年半以前就已经离开人间了。

在她死前的几天中,她写了近二百五十封信,把这些信交给她在瑞士的朋友,请这个<u>朋</u>友定时寄给我。就这样,<u>在</u>母亲死后的<u>三</u>年半的时间里,我一直<u>从</u>她身上吸取着力量和勇气——这使我能够继续战斗到<u>胜</u>利那一天。

节选自[法] 罗曼·加里《我的母亲独一无二》

语音提示

1. 母亲 mǔ·qīn		12. 枕头 zhěntou
2. 耐斯城 Nàisī Chéng		13. 抓挠 zhuā'nao
3. 丈夫 zhàngfu		14. 赢得 yíngdé
4. 亲戚 qīnqi		15. 憧憬 chōngjǐng
5. 东西 dōngxi		16. 辗转 zhǎnzhuǎn
6. 明白 míngbai		17. 调 diào
7. 称 chēng		18. 朋友 péngyou
8. 为 wéi		19. 秘密 mìmì
9. 美蒙 Měiméng		20. 转 zhuǎn
10. 医生 yīshēng		21. 绶带 shòudài
11. 疾痛 jítòng		22. 招呼 zhāohu

作品 **43** 号

<u>生</u>活对于任何人都非易事,我们必须有坚韧不拔的<u>精</u>神。最要紧的,还是我们<u>自</u>己要有信心。我们必须相信,我们对每一件事<u>情</u>[1]都具有天赋[2]的<u>才</u>能,并且,无论付出任何代价,都要把这件事完成。当[3]事情结束[4]的时候[5],你要能问心无愧地说:"我已<u>经尽</u>[6]我所能了。"

有一年的春天,我因<u>病</u>被迫<u>在</u>家里休息[7]数[8]周。我注视着我的女儿们[9]所养的<u>蚕</u>[10]<u>正在结</u>[11]茧[12],这使我很感兴趣。望着这些蚕执著[13]地、勤奋地工作,我感到我和它们非常相似[14]。像它们一样,我总是耐心地把<u>自</u>己的努力集中<u>在</u>一个目标上。我之<u>所</u>以如<u>此</u>,或许是因为有某种力量<u>在</u>鞭策着我——<u>正</u>如蚕被鞭策着去结茧一般。

近五十年来,我致力于科学研究,而研究,就是对真理的探讨。我有许多美好快乐的记忆。少女时期我<u>在</u>巴黎大学,孤独地过着求学的岁月;<u>在</u>后来献身科学的<u>整</u>个时期,我丈夫[15]和我专心致志,像<u>在</u>梦幻中一般,<u>坐在</u>简陋的书房里艰辛地研究,后来我们就<u>在</u>那里发现了镭[16]。

我永远追求安<u>静</u>的<u>工</u>作和简单的家<u>庭生</u>活。为了实现这个理想,我竭力保持<u>宁</u>静的环境,以免受人事的干扰和盛名[17]的拖累[18]。

我深信,在科学方面我们有对事业而不是//对财富的兴趣。我的惟一奢望[19]是<u>在</u>一个<u>自</u>由国家中,以一个<u>自</u>由学者的身份<u>从</u>事研究工作。

我一直沉醉于世界的优美之中,我所热爱的科学也不断增加它崭新的远景。我认定科学本身就具有伟大的美。

节选自[波兰]玛丽·居里《我的信念》,剑捷译

语音提示

1. 事情 shìqing
2. 天赋 tiānfù
3. 当 dāng
4. 结束 jiéshù
5. 时候 shíhou
6. 尽 jìn
7. 休息 xiūxi
8. 数 shù
9. 女儿们 nǚ'érmen
10. 蚕 cán
11. 结 jié
12. 茧 jiǎn
13. 执著 zhízhuó
14. 相似 xiāngsì
15. 丈夫 zhàngfu
16. 镭 léi
17. 盛名 shèngmíng
18. 拖累 tuōlěi
19. 奢望 shēwàng

作品 44 号

我为什么[1]非要教书[2]不可?是因为我喜欢[3]当[4]教师[5]的时间安排表和生活节奏。七、八、九三个月给我提供[6]了进行回顾、研究、写作的良机,并将三者有机融合,而善于回顾、研究和总结正是优秀教师素质中不可缺少的成分。

干这行[7]给了我多种多样的"甘泉"去品尝,找优秀的书籍去研读,到"象牙塔"和实际世界里去发现。教学[8]工作给我提供了继续学习的时间保证,以及多种途径、机遇和挑战。

然而,我爱这一行的真正原因,是爱我的学生[9]。学生们在我的眼前成长、变化。当教师意味着亲历"创造"过程的发生——恰似[10]亲手赋予[11]一团泥土以生命,没有什么比目睹它开始呼吸更激动人心的了。

权利我也有了:我有权利去启发诱导[12],去激发智慧的火花,去问费心思考的问题,去赞扬回答的尝试,去推荐书籍,去指点迷津。还有什么别的权利能与[13]之相比呢?

而且,教书还给我金钱和权利之外的东西[14],那就是爱心。不仅有对学生的爱,对书籍的爱,对知识[15]的爱,还有教师才能感受到的对"特别"学生的爱。这些学生,有如冥顽不灵[16]的泥块,由于接受了老师的炽爱[17]才勃发了生机。

所以,我爱教书,还因为,在那些勃发生机的"特//别"学生身上,我有时发现自己和他们呼吸相通,忧乐[18]与[19]共。

节选自[美]彼得·基·贝得勒《我为什么当教师》

语音提示

1. 为什么 wèishénme
2. 教书 jiāoshū
3. 喜欢 xǐhuan
4. 当 dāng
5. 教师 jiàoshī
6. 提供 tígōng
7. 行 háng
8. 教学 jiàoxué
9. 学生 xuésheng
10. 恰似 qiàsì
11. 赋予 fùyǔ
12. 诱导 yòudǎo
13. 与 yǔ
14. 东西 dōngxi
15. 知识 zhīshi
16. 冥顽不灵 míngwán-bùlíng
17. 炽爱 chì'ài
18. 忧乐 yōulè
19. 与 yǔ

作品 45 号

　　中国西部我们通常是指黄河与秦岭¹相连一线以西，包括西北和西南的十二个省²、市、自治区。这块广袤³的土地面积⁴为五百四十六万平方公里，占国土总面积的百分之五十七；人口二点八亿，占全国总人口的百分之二十三。

　　西部是华夏文明的源头⁵。华夏祖先的脚步是顺着水边走的：长江上游出土过元谋人⁶牙齿化石，距今约一百七十万年；黄河中游出土过蓝田人头盖骨⁷，距今约七十万年。这两处古人类都比距今约五十万年的北京猿人资格更老。

　　西部地区是华夏文明的重要发源地，秦皇汉武以后，东西方文化在这里交汇融合，从而有了丝绸之路的驼铃声声，佛⁸院深寺的暮鼓晨钟。敦煌莫高窟⁹是世界文化史上的一个奇迹，它在继承汉晋艺术传统的基础上，形成了自己兼收并蓄¹⁰的恢宏气度，展现出精美绝伦的艺术形式和博大精深的文化内涵¹¹。秦始皇兵马俑、西夏王陵、楼兰古国、布达拉宫、三星堆、大足石刻等历史文化遗产，同样为¹²世界所瞩目，成为¹³中华文化重要的象征。

　　西部地区又是少数民族及其文化的集萃地¹⁴，几乎¹⁵包括了我国所有的少数民族。在一些偏远的少数民族地区，仍保留//了一些久远时代的艺术品种，成为珍贵的"活化石"，如纳西古乐、戏曲、剪纸、刺绣、岩画等民间艺术和宗教艺术。特色鲜明、丰富多彩，犹如一个巨大的民族民间文化艺术宝库。

　　我们要充分重视和利用这些得天独厚的资源优势，建立良好的民族民间文化生态环境，为¹⁶西部大开发做出贡献。

节选自《中考语文课外阅读试题精选》中《西部文化和西部开发》

语音提示

1. 秦岭 Qín Lǐng
2. 省 shěng
3. 广袤 guǎngmào
4. 面积 miànjī
5. 源头 yuántóu
6. 元谋人 Yuánmóurén
7. 骨 gǔ
8. 佛 fó

9. 窟 kū
10. 兼收并蓄 jiānshōu-bìngxù
11. 内涵 nèihán
12. 为 wéi
13. 成为 chéngwéi
14. 集萃地 jícuìdì
15. 几乎 jīhū
16. 为 wèi

作品 46 号

高兴[1]，这是一种具体的被看得到摸得着[2]的事物所唤起的情绪。它是心理的，更是生理的。它容易来也容易去，谁也不应该[3]对它视而不见失之交臂，谁也不应该总是做那些使自己不高兴也使旁人不高兴的事。让我们说一件最容易做也最令人高兴的事吧，尊重你自己，也尊重别人，这是每一个人的权利，我还要说这是每一个人的义务。

快乐[4]，它是一种富有概括性的生存状态、工作状态。它几乎[5]是先验的，它来自生命本身的活力，来自宇宙、地球和人间的吸引，它是世界的丰富、绚丽[6]、阔大[7]、悠久的体现。快乐还是一种力量，是埋在地下的根脉[8]。消灭一个人的快乐比挖掘[9]掉一棵大树的根要难得多。

欢欣，这是一种青春的、诗意的情感。它来自面向着未来伸开双臂奔跑[10]的冲力，它来自一种轻松而又神秘、朦胧[11]而又隐秘的激动，它是激情即将[12]到来的预兆，它又是大雨过后的比下雨还要美妙得多也久远得多的回味……

喜悦，它是一种带有形而上色彩的修养和境界。与其[13]说它是一种情绪，不如说它是一种智慧[14]、一种超拔、一种悲天悯人[15]的宽容和理解，一种饱经沧桑的充实和自信，一种光明的理性，一种坚定//的成熟，一种战胜了烦恼和庸俗的清明澄澈[16]。它是一潭清水，它是一抹朝霞，它是无边的平原，它是沉默的地平线，多一点儿、再多一点儿喜悦吧，它是翅膀，也是归巢[17]。它是一杯美酒，也是一朵永远开不败的莲花。

节选自王蒙《喜悦》

语音提示

1. 高兴 gāoxìng
2. 摸得着 mōdezháo
3. 应该 yīnggāi

4. 快乐 kuàilè
5. 几乎 jīhū
6. 绚丽 xuànlì

7. 阔大 kuòdà

8. 根脉 gēnmài

9. 挖掘 wājué

10. 奔跑 bēnpǎo

11. 朦胧 ménglóng

12. 即将 jíjiāng

13. 与其 yǔqí

14. 智慧 zhìhuì

15. 悲天悯人 bēitiān-mǐnrén

16. 澄澈 chéngchè

17. 巢 cháo

作品 47 号

　　在湾仔[1]，香港最热闹[2]的地方[3]，有一棵榕树[4]，它是最贵的一棵树，不光在香港，在全世界，都是最贵的。

　　树，活的树，又不卖何言其贵？只因它老，它粗，是香港百年沧桑的活见证，香港人不忍看着它被砍伐，或者被移走，便跟要占用[5]这片山坡的建筑者谈条件：可以在这儿建大楼盖商厦[6]，但一不准砍树，二不准挪[7]树，必须把它原地精心养起来，成为香港闹市中的一景。太古大厦的建设者最后签了合同[8]，占用这个大山坡建豪华商厦的先决条件是同意保护这棵老树。

　　树长[9]在半山坡上，计划将树下面的成千上万吨[10]山石全部掏空[11]取走，腾出地方[12]来盖楼，把树架在大楼上面，仿佛它原本是长在楼顶上似的[13]。建设者就地[14]造了一个直径[15]十八米、深十米的大花盆，先固定好这棵老树，再在大花盆底下盖楼。光这一项就花了两千三百八十九万港币，堪称[16]是最昂贵的保护措施了。

　　太古大厦落成之后，人们可以乘[17]滚动扶梯一次到位，来到太古大厦的顶层，出后门，那儿是一片自然景色。一棵大树出现在人们面前，树干[18]有一米半粗，树冠[19]直径足有二十多米，独木成林，非常壮观，形成一座以它为中心的小公园，取名叫"榕圃[20]"。树前面//插着铜牌，说明原由。此情此景，如不看铜牌的说明，绝对想不到巨树根底下还有一座宏伟的现代大楼。

节选自舒乙《香港：最贵的一棵树》

语音提示

1. 湾仔 Wānzǎi

2. 热闹 rènao

3. 地方 dìfang

4. 榕树 róngshù

5. 占用 zhànyòng

6. 商厦 shāngshà

7. 挪 nuó

8. 合同 hétong

9. 长 zhǎng

10. 吨 dūn

11. 掏空 tāokōng

12. 地方 dìfang

13. 似的 shìde

14. 就地 jiùdì

15. 直径 zhíjìng

16. 堪称 kānchēng

17. 乘 chéng
18. 树干 shùgàn

19. 树冠 shùguān
20. 榕圃 róngpǔ

作品 48 号

　　我们的船[1]渐渐地逼近榕树[2]了。我有机会看清它的真面目：是一棵大树，有数不清[3]的丫枝[4]，枝上又生根，有许多根一直垂到地上，伸进泥土里。一部分[5]树枝垂到水面，从远处看，就像一棵大树斜躺在水面上一样。

　　现在正是枝繁叶茂的时节。这棵榕树好像在把它的全部生命力展示给我们看。那么多的绿叶，一簇[6]堆在另一簇的上面，不留一点儿[7]缝隙[8]。翠绿的颜色明亮地在我们的眼前闪耀，似乎[9]每一片树叶上都有一个新的生命在颤动，这美丽的南国的树！

　　船在树下泊[10]了片[11]刻，岸上很湿，我们没有上去。朋友说这里是"鸟的天堂"，有许多鸟在这棵树上做窝[12]，农民不许人去捉它们[13]。我仿佛听见几只鸟扑翅的声音，但是等到我的眼睛[14]注意地看那里时，我却看不见一只鸟的影子，只有无数[15]的树根立在地上，像许多根木桩。地是湿的，大概涨潮[16]时河水常常冲上岸去。"鸟的天堂"里没有一只鸟，我这样想到。船开了，一个朋友拨着船，缓缓地流到河中间去。

　　第二天，我们划[17]着船到一个朋友的家乡去，就是那个有山有塔的地方[18]。从学校出发，我们又经过那"鸟的天堂"。

　　这一次是在早晨，阳光照在水面上，也照在树梢上。一切都//显得非常光明。我们的船也在树下泊了片刻。

　　起初四周围非常清静。后来忽然起了一声鸟叫。我们把手一拍，便看见一只大鸟飞了起来，接着又看见第二只，第三只。我们继续拍掌，很快地这个树林就变得很热闹[19]了。到处都是鸟声，到处都是鸟影。大的，小的，花的，黑的，有的站在枝上叫，有的飞起来，在扑翅膀。

　　　　　　　　　　　　　　　　　　节选自巴金《小鸟的天堂》

语音提示

1. 船 chuán
2. 榕树 róngshù
3. 数不清 shǔ·bùqīng
4. 丫枝 yāzhī
5. 部分 bùfen
6. 簇 cù
7. 一点儿 yīdiǎnr

8. 缝隙 fèngxì
9. 似乎 sìhū
10. 泊 bó
11. 片 piàn
12. 窝 wō
13. 它们 tāmen
14. 眼睛 yǎnjing

15. 无数 wúshù
16. 涨潮 zhǎngcháo
17. 划 huá

18. 地方 dìfang
19. 热闹 rènao

作品 49 号

有这样一个故事[1]。

有人问：世界上什么[2]东西[3]的气力[4]最大？回答纷纭得很，有的说"象"，有的说"狮"，有人开玩笑似的[5]说：是"金刚"。金刚有多少气力，当然大家全不知道。

结果[6]，这一切答案完全不对，世界上气力最大的，是植物的种子[7]。一粒种子所可以显现出来的力，简直是超越一切。

人的头盖骨，结合[8]得非常致密与[9]坚固，生理学家和解剖[10]学者用尽[11]了一切的方法，要把它完整地分出来，都没有这种力气[12]。后来忽然有人发明了一个方法，就是把一些植物的种子放在要剖析的头盖骨里，给它以温度与湿度，使它发芽。一发芽，这些种子便以可怕的力量，将一切机械力所不能分开的骨骼[13]，完整地分开了。植物种子的力量之大，如此如此。

这，也许特殊了一点儿，常人不容易理解。那么，你看见过笋[14]的成长吗？你看见过被压在瓦砾[15]和石块下面的一棵小草的生长吗？它为[16]着向往[17]阳光，为着达成它的生之意志，不管上面的石块如何重，石与石之间如何狭[18]，它必定要曲曲折折[19]地，但是顽强不屈地透到地面上来。它的根往土壤钻[20]，它的芽往地面挺，这是一种不可抗拒的力，阻止它的石块，结果也被它掀翻[21]，一粒种子的力量之大，// 如此如此。

没有一个人将小草叫做"大力士"，但是它的力量之大，的确[22]是世界无比。这种力是一般人看不见的生命力。只要生命存在，这种力就要显现。上面的石块，丝毫不足以阻挡。因为[23]它是一种"长期抗战"的力；有弹性，能屈能伸的力；有韧性，不达目的[24]不止的力。

节选自夏衍《野草》

语音提示

1. 故事 gùshi
2. 什么 shénme
3. 东西 dōngxi
4. 气力 qìlì
5. 似的 shìde
6. 结果 jiéguǒ
7. 种子 zhǒngzi

8. 结合 jiéhé
9. 与 yǔ
10. 解剖 jiěpōu
11. 用尽 yòngjìn
12. 力气 lìqi
13. 骨骼 gǔgé
14. 笋 sǔn

15. 瓦砾 wǎlì
16. 为 wèi
17. 向往 xiàngwǎng
18. 狭 xiá
19. 曲曲折折 qūqū-zhézhé

20. 钻 zuān
21. 掀翻 xiānfān
22. 的确 díquè
23. 因为 yīn·wèi
24. 目的 mùdì

作品 50 号

　　燕子¹去了,有再来的时候²;杨柳³枯了,有再青的时候;桃花谢了,有再开的时候。但是,聪明⁴的,你告诉我,我们的日子为什么⁵一去不复返呢?——是有人偷了他们罢⁶:那是谁?又藏在何处呢?是他们自己逃走了罢:现在又到了哪里⁷呢?

　　去的尽管⁸去了,来的尽管来着;去来的中间,又怎样地匆匆呢?早上我起来的时候,小屋里射进两三方斜斜的太阳。太阳他有脚啊⁹,轻轻悄悄地挪移¹⁰了;我也茫茫然跟着旋转¹¹。于是——洗手的时候,日子从水盆里过去;吃饭的时候,日子从饭碗里过去;默默时,便从凝然¹²的双眼前过去。我觉察他去的匆匆了,伸出手遮挽¹³时,他又从遮挽着的手边过去;天黑时,我躺在床上,他便伶伶俐俐地从我身上跨过,从我脚边飞去了。等我睁开眼和太阳再见,这算又溜走了一日。我掩着面叹息。但是新来的日子的影儿¹⁴又开始在叹息里闪过了。

　　在逃去如飞的日子里,在千门万户的世界里的我能做些什么呢?只有徘徊¹⁵罢了,只有匆匆罢了;在八千多日的匆匆里,除徘徊外,又剩些什么呢?过去的日子如轻烟,被微风吹散了,如薄雾,被初阳蒸融¹⁶了;我留着些什么痕迹¹⁷呢?我何曾留着像游丝样的痕迹呢?我赤裸裸来//到这世界,转眼间也将赤裸裸的回去罢?但不能平的,为什么偏白白走这一遭啊¹⁸?

　　你聪明的,告诉我,我们的日子为什么一去不复返呢?

节选自朱自清《匆匆》

语音提示

1. 燕子 yànzi
2. 时候 shíhou
3. 杨柳 yángliǔ
4. 聪明 cōngming
5. 为什么 wèishénme
6. "罢"同"吧" ba
7. 哪里 nǎli

8. 尽管 jǐnguǎn
9. 啊 wa
10. 挪移 nuóyí
11. 旋转 xuánzhuǎn
12. 凝然 níngrán
13. 遮挽 zhēwǎn
14. 影儿 yǐng'er

15. 徘徊 páihuái
16. 蒸融 zhēngróng

17. 痕迹 hénjì
18. 啊 wa

作品 51 号

有个塌鼻子[1]的小男孩儿[2]，因为两岁时得过脑炎，智力[3]受损，学习起来很吃力。打个比方[4]，别人写作文能写二三百[5]字，他却只能写三五行。但即便[6]这样的作文，他同样能写得很动人。

那是一次作文课，题目是《愿望[7]》。他极其认真地想了半天，然后极认真地写，那作文极短。只有三句话：我有两个愿望，第一个是，妈妈[8]天天笑眯眯地看着我说："你真聪明[9]。"第二个是，老师天天笑眯眯地看着我说："你一点儿也不笨。"

于是，就是这篇作文，深深地打动了他的老师，那位妈妈式的老师不仅给了他最高分，在班上带感情地朗读了这篇作文，还一笔一画地批道：你很聪明，你的作文写得非常感人，请放心，妈妈肯定会格外喜欢[10]你的，老师肯定会格外喜欢你的，大家肯定会格外喜欢你的。

捧[11]着作文本，他笑了，蹦蹦跳跳[12]地回家了，像只喜鹊。但他并没有把作文本拿给妈妈看，他是在等待，等待着一个美好的时刻。

那个时刻终于到了，是妈妈的生日——一个阳光灿烂的星期天[13]：那天，他起得特别早，把作文本装在一个亲手做的美丽的大信封里，等着妈妈醒来。妈妈刚刚睁[14]眼醒来，他就笑眯眯地走到妈妈跟前说："妈妈，今天是您的生日，我要//送给您一件礼物。"

果然，看着这篇作文，妈妈甜甜地涌出了两行[15]热泪，一把搂住小男孩儿，搂得很紧很紧。

是的，智力可以受损，但爱永远不会。

节选自张玉庭《一个美丽的故事》

语音提示

1. 塌鼻子 tā bízi
2. 孩儿 háir
3. 智力 zhìlì
4. 比方 bǐfang
5. 二三百 èr-sānbǎi
6. 即便 jíbiàn
7. 愿望 yuànwàng
8. 妈妈 māma

9. 聪明 cōng·míng
10. 喜欢 xǐhuan
11. 捧 pěng
12. 蹦蹦跳跳 bèngbèng-tiàotiào
13. 星期天 xīngqītiān
14. 睁 zhēng
15. 行 háng

作品 52 号

小学的时候[1]，有一次我们去海边远足，妈妈没有做便饭[2]，给了我十块钱买午餐。好像走了很久，很久，终于到海边了，大家坐下来便吃饭，荒凉的海边没有商店，我一个人跑到防风林外面去，级任老师要大家把吃剩的饭菜[3]分给我一点儿[4]。有两三个男生留下一点儿给我，还有一个女生，她的米饭拌了酱油，很香。我吃完的时候，她笑眯眯地看着我，短头发[5]，脸圆圆的。

她的名字[6]叫翁香玉。

每天放学的时候，她走的是经过我们家的一条小路，带着一位比她小的男孩儿[7]，可能是弟弟[8]。小路边是一条清澈[9]见底的小溪，两旁竹阴覆盖，我总是远远[10]地跟在她后面[11]，夏日的午后特别炎热，走到半路她会停下来，拿手帕[12]在溪水里浸湿，为小男孩儿擦脸。我也在后面停下来，把肮脏[13]的手帕弄[14]湿了擦脸，再一路远远跟着她回家。

后来我们家搬到镇上去了，过几年我也上了中学。有一天放学回家，在火车上，看见斜对面一位短头发、圆圆脸[15]的女孩儿，一身素净[16]的白衣黑裙。我想她一定不认识[17]我了。火车很快到站了，我随着人群挤向门口，她也走近了，叫我的名字。这是她第一次和我说话。

她笑眯眯的，和我一起走过月台。以后就没有再见过//她了。

这篇文章收在我出版的《少年心事》这本书里。

书出版后半年，有一天我忽然收到出版社转来的一封信，信封上是陌生的字迹[18]，但清楚[19]地写着我的本名。

信里面说她看到了这篇文章心里非常激动，没想到在离开家乡，漂泊[20]异地这么久之后，会看见自己仍然在一个人的记忆里，她自己也深深记得这其中的每一幕，只是没想到越过遥远的时空[21]，竟然另一个人也深深记得。

节选自苦伶《永远的记忆》

语音提示

1. 时候 shíhou
2. 便饭 biànfàn
3. 饭菜 fàncài
4. 一点儿 yīdiǎnr
5. 头发 tóufa
6. 名字 míngzi
7. 男孩儿 nánháir
8. 弟弟 dìdi
9. 清澈 qīngchè
10. 远远 yuǎnyuǎn
11. 后面 hòu·miàn
12. 手帕 shǒupà
13. 肮脏 āngzāng
14. 弄 nòng
15. 圆圆脸 yuányuán liǎn
16. 素净 sùjing

17. 认识 rènshi

18. 字迹 zìjì

19. 清楚 qīngchu

20. 漂泊 piāobó

21. 时空 shíkōng

作品 53 号

在繁华的巴黎大街的路旁,站着一个衣衫褴褛[1]、头发[2]斑白、双目失明的老人。他不像其他乞丐[3]那样伸手向过路行人[4]乞讨[5],而是在身旁立一块木牌[6],上面写着:"我什么[7]也看不见!"街上过往的行人很多,看了木牌上的字都无动于衷,有的还淡淡一笑,便姗姗而去了。

这天中午,法国著名诗人让·彼浩勒[8]也经过这里。他看看木牌上的字,问盲老人[9]:"老人家[10],今天上午有人给你钱吗?"

盲老人叹息着回答:"我,我什么也没有得到。"说着,脸上的神情非常悲伤。

让·彼浩勒听了,拿起笔悄悄地在那行[11]字的前面添上了"春天到了,可是"几个字,就匆匆地离开了。

晚上,让·彼浩勒又经过这里,问那个盲老人下午的情况。盲老人笑着回答说:"先生[12],不知为什么,下午给我钱的人多极了!"让·彼浩勒听了,摸着胡子满意地笑了。

"春天到了,可是我什么也看不见!"这富有诗意的语言,产生这么大的作用,就在于它有非常浓厚的感情色彩。是的,春天是美好的,那蓝天白云,那绿树红花,那莺歌燕舞,那流水人家[13],怎么不叫人陶醉呢?但这良辰美景,对于一个双目失明的人来说,只是一片漆黑。当人们[14]想到这个盲老人,一生中竟连万紫千红的春天//都不曾看到,怎能不对他产生同情之心呢?

节选自小学《语文》第六册中《语言的魅力》

语音提示

1. 褴褛 lánlǚ

2. 头发 tóufa

3. 乞丐 qǐgài

4. 行人 xíngrén

5. 乞讨 qǐtǎo

6. 木牌 mùpái

7. 什么 shénme

8. 让·彼浩勒 Ràng·Bǐhàolè

9. 盲老人 máng lǎorén

10. 老人家 lǎo·rén·jiā

11. 行 háng

12. 先生 xiānsheng

13. 人家 rénjiā

14. 人们 rénmen

作品 54 号

有一次,苏东坡[1]的朋友张鹗[2]拿着一张宣纸来求他写一幅[3]字,而且希望他写一点儿关于养生方面的内容。苏东坡思索了一会儿[4]，点点[5]头说："我得到了一个养生长寿古方，药只有四味，今天就赠给[6]你吧。"于是，东坡的狼毫在纸上挥洒起来，上面写着："一曰[7]无事以当[8]贵，二曰早寝[9]以当富，三曰安步[10]以当车，四曰晚食以当肉。"

这哪里有药？张鹗一脸茫然地问。苏东坡笑着解释说，养生长寿的要诀[11]，全在这四句里面。

所谓"无事以当贵"，是指人不要把功名利禄、荣辱过失考虑得太多，如能在情志上潇洒大度，随遇而安，无事以求，这比富贵更能使人终其天年。

"早寝以当富"，指吃好穿好、财货充足，并非就能使你长寿。对老年人来说，养成良好的起居习惯，尤其是早睡早起，比获得任何财富更加宝贵。

"安步以当车"，指人不要过于讲求[12]安逸[13]、肢体不劳，而应多以步行[14]来替代[15]骑马乘[16]车，多运动才可以强健体魄，通畅气血[17]。

"晚食以当肉"，意思[18]是人应该用已饥方食、未饱先止代替[19]对美味佳肴[20]的贪吃无厌。他进一步解释，饿了以后才进食，虽然是粗茶淡饭，但其香甜可口会胜过山珍；如果饱了还要勉强[21]吃，即使[22]美味佳肴摆在眼前也难以//下咽[23]。

苏东坡的四味"长寿药"，实际上是强调了情志、睡眠、运动、饮食四个方面对养生长寿的重要性，这种养生观点即使在今天仍然值得借鉴[24]。

节选自蒲昭和《赠你四味长寿药》

语音提示

1. 苏东坡 Sū Dōngpō
2. 张鹗 Zhāng È
3. 幅 fú
4. 一会儿 yīhuìr
5. 点点 diǎndiǎn
6. 赠给 zènggěi
7. 曰 yuē
8. 当 dàng
9. 寝 qǐn
10. 安步 ānbù
11. 要诀 yàojué
12. 讲求 jiǎngqiú
13. 安逸 ānyì
14. 步行 bùxíng
15. 替代 tìdài
16. 乘 chéng
17. 气血 qìxuè
18. 意思 yìsi
19. 代替 dàitì
20. 肴 yáo
21. 勉强 miǎnqiǎng
22. 即使 jíshǐ
23. 下咽 xiàyàn
24. 借鉴 jièjiàn

作品 55 号

人活着，最要紧[1]的是寻觅[2]到那片代表着生命绿色和人类希望的丛林，然后选一高高的枝头[3]站在那里观览人生,消化痛苦,孕育歌声,愉悦世界!

这可真是一种潇洒的人生态度,这可真是一种心境爽朗的情感[4]风貌[5]。

站在历史的枝头微笑,可以减免[6]许多烦恼。在那里,你可以从众生相[7]所包含的甜酸苦辣、百味人生中寻找你自己;你境遇中的那点儿苦痛[8],也许相比之下,再也难以占据[9]一席之地;你会较[10]容易地获得从不悦中解脱灵魂的力量,使之不致变得灰色。

人站得高些,不但能有幸早些领略到希望的曙光,还能有幸发现生命的立体的诗篇。每一个人的人生,都是这诗篇中的一个词、一个句子或者一个标点。你可能没有成为一个美丽的词,一个引人注目的句子,一个惊叹号,但你依然是这生命的立体诗篇中的一个音节、一个停顿、一个必不可少的组成部分[11]。这足以使你放弃前嫌,萌生为[12]人类孕育新的歌声的兴致,为世界带来更多的诗意。

最可怕的人生见解,是把多维的生存图景看成平面。因为[13]那平面上刻下的大多是凝固[14]了的历史——过去的遗迹;但活着的人们,活得却是充满着新生智慧[15]的,由//不断逝去的“现在”组成的未来。人生不能像某些鱼类躺着游,人生也不能像某些兽类爬着走,而应该站着向前行,这才是人类应有的生存姿态。

节选自〔美〕本杰明·拉什《站在历史的枝头微笑》

语音提示

1. 要紧 yàojǐn
2. 寻觅 xúnmì
3. 枝头 zhītóu
4. 情感 qínggǎn
5. 风貌 fēngmào
6. 减免 jiǎnmiǎn
7. 众生相 zhòngshēngxiàng
8. 苦痛 kǔtòng
9. 占据 zhànjù
10. 较 jiào
11. 部分 bùfen
12. 为 wèi
13. 因为 yīn·wèi
14. 凝固 nínggù
15. 智慧 zhìhuì

作品 56 号

中国的第一大岛、台湾省的主岛[1]台湾,位于中国大陆架的东南方,地处[2]东海和南海之间,隔着台湾海峡和大陆相望。天气[3]晴朗的时候[4],站在福建沿海较[5]高的地方[6],就可以隐隐约约地望见岛上的高山和云朵[7]。

台湾岛形状狭长,从东到西,最宽处[8]只有一百四十多公里;由南至北,最长的地方[9]约有三百九十多公里。地形像一个纺织用的梭子[10]。

台湾岛上的山脉[11]纵贯[12]南北,中间的中央山脉犹如[13]全岛的脊梁[14]。西部为海拔近四千米的玉山山脉，是中国东部的最高峰。全岛约有三分之一的地方是平地，其余为[15]山地。岛内有缎带般的瀑布[16]，蓝宝石似的[17]湖泊[18]，四季常青的森林和果园，自然景色十分优美。西南部的阿里山和日月潭，台北市郊的大屯[19]山风景区，都是闻名世界的游览胜地。

台湾岛地处热带和温带之间，四面环海，雨水充足，气温受到海洋的调剂[20]，冬暖夏凉，四季如春，这给水稻和果木生长提供[21]了优越的条件。水稻、甘蔗[22]、樟脑是台湾的"三宝"。岛上还盛产[23]鲜果和鱼虾。

台湾岛还是一个闻名世界的"蝴蝶[24]王国"。岛上的蝴蝶共有四百多个品种，其中有不少是世界稀有的珍贵品种。岛上还有不少鸟语花香的蝴//蝶谷，岛上居民利用蝴蝶制作的标本和艺术品，远销许多国家。

节选自《中国的宝岛——台湾》

语音提示

1. 主岛 zhǔdǎo
2. 地处 dìchǔ
3. 天气 tiānqì
4. 时候 shíhou
5. 较 jiào
6. 地方 dìfang
7. 云朵 yúnduǒ
8. 处 chù
9. 地方 dìfang
10. 梭子 suōzi
11. 山脉 shānmài
12. 纵贯 zòngguàn
13. 犹如 yóurú
14. 脊梁 jǐliang
15. 为 wéi
16. 瀑布 pùbù
17. 似的 shìde
18. 湖泊 húpō
19. 屯 tún
20. 调剂 tiáojì
21. 提供 tígōng
22. 甘蔗 gānzhe
23. 盛产 shèngchǎn
24. 蝴蝶 húdié

作品 57 号

对于中国的牛，我有着一种特别尊敬的感情。

留给我印象最深的，要算在田垄[1]上的一次"相遇"。

一群朋友[2]郊游，我领头[3]在狭窄[4]的阡陌[5]上走，怎料迎面来了几头耕牛，狭道容不下人和牛，终有一方要让路。它们还没有走近，我们已经预计斗[6]不过畜牲[7]，恐怕难免踩到田地泥水里，弄[8]得鞋袜[9]又泥又湿了。正踟蹰[10]的时候[11]，带头[12]的一头牛，在离我们不远的地方[13]停下来，抬起头看看，稍迟疑一下，就自动走下田去。一队耕牛，全跟着它离开阡陌，从我们身边经过。

我们都呆[14]了，回过头来，看着深褐色[15]的牛队，在路的尽头[16]消失，忽然觉得[17]

自己受了很大的恩惠。

　　中国的牛，永远沉默地为[18]人做着沉重的工作。在大地上，在晨光或烈日下，它拖着沉重的犁，低头一步又一步，拖出了身后一列又一列松土，好让人们下种[19]。等到满地金黄或农闲时候[20]，它可能还得[21]担当搬运负重的工作；或终日绕[22]着石磨[23]，朝同一方向，走不计程的路。

　　在它沉默的劳动中，人便得到应得[24]的收成[25]。

　　那时候，也许，它可以松一肩重担[26]，站在树下，吃几口嫩草。偶尔摇摇尾巴[27]，摆摆[28]耳朵[29]，赶走飞附[30]身上的苍蝇[31]，已经算是它最闲适的生活了。

　　中国的牛，没有成群奔跑[32]的习//惯，永远沉沉实实的，默默地工作，平心静气。这就是中国的牛！

节选自小思《中国的牛》

语音提示

1. 田垄 tiánlǒng
2. 朋友 péngyou
3. 领头 lǐngtóu
4. 狭窄 xiázhǎi
5. 阡陌 qiānmò
6. 斗 dòu
7. 畜牲 chùsheng
8. 弄 nòng
9. 鞋袜 xiéwà
10. 踟蹰 chíchú
11. 时候 shíhou
12. 带头 dàitóu
13. 地方 dìfang
14. 呆 dāi
15. 深褐色 shēnhèsè
16. 尽头 jìntóu
17. 觉得 jué·dé
18. 为 wèi
19. 下种 xiàzhǒng
20. 时候 shíhou
21. 得 děi
22. 绕 rào
23. 石磨 shímò
24. 应得 yīngdé
25. 收成 shōucheng
26. 重担 zhòngdàn
27. 尾巴 wěiba
28. 摆摆 bǎibai
29. 耳朵 ěrduo
30. 附 fù
31. 苍蝇 cāngying
32. 奔跑 bēnpǎo

作品 58 号

　　不管我的梦想[1]能否[2]成为[3]事实，说出来总是好玩儿[4]的：

　　春天，我将要住在杭州。二十年前，旧历的二月[5]初，在西湖我看见了嫩柳与菜花，碧浪与翠竹。由我看到的那点儿[6]春光，已经可以断定，杭州的春天必定会教[7]人整天生活在诗与图画之中。所以，春天我的家应当[8]是在杭州。

夏天,我想青城山应当算作最理想的地方[9]。在那里,我虽然只住过十天,可是它的幽静已拴住了我的心灵。在我所看见过的山水中,只有这里没有使我失望。到处[10]都是绿,目之所及,那片淡而光润的绿色都在轻轻地颤动,仿佛[11]要流入空中与心中似的[12]。这个绿色会像音乐,涤[13]清了心中的万虑。

秋天一定要住北平。天堂是什么样子,我不知道,但是从我的生活经验去判断,北平之秋便是天堂。论天气,不冷不热。论吃的,苹果、梨、柿子、枣儿[14]、葡萄[15],每样都有若干[16]种[17]。论花草,菊花种类之多,花式之奇[18],可以甲天下。西山有红叶可见,北海可以划船[19]——虽然荷花已残,荷叶可还有一片清香。衣食住行,在北平的秋天,是没有一项不使人满意的。

冬天,我还没有打好主意[20],成都[21]或者相当得合适,虽然并不怎样和暖[22],可是为了水仙,素心腊梅,各色的茶花,仿佛就受一点儿寒//冷,也颇值得去了。昆明的花也多,而且天气比成都好,可是旧书铺[23]与精美而便宜[24]的小吃远不及成都那么多。好吧,就暂这么规定:冬天不住成都便[25]住昆明吧。

在抗战中,我没能发[26]国难[27]财。我想,抗战胜利以后,我必能阔起来。那时候[28],假若[29]飞机减价,一二百元就能买一架的话,我就自备一架,择黄道吉日慢慢[30]地飞行。

节选自老舍《住的梦》

语音提示

1. 梦想 mèngxiǎng
2. 能否 néngfǒu
3. 成为 chéngwéi
4. 玩儿 wánr
5. 二月 èryuè
6. 那点儿 nàdiǎnr
7. 教 jiào
8. 应当 yīngdāng
9. 地方 dìfang
10. 到处 dàochù
11. 仿佛 fǎngfú
12. 似的 shìde
13. 涤 dí
14. 枣儿 zǎor
15. 葡萄 pú·táo

16. 若干 ruògān
17. 种 zhǒng
18. 奇 qí
19. 划船 huáchuán
20. 主意 zhǔyi/zhúyi
21. 成都 Chéngdū
22. 和暖 hénuǎn
23. 书铺 shūpù
24. 便宜 piányi
25. 便 biàn
26. 发 fā
27. 国难 guónàn
28. 时候 shíhou
29. 假若 jiǎruò
30. 慢慢 mànmàn/mànmānr

作品 59 号

我不由得[1]停住了脚步。

从未见过开得这样盛[2]的藤萝[3]，只见一片辉煌的淡紫色，像一条瀑布[4]，从空中垂下，不见其发端[5]，也不见其终极，只是深深浅浅的紫，仿佛[6]在流动，在欢笑，在不停地生长。紫色的大条幅[7]上，泛着点点银光，就像迸溅[8]的水花。仔细看时，才知那是每一朵紫花中的最浅淡的部分[9]，在和阳光互相[10]挑逗[11]。

这里除了光彩，还有淡淡的芳香。香气似乎[12]也是浅紫色的，梦幻[13]一般轻轻地笼罩[14]着我。忽然记起十多年前，家门外也曾有过一大株紫藤萝，它依傍一株枯槐[15]爬得很高，但花朵从来都稀落，东一穗[16]西一串[17]伶仃[18]地挂在树梢，好像在察言观色，试探什么[19]。后来索性连那稀零的花串也没有了。园中别的紫藤花架也都拆掉，改种[20]了果树。那时的说法是，花和生活腐化有什么必然关系。我曾遗憾地想：这里再看不见藤萝花了。

过了这么多年，藤萝又开花了，而且开得这样盛，这样密，紫色的瀑布遮住了粗壮的盘虬[21]卧龙般的枝干[22]，不断地流着，流着，流向人的心底。

花和人都会遇到各种各样的不幸，但是生命的长河是无止境的。我抚摸了一下那小小的紫色的花舱[23]，那里满装[24]了生命的酒酿，它张满了帆[25]，在这//闪光的花的河流上航行。它是万花中的一朵，也正是由每一个一朵，组成了万花灿烂的流动的瀑布。

在这浅紫色的光辉和浅紫色的芳香中，我不觉加快了脚步。

节选自宗璞《紫藤萝瀑布》

语音提示

1. 不由得 bùyóude	11. 挑逗 tiǎodòu
2. 盛 shèng	12. 似乎 sìhū
3. 藤萝 téngluó	13. 梦幻 mènghuàn
4. 瀑布 pùbù	14. 笼罩 lǒngzhào
5. 发端 fāduān	15. 枯槐 kūhuái
6. 仿佛 fǎngfú	16. 穗 suì
7. 幅 fú	17. 串 chuàn
8. 迸溅 bèngjiàn	18. 伶仃 língdīng
9. 部分 bùfen	19. 什么 shénme
10. 互相 hùxiāng	20. 种 zhòng

21. 盘虬 pánqiú
22. 枝干 zhīgàn
23. 花舱 huācāng
24. 裝 zhuāng
25. 帆 fān

作品 60 号

在一次名人访问中,被问及上个世纪最重要的发明是什么时,有人说是电脑,有人说是汽车,等等。但新加坡的一位知名人士却说是冷气机。他解释,如果没有冷气,热带地区如东南亚国家,就不可能有很高的生产力,就不可能达到今天的生活水准。他的回答实事求是,有理有据[1]。

看了上述报道,我突发奇想:为什么没有记者问:"二十世纪最糟糕的发明是什么?"其实二〇〇二[2]年十月中旬[3],英国的一家报纸就评出了"人类最糟糕的发明"。获此"殊荣[4]"的,就是人们每天大量使用的塑料袋[5]。

诞生于上个世纪三十年代的塑料袋,其家族包括用塑料制成的快餐饭盒、包装纸、餐用杯盘[6]、饮料瓶、酸奶杯、雪糕杯等等。这些废弃物形成的垃圾,数量多、体积大、重量轻、不降解[7],给治理工作带来很多技术难题和社会问题。

比如,散落[8]在田间、路边及草丛中的塑料餐盒,一旦被牲畜[9]吞食,就会危及健康甚至导致死亡。填埋废弃塑料袋、塑料餐盒的土地,不能生长庄稼[10]和树木,造成土地板结[11],而焚烧[12]处理[13]这些塑料垃圾,则会释放出多种化学有毒气体,其中一种称为[14]二噁英[15]的化合物,毒性极大。

此外,在生产塑料袋、塑料餐盒的//过程中使用的氟利昂[16],对人体免疫[17]系统和生态环境造成的破坏也极为严重。

节选自林光如《最糟糕的发明》

语音提示

1. 据 jù
2. 二〇〇二 èr líng líng èr
3. 中旬 zhōngxún
4. 殊荣 shūróng
5. 塑料袋 sùliàodài
6. 杯盘 bēipán
7. 降解 jiàngjiě
8. 散落 sànluò
9. 牲畜 shēngchù
10. 庄稼 zhuāngjia
11. 板结 bǎnjié
12. 焚烧 fénshāo
13. 处理 chǔlǐ
14. 称为 chēngwéi
15. 二噁英 èr'èyīng
16. 氟利昂 fúlì'áng
17. 免疫 miǎnyì

第五节　命题说话指导

一、目的与范围

　　本题测试的目的是测查应试人在无文字凭借的情况下说普通话的水平,重点测查语音的标准程度、词汇语法规范程度和自然流畅程度。测试时从大纲规定的30个说话话题中选取,由应试人从给定的两个话题中选定1个话题,单向连续说3分钟话。本测试项共40分。

　　本题从三方面来评分:语音标准程度,共25分,分6档扣分;词汇语法规范程度,共10分,分三档扣分;自然流畅程度,共5分,分三档扣分(详细评分标准参见大纲要求)。因目前采用的是计算机辅助测试,如出现背作品、复述作品、偏离话题、缺时或无效语料等问题,都将被酌情扣分。

二、重点与难点

　　说话是人类生活中运用最多的交流形式,也是反映说话人掌握某种语言标准程度和熟练程度的最重要的表现形式。命题说话测试项在普通话水平测试中占着相当重要的地位。要提高本测试项的成绩,固然需要扎实的语音基础知识、丰富的生活经验、一定的语言表达能力,同时,也离不开必要的应试技巧。凡有普通话水平测试应试体验的人,无不深切感到:即兴说话难,要说好更难。一是难在如何准确把握题意,做到30个话题了然于胸,不偏题,不跑题;二是难在取材上,即如何做到每个话题都有丰富的内容可以说;三是难在构思上,即如何在没有稿子,没有提纲的情况下,有条有理,顺畅自如地说话;四是难在普通话规范标准,即在没有文字凭借的情况下,说话时如何做到语音标准、用词规范得体、语句完整通畅;五是难在心理调节上,即在没有文字凭借的情况下,如何缓解焦虑和紧张的情绪,即兴发挥好自己的水平。这可以说是命题说话测试中的5道坎。因此,在普通话测前的培训学习中,应试人应努力跨越这几道坎。

　　(一)审题

　　参加普通话水平测试前,需要就命题说话题目认真审题。也就是要对30个话题作一番分析研究,明确试题要求和内容范围,解决"说什么"的问题,做到应试时

"有话可说"。在以往的测试中,不少人本身的普通话表达水平并不低,只是因为忽略了审题环节,结果在应试时,脑子里一片空白,或无话可说,或支支吾吾,无法应对。如果测试前审题训练充分,应试时已是成竹在胸,那么不论抽到哪一道题,自然就应对自如了。

30个话题按内容归纳起来,可分为四类:一是侧重说人,如我尊敬的人、我的朋友、我喜欢的明星(或其他知名人士);二是侧重说物,如我喜欢的动物(或植物)、我喜爱的书刊;三是侧重说事,如我的愿望、我的学习生活、童年的记忆、我喜爱的职业、难忘的旅行、我喜爱的文学(或其他艺术形式)、我的业余生活、我喜爱的季节、我的假日生活、我的成长之路、我知道的风俗、我的家乡(或熟悉的地方)、我喜爱的节日、我所在的集体、我向往的地方;四是侧重说理,如谈谈卫生与健康、谈谈服饰、谈谈科技发展与社会生活、谈谈美食、谈谈社会公德、谈谈个人修养、谈谈对环境保护的认识、学习普通话的体会、购物(消费)的感受、我和体育等。由于是命题说话,这些话题又可按表达方式归纳为两类:第一类是侧重记叙(或说明类),上述归类的说人、说物、说事,一般可属此类;第二类是侧重议论评述,即说理为主的题目。明确了这些题目的内容范围及表达形式(记叙、议论),就可针对每个话题构思立意,准备具体内容了。

(二) 构思

命题说话,不能"离题"。"离题",就是离开了话题所限定的范围,说些与话题无关的内容。普通话水平测试中的说话,不同于我们生活中的聊天,它不允许话题内容随意、不确定,而必须围绕话题主旨展开说话。"大纲"为普通话水平测试设计了30个话题,它规定了话题范围,并不规定话题的具体内容,因此,要围绕中心,精心构思。构思和选材,往往是同时进行的,这里从4种话题类型谈谈4种构思。

1. 说人。说人要突出人的特点。面对"尊敬"的人、"朋友"、"喜欢"的"明星",可以从表现特点出发选择相关的材料。说"尊敬"的人,可从几个不同侧面选择具体事例,如他有崇高的思想境界令我尊敬,他有善良的心地令我尊重,他有很强的能力让我佩服,三个方面三个小故事,加上一个开头,一个结尾,结构比较完整,说满3分钟应该没有问题。也许有些应试人担心3分钟到了,准备的话还没说完。不用担心,不扣分。

说人的对象,最好是熟人,比如家人、亲人、朋友、同事。

2. 说物。说物要把物的特性介绍清楚。如"我喜爱的动物",说狗吧,狗通人性,让人喜爱,可准备几则具体的小故事,从几个不同侧面表现狗的机灵可爱。再如说"我喜爱的书刊",把它同某种喜爱的文艺形式联系起来,说说其中某篇作品,进行具体的分析、点评,这样就有话可说,就能说好。

3. 说事。说事要把什么人、什么时间、什么地方、什么事以及事情的起因、经过、结果都说具体、说清楚。选材、表达都要紧扣题目要求。如"我喜爱的职业",这个话题要说出"为什么喜爱","怎样喜爱","喜爱到什么程度"。至于用什么顺序说,顺叙还是倒叙,插叙还是补叙,可根据自己的习惯和预期的效果选择安排。

4. 说理。议论的话题建议多用摆事实、讲道理的方法。可以一事一议,即在话题范围内选某一件事进行议论或评论。可以先叙述某件事情,从中引出议题,摆事实,讲道理,有叙述,有议论;也可以多事一议,即围绕一个中心议题,从正反两面,不同角度选择事例进行叙述、议论。对于发表议论有困难,或不擅议论的应试人来说,可以侧重叙述事实,适当作点睛式地议论。

其实,供我们选用的表达方式很多,如叙述、描述、议论、抒情。可以根据话题的需要以其中一种为主,兼用其他。由于普通话水平测试的说话不同于口头作文,它更强调口语化,所以总体以平实质朴为好。

(三) 语音

语音标准程度在本测试项的 40 分中占了 25 分,是本测试项的测查重点。日常生活中人们说话交流,只要能"达意"便可,而普通话水平测试中的说话,除了"达意",更要求语音的规范准确。所以,切不可只追求说话的生动性、感染性,忽略了普通话的规范和标准。

在说话过程中,多数应试人不同程度上都存在发音失误或方音语调。常见有平翘舌音不分、前后鼻音不分、r-l 不分、n-l 不分、an-ang 不分,以及不能准确表现变调、轻声、儿化等语流音变现象等。比如,达不到一级以上水平的应试人发音时常会存在轻声和轻重格式把握不当的现象;达不到二级甲等的应试人往往存在前后鼻音分不清的现象;达不到二级乙等水平的应试人,最主要的问题通常是,除存在前后鼻音分不清的现象外,在平翘舌音发音时也存在较大的失误。总之,应试人应该在能比较流利地说话的前提下,针对自己的主要语音问题,适当分配注意力,努力解决这些问题。

(四) 词汇语法

本测试项要求词汇语法符合规范。所谓词汇规范就是要求应试人在说话中使用普通话词语,不使用方言词语;所谓语法规范就是所说的话语应该符合现代汉语语法规则,不能使用同现代汉语语法规则相左的方言语法。在本项测试中,应试人经常会出现使用方言词、用词不当、语法错误和语义不完整等现象,从而造成失分。减少这类失误,可以从以下几点做起。

1. 了解国家语委制定的《普通话水平测试大纲》(简称《大纲》)有关词汇语法的测试要求。国家语委制定的《大纲》对词汇语法的测试提出了明确的要求: ① 能区分普通话和方言意义相对应但说法不同的词语,且说准普通话词语,其目的是测查应试人掌握普通话词语的规范程度;② 能正确搭配名、量词,其目的是测查应试人掌握普通话量词和名词搭配的规范程度;③ 能区分普通话和方言意义相对应但语序或表达习惯不同的短语和句子,并按照普通话的语序和表达习惯说话,其目的是测查应试人掌握普通话语法的规范程度。

大纲还规定,词汇语法放在"说话"项综合检测时,词汇语法规范程度的分值为10分。

2. 了解词汇语法测试的评分细则。《测试大纲》规定,"词汇语法规范"项分 3 档评分,一档为词汇、语法规范,扣 0 分;二档为词汇、语法偶有不规范,扣 1~2 分;三档为词汇、语法屡有不规范,扣 3~4 分。

3. 了解方言区的词汇语法与普通话词汇语法的区别。见表 2-1。

表 2-1　方言语法现象列举

失 误 类 别	举　　　例	对应的普通话
名量词搭配不当	一只香蕉	一个香蕉
基数词误为序数词	二层楼房	两层楼房
序数词误为基数词	两零零两年	二零零二年
动词误作介词	这本书是我问他借的	这本书是我向他借的
动词误作连词	我天天帮他们在一起	我天天和他们在一起
一般动词误作使令动词	你去喊我爸爸过来	你去叫我爸爸过来
形容词误作副词	你好教我学游泳吗	你可以教我学游泳吗
特殊动词多余	这个地方我有去过	这个地方我去过
宾语和补语位置不当	我讲他不过	我讲不过他
状语和补语位置不当	我写不来	我不会写
	他来快了	他快来了
滥用词缀	和一般性的爸爸的双手不同	和一般的爸妈的双手不同
	这样子的话	这样的话
误用语气词	咯么	那么
	你去过哦	你去过吗
滥用语气词	好了啦	好了

4. 要有一定的语法常识,避免语病。表2-2列举常见语病。

表2-2 常见语法失误列举

失误类别	举 例	对应的普通话
主谓搭配不当	说话口齿清爽	说话口齿清楚
动宾搭配不当	环境污染障碍了社会发展	环境污染阻碍了社会发展
名量搭配不当	他表演的这次节目	他表演的这个节目
定语与中心语	首先的任务	首要的任务
状语与中心语	无微不至地关注	时时刻刻关注
成分增漏	学校卫生工作进行了检查	学校对卫生工作进行了检查
	有时会去人民广场那里的地方	有时会去人民广场那里
词序颠倒	为我们光辉地树立了一个榜样	为我们树立了一个光辉的榜样
误用把字结构	先要把自己家里父母亲要去看望一下	先去看望一下自己家里的父母亲
句式杂糅	他从小关心帮助我养大	他把我从小养大,关心帮助我

　　方言地区的人习惯了方言中的词汇语法,在学习普通话的过程中要来一番"脱胎换骨",不仅要学好普通话的语音系统,还必须努力学习普通话的词汇语法。测试中,普通话中的方言余韵和用普通话语音说方言的现象比较常见,有些比较容易分辨,如"不来三"、"角落头"、"生毛病"、"触霉头"、"我们说不来谎"、"这衣服送一件给我"、"请站站好"、"我一定要弄弄清爽"等,这些都是比较明显的方言词语。但有些就不是那么容易分辨了,如"邦邦硬"、"吃茶"、"吊盐水"、"笃定"、"很难弄"、"挺括"、"洋钉"、"做事顶真",等等,就有些似是而非;还有一些语气词也带有明显的方言色彩,如"你去过哦"、"我去过来"、"怎么这样的啦"、"好了啦"、"算了啰",等等。

(五)语言流畅度

　　在测试中,也有些应试人说话不流畅,常把一句话颠来倒去说成若干段,重复多,口头禅多,经常卡壳。如"我们的工作/工作的内容是/嗯/内容是很丰富的。"这反映了应试人缺少一定的说话训练,思维不连贯、不流畅,需要通过练习提高说话水平。

　　要使说话流畅,首先要理清思路,先说什么,后说什么,怎样过渡,怎样结束,都要思考周全,然后,试着说说某个话题。试说时可以自己录音,说完了放录音,听听自己说得怎么样,还有哪些问题。在这个基础上,对发现的问题予以解决。这样反复练习,就能使语言表达流畅起来。

要使说话流畅,还要注意每句话表达得顺畅连贯。说话是以词为单位的,连词成语,连语成句。这里的"语"是指语节。我们说话的语流,是一个一个语节连续不断地"流淌"着的。要重视每个句子的"语节"。如"我们的生活一天比一天好。"这句话有两个语节,"我们的生活"五个音节相连,"们"、"的"念轻声,成一个语节,稍作停顿后,再引出下一个语节。这样一句句说下去,就显得自然流畅。说话时,要注意克服断断续续、反反复复、疙疙瘩瘩的弊病。这些都需要应试人反复练习。

（六）语态

应试时,要根据普通话水平测试特定的语言环境,调整好自己说话的状态,使之和谐协调,自然生动,充分展示自己的普通话水平。普通话水平测试的说话形式,是一种单向独白。目前采用计算机辅助测试,计算机不会有任何的提示和交流。这是普通话水平测试的特定的语言环境。认识到这一点,我们就应该针对这种语境,调节自己的情绪和状态,力求把自己根据话题准备好的内容,准确地、完美地表达出来。

口语化,是命题说话时对语态的基本要求。这主要表现在说话时的语气语调上。语气语调是在人们日常生活用语中自然存在,不是人为加上去的。测试时,不管是对着测试员,还是对着计算机,应试人都应该找到这样一种感觉,设想自己是面对朋友在叙述自己的所见所闻。讲述时,不要紧张,不要做作,要让自己的情绪在言谈中自然而然地流露,那么,应试人说话的语气语调就一定是自然和谐的。

测试时,应试人说话不能有明显的背稿痕迹。在应试前的准备阶段,可以先做一些案头准备,比如立个提纲、打个草稿等,但是,不能依赖这些文字,也就是说,测试时既不能"念稿",也不能简单地"背稿"。正确的方法是,只要把自己所说话题的主旨、思路记在脑中,自然说出就可以了。一定要改掉一字一顿、一词一顿、平直机械、枯燥无味的毛病。

三、准备与应试

（一）准备要领

命题说话题的准备,可以从五个方面着手。

1. 要理解话题题意,构架说话提纲。应试人要在理解题意的基础上,联系本人生活,思考自己想说的话,理清思路,认真构架说话提纲。本书中为应试人提供了30篇话题的解题和思路,供应试人参考。

2. 要注意材料储备,学会一材多用。应试人测前应注意命题说话材料的搜集和储备,有了相应的熟悉的说话材料,就不会担心测试时无话可说了。有人认为,反正测试时话题可以两抽一,准备 15 个话题就行了。按此思路准备,会出现试题的话题都不在应试人准备范围的情况。这样,应试时会很紧张,就会影响考试成绩。其实,30 道话题的选材,并不需要 30 组材料。由于各话题所涉及的内容可以相互交叉重叠,所以同一材料几个话题都可以使用。因此,具体分析 30 个话题,准备几组可以覆盖 30 个话题的材料,就可以达到事半功倍的效果。

3. 要多用亲历之事,慎讲动感情事。命题说话时,无论是说人、说物、说事,一般可选自己亲身经历的内容。这样的材料说起来如临其境,容易表达。如果是间接得来的材料,只要记得全,运用得熟练,同样也能达到非常好的应试效果。如果临考时编造内容,还要考虑字音正确,词汇语法规范和流畅连贯,就会顾此失彼。值得一提的是,切忌说太动感情的事,避免因情绪失控而影响语言的流畅,影响测试成绩。应试人要避免背诵现成(或网上下载)的作品,否则在评分中将被扣分。

4. 要结合自身实际,解决主要问题。通过前三题的学习和训练,应试人应该了解并找出了自己普通话语音发音中存在的问题。对常用的平翘舌音和前后鼻音的字,应加强针对性训练和记忆,以避免测试时临时纠正发音错误,造成重复说话。我们在日常生活中应随时注意并纠正自己说普通话时的语音、词汇、语法等方面出现的问题和错误,久而久之,养成习惯,说话的正确率就会不断提高。一般来说,新闻播音员、主持人的语音较为标准,平时看电视、听广播是学习普通话的好机会,可以边看、边听、边跟着念。

5. 要坚持多说多练,养成用普通话思维的习惯。要说好普通话,首先就得"说"。平时要多说多练,口耳之学,熟能生巧。语言是思维的工具,良好的思维习惯能为提高语言表达水平提供良好的条件。如果我们习惯了用普通话思维,普通话水平测试说话时,就会达到顺畅自如的境界。

(二)应试要领

1. 调整应试心理,成竹在胸,侃侃而谈。应试状态的好坏取决于应试人的心态,要以自信、轻松的心态参加测试。这样,在命题说话时,就能做到侃侃而谈。侃侃而谈有两层意思:一是从容不迫,二是理直气壮。自信、轻松的心态可以带来从容不迫的状态。由于有了认真准备的基础,就能不慌不忙,不急不躁,充满自信。有了自信就能理直气壮。这样的心态,能让应试人在说话时充分展示自己的普通话水平。

2. 把握语音标准,发音到位,语音准确。应试人在测试前三题时,一般都能注意把握语音的标准。但在命题说话时,往往只注意自己的说话内容,而无暇顾及语音是否标准,于是就影响了自己普通话水平的发挥。当应试人在滔滔不绝地说话时,更应注意把握语音标准,做到发音到位,语音准确。要记住,"说话"项目测试的最终目的是评价说话者的普通话水平,而不仅仅是说话水平。值得一提的是,切莫因为应试前三题时发挥顺利,抽到的说话话题又很合自己心意,就沾沾自喜、得意忘形,从而忽略了把住语音标准这一关,那是很可惜的。

3. 适应说话环境,语感自然,语言流畅。"独白",就是一个人单向说话。普通话水平测试中采用的就是"独白"——单向说话的形式,但必须是面对着测试员或电脑的口语表达。平时我们和亲朋好友交谈,轻松自然,滔滔不绝,甚至眉飞色舞;而面对测试员或电脑时,可能紧张拘谨,结结巴巴,甚至脑子一片空白,不会说话了。这主要是由于不适应测试环境造成的。我们可以从心理角度调整一下,运用想象力,把试场当作日常的生活场所,把测试员或电脑当作自己的好朋友,把自己想说的话告诉他们,力求做到语言流畅,语感自然得体。

4. 设计应急预案,冷静机智,善于应变。测试时不应拘泥一词一句,若有语塞处,应调整自己的思路,不妨放慢语速,调整状态,继续往下说。如遇突发事件,要从容应对,积极思维,把话说全,把 3 分钟说满。

如果应试人能注意以上问题,说话时有丰富的内容和清晰的思路,又有足够的注意力关注普通话语音的发音标准、遣词造句的规范,那么,说话就有了自然流畅的基础,也减少乃至避免了词汇、语法方面的错误。这样,应试人当然就可以发挥出自己普通话的最高水准,取得优良成绩了。

四、命题说话练习

命题说话,相当于构思一篇 500 到 600 字的短文。由于测试现场不能"写"文章,而要求应试人当场打腹稿,因此,在学习准备阶段,根据"解题和构思"特点做好练习,显得尤为重要。下面就 30 个话题的"解题和构思",提供一些参考材料。

(一) 话题目录

1. 我的愿望(或理想)

2. 我的学习生活

3. 我尊敬的人

4. 我喜爱的动物(或植物)

5. 童年的记忆

6. 我喜爱的职业

7. 难忘的旅行

8. 我的朋友

9. 我喜爱的文学(或其他)艺术形式

10. 谈谈卫生与健康

11. 我的业余生活

12. 我喜欢的季节(或天气)

13. 学习普通话的体会

14. 谈谈服饰

15. 我的假日生活

16. 我的成长之路

17. 谈谈科技发展与社会生活

18. 我知道的风俗

19. 我和体育

20. 我的家乡(或熟悉的地方)

21. 谈谈美食

22. 我喜欢的节日

23. 我所在的集体(学校、机关、公司等)

24. 谈谈社会公德(或职业道德)

25. 谈谈个人修养

26. 我喜欢的明星(或其他知名人士)

27. 我喜爱的书刊

28. 谈谈对环境保护的认识

29. 我向往的地方

30. 购物(消费)的感受

(二)命题话题的"解题和构思"

1. 我的愿望(或理想)。

(1)解题：我的愿望(或理想)可能是一个不太成熟的想法,可能是一个美丽的梦,也可能是我的一个人生目标。这个想法(或梦、或目标)是何时产生的？受什么启迪而萌生？今天它在我心中占据怎样的一个地位？我怎样去实现它？对此做一番认真思考是很有意义的。

(2)构思。

① 我曾经有过不少愿望(或理想)→讲述曾经萌生过的愿望(或理想)→我的那个愿望(或理想)在"我"心中占据的重要位置。

② 我的愿望(或理想)是××(比如,我想成为一名优秀的人民教师)→讲述触发我萌生××愿望(或理想)的原因或过程→我的愿望(或理想)对我带来的影响。

③ 我的愿望(或理想)是××→讲述我曾经拥有的一个梦以及为实现愿望(或理想)所作的努力→我的那个愿望(或理想)伴随着我成长。

2. 我的学习生活。

(1) 解题：本话题讲述的应该是我学习生涯中难忘的生活片断或感受。

(2) 构思。

① 我的学习生活平凡，但有些事让我难忘→讲述与老师、同学交往中令我感受较深、至今记忆犹新的事，或有意义的生活片段，或讲述我克服学习、生活等方面的困难，奋发向上的事例→我怀念我的学习生活。

② 我的学习生活很普通，但给我带来了充实的人生（或事业的进步）→讲述学习生活对我人生成长的意义→我对学习生活的态度。

③ 我的学习生活非常充实→讲述学习生活经历或特点→我对学习生活的认识。

3. 我尊敬的人。

(1) 解题：这个题目可说的对象比较宽泛。可以讲我熟悉的任何一个人。在我熟悉的人中，我尊敬哪一位？为什么他（她）值得我尊敬？本命题说话内容的形式是以记人为主。要求用典型的事例表现人物的思想品质。

(2) 构思。

① 在我的人生旅程中，××是我值得尊敬的人→值得尊敬的人，一定做过我认为不平凡的事，可把这些给自己留下深刻印象的事叙说出来→由事提炼出我尊敬的他（她）的精神。

② ××是我值得尊敬的人→讲述××值得我尊敬的原因→××我如何向他（她）学习。

4. 我喜爱的动物（或植物）。

(1) 解题：一般人都会接触过或喜欢过某种动物或植物。所以，应选择自己熟悉的、喜欢的某种动物或植物作为话题。唯有自己喜欢的动物（或植物），我才会仔细地去观察它，关心它。心中有了经过自己仔细观察或关心的说话对象，才会说出特点，说得生动。

(2) 构思。

① 我喜欢××→讲述我与它结下不解之缘的一段故事→说出"我"喜欢它的原因或它给我带来的感受。

② 我喜欢××→可通过其特点、习性、外貌等介绍，表现它的可爱，讲述我喜欢它的原因→它给我的快乐。

5. 童年的记忆。

(1) 解题：告别了童年时代，再回忆一下童年生活，确实是很有意思的。童年或是一首美丽的诗，或是一段"苦难"的经历。什么是我的童年？快乐、淘气、惹人喜爱？招人嫌弃？讲述童年时代的一件或若干件记忆犹新的往事，可以作为本话题的主要内容。

(2) 构思。

① 我难忘童年生活→讲述童年时代的一个或若干个故事或事情→对童年时代作一番评价。

② 我的童年生活是××(比如,是快乐的? 痛苦的? 幸运的? 美好的? 可结合具体情况归纳)→讲述童年记忆留给我的感受(可分层,适当举例)→我的童年对我人生的影响。

6. 我喜爱的职业。

(1) 解题:对自己喜欢的职业,一般都考虑过。有的人考虑得很多,有的人考虑得比较少。爸爸妈妈是人生的第一个老师,长年累月,他(她)的一言一行影响着我,于是我喜欢他(她)从事的职业;银幕上、小说里战士很英武,于是我想当一名军人。工人、农民、医生、教师、工程师、农艺师、科学家、运动员、教练员、歌星……都可能是我喜欢的职业。本话题不仅要说出我喜爱的职业,还可把产生这种想法的原因说出来。

(2) 构思。

① 我喜欢××职业→讲述使我喜欢上××职业的一段故事或经历,或一个事件→××职业是我一生的追求。

② 我喜欢××职业→讲述我喜欢××职业的原因(可分层一一说明)→今天,我就是从事这个职业,我对这个职业的态度。

7. 难忘的旅行。

(1) 解题:我一定有自己的旅行经历,但令我难忘的旅行也许并不多。所以,说话时,除了表述清楚自己旅行的时间、地点、内容,以及所见所闻外,还应说出这次旅行的特点,以及给自己的独特感受,以突出我对这次旅行的"难忘"。

(2) 构思。

① 我难忘××旅行→描述游览名胜古迹或自然风光的过程→抒发自己的感情。

② 我难忘××旅行→令我难忘的原因→体会或感想。

8. 我的朋友。

(1) 解题:这个题目,朋友是关键词,是我讲述的对象。这个人与我有着密切的关系。或在生活中、或在工作中、或在学习中,我与他(她)建立了深厚的友情,因此我把他(她)称为朋友。我所述说的这份友情应该是纯洁、高尚的。

(2) 构思。

① ××是我的好朋友→讲述××是我好朋友的原因(比如,当我在生活上或工作中或学习中遇到困难或挫折时,我的朋友向我伸出援手,帮助我克服困难,渡

过难关。或通过表述我和我的朋友之间友谊的形成、破裂,直至最后友谊恢复加深的过程,抒发我与我朋友之间纯洁、真挚的友情)→××的友情给我带来的收获。

② ××是我的朋友,他(她)的品德(或思想或行为)令我钦佩→讲述我的朋友在与我或他人交往中表现出来的诸如团结互助、助人为乐等一至若干件具体事例,反映我朋友的优秀思想品质→我对我朋友的评价。

9. 我喜爱的文学(或其他)艺术形式。

(1)解题:艺术形式的范围很广泛,有文学、绘画、雕塑、音乐、舞蹈、戏剧、电影、曲艺、建筑等,其中文学形式有诸如诗歌、戏剧、散文、小说等许多种,电影形式也可分为娱乐片、青春片、儿童片、武打片等。题目要求选其中某项我喜爱的文学(或其他)艺术形式,喜爱是我说话选材的关键。

(2)构思。

① ××是我喜欢的艺术样式→讲述我喜欢这种艺术样式的原因→我喜欢的这种艺术样式给我的生活带来的影响。

② 我喜欢××艺术样式→以一至两件具体事例叙述我与××艺术样式的关系→讲述我喜欢的××艺术样式带给我的某方面的变化或收益。

10. 谈谈卫生与健康。

(1)解题:本题主要讲述卫生与健康两者之间的关系。在日常生活中,有的人身上会有这样或那样不讲卫生的坏习惯,诸如随地吐痰、乱扔废弃物;用手指沾唾液数钞票、翻书、看报;冲人打喷嚏、众人面前口若悬河唾沫四溅,等等。这些不良卫生习惯不能说是比比皆是,至少是时有发生的。个人的不良卫生习惯不仅影响了自己的形象,更重要的是会影响家人乃至周边同事、朋友的身体健康。在抗击"非典"的斗争中,人们已经亲眼看到公共卫生和个人卫生对于健康的极端重要性。

(2)构思。

不良卫生习惯直接或间接影响了人们的健康→举例说明不讲卫生对健康的危害性或讲卫生对保障健康的意义→培养良好的生活卫生习惯是一件平凡而细致的工作,要持之以恒。

11. 我的业余生活。

(1)解题:这个题目是要说出自己业余生活中所喜欢做的事。我可能爱好天文地理、虫草鸟兽,以了解自然常识,激发对自然科学的学习热情;我可能对历史学科有浓厚兴趣,因此爱好收集古钱币、纪念章等,表现对人类光辉灿烂文化的热爱;我可能喜欢集藏书票和报头、题花、花边,流露对艺术、对生活的热爱;我可能爱好收集邮票、火花儿、烟标,从而扩大了视野,增长见识,陶冶情操,使自己的品格高尚起来。我生活中的这些爱好都应该是有意义的、高尚的、积极向上的;而那些诸如私揭邮票、私剪画报的不文明行为,那些低级、庸俗的行为,都不是这里所说的业余生活范围,绝不能入题。

(2) 构思。

① 我的业余生活很丰富,其中之一就是××→讲述我喜欢××的原因→我的这种业余生活增添了我生活的色彩。

② 我的业余生活很丰富,其中之一就是××→以一至两件具体事例叙述我喜欢××的过程或喜欢的程度→××已成为我生活中不可或缺的一部分(这样的业余生活乐趣何在,有什么收获)。

12. 我喜欢的季节(或天气)。

(1) 解题:这个题目要求说出我喜欢某季节(或天气)的原因。也许是因为有一件始终使我难以忘怀的事发生在这个季节(或天气);也许在春天里,万物复苏,百花争艳,带给了我希望;也许是夏天的傍晚,我可以去院里乘凉,可以上树去捉知了,可以观赏美丽的星空;也许因为秋天那红红的枫叶、满眼的硕果给了我遐想;也许因为我欣赏冬日里飘飘洒洒的雪花,喜欢她的纯美。尽可能选取自己感受最深的季节(或天气),说出自己的真情实感。

(2) 构思。

① 我喜欢××季节(或天气)→分层讲述我喜欢××的原因(可以说自己的感受,也可以说说这个季节的风景,如晨光、阳光、小草、树木、小鸟等)→××季节(或天气)是我最喜欢的。

② 我喜欢××季节(或天气)→以一两个具体事例或故事叙述我喜欢上××季节(或天气)的过程(比如,选取发生在夏天给我留下深刻印象的事,点明我之所以喜欢夏天的原因,或选取一个和我关系密切的人,叙述我和他在夏天相识,并成为好友的经过)→我对××季节(或天气)的情感。

13. 学习普通话的体会。

(1) 解题:学习普通话不仅能增长语言知识,培养说话能力,还能提高交际能力,增强克服困难的信心。可以从测试前的准备、测试的过程、测试的结果以及与测试有关的事情中得到启发,领悟出某些道理。说话时应对引出体会的事件作一定的叙述,然后说出由此而领悟出的道理。把学习的体会和感受说出来,是这个题目的要求。

(2) 构思。

① 学习普通话的意义→学习普通话的体会→学习普通话给我的帮助。

② 学习普通话的体会很多,其中收获最大的是×××→讲述我学习普通话的过程(比如,可结合一次具体的学习经历,谈学习普通话是怎样增长自己的知识,提高自己的认识水平与思想觉悟的。可以说说学习的进步与平时努力、测前准备的关系,也可以从学习的经历中体会"谦受益、骄必败"的道理)→学习普通话的经历

让我难忘。

14. 谈谈服饰。

(1) 解题：本话题具有社会性和审美性。首先，服装具有实用性。作为服装，至少有三大功能：遮体、御寒和装饰。其次，服装具有民族特点。不同国家、不同民族都有风格各异的独特服装，表现出各自不同的风土人情和不一样的时尚习俗。即使同一民族，由于地域不同，在着装上也会有较大的差异。再次，服装具有时代性。不同时代，着装迥然不同。它不仅体现着个体文化素养和精神状态，反映出不同价值观念和生活方式，而且体现了不同国度、不同民族的时代特征，更可以看出当时的社会心理。最后，着装也具有审美价值。美观大方的着装不仅可以帮助我们树立正确的审美观，培养我们文明健康的时尚习俗，更重要的是可以让我们触摸自己的民族心理，感悟民族文化的内涵。要说好本话题，就要从对以上内容的感悟中，选好角度，从自己感悟最深、体会最深的一点来说，尤其要选好切入点，从最易展开、最易表述的角度说起。

(2) 构思。

① 总述我的服饰观→讲述坚持我的服饰观的依据→呼吁人们树立正确的服饰观。

② 总述我的服饰观→用议论的形式具体论说我的服饰观("人要衣装，佛要金装"，服装对任何人的作用都不可小觑)→呼吁人们树立正确的服饰观。

③ 用记叙的形式具体述说某一服装的故事→服饰有时就是历史、就是纪念。

④ 服饰的作用→服饰发展的趋势→让服饰带给人们更美好的生活。

15. 我的假日生活。

(1) 解题：随着社会生活水平的不断提高，人们的假日生活也越趋丰富、多样。可以上上网，听听音乐，逛逛街，钓钓鱼，看看电影，运动健身，约上好友知己结伴郊游，或是一个人安安静静地喝喝咖啡、喝上一杯清香的茶，看看小说，等等，都别有一番情趣。

(2) 构思：我喜欢怎样的假日生活→我怎么过假日生活→我的假日生活的特点或体会。

16. 我的成长之路。

(1) 解题：可以用叙述经历或编述故事的形式来叙说我的成长之路。可以从自己的成长经历中说出我由不成熟到成熟的成长过程。说话时，可以运用叙述、描述、议论和抒情等多种表现手法。

(2) 构思：总括我的成长经历→具体讲述我的成长体会→展望我今后的人生道路。

17. 谈谈科技发展与社会生活。

（1）解题：科技即科学技术，如网络技术、核技术、生物技术等，它伴随着人类的每一步发展。科技能推进人类的发展，给人类带来财富、便捷和舒适，但同时也给人类带来不安全感和生存环境的恶化。本命题是关系式话题，要求理解两者互相渗透与支撑的关系。科学在追求知识和真理的同时也在追求着人类自身的进步与发展，科学在创造物质文明的同时也在创造着精神文明。本题应揭示科技发展对社会生活的革命性影响，以唤起人们的时代意识和时代追求。因此，说话的内容应能昭示社会发展的要求，对人类有启迪作用。其次，要选好材料。说话时要以确立的主题为核心，筛选与该主题紧密相关的材料，这才符合题目的要求。此外，要确定好表达方式，从题目要求看，议论最合适，可以按照"提出论点——分析问题——得出结论"这样的一般思路去说，但也可以采用叙述或描述的形式。

（2）构思。

① 总说科技发展与社会生活的关系→通过具体事例讲述科技发展与社会生活的关系→倡导重视科技教育（或科学研究）。

② 总说科技发展与社会生活的关系→通过具体事例讲述科技发展与社会生活的关系→科技发展将使人类的社会生活更美好。

18. 我知道的风俗。

（1）解题：所谓风俗，也就是积久而成的风气、习俗。所以，实际上这个题目涉及的内容很宽泛，可以是风土人情、饮食习惯、文化活动、服饰等方面的地方特色。

（2）构思：介绍什么是风俗→具体讲述我所知道的风俗（可说其中的一种，也可列举若干种风俗。比如，可以谈春节风俗，可以谈新年放爆竹、吃年夜饭、拜年等）→风俗是一种文化。

19. 我和体育。

（1）解题：这个题目是要说生活中我与体育的关系，以及我对体育的理解。

（2）构思：生活离不开体育→讲述我喜欢××体育项目的原因→体育增强了我的体质，丰富了我的生活。

20. 我的家乡（或熟悉的地方）。

（1）解题：每个人都有自己的家乡。提起她，会有一种特殊的感情。家乡的风土人情，家乡的山山水水，家乡的建设面貌等等，都会触发我的说话欲望。通过对家乡的赞美，抒发自己热爱家乡的真挚感情。

（2）构思：我爱我的家乡（或熟悉的地方）→讲述我家乡（或熟悉的地方）的特点或变化→我对家乡的感受。

21. 谈谈美食。

（1）解题：生活中，人们喜欢的美食有很多，所以拿到这个题目，应该先筛选一下，可以选择自己或别人最爱吃的、又很熟悉的一种或若干种食品。

中国饮食文化源远流长,更有许多地方特色食品中蕴含了文化的内涵,因而在介绍地方特色食品时,可以从历史入手,然后再展开介绍,也可依据实际情况,或突出特色,或重点介绍制作方法,或强调其保健作用,或具体介绍饮食文化。

在说话过程中,既可以采用说明的表达方式,介绍某种(或某几种)美食的形状、色泽、特点、口味、来源、制作过程等等,也可以说明和记叙相结合,说说我最喜爱的食品是什么,我是怎么喜欢上这种美食的,喜欢它的哪个方面。是因为它的口味独特,是因为它外形的漂亮,还是因为这种美食让我想起了某一个人或某一件事?这样可以使说话的内容更加丰富、生动,也可以避免因单纯说明而出现内容不够的尴尬。

另外,说话的时候,可以集中说某一种自己最喜爱的美食,也可以多说几种,同时指出其中最喜爱的是哪一种,这样,就不愁无话可说。

(2)构思:天下美食很多,这里我向您介绍××美食→讲述××美食的特点,或其制作过程→我对××美食的态度。

22. 我喜欢的节日。

(1)解题:节日,规定了选材的范围。国庆、元旦、春节、六一、中秋……都是使人们高兴的节日。应该注意,自己说的节日必须是自己喜欢的。不同的节日会有不同的特点。国庆之夜,龙灯飞舞,焰火腾空,华灯耀眼,人们正在喜庆祖国伟大的成就;春节之夜,爆竹鞭炮,春联窗花,一家人欢聚一堂,辞旧迎新,其乐融融。哪一个节日是"我"最喜欢的,是因人而异的。通过自己的观察和联想,把欢乐的节日说生动、说具体。

(2)构思:生活中的节日很多,我还是喜欢××(节日)→讲述我喜欢××(节日)的原因→我怎样过××(节日)。

23. 我所在的集体(学校、机关、公司等)。

(1)解题:每个人都是社会的一分子,在我周围,总会有一些熟知的人或事,并且或多或少会与他们发生一些联系。这个说话题目能说的内容还是比较宽泛的,可供选择的人或事还是比较多的,这对应试人来说,是一个比较容易做的题。如果我是在校的学生,我所在的集体,从大的来说,可以是这所学校,从小的来说,可以是我所在的班级,我所在的宿舍,我所在的某个团小组或哪个兴趣小组;如果我已经工作,那么我所在的集体可以是我的单位,也可以是自己所在的办公室等等。总之,应试人抽到题后,首先要确定一下自己想讲述的这个集体是哪一个,而这一个必须是我特别熟悉的、有话可说的,这个集体里的成员是我所了解的。可以介绍一下我所在的是怎样的一个集体:是热爱学习,团结向上的,还是充满朝气,爱玩爱闹的;有哪些成员,每个人有哪些特点、爱好;成员之间的关系如何?也可以说说集体中发生的一些事情,比如一次印象深刻的郊游等。

题目要求说集体,而且要求说"我所在的"集体,所以,可以通过某些具体事例,让人们感受到我所在的集体的确是个好集体。说话时,要根据集体某方面的突出优点来选取有代表性的材料,同时要说出为自己能生活、学习在这样一个值得热爱的集体中而感到自豪的心情。

(2)构思:我所在的集体是一个××的集体→具体讲述我所在集体的特点或我喜欢所在集体的原因(可分层讲述,并适当举例)→我如何爱我的集体。

24. 谈谈社会公德(或职业道德)。

(1)解题:不知从什么时候开始,在我们的生活中,伴随着物质生活的日益丰富,作为精神家园必不可少的爱心、同情心、理解、尊老爱幼、奉献、敬业等社会公德(或职业道德)在渐渐淡化,甚至被吞噬掉。因此,有人形象地说:现代人中有的穷得只剩下钱了,这毫不夸张。近年来,公德心缺失的一系列事件正说明现代人精神家园的荒芜! 大的方面,像一部分贪官的贪污腐化;小的方面,如许多人在追逐金钱时忘了道德、自我,甚至人最本质的东西。还比如,现代生活也使纯洁的校园染上了"不洁"之色。不是吗? 面对老师的批评教育,我们不再"在意",但这"不在意"不正意味着我们荣辱观的淡漠? 面对集体活动,我们不再"热心",但这"不热心"不正意味着我们集体意识的淡化? 面对学习成绩的下滑,我们不再"心急",而是"坦然",这"坦然"中不正包含着我们竞争观念在此被洗劫一空? 这些都是生活在校园中的学生所经历的。当然还有许多许多,就像丢弃一块馒头、踢坏一扇教室门,都可以折射出一个人美好精神家园的失落。这些生活中的实例,都会激活我说话的灵感。就自己耳闻目睹的事发表看法,取其一例,加以引申,阐述自己的观点,就是一段很好的议论。

(2)构思。

① 应该大力倡导社会公德(或职业道德)→讲述应该倡导哪些社会公德,或为什么要倡导良好的社会公德(或职业道德)→呼吁人们遵守社会公德(或职业道德),从我做起。

② 指出目前社会上有些人社会公德(或职业道德)缺失→讲述社会公德(或职业道德)缺失情况或对良好的社会公德(或职业道德)的社会评估→呼吁人人遵守社会公德(或职业道德)。

25. 谈谈个人修养。

(1)解题:修养是个人魅力的基础,一个人吸引人的长处均来源于此。我是不是真的很有修养呢? 我对待店里的售货员或饭店的女服务员是不是跟对待朋友一样很有礼貌呢? 我是不是很容易生气? 如果有人赞美我,我是不是会向他说"谢谢"呢? 有人尴尬不堪时,我是不是觉得很有趣? 我是不是会关心别人的幸福和利益？我是不是认为礼貌对一个人来说无足轻重？与别人说话时，我是不是一直很注意对方？

老子提出了个人修养的"四个不"。"四个不"就是不自见、不自是、不自伐、不自矜。不自见就是不自己显摆自己；不自是就是不自以为是、自己去肯定自己；不自伐就是不自己夸奖自己；不自矜就是不自高自大，不自以为了不起。所以老子说："不自见，故明；不自是，故彰；不自伐，故有功；不自矜，故长。"可以谈对个人修养的看法、认识，也可以说说自己在个人修养的形成或提高过程中的体会。

（2）构思。

① 每一个人都应该重视个人修养→讲述应该重视哪些个人修养（或如何提高自己的个人修养）→人人都应该自觉提高个人修养。

② 指出目前社会上有些人个人修养缺失→讲述个人修养社会缺失情况的表现或危害（通过具体事例）→呼吁人人重视个人修养的提高。

26. 我喜欢的明星（或其他知名人士）。

（1）解题：在我认识的众多明星（或其他知名人士）中，有才学渊博的，有品德高尚的，有德艺双馨或德才兼备的，也有某方面不尽如人意的。在我的生活中，哪个明星（或其他知名人士）令我尊敬或钦佩，甚至崇拜呢？他（她）或许是爱国敬业的著名科学家，或许是嗓音优美、特别受听众喜爱的歌星，或许是演技高超，具有人格魅力的演员，当然，也可能是勇于创新开拓的成功企业家，运筹帷幄的总统。明星也可以是普通人，三百六十行，行行出状元，各行各业能工巧匠、行家里手，都可以成为我心目中的明星。总之，说出自己喜欢的原因和情感来。

（2）构思。

① 我喜欢的××（明星或其他知名人士）→讲述我喜欢××（明星或其他知名人士）的原因→我怎样向他学习。

② 我喜欢××（明星或其他知名人士）→讲述我喜欢××（明星或其他知名人士）的个性特点（通过具体事例）→他给我的启发或教益。

27. 我喜爱的书刊。

（1）解题：书籍是人们的好朋友，它给我们带来知识、智慧和力量。本题要应试人从读过的书籍、刊物里，选一本自己最喜欢的书或刊物，概述它的内容，谈谈读后的感想。

（2）构思。

① 我喜欢××（书刊）→讲述我喜欢的原因→××它给了我什么帮助。

② 我喜欢××（书刊）→讲述我喜欢上××（书刊）的过程（通过具体事例）→它给我什么启发或教益。

28. 谈谈对环境保护的认识。

(1) 解题：这个话题可以涉及的方面很多。首先从话题给出的题意分析，应该紧紧围绕"环境保护"这个主题来陈述自己的观点。

(2) 构思。

① 讲述环境保护的意义→讲述环境保护的美好前景→地球的明天更美好。

② 强调环境保护，刻不容缓→讲述环境污染的情况或现象→环境保护意识亟待加强

29. 我向往的地方。

(1) 解题：向往的地方，也就是心里很想去、很愿意去的地方。我向往的将会是什么地方呢？或许是科技馆、或许是图书馆、或许是博物馆、或许是运动场、或许是商店、或许是咖啡馆茶馆、或许是名胜古迹、或许是一个风景秀丽的地方，不胜枚举。描述一下我向往的这个地方，我为什么向往这个地方，希望它能给我什么美的感受，给我的生活增添什么乐趣。

(2) 构思。

① ××(地方)是我向往的地方→述说我产生向往××(地方)的过程→我希望早日梦想成真。

② 我向往的地方是什么→讲述我向往××(地方)的原因→我希望在我向往的地方得到什么。

30. 购物(消费)的感受。

(1) 解题：每个人都有购物(消费)的经历和体验。购物(消费)涉及衣、食、住、行、玩等许多方面，所以，话题范围很广。可以说说购物(消费)的快乐经历，也可以说说自己觉得不满意或遗憾的地方。我的购物(消费)感受，可以是一点，也可以有几点，只要是自己的真情实感就行。

(2) 构思。

① 我的购物(消费)的原因××→具体讲述我购物(消费)的感受→但愿人人都有满意愉快的购物(消费)感受。

② 总讲我的购物(消费)感受→具体讲述我某次购物(消费)的感受→我为什么难忘这次购物(消费)的经历。

第三章　计算机辅助普通话水平测试指导

计算机辅助普通话水平测试系统,是指考生采用上机模式参加测试,"单音节字"、"多音节词语"和"朗读"三项由计算机辅助普通话水平测试(以下有时简称机测)系统自动评分,"说话"部分由省(市)中心系统调配测试员通过网络在线评分。机测减轻了普通话人工测试模式下测试员的工作量,提高了测试质量与效率,促进了普通话学习和测试手段的现代化。这是我国推广普通话历史上重大的技术创新,是普通话水平测试模式的根本性改革,是测试手段发展进程中的历史性跨越。

第一节　计算机辅助普通话水平测试应试指南

在参加测试前,请仔细阅读本"应试指南",了解计算机辅助普通话水平测试系统的操作程序和操作要领。

一、佩戴耳机(如图示)

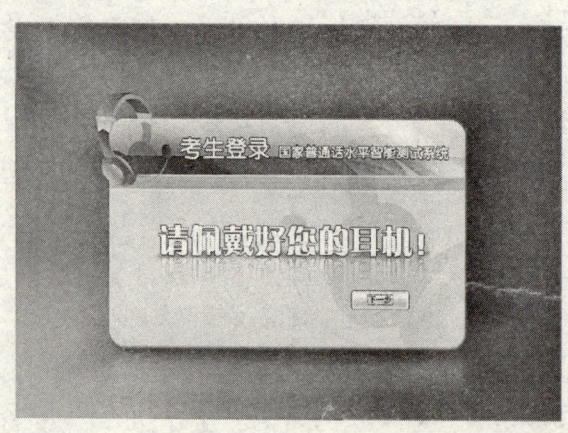

（一）应试人就座后戴上耳机（麦克风戴在左耳），并将话筒置于口腔侧前方。

（二）戴好耳机后点击"下一步"按钮继续。

二、考生登录（如图示）

（一）输入应试人的准考证编号后四位。

（二）单击"进入"按钮继续。

（三）如果输入有误，单击"修改"按钮重新输入。

三、核对信息（如图示）

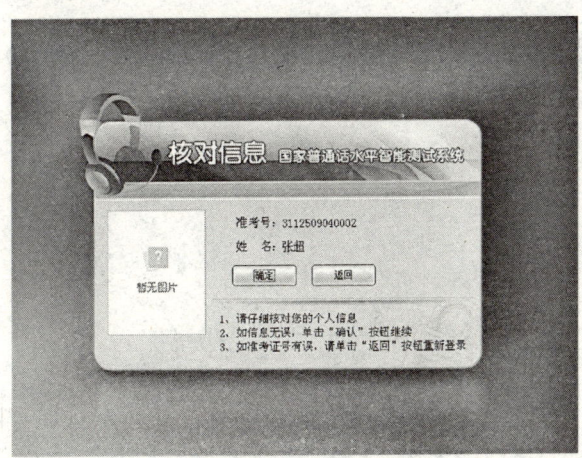

（一）请仔细核对应试人的个人信息。

（二）如信息无误，单击"确认"按钮继续。

（三）如准考证编号有误，请单击"返回"按钮重新登录。

四、等待考试指令（如图示）

（一）核对信息结束，系统会出现"等待考试指令"字样。

（二）该步骤考生不需操作，只需稍事等待。

（说明：单机版测试会出现"选择试卷"对话框，此时直接点击"确认"即可）

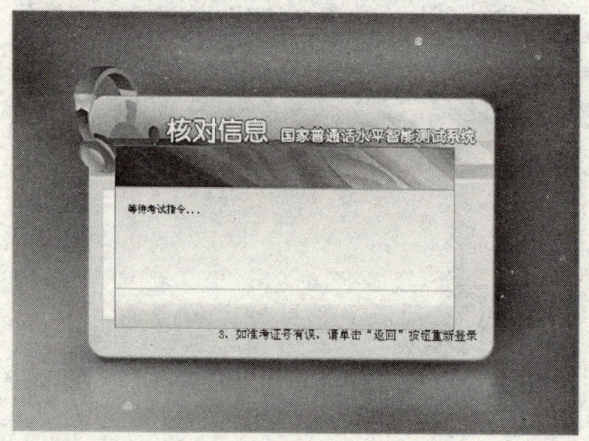

五、应试人试音（如图示）

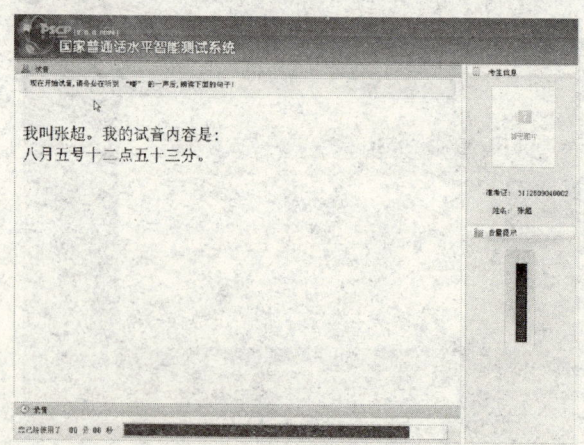

（一）提示语结束应试人听到"嘟"的一声后,用正常说话的音量朗读主屏中呈现的句子。

（二）系统会给应试人两次试音机会,如第一次试音未成功,第二次请加大音量,以确保试音成功。

（三）系统会自动调节,以适应应试人的音量,应试人无需进行任何操作。

六、试音结束（如图示）

（一）试音成功,系统会出现"等待考试指令"字样。

（二）该步骤考生不需操作,只需稍事等待。

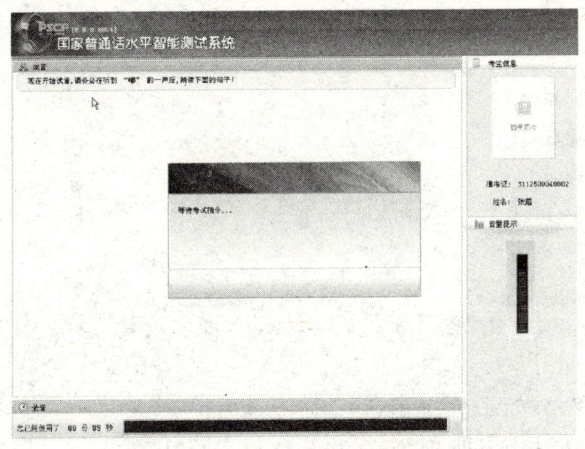

七、开始考试

提示:

（一）普通话水平测试共有 4 项题目,系统会依次显示各项内容,应试人只需根据屏幕显示的试题内容进行录音。

（二）每项试题前都有一段语音提示,请在提示语结束并听到"嘟"的一声后,再开始录音。

（三）录音过程中,应做到吐字清晰,语速适中,音量同试音时保持基本一致。

（四）录音过程中,请注意主屏下方的时间提示,确保在规定的时间内完成每项考试内容。

（五）规定时间结束,系统会自动进入下一项试题。

特别提示：

1. 考试过程中，应试人不要说试卷以外的任何内容，以免影响考试成绩。

2. 如有疑问，请举手示意，工作人员会及时前来解答。

第一题 读单音节字词（如图示）

1. 请在提示语结束并听到"嘟"的一声后，开始录音。

2. 应试人应横向依次朗读单字。

3. 如该项试题时间有余，单击屏幕右下角的"下一题"按钮，即可进入下一项试题。

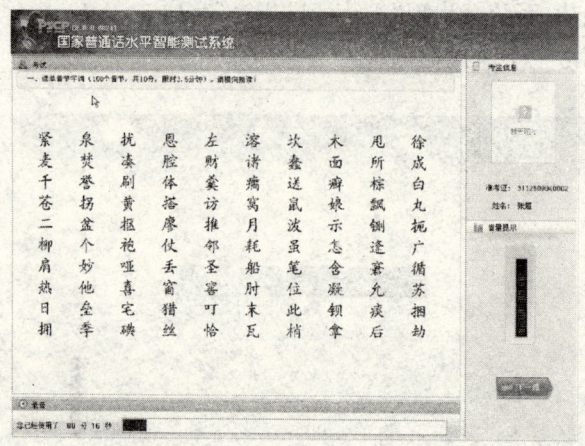

第二题 读多音节词语（如图示）

1. 请在提示语结束并听到"嘟"的一声后，开始录音。

2. 如该项试题时间有余，单击屏幕右下角的"下一题"按钮，即可进入下一项试题。

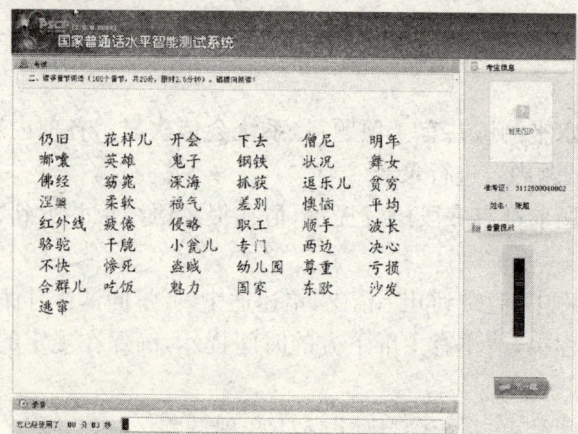

第三题　朗读短文（如图示）

1. 请在提示语结束并听到"嘟"的一声后，开始录音。

2. 如该项试题时间有余，单击屏幕右下角的"下一题"按钮，即可进入下一项试题。

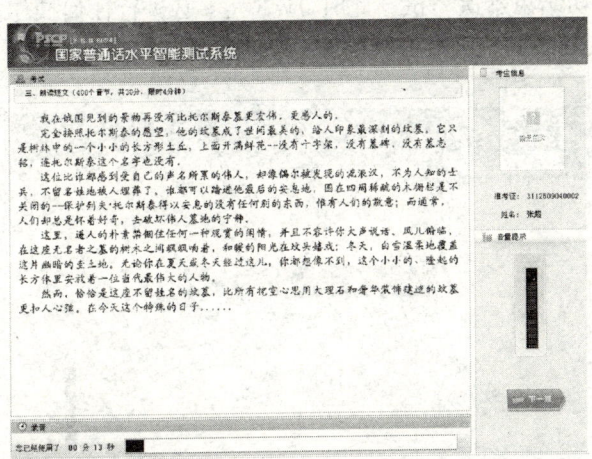

第四题　命题说话（如图示）

1. 请在提示语结束并听到"嘟"的一声后，开始录音。

2. 录音开始后，请说所选话题名称。如：我说的话题是"童年的记忆"。

3. 本题必须说满 3 分钟（请按主屏下方的时间提示条把握时间）。

4. 说话满 3 分钟后，系统会自动结束考试。

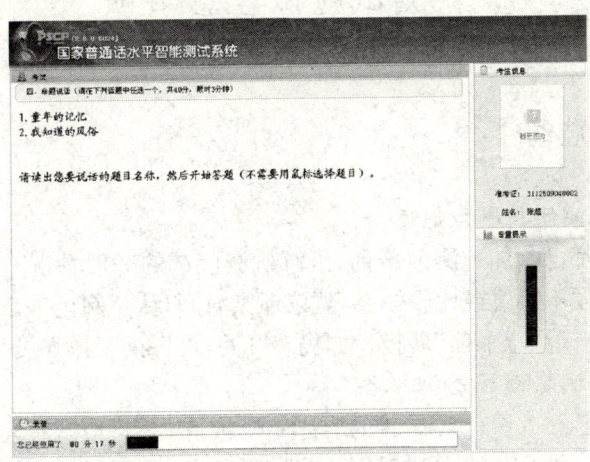

八、结束考试（如图示）

（一）考试结束后，系统会出现"考试完成，请摘下耳机，安静离开考场"字样，表示应试人已成功结束本次考试。此时，应试人不必进行任何操作。

（二）应试人摘下耳机放在桌上，然后离开试场。

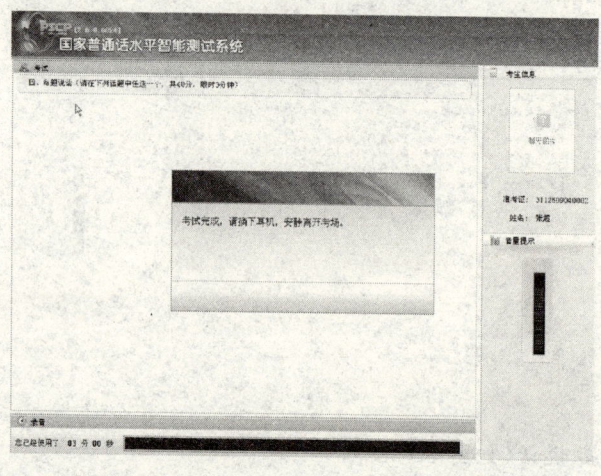

第二节　计算机辅助普通话水平测试应试注意事项

一、机测前的准备

（一）了解机测的程序和要领

应试人一般都已参加过测前培训，了解机测应试的一般情况。如果应试人对机测的程序和要领不了解或比较模糊，建议抓紧时间，认真阅读一下报到室展示的"应试指南"和"应试注意事项"展板。如仍有疑问，可咨询工作人员。

（二）上机测试前的 10 分钟准备

测试前，已为应试人留有 10 分钟的准备时间，准备内容即应试人该场测试的试卷。应试人应充分利用这 10 分钟时间。首先应浏览并默读第一、第二测试项，遇到比较生僻的字词可略作思考,第二项测试中的轻声词没有任何标记,应注意辨析,做到心中有数。这两项用时建议控制在 2.5 分钟。接着,应浏览并默读试卷给出的短文,对短文中的语音障碍可略作思考,对长句和比较拗口的句子,应反复默读几遍,安排好顿歇,能读得比较顺畅。这一项用时建议也控制在 2.5 分钟左右。剩下的 5 分钟左右,应集中精力,考虑即兴说话题。这时应首先顺着准备时拟就的提纲的思路,将话题比较完整地默说一遍,对重要的节点或没把握的内容,可着重思考一下。

二、机测的操作提示

(一)测试系统的操作

测试用计算机已设定程序,操作简便,应试人只需按提示操作即可顺利完成普通话测试。测试时,应试人不要进行其他操作,不要拉扯各种连接线,以免出现故障而影响测试。测试过程中如遇到操作上的问题,应举手示意,由工作人员前来指导、处理。

(二)"等待考试指令"界面的含义

登录系统核对信息和试音后,会给出"等待考试指令"界面,有时该界面呈现时间会比较长。这是因为所有考试机都连接在同一个测试平台上,当全部考生都完成这两个步骤后,才能进入下一个测试环节,这时,应试人要稍加等候。

因此,进入测试室后,应试人应该立即登录测试系统,不要延误时间。试音时做到声音响亮,争取一次试音成功。

(三)测试的结果

当最后命题说话测试项完成后,测试系统会自动弹出"考试完成,请摘下耳机,安静离开考场"字样。这时,应试人不必作任何操作,只要摘下耳机置于桌上,安静离开考场即可。

三、应试要领

(一)音量的把握

测试时应试人应保持中等音量(即两三个人之间正常交谈时的音量),不宜过大或过小。测试过程中,应试人的音量应保持前后基本一致。常见的问题是,有些应试人在"即兴说话"时声音越说越低,这是需要避免的。

(二)语速的把握

测试时,每题的时间安排都比较宽裕,应试人应根据测试内容的要求,保持适当的语速,既不太快,也不拖沓,做到吐字清晰完整,速度稳当,从容不迫。

(三) 避免漏读

测试时,前三项试题如果有"漏读"现象是要按字扣分的,所以要注意避免漏读,即使有不认识的字,也应揣摩着读一下。

要注意的是,看着电脑屏幕考试同看着书面材料考试的感觉可能会有些差异,换行时有可能发生漏行的现象。在读单音节字词和读多音节词语两项试题换行时可稍放慢速度,看清后再读,不要漏行(这两个测试项,行与行单字或词语的颜色已设置成蓝黑相间,以便把握);朗读短文时则要注意语义连贯,不漏行,同时,要防止添字、漏字、改字。

(四) 重复读现象的处理

第一、第二项测试时,应试人因个别字词读错而重复读,计算机评分时会自动识别,不会因为一个字的重读而影响整体评分。朗读短文时则不能出现重复读的情况,否则,计算机评分时会根据评分标准扣分。

(五) 命题说话的把握

命题说话测试项共提供了 30 个话题,应试人都应事先准备。测试时,应试人应选定试卷上两个话题中的一个进行讲述,讲述过程中更换话题作为"离题"处理。

测试时,应试人应注意屏幕下方的时间提示条,必须说满 3 分钟。说话时间每缺 30 秒,加扣 3 分;说话时间少于或等于 30 秒,说话项成绩计为 0 分。

如有背稿、离题、简单重复、反复纠错等现象,将按评分标准予以扣分。

(六) 时间的把握

测试时,应试人可留意屏幕下方的时间滚动条,监控每题的用时状况。

前三项试题的时间很充裕,每项测试结束后,应试人可点击右下方的"下一题"按钮,进入下一项试题。命题说话测试项必须说满 3 分钟。

四、机测的心理调节

(一) 克服缺少"对象感"状态

测试过程中,部分应试人面对计算机会有缺乏交流对象的不适感。要学会自我调整心态,可假设一位交流对象与自己进行交流,帮助克服这种不适感。

(二) 克服环境影响

如果测试室是常规教室或机房,通常会安排几位考生,可能会有一定的声音干扰。但每个机位之间有一定的距离,应试人应专注于自己的测试,不要刻意去听别人的声音,以免影响自己的发挥。

测试所选用的话筒能屏蔽别处的声音,不会影响计算机对应试人录音的评分,应试人不必为此担心。

（三）意外情况处理

应试人偶尔会碰到设备故障、试音失败之类的问题，此时应举手示意，工作人员会前来处理。如非人为因素造成测试失败，一般会安排重新进行测试。此时，应试人应调整心态，以良好的状态再次进行测试。

五、准考证使用

应试人进入测试室，录入准考证号并核对个人信息后，应试人应将准考证置于桌上，由工作人员查验。

第三节　计算机辅助普通话水平测试应试流程和规则

一、机测应试流程

应试人的应试程序为：报到→准备→测试→离开考区。

二、报到规则

（一）应试人必须在规定的时间内报到，迟到 30 分钟以上者将被取消应试资格。

（二）应试人进入报到室时需交验准考证和身份证（原件）。高校、中职校组织的免费测试专场，考生还需交验学生证。

（三）应试人应在报到室等候编组，不得擅自离开。擅自离开者作违反考试纪律处理。

（四）应试人应在考务人员引导下，按分组编号列队离开报到室进入准备室。

（五）报到室应保持安静。

三、准备规则

（一）进入准备室后，应试人应按编号入座。

（二）应试人应将准考证和身份证（原件）放在桌上，以便考务人员核对。

（三）应试人应在规定的时间内浏览试卷，准备应试。

（四）应试人不得在准备用试卷上作任何记号。

（五）应试人不得与他人交谈，不得翻阅个人携带的任何资料，同时应关闭通讯工具。

（六）应试人有作弊行为，按违反考试纪律处理。

（七）应试人离开准备室时，不得带走试卷。

四、测试规则

（一）应试人应按照计算机显示的试卷内容依次完成测试。

（二）应试人答题时要做到音量适中，吐字清晰，语速恰当。

（三）测试时，录入准考证编号并核对个人信息后，请将准考证放在桌上，由工作人员查验。

（四）测试时不说同测试无关的内容，如遇问题，应举手示意，等候工作人员前来处理。

（五）测试时应按程序操作，不得随意按动其他按钮或拉扯各种连接线。

（六）应试人有作弊行为，按违反考试纪律处理。

（七）应试人在测试现场不得有影响考场秩序、妨碍测试正常进行的其他行为。

第四节　有关计算机辅助普通话水平测试的几个问题

一、计算机辅助普通话水平测试和传统的人工普通话水平测试的区别

普通话水平测试时测试员直接面对被试人，通过现场听音的方式进行评分，我们将这种测试方式称为人工普通话水平测试。

计算机辅助普通话水平测试，指的是计算机作为一种测试手段参与到普通话水平测试的全过程，使用计算机辅助测试系统以部分替代传统测试员的工作，我们将这种测试方式简称机测。目前，通过计算机智能测试系统进行评分，主要对普通

话水平测试的前三项测试,即读单字、读词语和朗读短文。

二、计算机辅助普通话水平测试的可信度

2006 年 1 月 18 日,经国家语委科研规划领导小组批准,在北京召开了国家语委"十五"重点科研攻关项目"智能语音技术在普通话辅助学习中的应用研究"成果鉴定会议。经鉴定委员会 16 位专家对项目的认真评审和讨论,一致同意该项目通过国家鉴定。鉴定委员会认为:该项目主要研发目标为推动智能语音技术在普通话学习、测试中的应用。项目研究取得了突破性进展,核心技术已经达到国内和国际的领先水平。项目主要成果可以减轻人工测试和培训的工作量,提高效率,促进普通话学习和测试手段的现代化,是我国推广普通话历史上一次重大的技术创新。建议尽快投入使用,使其在普通话学习和测试中发挥作用。

2007 年 1 月,中国科技大学讯飞信息科技股份有限公司联合上海市语言文字水平测试中心、安徽省普通话培训测试中心成立课题组,进行计算机智能评测系统的实施与推广可行性研究。课题组由华东师范大学对外汉语学院叶军博士牵头,从上海、安徽两地的测试数据中抽取 100 份语音数据,分别组织两地高水平测试员和一般测试员进行独立打分,然后分别和计算机评测结果进行对比。

将计算机评分分别加入三个对照组进行分析,得出数据表明,计算机打分可以达到一名优秀测试员的打分水平。计算机打分准确,稳定,完全可以信赖。

三、应试人对计算机辅助普通话水平测试的心理接受性程度

在 2006 年 11 月 18 日(第一次)和 2007 年 4 月 21 日(第二次)进行的分别安排有机测和人测的两场测试中,华东师范大学对外汉语学院叶军博士领衔的《计算机辅助普通话水平测试应试人应试心理状态评估》课题组,专门进行了机测与人测的焦虑度调查。调查显示,对机测持否定态度的应试人要少于对人测持否定态度的应试人;同时,肯定机测者要大大多于肯定人测者。在我们所调查的人群中,机测比人测更受欢迎。

四、计算机辅助普通话水平测试的模拟测试和学习平台

畅言网(www. isay365. com)是科大讯飞公司开发的在线普通话水平智能模拟测试与学习的平台。该平台集成的普通话智能评测技术是迄今唯一获得国家语委鉴定的技术。经过国家语委批准,上海、安徽等多个省市已正式采用该技术进行

通话水平测试的在线学习。

（一）在使用网站之前，需做的准备工作

本书为读者配置了 1 张"普通话水平测试指导用书网上学习测试卡"，为读者提供全真模拟测试 1 次、在线学习 60 小时的服务（服务费用已包含在书价中）。此外，用户可以根据自己的需求选购适当面额的学习卡，新注册用户可以免费体验一次测试。在进行普通话模拟测试和在线学习之前，用户需要先下载智能测试软件。

（二）在线学习的主要优点

1. 考生可以进行在线模拟测试。随着部分地区试点推行计算机辅助普通话水平测试，需参加测试的人员可以体验普通话水平测试的机测流程，适应真实的计算机测试环境。

2. 考生可以了解自己目前存在的主要问题，有针对性地学习训练。只需花费 10 分钟左右的时间，就能大致了解到自己目前的普通话水平。同时还可以获得系统为在线者提供的测试诊断报告，了解自己普通话发音中存在的主要问题。

3. 考生可以有针对性地在网络上继续学习。系统根据应试人的模拟测试结果，提供量身订制的单字、词语、文章等学习语料，以便考生进行针对性学习训练，快速提高自己的普通话口语水平。在学习的过程中，系统将自动对应试人的发音进行评测，让考生随时掌握自己的学习效果。

（三）网站主要业务简介

1. 模拟测试。在线模拟测试系统与国家普通话水平智能测试系统高度一致，具体流程请在畅言网上察看。

2. 在线学习。用户登录畅言网后，在本书附卡的有效期内、在"在线学习 60 小时"以内，或在账户余额足够的情况下，可以进行在线普通话学习。畅言网提供了 6 种学习方式："基础语音学习"、"对比语音学习"、"综合学习"、"大纲短文学习"、"听辨音训练"和"我的课程"。

第四章 普通话水平测试相关事项答问

第一节 关于普通话水平测试的组织、实施

一、什么是普通话水平测试(PSC)?

普通话水平测试(PUTONGHUA SHUIPING CESHI,缩写为 PSC),是根据国家法律的规定,为加快国家通用语言的普及进程、提高全社会普通话水平而设置的一种语言测试制度。

普通话水平等级证书是证明应试人普通话水平的凭证。经过省级以上测试机构认定的普通话水平等级证书在全国范围内通用。

二、为什么要实施普通话水平测试?

推广和普及普通话是我国宪法规定的一项基本国策,有利于民族团结、国家统一、社会进步、文明复兴。依法开展普通话水平测试工作,将使推广和普及普通话工作走上制度化、规范化、科学化的道路,并且加强工作的力度,加快工作的速度,从而极大地提高全社会的普通话水平,使语言更好地为改革开放服务、为社会主义现代化建设服务。

《中华人民共和国宪法》等法律法规规定国家推广全国通用的普通话。开展普通话水平测试工作,是依法行政的具体体现,是各级政府有关部门在推广和普及普通话工作中完善执法手段、加大执法力度的重要措施。

开展普通话水平测试工作,还有助于政府有关部门调查和评估数十年来国家推广和普及普通话工作的成果,为今后的工作确立合理的目标、制定可行的方案、

选择适当的手段，使之更为科学、系统、有序和有效。

三、普通话水平测试有没有专门实施机构?

普通话水平测试由政府指定专门机构实施。

上海市语言文字水平测试中心是上海市教育委员会直属事业单位之一，在上海市教育委员会的领导下，并受其委托，主要履行"贯彻落实《中华人民共和国国家通用语言文字法》和《上海市实施〈中华人民共和国国家通用语言文字法〉办法》等法律法规的要求，根据本市语言文字培训测试工作规划，负责实施对本市社会各行各业的普通话水平测试和汉字应用水平测试"等基本工作职责，并承担有关国家通用语言文字基础知识和应用水平的测试、教育、科研、宣传和咨询等有关工作。

非政府指定专门机构主持的普通话水平测试结果，一律不作为普通话水平测试等级的凭证。

四、普通话水平测试的实施依据是什么?

普通话水平测试的实施依据有《普通话水平测试管理规定》《普通话水平测试规程》《普通话水平测试大纲》《计算机辅助测试普通话水平测试操作规程（试行）》等。

五、普通话水平测试的方式是怎样的?

普通话水平测试是通过测查应试人的普通话规范程度、熟练程度，认定其普通话水平等级。属于标准参照性考试。

普通话水平测试以口试方式进行。通过请应试人读 100 个单音节字词、100 个音节的多音节词语、400 个音节长度的短文，以及用时不少于 3 分钟的命题说话，对应试人掌握和运用普通话所达到的规范程度和熟练程度进行测查和评定。总测试时间为 13 分钟左右。

六、参加普通话水平测试前应该如何准备?

（一）熟悉测试内容

普通话水平测试的内容包括普通话语音、词汇和语法。测试的内容范围在《普通话水平测试用普通话词语表》《普通话水平测试用普通话与方言词语对照表》《普通话水平测试用朗读作品》《普通话水平测试用话题》中予以规定。普通话水平测试试卷的字词、短文和说话题目都在上述范围之内。

《普通话水平测试指导用书》是普通话水平测试的专业指导用书，应试人接受测试之前，应认真研读，了解考试的内容与范围，有的放矢地进行准备和操练。

（二）克服语音难点

普通话水平测试主要测查应试人普通话的规范程度、熟练程度。方言区的人学习普通话容易受方言的干扰，从而影响普通话规范程度、熟练程度。应试人应仔细研读普通话水平测试等级标准和普通话水平测试大纲，努力克服自己的语音难点，逐步提高语音水平。

（三）了解测试流程

测试过程有报到→准备→测试→离场等流程，整个过程都有工作人员引导，应试人应听从指引，顺利完成测试。

1. 报到：应按准考证规定的时间报到。报到时必须携带有效身份证件和普通话水平测试准考证。

2. 准备：正式测试前有 10 分钟的备考时间，应试人可依据测试机构提供的测试试卷准备。

3. 测试：应试人应按照准备时指定的编号在相应的计算机机位接受测试。

4. 离场：测试完毕，离开考区。

七、哪里可以受理普通话水平测试报名？

上海市语言文字水平测试中心报名处地址：长宁区延安西路 900 号（近江苏路）

报名窗口对外服务时间：周一～周五　9：15～11：30；12：45～15：30

发证窗口对外服务时间：周一～周六　9：15～11：30；12：45～16：30

报名咨询电话：62558388

投诉电话：62562616

公交车 44、57、71、76、96、127、925、936，沪朱线路

地铁 2 号、11 号线（江苏路站）

网址：http：//www.shysc.edu.sh.cn（敬请查询上海市语言文字水平测试中心网站"通知公告""测试动态"栏目。）

第二节　关于普通话水平测试
的规范与规定

一、社会人员参加普通话水平测试报名有哪些要求？

社会人员参加普通话水平测试个人报名，可以通过区县语委集体报名，也可直接到上海市语言文字水平测试中心报名处报名。

个人报名须知：

1. 应携带个人有效身份证原件，携带2张1寸近期全新免冠证件照。

2. 应阅读报名与应试的相关规定，并按要求填写报名单，所填写的报名信息不得有误。

3. 应按物价部门核定的标准缴纳测试费。

4. 应领取普通话水平测试准考证，并核对姓名、身份证号码、测试日期、测试报到时间等信息是否清晰准确。

5. 报名确认后，不得更改应试时间。在规定的应试时间未参加测试的，视作自动放弃，测试费不予退还。

6. 报名者不能重复报名。发现重复报名的，则仅确认一处测试资格，重复报名所缴纳的费用不予退还。

7. 再次接受普通话水平测试的应特别注意，根据《普通话水平测试管理规定》（教育部令第16号）第二十二条，本次测试必须与前次测试时间间隔不少于3个月方能再次参加。否则，则取消测试资格，测试费不予退还。

二、报名后能否退考？

不可以。普通话水平测试是国家考试，报名和测试都具有严肃性。报名一经确认，测试收费即时通过网络汇缴国库。此外，报名使用统一的软件，测试报名数据一旦生成，就不能更改。所以，请考生报名前考虑周全，以免带来不必要的损失。

三、普通话水平测试报名能否请人代报?

如果本人不能前来报名,可以委托他人按照报名要求,携带相关材料和报名费到报名点报名。但受委托人须同时携带自己和委托人的身份证件才能办理报名手续。

四、参加普通话水平测试时应注意些什么?

普通话水平测试应试需注意:

1. 应试人应了解《计算机辅助普通话水平测试应试指南》和《计算机辅助普通话水平测试应试注意事项》。

2. 应试人应在工作人员的引导下按以下流程完成测试:报到→准备→测试→离开考区。

3. 应试人必须按照准考证上规定的时间报到,并等候测试编号。报到时必须携带本人身份证和准考证,参加在校大学生、中职学生免费测专场的学生还须增带本人的学生证。证件不全、照片不符合要求者不予测试;迟到 30 分钟以上者,取消测试资格。

4. 参加免费测试的在校大学生、中职学生由学校统一提供数码照片,其他应试人员应在报到现场配合工作人员采集数码照片。

5. 应试人在准备室应配合工作人员再次核对证件,按指定试卷准备考试。准备时间为 10 分钟。

6. 应试人进入测试室后,应按测试编号进入相应机位入座,并按照测试系统的提示要求进行操作。测试时不要进行提示要求以外的其他操作。

7. 应试人测试结束,需经工作人员确认后,方可离开测试室。

8. 在整个应试过程中,应试人不得开启通讯工具,不得与他人交谈,不得翻阅资料。应试人如违反上述规则,将视情节轻重予以处理。

9. 应试人不得请他人代考,也不得替代他人应试,一经发现,则取消本次测试成绩,并向所在单位或相关部门通报情况。

10. 应试人对测试过程中违规操作的情况,可于测试当日向考务办公室提出申诉。

11. 参加免费测试的在校大学生、中职学生由学校统一公布成绩,发放证书。其他应试人员可于测试结束 25 个工作日之后的 1 周内,登录上海市语言文字水平测试中心网站(http://www.shysc.edu.sh.cn)查询测试成绩,并在规定的领证日期内凭身份证和"领证通知"领取《普通话水平测试等级证书》。在规定的领证日期内未领取的证书,由市语测中心代为保管 3 个月,逾期未领的作无主证书处理。

五、上海市在校大学生和中职学生参加普通话水平测试有什么要求?

上海市语言文字水平测试中心针对上海市在校大学生和中职学生参加普通话水平测试工作,制定了针对性的规定:

1. 普通高校本科三年级、高职专科二年级学生和中职学校二年级学生为享受当年免费测试的对象,其他年级学生均不可参加免费测试。

2. 应试人参加学校组织的普通话水平测试,应服从学校安排,不能自选或更改应试时间。在规定的应试时间未参加测试的,视作自动放弃,再次报名,需缴纳测试费。

3. 应试人应参加学校组织的普通话水平测试相关培训,了解《计算机辅助普通话水平测试应试指南》和《计算机辅助普通话水平测试应试注意事项》。

4. 应试人应按照规定的流程和要求完成测试。

六、上海市语言文字水平测试中心有没有开设普通话水平测试培训班?

没有。上海市语言文字水平测试中心依据《中华人民共和国国家通用语言文字法》和《上海市实施〈中华人民共和国国家通用语言文字法〉办法》关于"凡以普通话作为工作语言的岗位,其工作人员应当具备说普通话的能力。对尚未达到国家规定的普通话等级标准的,分别情况进行培训"的法规条款,遵循"教考分离"的原则,制定了全市语言文字培训机构的规范标准,着力引导全市的普通话培训市场的规范健康发展,为广大人民群众提供良好的语言文字培训服务。

应试人可在上海市语言文字水平测试中心网站上查找到符合规范标准的上海语言文字培训机构的办学情况和培训安排。

七、普通话水平测试证书遗失了怎么办?

上海市语言文字水平测试中心制定了《办理普通话水平测试等级证明暂行规定》。

1. 凡2年之内已接受过上海市语言文字水平测试中心(以下简称"市语测中心")组织的普通话水平测试,但普通话等级证书已遗失的,可以申请办理普通话水平测试等级证明。

2. 申请办理者需填写《办理普通话水平测试等级证明申请表》提出申请。《办理普通话水平测试等级证明申请表》可至市语测中心报名大厅(延安西路900号)领取或可登录上海市语言文字水平测试中心网站(http://www.shysc.edu.sh.cn)下载。

3. 申请办理者应认真填写《办理普通话水平测试等级证明申请表》。参加测试的具体时间(年、月、日)、地点、成绩、证书编号和本人身份证号码、通讯地址、联系电话必须准确无误。请在申请表右上方规定的地方贴上本人1寸近期免冠证件照。

4. 申请办理者递交《办理普通话水平测试等级证明申请表》,并现场录制本人的声音资料。

5. 市语测中心在接到《办理普通话水平测试等级证明申请表》后,对申请办理者重新录入的声音资料和原有的录音资料进行比照,于20个工作日之内给予办理。

6. 申请办理者根据《领取普通话水平测试等级证明通知》的规定,凭本人身份证领取等级证明。20天内不领证,中心不予保管。若需等级证明,应重新申请。

附　　录

1. 汉语拼音方案

(1957 年 11 月 1 日国务院全体会议第 60 次会议通过)
(1958 年 2 月 11 日第一届全国人民代表大会第五次会议批准)

一、字 母 表

字母：	Aa	Bb	Cc	Dd	Ee	Ff	Gg
名称：	ㄚ	ㄅㄝ	ㄘㄝ	ㄉㄝ	ㄜ	ㄝㄈ	ㄍㄝ
	Hh	Ii	Jj	Kk	Ll	Mm	Nn
	ㄏㄚ	ㄧ	ㄐㄧㄝ	ㄎㄝ	ㄝㄌ	ㄝㄇ	ㄋㄝ
	Oo	Pp	Qq	Rr	Ss	Tt	
	ㄛ	ㄆㄝ	ㄑㄧㄡ	ㄚㄦ	ㄝㄙ	ㄊㄝ	
	Uu	Vv	Ww	Xx	Yy	Zz	
	ㄨ	ㄪㄝ	ㄨㄚ	ㄒㄧ	ㄧㄚ	ㄗㄝ	

v 只用来拼写外来语、少数民族语言和方言。
字母的手写体依照拉丁字母的一般书写习惯。

二、声 母 表

b	p	m	f		d	t	n	l
ㄅ玻	ㄆ坡	ㄇ摸	ㄈ佛		ㄉ得	ㄊ特	ㄋ讷	ㄌ勒
g	k	h			j	q	x	
ㄍ哥	ㄎ科	ㄏ喝			ㄐ基	ㄑ欺	ㄒ希	
zh	ch	sh	r		z	c	s	
ㄓ知	ㄔ蚩	ㄕ诗	ㄖ日		ㄗ资	ㄘ雌	ㄙ思	

在给汉字注音的时候，为了使拼式简短，zh ch sh 可以省作 ẑ ĉ ŝ。

三、韵母表

	i ㄧ 衣	u ㄨ 乌	ü ㄩ 迂
a ㄚ 啊	ia ㄧㄚ 呀	ua ㄨㄚ 蛙	
o ㄛ 喔		uo ㄨㄛ 窝	
e ㄜ 鹅	ie ㄧㄝ 耶		üe ㄩㄝ 约
ai ㄞ 哀		uai ㄨㄞ 歪	
ei ㄟ 欸		uei ㄨㄟ 威	
ao ㄠ 熬	iao ㄧㄠ 腰		
ou ㄡ 欧	iou ㄧㄡ 忧		
an ㄢ 安	ian ㄧㄢ 烟	uan ㄨㄢ 弯	üan ㄩㄢ 冤
en ㄣ 恩	in ㄧㄣ 因	uen ㄨㄣ 温	ün ㄩㄣ 晕
ang ㄤ 昂	iang ㄧㄤ 央	uang ㄨㄤ 汪	
eng ㄥ 亨的韵母	ing ㄧㄥ 英	ueng ㄨㄥ 翁	
ong （ㄨㄥ） 轰的韵母	iong ㄩㄥ 雍		

(1) “知、蚩、诗、日、资、雌、思”等七个音节的韵母用 i，即：知、蚩、诗、日、资、雌、思等字拼作 zhi，chi，shi，ri，zi，ci，si。

(2) 韵母儿写成 er，用作韵尾的时候写成 r。例如：“儿童”拼作 ertong，“花儿”拼作 huar。

(3) 韵母ㄝ单用的时候写成 ê。

(4) i 行的韵母，前面没有声母的时候，写成 yi（衣），ya（呀），ye（耶），yao（腰），you（忧），yan（烟），yin（因），yang（央），ying（英），yong（雍）。

u 行的韵母，前面没有声母的时候，写成 wu（乌），wa（蛙），wo（窝），wai（歪），wei（威），wan（弯），wen（温），wang（汪），weng（翁）。

ü 行的韵母，前面没有声母的时候，写成 yu（迂），yue（约），yuan（冤），yun（晕）；ü 上两点省略。

ü 行的韵母跟声母 j，q，x 拼的时候，写成 ju（居），qu（区），xu（虚），ü 上两点也省略；但是跟声母 n，l 拼的时候，仍然写成 nü（女），lü（吕）。

(5) iou，uei，uen 前面加声母的时候，写成 iu，ui，un，例如 niu（牛），gui（归），lun（论）。

(6) 在给汉字注音的时候，为了使拼式简短，ng 可以省作 ŋ。

四、声 调 符 号

阴平	阳平	上声	去声
ˉ	ˊ	ˇ	ˋ

声调符号标在音节的主要母音上。轻声不标。例如：

妈 mā	麻 má	马 mǎ	骂 mà	吗 ma
（阴平）	（阳平）	（上声）	（去声）	（轻声）

五、隔 音 符 号

a，o，e 开头的音节连接在其他音节后面的时候，如果音节的界限发生混淆，用隔音符号（'）隔开，例如：pi'ao（皮袄）。

2. 普通话声韵配合总表（见书末插页）

3. 普通话异读词审音表

中国文字改革委员会普通话审音委员会，于 1957 年、1959 年至 1962 年先后发表了《普通话异读词审音表初稿》正编、续编和三编，1963 年公布《普通话异读词三次审音总表初稿》。经过二十多年的实际应用，普通话审音委员会在总结经验的基础上，于 1982 年至 1985 年组织专家学者进行审核修订，制定了《普通话异读词审音表》，这个审音表经过国家语言文字工作委员会、国家教育委员会、广播电视部（现为广播电影电视总局）审核通过，于 1985 年 12 月联合发布。

说　　明

（一）本表所审，主要是普通话有异读的词和有异读的作为"语素"的字。不列出多音多义字的全部读音和全部义项，与字典、词典形式不同。例如："和"字有多种义项和读音，而本表仅列出原有异读的八条词语，分列于 hè 和 huo 两种读音之下（有多种读音，较常见的在前。下同）；其余无异读的音、义均不涉及。

（二）在字后注明"统读"的，表示此字不论用于任何词语中只读一音（轻声变读不受此限），本表不再举出词例。例如："阀"字注明"fá（统读）"，原表"军阀"、"学阀"、"财阀"条和原表所无的"阀门"等词均不再举。

（三）在字后不注"统读"的，表示此字有几种读音，本表只审订其中有异读的词语的读音。例如"艾"字本有 ài 和 yì 两音，本表只举"自怨自艾"一词，注明此处读 yì 音；至于 ài 音及其义项，并无异读，不再赘列。

（四）有些字有文白二读，本表以"文"和"语"作注。前者一般用于书面语言，用于复音词和文言成语中;后者多用于口语中的单音词及少数日常生活事物的复音词中。这种情况在必要时各举词语为例。例如:"杉"字下注"(一) shān(文):紫～、红～、水～;(二) shā(语):～篙、～木"。

(五) 有些字除附举词例之外,酌加简单说明,以便读者分辨。说明或按具体字义,或按"动作义"、"名物义"等区分,例如:"畜"字下注"(一) chù(名物义):～力、家～、牲～、幼～;(二) xù(动作义):～产、～牧、～养"。

(六) 有些字的几种读音中某音用处较窄,另音用处甚宽,则注"除××(较少的词)念乙音外,其他都念甲音",以避免列举词条繁而未尽、挂一漏万的缺点。例如:"结"字下注"除'～了个果子'、'开花～果'、'～巴'、'～实'念 jiē 之外,其他都念 jié"。

(七) 由于轻声问题比较复杂,除《初稿》涉及的部分轻声词之外,本表一般不予审订,并删去部分原审的轻声词,例如"麻刀(dao)"、"容易(yi)"等。

(八) 本表酌增少量有异读的字或词,作了审订。

(九) 除因第二、六、七各条说明中所举原因而删略的词条之外,本表又删汰了部分词条。主要原因是:1. 现已无异读(如"队伍"、"理会");2. 罕用词语(如"侪分"、"仔密");3. 方言土音(如"归里包堆〔zuī〕"、"告送〔song〕");4. 不常用的文言词语(如"刍荛"、"氍毹");5. 音变现象(如"胡里八涂〔tū〕"、"毛毛腾腾〔tēngtēng〕");6. 重复累赘(如原表"色"字的有关词语分列达 23 条之多)。删汰条目不再编入。

(十) 人名、地名的异读审订,除原表已涉及的少量词条外,留待以后再审。

A

阿(一) ā
～訇　～罗汉
～木林
～姨
(二) ē
～谀　～附
～胶　～弥陀佛
挨(一) āi
～个　～近
(二) ái

～打　～说
癌 ái(统读)
霭 ǎi(统读)
蔼 ǎi(统读)
隘 ài(统读)
谙 ān(统读)
埯 ǎn(统读)
昂 áng(统读)
凹 āo(统读)
拗(一) ào
～口
(二) niù

执～　脾气很～
坳 ào(统读)

B

拔 bá(统读)
把 bà
　印～子
白 bái(统读)
膀 bǎng
　翅～
蚌(一) bàng
蛤～

(二) bèng
～埠
傍 bàng(统读)
磅 bàng
　过～
龅 bāo(统读)
胞 bāo(统读)
薄(一) báo(语)常
　单用,如"纸很
　～"。
(二) bó (文)多
用于复音词。

～弱 稀～
淡～ 单～
尖嘴～舌
厚～
堡(一) bǎo
碉～ ～垒
(二) bǔ
～子 吴～
瓦窑～ 柴沟～
(三) pù
十里～
暴(一) bào
～露
(二) pù
一～(曝)十寒
爆 bào(统读)
焙 bèi(统读)
惫 bèi(统读)
背bèi
～脊 ～静
鄙 bǐ(统读)
俾 bǐ(统读)
笔 bǐ(统读)
比 bǐ(统读)
臂(一) bì
手～ ～膀
(二) bei
胳～
庇 bì(统读)
髀 bì(统读)
避 bì(统读)
辟bì
复～

裨bì
～补 ～益
婢 bì(统读)
痹 bì(统读)
壁 bì(统读)
蝙 biān(统读)
遍 biàn(统读)
骠(一) biāo
黄～马
(二) piào
～骑 ～勇
傧 bīn(统读)
缤 bīn(统读)
濒 bīn(统读)
髌 bìn(统读)
屏(一) bǐng
～除 ～弃
～气 ～息
(二) píng
～藩 ～风
柄 bǐng(统读)
波 bō(统读)
播 bō(统读)
菠 bō(统读)
剥(一) bō(文)
～削
(二) bāo(语)
泊(一) bó
淡～ 飘～
停～
(二) pō
湖～ 血～
帛 bó(统读)

勃 bó(统读)
钹 bó(统读)
伯(一) bó
～～(bo)
老～
(二) bǎi
大～子(丈夫的哥哥)
箔 bó(统读)
簸(一) bǒ
颠～
(二) bò
～箕
膊 bo
胳～
卜 bo
萝～
醭 bú(统读)
哺 bǔ(统读)
捕 bǔ(统读)
鵏 bǔ (统读)
埠 bù(统读)

C

残 cán(统读)
惭 cán(统读)
灿 càn(统读)
藏(一) cáng
矿～
(二) zàng
宝～
糙 cāo(统读)
嘈 cáo(统读)

螬 cáo(统读)
厕 cè(统读)
岑 cén(统读)
差(一) chā(文)
不～累黍
不～什么 偏～
色～ ～别
视～ 误～
电势～ 一念之～
～池 ～错
言～语错
一～二错
阴错阳～ ～等
～额 ～价
～强人意 ～数
～异
(二) chà(语)
～不多 ～不离
～点儿
(三) cī
参～
猹 chá(统读)
搽 chá(统读)
阐 chǎn(统读)
羼 chàn(统读)
颤(一) chàn
～动 发～
(二) zhàn
～栗(战栗)
打～(打战)
韂 chàn(统读)
伥 chāng(统读)
场(一) chǎng

~合 ~所
冷~ 捧~
(二) cháng
外~ 圩~
~院 一~雨
(三) chang
排~
钞 chāo(统读)
巢 cháo(统读)
嘲 cháo
　　~讽 ~骂
　　~笑
秒 chào(统读)
车(一) chē
　　安步当~
　　杯水~薪
　　闭门造~
　　螳臂当~
(二) jū
(象棋棋子名称)
晨 chén(统读)
称 chèn
　　~心 ~意
　　~职 对~
　　相~
撑 chēng(统读)
乘 (动作义,念
chéng)
　　包~制 ~便
　　~风破浪 ~客
　　~势 ~兴
橙 chéng(统读)
惩 chéng(统读)
澄(一) chéng(文)

~清(如"~清混
乱"、"～清问
题")
(二) dèng(语)
单用,如"把水~
清了"。
痴 chī(统读)
吃 chī(统读)
弛 chí(统读)
褫 chǐ(统读)
尺 chǐ
　　~寸 ~头
敕 chì(统读)
侈 chǐ(统读)
炽 chì(统读)
春 chōng(统读)
冲 chòng
　　~床 ~模
臭(一) chòu
　　遗~万年
(二) xiù
　　乳~ 铜~
储 chǔ(统读)
处 chǔ(动作义)
　　~罚 ~分
　　~决 ~理
　　~女 ~置
畜(一) chù(名物
义)
　　~力 家~
　　牲~ 幼~
(二) xù (动作
义)
　　~产 ~牧

~养
触 chù(统读)
搐 chù(统读)
绌 chù(统读)
黜 chù(统读)
闯 chuǎng(统读)
创(一) chuàng
　　草~ ~举
　　首~ ~造
　　~作
(二) chuāng
　　~伤 重~
绰(一) chuò
　　~~有余
(二) chuo
　　宽~
疵 cī(统读)
雌 cí(统读)
赐 cì(统读)
伺 cì
　　~候
枞(一) cōng
　　~树
(二) zōng
　　~阳〔地名〕
从 cóng(统读)
丛 cóng(统读)
攒 cuán
　　万头~动
　　万箭~心
脆 cuì(统读)
撮(一) cuō
　　~儿
　　一~儿盐

一~儿匪帮
(二) zuǒ
　　一~儿毛
措 cuò(统读)

D

搭 dā(统读)
答(一) dá
　　报~ ~复
(二) dā
　　~理 ~应
打 dá
　　苏~ 一~(十
二个)
大(一) dà
　　~夫(古官名)
　　~王(如:爆破
~王、钢铁~王)
(二) dài
　　~夫(医生)
　　~黄 ~王(如:
山~王) ~城
〔地名〕
呆 dāi(统读)
傣 dǎi(统读)
逮(一) dài(文)如
"~捕"。
(二) dǎi(语)单
用,如"~蚊子"、
"~特务"。
当(一) dāng
　　~地 ~间儿
　　~年(指过去)
　　~日(指过去)

～天（指过去）

～时（指过去）

螳臂～车

（二）dàng

一个～俩

安步～车

适～

～年（同一年）

～日（同一时候）

～天（同一天）

档 dàng（统读）

蹈 dǎo（统读）

导 dǎo（统读）

倒（一）dǎo

颠～　颠～是非

颠～黑白

颠三～四

倾箱～箧

排山～海　～板

～嚼　～仓

～嗓　～戈

潦～

（二）dào

～粪（把粪弄碎）

悼 dào（统读）

纛 dào（统读）

凳 dèng（统读）

羝 dī（统读）

氏 dī〔古民族名〕

堤 dī（统读）

提 dī

　～防

的 dí

　～当　～确

抵 dǐ（统读）

蒂 dì（统读）

缔 dì（统读）

谛 dì（统读）

点 dian

　打～（收拾、贿

　赂）

跌 diē（统读）

蝶 dié（统读）

订 dìng（统读）

都（一）dōu

　～来了

（二）dū

　～市　首～

　大～（大多）

堆 duī（统读）

吨 dūn（统读）

盾 dùn（统读）

多 duō（统读）

咄 duō（统读）

掇（一）duō（"拾

　取、采取"义）

（二）duo

　撺～　掂～

裰 duō（统读）

踱 duó（统读）

度 duó

　忖～　～德量力

E

娿 ē（统读）

F

伐 fá（统读）

阀 fá（统读）

砝 fǎ（统读）

法 fǎ（统读）

发 fà

　理～　脱～

　结～

帆 fān（统读）

藩 fān（统读）

梵 fàn（统读）

坊（一）fāng

　牌～　～巷

（二）fáng

　粉～　磨～　碾

　～　染～　油～

　谷～

妨 fáng（统读）

防 fáng（统读）

肪 fáng（统读）

沸 fèi（统读）

汾 fén（统读）

讽 fěng（统读）

肤 fū（统读）

敷 fū（统读）

俘 fú（统读）

浮 fú（统读）

服 fú

　～毒　～药

拂 fú（统读）

辐 fú（统读）

幅 fú（统读）

甫 fǔ（统读）

复 fù（统读）

缚 fù（统读）

G

噶 gá（统读）

冈 gāng（统读）

刚 gāng（统读）

岗 gǎng

　～楼　～哨

　～子　门～

　站～　山～子

港 gǎng（统读）

葛（一）gé

　～藤　～布

　瓜～

（二）gě〔姓〕（包

　括单、复姓）

隔 gé（统读）

革 gé

　～命　～新

　改～

合 gě（一升的十分

　之一）

给（一）gěi（语）

　单用。

（二）jǐ（文）

　补～　供～

　供～制　～予

　配～　自～自足

亘 gèn（统读）

更 gēng

　五～　～生

颈 gěng

　脖～子

供（一）gōng

　～给　提～

~销

（二）gòng

口～　翻～

上～

佝 gōu（统读）

枸 gǒu

　～杞

勾 gòu

　～当

估（除"～衣"读 gù

外，都读 gū）

骨（除"～碌"、"～

朵"读 gū 外，都

读 gǔ）

谷 gǔ

　～雨

锢 gù（统读）

冠（一）guān（名物

义）

　～心病

（二）guàn（动作

义）

沐猴而～　～军

犷 guǎng（统读）

庋 guǐ（统读）

桧（一）guì（树名）

　（二）huì（人名）

"秦～"。

刽 guì（统读）

聒 guō（统读）

蝈 guō（统读）

过（除姓氏读 guō

外，都读 guò）

H

虾 há

　～蟆

哈（一）hǎ

　～达

（二）hà

　～什蚂

汗 hán

　可～

巷 hàng

　～道

号 háo

　寒～虫

和（一）hè

　唱～　附～

　曲高～寡

（二）huo

　搀～　搅～

　暖～　热～

　软～

貉（一）hé（文）

　一丘之～

（二）háo（语）

　～绒　～子

壑 hè（统读）

褐 hè（统读）

喝 hè

　～采　～道

　～令　～止

　呼幺～六

鹤 hè（统读）

黑 hēi（统读）

亨 hēng（统读）

横（一）héng

　～肉　～行霸道

（二）hèng

　蛮～　～财

訇 hōng（统读）

虹（一）hóng（文）

　～彩　～吸

（二）jiàng（语）

单说。

讧 hòng（统读）

囫 hú（统读）

瑚 hú（统读）

蝴 hú（统读）

桦 huà（统读）

徊 huái（统读）

踝 huái（统读）

浣 huàn（统读）

黄 huáng（统读）

荒 huang

　饥～（指经济困

难）

诲 huì（统读）

贿 huì（统读）

会 huì

　一～儿　多～

儿　～厌（生理

名词）

混 hùn

　～合　～乱

　～凝土　～淆

　～血儿　～杂

蠖 huò（统读）

霍 huò（统读）

豁 huò

～亮

获 huò（统读）

J

羁 jī（统读）

击 jī（统读）

奇 jī

　～数

芨 jī（统读）

缉（一）jī

　通～　侦～

（二）qī

　～鞋口

几 jī

　茶～　条～

圾 jī（统读）

戢 jí（统读）

疾 jí（统读）

汲 jí（统读）

棘 jí（统读）

藉 jí

　狼～（籍）

嫉 jí（统读）

脊 jí（统读）

纪（一）jǐ（姓）

（二）jì

　～念　～律

　纲～　～元

偈 jì

　～语

绩 jì（统读）

迹 jì（统读）

寂 jì（统读）

箕 ji

簸~
辑 jí
　逻~
茄 jiā
　雪~
夹 jiā
　~带藏掖
　~道儿　~攻
　~棍　~生
　~杂　~竹桃
　~注
浃 jiā(统读)
甲 jiǎ(统读)
歼 jiān(统读)
鞯 jiān(统读)
间(一) jiān
　~不容发　中~
　(二) jiàn
　中~儿　~道
　~谍　~断
　~或　~接
　~距　~隙
　~续　~阻
　~作　挑拨离~
趼 jiǎn(统读)
俭 jiǎn(统读)
缰 jiāng(统读)
膙 jiǎng(统读)
嚼(一) jiáo(语)
　味同~蜡
　咬文~字
　(二) jué(文)
　咀~
　过屠门而大~

(三) jiào
　倒~(倒嚼)
侥 jiǎo
　~幸
角(一) jiǎo
　八~(大茴香)
　~落　独~戏
　~膜　~度
　~儿(犄~)
　~楼　勾心斗~
　号~　口~
　(嘴~)　鹿~菜
　头~
　(二) jué
　~斗　~儿(脚
　色)　口~(吵
　嘴)　主~儿
　配~儿　~力
　捧~儿
脚(一) jiǎo
　根~
　(二) jué
　~儿(也作"角
　儿",脚色)
剿(一) jiǎo
　围~
　(二) chāo
　~说　~袭
校 jiào
　~勘　~样
　~正
较 jiào(统读)
酵 jiào(统读)

嗟 jiē(统读)
疖 jiē(统读)
结(除"~了个果
　子"、"开花~
　果"、"~巴"、
　"~实"念 jiē 之
　外,其他都念
　jié)
睫 jié(统读)
芥(一) jiè
　~菜(一般的芥
　菜)　~末
　(二) gài
　~菜(也作"盖
　菜")　~蓝菜
矜 jīn
　~持　自~
　~怜
仅 jǐn
　~ ~　绝无
　~有
馑 jǐn(统读)
觐 jìn(统读)
浸 jìn(统读)
斤 jin
　千~(起重的工
　具)
茎 jīng(统读)
粳 jīng(统读)
鲸 jīng(统读)
境 jìng(统读)
痉 jìng(统读)
劲 jìng

　刚~
窘 jiǒng(统读)
究 jiū(统读)
纠 jiū(统读)
鞠 jū(统读)
鞠 jū(统读)
掬 jū(统读)
苴 jū(统读)
咀 jǔ
　~嚼
矩(一) jǔ
　~形
　(二) ju
　规~
俱 jù(统读)
龟 jūn
　~裂(也作"皲
　裂")
菌(一) jūn
　细~　病~
　杆~　霉~
　(二) jùn
　香~　~子
俊 jùn(统读)

K

卡(一) kǎ
　~宾枪　~车
　~介苗　~片
　~通
　(二) qiǎ
　~子　关~
揩 kāi(统读)

慨 kǎi(统读)

忾 kài(统读)

勘 kān(统读)

看 kān

　～管　～护

　～守

慷 kāng(统读)

拷 kǎo(统读)

坷 kē

　～拉(垃)

疴 kē(统读)

壳(一) ké(语)

　～儿　贝～儿

　脑～　驳～枪

(二) qiào(文)

　地～　甲～

　躯～

可(一) kě

　～～儿的

(二) kè

　～汗

恪 kè(统读)

刻 kè(统读)

克 kè

　～扣

空(一) kōng

　～心砖　～城计

(二) kòng

　～心吃药

眍 kōu(统读)

矻 kū(统读)

酷 kù(统读)

框 kuàng(统读)

矿 kuàng(统读)

傀 kuǐ(统读)

溃(一) kuì

　～烂

(二) huì

　～脓

篑 kuì(统读)

括 kuò(统读)

L

垃 lā(统读)

邋 lā(统读)

罱 lǎn(统读)

缆 lǎn(统读)

蓝 lan

　苤～

琅 láng(统读)

捞 lāo(统读)

劳 láo(统读)

醪 láo(统读)

烙(一) lào

　～印　～铁

　～饼

(二) luò

　炮～(古酷刑)

勒(一) lè(文)

　～逼　～令

　～派　～索

　悬崖～马

(二) lēi(语)多单用。

擂(除"～台"、"打～"读 lèi 外,都读 léi)

礌 léi(统读)

羸 léi(统读)

蕾 lěi(统读)

累(一) lèi(辛劳义,如"受～")〔受劳～〕)

(二) léi(如"～赘")

(三) lěi(牵连义,如"带～"、"～及"、"连～"、"赔～"、"牵～"、"受～"〔受牵～〕)

蠡(一) lí

　管窥～测

(二) lǐ

　～县　范～

喱 lí(统读)

连 lián(统读)

敛 liǎn(统读)

恋 liàn(统读)

量(一) liàng

　～入为出　忖～

(二) liang

　打～　掂～

踉 liàng

　～跄

潦 liáo

　～草　～倒

劣 liè(统读)

捩 liè(统读)

趔 liè(统读)

拎 līn(统读)

遴 lín(统读)

淋(一) lín

　～浴　～漓

　～巴

(二) lìn

　～硝　～盐

　～病

蛉 líng(统读)

榴 liú(统读)

馏(一) liú(文)

　如"干～"、"蒸～"。

(二) liù(语)

　如"～馒头"。

镏 liú

　～金

碌 liù

　～碡

笼(一) lóng(名物义)

　～子　牢～

(二) lǒng(动作义)

　～络　～括

　～统　～罩

偻(一) lóu

　佝～

(二) lǚ

　伛～

瞜 lou

　眍～

虏 lǔ(统读)

掳 lǔ(统读)

露(一) lù(文)

　赤身～体　～天

~骨　~头角
藏头~尾
抛头~面
~头(矿)
(二) lòu(语)
~富　~苗
~光　~相
~马脚　~头
桐 lú(统读)
捋(一) lǚ
　~胡子
(二) luō
　~袖子
绿(一) lǜ(语)
(二) lù(文)
　~林　鸭~江
孪 luán(统读)
挛 luán(统读)
掠 lüè(统读)
囵 lún(统读)
络 luò
　~腮胡子
落(一) luò(文)
　~膘　~花生
　~魄　涨~
　~槽　着~
(二) lào(语)
　~架　~色
　~炕　~枕
　~儿　~子(一
种曲艺)
(三) là(语),遗
落义。
丢三~四

~在后面

M

脉(除"~~"念
mòmò 外,一律
念 mài)
漫 màn(统读)
蔓(一) màn(文)
　~延　不~不支
(二) wàn(语)
瓜~　压~
牤 māng(统读)
氓 máng
　流~
芒 máng(统读)
铆 mǎo(统读)
瑁 mào(统读)
虻 méng(统读)
盟 méng(统读)
祢 mí(统读)
眯(一) mí
　~了眼(灰尘等
入目,也作"迷")
(二) mī
　~了一会儿(小
睡)　~缝着眼
(微微合目)
麋(一) mí
　~费
(二) mǐ
风~　委~
披~
秘(除"~鲁"读 bì
外,都读 mì)

泌(一) mì(语)
分~
(二) bì(文)
~阳〔地名〕
娩 miǎn(统读)
缈 miǎo(统读)
皿 mǐn(统读)
闽 mǐn(统读)
茗 míng(统读)
酩 mǐng(统读)
谬 miù(统读)
摸 mō(统读)
模(一) mó
　~范　~式
　~型　~糊
　~特儿
　~棱两可
(二) mú
　~子　~具
　~样
膜 mó(统读)
摩 mó
　按~　抚~
嬷 mó(统读)
墨 mò(统读)
糢 mò(统读)
沫 mò(统读)
缪 móu
　绸~

N

难(一) nán
困~(或变轻声)
　~兄~弟(难得

的兄弟,现多用
作贬义)
(二) nàn
排~解纷　发~
刁~　责~
~兄~弟(共患
难或同受苦难的
人)
蝻 nǎn(统读)
蛲 náo(统读)
讷 nè(统读)
馁 něi(统读)
嫩 nèn(统读)
恁 nèn(统读)
妮 nī(统读)
拈 niān(统读)
鲇 nián(统读)
酿 niàng(统读)
尿(一) niào
糖~病
(二) suī(只用
于口语名词)
尿(niào)~
　~脬
嗫 niè(统读)
宁(一) níng
安~
(二) nìng
~可　无~〔姓〕
忸 niǔ(统读)
脓 nóng(统读)
弄(一) nòng
玩~
(二) lòng

~堂

暖 nuǎn(统读)

衄 nǜ(统读)

疟(一) nüè(文)

　~疾

　(二) yào(语)

　发~子

娜(一) nuó

　婀~　袅~

　(二) nà

　(人名)

O

殴 ōu(统读)

呕 ǒu(统读)

P

杷 pá(统读)

琶 pá(统读)

牌 pái(统读)

排 pǎi

　~子车

迫 pǎi

　~击炮

湃 pài(统读)

爿 pán(统读)

胖 pán

　心广体~(~为

　安舒貌)

蹒 pán(统读)

畔 pàn(统读)

乓 pāng(统读)

滂 pāng(统读)

脬 pāo(统读)

胚 pēi(统读)

喷(一) pēn

　~嚏

　(二) pèn

　~香

　(三) pen

　嚏~

澎 péng(统读)

坯 pī(统读)

披 pī(统读)

匹 pǐ(统读)

僻 pì(统读)

譬 pì(统读)

片(一) piàn

　~子　唱~

　画~　相~

　影~　~儿会

　(二) piān(口语

　一部分词)

　~子　~儿

　唱~儿　画~儿

　相~儿　影~儿

剽 piāo(统读)

缥 piāo

　~缈(飘渺)

撇 piē

　~弃

聘 pìn(统读)

乒 pīng(统读)

颇 pō(统读)

剖 pōu(统读)

仆(一) pū

　前~后继

　(二) pú

~从

扑 pū(统读)

朴(一) pǔ

　俭~　~素

　~质

　(二) pō

　~刀

　(三) pò

　~硝　厚~

圤 pǔ(统读)

瀑 pù

　~布

曝(一) pù

　一~十寒

　(二) bào

　~光(摄影术语)

Q

栖 qī

　两~

戚 qī(统读)

漆 qī(统读)

期 qī(统读)

蹊 qī

　~跷

蛴 qí(统读)

畦 qí(统读)

其 qí(统读)

骑 qí(统读)

企 qǐ(统读)

绮 qǐ(统读)

杞 qǐ(统读)

械 qì(统读)

洽 qià(统读)

签 qiān(统读)

潜 qián(统读)

荨(一) qián(文)

　~麻

　(二) xún(语)

　~麻疹

嵌 qiàn(统读)

欠 qian

　打哈~

戕 qiāng(统读)

镪 qiāng

　~水

强(一) qiáng

　~渡　~制

　~取豪夺

　博闻~识

　(二) qiǎng

　勉~　牵~

　~词夺理　~迫

　~颜为笑

　(三) jiàng

　倔~

襁 qiǎng(统读)

跄 qiàng(统读)

悄(一) qiāo

　~~儿的

　(二) qiǎo

　~默声儿的

橇 qiāo(统读)

翘(一) qiào(语)

　~尾巴

　(二) qiáo(文)

　~首　~楚

　连~

怯 qiè(统读)

挈 qiè(统读)

趄 qie

　　趔～

侵 qīn(统读)

衾 qīn(统读)

噙 qín(统读)

倾 qīng(统读)

亲 qìng

　　～家

穹 qióng(统读)

駿 qū(统读)

曲(麯) qū

　　大～　红～

　　神～

渠 qú(统读)

瞿 qú(统读)

蠼 qú(统读)

苣 qǔ

　　～荬菜

龋 qǔ(统读)

趣 qù(统读)

雀 què

　　～斑　～盲症

R

髯 rán(统读)

攘 rǎng(统读)

桡 ráo(统读)

绕 rào(统读)

任 rén〔姓,地名〕

妊 rèn(统读)

扔 rēng(统读)

容 róng(统读)

糅 róu(统读)

茹 rú(统读)

孺 rú(统读)

蠕 rú(统读)

辱 rǔ(统读)

挼 ruó(统读)

S

靸 sǎ(统读)

噻 sāi(统读)

散(一) sǎn

　　懒～　～漫

　　零零～～

　　(二) san

　　零～

丧 sang

　　哭～着脸

扫(一) sǎo

　　～兴

　　(二) sào

　　～帚

埽 sào(统读)

色(一) sè(文)

　　(二) shǎi(语)

塞(一) sè(文)动

　　作义。

　　(二) sāi(语)名

　　物义,如:"活

　　～"、"瓶～";动

　　作义,如:"把洞

　　～住"。

森 sēn(统读)

煞(一) shā

　　～尾　收～

　　(二) shà

　　～白

啥 shá(统读)

厦(一) shà(语)

　　(二) xià(文)

　　～门　噶～

杉(一) shān(文)

　　紫～　红～

　　水～

　　(二) shā(语)

　　～篙　～木

衫 shān(统读)

姗 shān(统读)

苫(一) shàn(动作

　　义,如"～布")

　　(二) shān(名物

　　义,如"草～子")

墒 shāng(统读)

猞 shē(统读)

舍 shè

　　宿～

慑 shè(统读)

摄 shè(统读)

射 shè(统读)

谁 shéi,又音 shuí

娠 shēn(统读)

什(甚) shén

　　～么

蜃 shèn(统读)

甚(一) shèn(文)

　　桑～

　　(二) rèn(语)

　　桑～儿

胜 shèng(统读)

识 shí

　　常～　～货

　　～字

似 shì

　　～的

室 shì(统读)

螫(一) shì(文)

　　(二) zhē(语)

匙 shi

　　钥～

殊 shū(统读)

蔬 shū(统读)

疏 shū(统读)

叔 shū(统读)

淑 shū(统读)

菽 shū(统读)

熟(一) shú(文)

　　(二) shóu(语)

署 shǔ(统读)

曙 shǔ(统读)

漱 shù(统读)

戍 shù(统读)

蟀 shuài(统读)

孀 shuāng(统读)

说 shuì

　　游～

数 shuò

　　～见不鲜

硕 shuò(统读)

蒴 shuò(统读)

艘 sōu(统读)

嗾 sǒu(统读)

速 sù(统读)

塑 sù(统读)

虽 suī(统读)

绥 suí(统读)

髓 suǐ(统读)

遂(一) suì

  不～ 毛～自荐

  (二) suí

  半身不～

隧 suì(统读)

隼 sǔn(统读)

莎 suō

  ～草

缩(一) suō

  收～

  (二) sù

  ～砂密(一种植

  物)

嗍 suō(统读)

索 suǒ(统读)

T

跶 tā(统读)

鳎 tǎ(统读)

獭 tǎ(统读)

沓(一) tà

  重～

  (二) ta

  疲～

  (三) dá

  一～纸

苔(一) tái(文)

  (二) tāi(语)

探 tàn(统读)

涛 tāo(统读)

悌 tì(统读)

佻 tiāo(统读)

调 tiáo

  ～皮

帖(一) tiē

  妥～ 伏伏～～

    俯首～耳

  (二) tiě

  请～ 字～儿

  (三) tiè

  字～ 碑～

听 tīng(统读)

庭 tíng(统读)

骰 tóu(统读)

凸 tū(统读)

突 tū(统读)

颓 tuí(统读)

蜕 tuì(统读)

臀 tún(统读)

唾 tuò(统读)

W

娲 wā(统读)

挖 wā(统读)

瓦 wà

  ～刀

㖞 wāi(统读)

蜿 wān(统读)

玩 wán(统读)

惋 wǎn(统读)

脘 wǎn(统读)

往 wǎng(统读)

忘 wàng(统读)

微 wēi(统读)

巍 wēi(统读)

薇 wēi(统读)

危 wēi(统读)

韦 wéi(统读)

违 wéi(统读)

唯 wéi(统读)

圩(一) wéi

  ～子

  (二) xū

  ～(墟)场

纬 wěi(统读)

委 wěi

  ～靡

伪 wěi(统读)

萎 wěi(统读)

尾(一) wěi

  ～巴

  (二) yǐ

  马～儿

尉 wèi

  ～官

文 wén(统读)

闻 wén(统读)

紊 wěn(统读)

喔 wō(统读)

蜗 wō(统读)

硪 wò(统读)

诬 wū(统读)

梧 wú(统读)

牾 wǔ(统读)

乌 wù

  ～拉(也作"靰

  鞡") ～拉草

杌 wù(统读)

鹜 wù(统读)

X

夕 xī(统读)

汐 xī(统读)

晰 xī(统读)

析 xī(统读)

皙 xī(统读)

昔 xī(统读)

溪 xī(统读)

悉 xī(统读)

熄 xī(统读)

蜥 xī(统读)

螅 xī(统读)

惜 xī(统读)

锡 xī(统读)

樨 xī(统读)

袭 xí(统读)

檄 xí(统读)

峡 xiá(统读)

暇 xiá(统读)

吓 xià

  杀鸡～猴

鲜 xiān

  屡见不～

  数见不～

锨 xiān(统读)

纤 xiān

  ～维

涎 xián(统读)

弦 xián(统读)

陷 xiàn(统读)

霰 xiàn(统读)

向 xiàng(统读)

相 xiàng
　～机行事
淆 xiáo(统读)
哮 xiào(统读)
些 xiē(统读)
颉 xié
　～颃
携 xié(统读)
偕 xié(统读)
挟 xié(统读)
械 xiè(统读)
馨 xīn(统读)
衅 xìn(统读)
行 xíng
　操～　德～
　发～　品～
省 xǐng
　内～　反～
　～亲
　不～人事
苘 xiōng(统读)
朽 xiǔ(统读)
宿 xiù
　星～　二十八～
煦 xù(统读)
蓿 xu
　苜～
癣 xuǎn(统读)
削(一)xuē(文)
　剥～　～减
　瘦～
　(二)xiāo(语)
　切～　～铅笔

～球
穴 xué(统读)
学 xué(统读)
雪 xuě(统读)
血(一)xuè(文)用
于复音词及成
语,如"贫～"、
"心～"、"呕心沥
～"、"～泪史"、
"狗～喷头"等。
(二)xiě(语)口
语多单用,如"流
了点儿～"及几
个口语常用词,
如"鸡～"、"～
晕"、"～块子"等。
谑 xuè(统读)
寻 xún(统读)
驯 xùn(统读)
逊 xùn(统读)
熏 xùn
　煤气～着了
徇 xùn(统读)
殉 xùn(统读)
蕈 xùn(统读)

Y

押 yā(统读)
崖 yá(统读)
哑 yǎ
　～然失笑
亚 yà(统读)
殷 yān

～红
芫 yán
　～荽
筵 yán(统读)
沿 yán(统读)
焰 yàn(统读)
夭 yāo(统读)
肴 yáo(统读)
杳 yǎo(统读)
窈 yǎo(统读)
钥(一)yào(语)
　～匙
　(二)yuè(文)
　锁～
曜 yào(统读)
耀 yào(统读)
椰 yē(统读)
噎 yē(统读)
叶 yè
　～公好龙
曳 yè
　弃甲～兵
　摇～
　～光弹
屹 yì(统读)
轶 yì(统读)
谊 yì(统读)
懿 yì(统读)
诣 yì(统读)
艾 yì
　自怨自～
荫 yìn(统读)
　("树～"、"林～"

道"应作"树
阴"、"林阴道")
应(一)yīng
　～届　～名儿
　～许　提出的条
　件他都～了　是
　我～下来的任务
　(二)yìng
　～承　～付
　～声　～时
　～验　～邀
　～用　～运
　～征　里～外合
萦 yíng(统读)
映 yìng(统读)
佣 yōng
　～工
庸 yōng(统读)
臃 yōng(统读)
雍 yōng(统读)
拥 yōng(统读)
踊 yǒng(统读)
咏 yǒng(统读)
泳 yǒng(统读)
莠 yǒu(统读)
愚 yú(统读)
娱 yú(统读)
愉 yú(统读)
伛 yǔ(统读)
屿 yǔ(统读)
吁 yù
　呼～
跃 yuè(统读)

晕(一) yūn
　～倒　头～
　(二) yùn
　月～　血～
　～车
酝 yùn(统读)

Z

匝 zā(统读)
杂 zá(统读)
载(一) zǎi
　登～　记～
　(二) zài
　搭～　怨声～道
　重～　装～
　～歌～舞
簪 zān(统读)
咱 zán(统读)
暂 zàn(统读)
凿 záo(统读)
择(一) zé
　选～
　(二) zhái
　～不开　～菜
　～席
贼 zéi(统读)
憎 zēng(统读)
甑 zèng(统读)
喳 zhā
　唧唧～～
轧(除"～钢"、"～
　辊"念 zhá 外,
　其他都念 yà)

(gá 为方言,不
审)
摘 zhāi(统读)
粘 zhān
　～贴
涨 zhǎng
　～落　高～
着(一) zháo
　～慌　～急
　～家　～凉
　～忙　～迷
　～水　～雨
　(二) zhuó
　～落　～手
　～眼　～意
　～重　不～边际
　(三) zhāo
　失～
沼 zhǎo(统读)
召 zhào(统读)
遮 zhē(统读)
蛰 zhé(统读)
辙 zhé(统读)
贞 zhēn(统读)
侦 zhēn(统读)
帧 zhēn(统读)
胗 zhēn(统读)
枕 zhěn(统读)
诊 zhěn(统读)
振 zhèn(统读)
知 zhī(统读)
织 zhī(统读)
脂 zhī(统读)

植 zhí(统读)
殖(一) zhí
　繁～　生～
　～民
　(二) shi
　骨～
指 zhǐ(统读)
掷 zhì(统读)
质 zhì(统读)
蛭 zhì(统读)
秩 zhì(统读)
栉 zhì(统读)
炙 zhì(统读)
中 zhōng
　人～(人口上唇
　当中处)
种 zhòng
　点～(义同"点
　播"。动宾结构
　念 diǎnzhǒng,
　义为点播种子)
诌 zhōu(统读)
骤 zhòu(统读)
轴 zhòu
　大～子戏
　压～子
碡 zhou
　碌～
烛 zhú(统读)
逐 zhú(统读)
属 zhǔ
　～望
筑 zhù(统读)
著 zhù

土～
转 zhuǎn
　运～
撞 zhuàng(统读)
幢(一) zhuàng
　一～楼房
　(二) chuáng
　经～(佛教所设
　刻有经咒的石
　柱)
拙 zhuō(统读)
苗 zhuó(统读)
灼 zhuó(统读)
卓 zhuó(统读)
综 zōng
　～合
纵 zòng(统读)
粽 zòng(统读)
镞 zú(统读)
组 zǔ(统读)
钻(一) zuān
　～探　～孔
　(二) zuàn
　～床　～杆
　～具
佐 zuǒ(统读)
唑 zuò(统读)
柞(一) zuò
　～蚕　～绸
　(二) zhà
　～水(在陕西)
做 zuò(统读)
作(除"～坊"读
　zuō 外,其余都
　读 zuò)

4. 国家普通话水平测试模拟卷(附答案)

国家普通话水平测试模拟卷(1)

编号：I－200920001

一、读单音节字词(100个音节,共10分,限时3.5分钟)

凝	截	内	在	执	蔡	翔	跨	夏	瓜
嗅	家	块	悬	望	沾	集	旁	翁	次
超	藤	斑	匪	涉	仁	撤	糟	褐	闸
扔	眉	怀	貌	稿	茬	浑	兄	窜	突
罐	雨	渗	瘾	耐	砖	眶	竖	驴	仓
迟	刑	电	赏	描	索	姜	恐	诱	陪
旦	揉	规	唾	斋	阅	俄	劝	画	艘
犯	膜	侵	陵	松	偿	醉	多	换	队
洼	飘	运	声	绝	封	困	周	钛	霜
钵	轮	匾	坡	标	佯	扭	君	汉	钠

二、读多音节词语(100个音节,共20分,限时2.5分钟)

浓度	的确	棉球儿	里头	枪毙	状态	条款
容量	诞辰	女工	垂直	大腕儿	用处	哥们儿
他人	群众	委员会	意思	发愣	狩猎	光临
鸦片	遵循	身份	肩膀	情节	奇怪	去年
差别	教化	国民	落日	顺序	流传	飞涨
推翻	使劲	外科	拍子	做活儿	辅导	嚎啕
蒙古包	文明	性能	西北	防空	不胫而走	

三、朗读短文(400个音节,共30分,限时4分钟)

　　中国西部我们通常是指黄河与秦岭相连一线以西,包括西北和西南的十二个省、市、自治区。这块广袤的土地面积为五百四十六万平方公里,占国土总面积的百分之五十七;人口二点八亿,占全国总人口的百分之二十三。

　　西部是华夏文明的源头。华夏祖先的脚步是顺着水边走的:长江上游出土过元谋人牙齿化石,距今约一百七十万年;黄河中游出土过蓝田人头盖骨,距今约七十万年。这两处古人类都比距今约五十万年的北京猿人资格更老。

　　西部地区是华夏文明的重要发源地。秦皇汉武以后,东西方文化在这里交汇融合,从而有了丝绸之路的驼铃声声,佛院深寺的暮鼓晨钟。敦煌莫高窟是世界文化史上的一个奇迹,它在继承汉晋艺术传统的基础上,形成了自己兼收并蓄的恢宏气度,展现出精美绝伦的艺术形式和博大精深的文化内涵。秦始皇兵马俑、西夏王陵、楼兰古国、布达拉宫、三星堆、大足石刻等历史文化遗产,同样为世界所瞩目,成为中华文化重要的象征。

西部地区又是少数民族及其文化的集萃地,几乎包括了我国所有的少数民族。在一些偏远的少数民族地区,仍保留 // 了一些久远时代的艺术品种……

四、命题说话(请在下列话题中任选一个,共 40 分,限时 3 分钟)

1. 我尊敬的人

2. 我和体育

国家普通话水平测试模拟卷(2)

编号：Ⅰ-200920002

一、读单音节字词(100 个音节,共 10 分,限时 3.5 分钟)

抿	墙	早	怯	慢	夺	页	宅	全	鞭
宫	继	蚕	巨	云	卧	奏	丸	饷	鸣
垒	绕	李	雍	籽	凶	扭	挖	镜	确
宾	丈	荒	摄	状	肩	耸	层	慎	春
环	口	泼	狭	踹	刘	孙	梅	显	郎
妄	型	跨	罚	侧	连	育	叠	表	茶
钡	棚	妥	伯	爱	爬	扳	侄	捏	池
梗	浙	刊	枕	略	嫩	坤	船	迎	吊
鲁	帅	乔	返	烫	毁	庙	哑	霜	嗣
刷	筹	砂	话	薰	蕊	栽	拔	筐	因

二、读多音节词语(100 个音节,共 20 分,限时 2.5 分钟)

高潮	屁股	农村	打点	内部	首尾	心脏
折磨	男人	花色	破坏	非法	四周	加塞儿
自从	诞生	灌溉	动物园	团体	路程	最后
词句	日常	跟前	温度	定额	小瓮儿	贵重
群落	旋律	丰富	情感	转悠	快艇	虽然
核桃	级别	火锅儿	爵士乐	区分	操作	外面
木材	放弃	进逼	灯泡儿	奖赏	宠儿	害羞

三、朗读短文(400 个音节,共 30 分,限时 4 分钟)

这是入冬以来,胶东半岛上第一场雪。

雪纷纷扬扬，下得很大。开始还伴着一阵儿小雨，不久就只见大片大片的雪花，从彤云密布的天空中飘落下来。地面上一会儿就白了。冬天的山村，到了夜里就万籁俱寂，只听得雪花簌簌地不断往下落，树木的枯枝被雪压断了，偶尔咯吱一声响。

大雪整整下了一夜。今天早晨，天放晴了，太阳出来了。推开门一看，嗬！好大的雪啊！山川、河流、树木、房屋，全都罩上了一层厚厚的雪，万里江山，变成了粉妆玉砌的世界。落光了叶子的柳树上挂满了毛茸茸亮晶晶的银条儿；而那些冬夏常青的松树和柏树上，则挂满了蓬松松沉甸甸的雪球儿。一阵风吹来，树枝轻轻地摇晃，美丽的银条儿和雪球儿簌簌地落下来，玉屑似的雪末儿随风飘扬，映着清晨的阳光，显出一道道五光十色的彩虹。

大街上的积雪足有一尺多深，人踩上去，脚底下发出咯吱咯吱的响声。一群群孩子在雪地里堆雪人，掷雪球儿。那欢乐的叫喊声，把树枝上的雪都震落下来了。

俗话说，"瑞雪兆丰年"。这个话有充分的科学根据，并不是一句迷信的成语。寒冬大雪，可以冻死一部分越冬的害虫；融化了的水渗进土层深处，又能供应 // 庄稼生长的需要。

……

四、命题说话（请在下列话题中任选一个，共 40 分，限时 3 分钟）

1. 我喜欢的明星（或其他知名人士）
2. 我向往的地方

国家普通话水平测试模拟卷（3）

编号：I－200920003

一、读单音节字词（100 个音节，共 10 分，限时 3.5 分钟）

撤	七	插	岳	租	摇	尊	釉	乖	残
亮	碑	钾	氯	峻	镁	第	走	帛	纸
代	卤	诵	纠	贫	这	衰	援	光	豆
贞	坡	讯	碱	权	塔	畏	冬	锤	扭
吃	韩	葬	疆	版	黑	滩	断	凑	杀
病	矛	锁	壶	免	刮	扩	祥	废	桦
驼	默	准	蛇	窃	黄	跪	顶	个	熊
棒	迈	嘴	蒸	下	垮	瘫	才	捏	神
津	川	票	卧	藻	湾	盟	标	客	拘
楔	乃	文	鳌	掌	痈	偶	窗	赖	穗

二、读多音节词语(100 个音节,共 20 分,限时 2.5 分钟)

改编	豹子	门口	熟悉	心思	罚款	民国
小瓮儿	钢铁	食堂	制作	春天	湍流	一点儿
形容词	累赘	挑选	群体	根本	经纪人	分开
前往	楼房	情况	生气	内在	含混	冷饮
红叶	名称	收入	关卡	晌午	复杂	风味
操持	评论	道德	饭盒儿	挖掘	歪曲	耷拉
通常	空中	专政	火苗儿	燃烧	不言而喻	

三、朗读短文(400 个音节,共 30 分,限时 4 分钟)

我为什么非要教书不可?是因为我喜欢当教师的时间安排表和生活节奏。七、八、九三个月给我提供了进行回顾、研究、写作的良机,并将三者有机融合,而善于回顾、研究和总结正是优秀教师素质中不可缺少的成分。

干这行给了我多种多样的"甘泉"去品尝,找优秀的书籍去研读,到"象牙塔"和实际世界里去发现。教学工作给我提供了继续学习的时间保证,以及多种途径、机遇和挑战。

然而,我爱这一行的真正原因,是爱我的学生。学生们在我的眼前成长、变化。当教师意味着亲历"创造"过程的发生——恰似亲手赋予一团泥土以生命,没有什么比目睹它开始呼吸更激动人心的了。

权利我也有了:我有权利去启发诱导,去激发智慧的火花,去问费心思考的问题,去赞扬回答的尝试,去推荐书籍,去指点迷津。还有什么别的权利能与之相比呢?

而且,教书还给我金钱和权利之外的东西,那就是爱心。不仅有对学生的爱,对书籍的爱,对知识的爱,还有教师才能感受到的对"特别"学生的爱。这些学生,有如冥顽不灵的泥块,由于接受了老师的炽爱才勃发了生机。

所以,我爱教书,还因为,在那些勃发生机的"特//别"学生身上……

四、命题说话(请在下列话题中任选一个,共 40 分,限时 3 分钟)

1. 我喜欢的季节(或天气)

2. 我的家乡(或熟悉的地方)

国家普通话水平测试模拟卷(4)

编号:Ⅰ- 200920004

一、读单音节字词(100 个音节,共 10 分,限时 3.5 分钟)

破	匪	跨	鬃	焚	枚	扭	皇	飘	拒
翅	撅	罕	聘	赫	低	童	鲸	兜	词

泰	蛹	胁	崽	铂	认	搭	甩	萌	岭
班	鸟	汁	网	尤	奶	荤	扯	忙	官
庙	匀	问	索	弦	彭	啃	座	倦	筹
寄	滑	寸	丙	缀	腰	喂	淡	增	骗
外	展	册	雄	柴	叙	套	洁	欧	诊
虾	襟	粤	法	价	群	豹	暖	壮	户
巡	麝	球	挖	流	快	容	泪	防	垣
碘	亚	灶	款	卦	隋	蜜	蹿	沫	收

二、读多音节词语(100 个音节,共 20 分,限时 2.5 分钟)

断层	被窝儿	欣赏	拐弯儿	昆虫	连接	避免
强制	发明	传播	日夜	创作	喇叭	食物
身躯	然而	邻舍	思量	学术	高昂	公会
摩擦	风筝	锅台	年度	气候	缺少	海港
老头儿	遵守	参考	荧光屏	归队	亲切	犯罪
成本	天主教	不怕	妇女	同情	赔偿	抓获
特权	小瓮儿	古董	初春	栗子	相得益彰	

三、朗读短文(400 个音节,共 30 分,限时 4 分钟)

没有一片绿叶,没有一缕炊烟,没有一粒泥土,没有一丝花香,只有水的世界,云的海洋。

一阵台风袭过,一只孤单的小鸟无家可归,落到被卷到洋里的木板上,乘流而下,姗姗而来,近了,近了!……

忽然,小鸟张开翅膀,在人们头顶盘旋了几圈儿,"噗啦"一声落到了船上。许是累了?还是发现了"新大陆"?水手撵它它不走,抓它,它乖乖地落在掌心。可爱的小鸟和善良的水手结成了朋友。

瞧,它多美丽,娇巧的小嘴,啄理着绿色的羽毛,鸭子样的扁脚,呈现出春草的鹅黄。水手们把它带到舱里,给它"搭铺",让它在船上安家落户,每天,把分到的一塑料筒淡水匀给它喝,把从祖国带来的鲜美的鱼肉分给它吃,天长日久,小鸟和水手的感情日趋笃厚。清晨,当第一束阳光射进舷窗时,它便敞开美丽的歌喉,唱啊唱,嘤嘤有韵,宛如春水淙淙。人类给它以生命,它毫不悭吝地把自己的艺术青春奉献给了哺育它的人。可能都是这样?艺术家们的青春只会献给尊敬他们的人。

小鸟给远航生活蒙上了一层浪漫色调。返航时,人们爱不释手,恋恋不舍地想把它带到异乡。可小鸟憔悴了,给水,不喝!喂肉,不吃!油亮的羽毛失去了光泽。是啊,我//们有自己的祖国……

四、命题说话(请在下列话题中任选一个,共 40 分,限时 3 分钟)

1. 我的朋友
2. 我喜欢的季节(或天气)

国家普通话水平测试模拟卷(5)

编号：Ⅰ-200920005

一、读单音节字词(100 个音节,共 10 分,限时 3.5 分钟)

窍	惹	跨	波	惯	钩	报	掷	挥	附
耍	聋	贫	抓	马	排	雷	叶	八	善
赤	花	锻	仄	捆	凝	铁	酸	妙	扭
块	潘	障	寡	废	胸	配	辛	翼	挽
寿	玄	笨	亏	跃	怪	久	臣	佑	加
捏	绸	竟	旗	诀	洒	汰	烘	睬	寻
怕	整	耗	僧	帽	唱	酶	暂	绫	园
旺	叹	摘	窜	床	涌	投	褶	惧	尹
扮	嗓	存	爽	岁	嘘	胆	赐	捉	吨
谋	被	洽	篷	详	莫	戳	淮	漏	填

二、读多音节词语(100 个音节,共 20 分,限时 2.5 分钟)

同学	混合	蜜蜂	境遇	民兵	健儿	导演
传说	大伙儿	列车	高跟儿鞋	偏颇	地区	公众
后退	称呼	包括	钢琴	使命	目光	春天
主人翁	旁边	稀饭	苛求	桥梁	开放	平等
分别	日前	位子	气温	小葱儿	发生	外国
复杂	上司	对待	租赁	嘉奖	神韵	空旷
职权	特务	落款儿	跳动	少年	海里	规律

三、朗读短文(400 个音节,共 30 分,限时 4 分钟)

中国的第一大岛、台湾省的主岛台湾,位于中国大陆架的东南方,地处东海和南海之间,隔着台湾海峡和大陆相望。天气晴朗的时候,站在福建沿海较高的地方,就可以隐隐约约地望见岛上的高山和云朵。

台湾岛形状狭长,从东到西,最宽处只有一百四十多公里;由南至北,最长的地方约有三百九十多公里。地形像一个纺织用的梭子。

台湾岛上的山脉纵贯南北,中间的中央山脉犹如全岛的脊梁。西部为海拔近四千米的玉山山脉,是中国东部的最高峰。全岛约有三分之一的地方是平地,其余为山地。岛内有缎带般的瀑布,蓝宝石似的湖泊,四季常青的森林和果园,自然景色十分优美。

西南部的阿里山和日月潭,台北市郊的大屯山风景区,都是闻名世界的游览胜地。

台湾岛地处热带和温带之间,四面环海,雨水充足,气温受到海洋的调剂,冬暖夏凉,四季如春,这给水稻和果木生长提供了优越的条件。水稻、甘蔗、樟脑是台湾的"三宝"。岛上还盛产鲜果和鱼虾。

台湾岛还是一个闻名世界的"蝴蝶王国"。岛上的蝴蝶共有四百多个品种,其中有不少是世界稀有的珍贵品种。岛上还有不少鸟语花香的蝴//蝶谷……

四、命题说话(请在下列话题中任选一个,共40分,限时3分钟)

1. 我的愿望(或理想)

2. 童年的记忆

国家普通话水平测试模拟卷(6)

编号:Ⅰ-200920006

一、读单音节字词(100个音节,共10分,限时3.5分钟)

绺	雌	来	贵	责	从	刷	嚷	霸	栽
浪	赠	秋	原	盘	驾	扭	黄	危	摔
俯	胀	垂	谜	挂	拖	用	抢	西	屈
芽	腔	幻	孤	倍	挽	到	缩	挠	匪
决	昏	铜	建	妆	售	辰	庙	捐	粮
穷	臻	戍	儿	性	额	雷	州	碎	滨
拴	票	魔	警	煅	鸣	话	越	偕	齿
及	踹	襄	奠	拨	奏	崩	砸	拜	歪
曳	算	肢	脓	美	仁	麻	捧	塘	吻
腊	响	坏	水	裂	拐	坡	谨	捏	均

二、读多音节词语(100个音节,共20分,限时2.5分钟)

生育	坟头	蔬菜	狂热	下旬	复发	合群儿
报表	小瓮儿	社会学	值日	打嗝儿	高傲	种子
王朝	跳蚤	存款	看做	共产党	男女	城镇
食盐	权利	特别	火罐儿	层次	风箱	敞开
跨度	单纯	空气	意思	前面	母体	部队
稀罕	样品	天然	借口	领海	动态	新兴
庆祝	捉拿	若干	确定	交配	范畴	人民

三、朗读短文(400个音节,共30分,限时4分钟)

这是入冬以来,胶东半岛上第一场雪。

雪纷纷扬扬,下得很大。开始还伴着一阵儿小雨,不久就只见大片大片的雪花,从彤云密布的天空中飘落下来。地面上一会儿就白了。冬天的山村,到了夜里就万籁俱寂,只听得雪花簌簌地不断往下落,树木的枯枝被雪压断了,偶尔咯吱一声响。

大雪整整下了一夜。今天早晨,天放晴了,太阳出来了。推开门一看,嗬!好大的雪啊!山川、河流、树木、房屋,全都罩上了一层厚厚的雪,万里江山,变成了粉妆玉砌的世界。落光了叶子的柳树上挂满了毛茸茸亮晶晶的银条儿;而那些冬夏常青的松树和柏树上,则挂满了蓬松松沉甸甸的雪球儿。一阵风吹来,树枝轻轻地摇晃,美丽的银条儿和雪球儿簌簌地落下来,玉屑似的雪末儿随风飘扬,映着清晨的阳光,显出一道道五光十色的彩虹。

大街上的积雪足有一尺多深,人踩上去,脚底下发出咯吱咯吱的响声。一群群孩子在雪地里堆雪人,掷雪球儿。那欢乐的叫喊声,把树枝上的雪都震落下来了。

俗话说,"瑞雪兆丰年"。这个话有充分的科学根据,并不是一句迷信的成语。寒冬大雪,可以冻死一部分越冬的害虫;融化了的水渗进土层深处,又能供应//庄稼生长的需要。

……

四、命题说话(请在下列话题中任选一个,共40分,限时3分钟)

1. 童年的记忆

2. 难忘的旅行

国家普通话水平测试模拟卷(7)

编号:Ⅰ-200920007

一、读单音节字词(100个音节,共10分,限时3.5分钟)

献	苦	丛	群	纱	伟	箱	旷	忍	岔
僵	剖	窄	辞	河	巴	跨	拿	秆	镭
笙	费	双	扭	授	穷	协	妙	永	趋
卯	挂	巧	赚	荣	蟒	见	购	蛮	润
肯	窜	尊	挺	纯	木	堂	顺	畅	锣
脆	盆	阔	穴	万	箔	鹅	管	化	踪
嫁	帅	尺	怀	蔗	旬	宾	硝	弊	硫
拖	婶	槽	全	啃	桶	评	摸	井	眉
胎	髓	阴	攫	菜	军	日	迁	赵	胚
侧	败	憎	段	哉	崖	道	选	掺	绞

二、读多音节词语(100 个音节,共 20 分,限时 2.5 分钟)

起点	强度	大鼓	高温	陶冶	成长	心思
动作	战争	规定	名牌儿	富翁	邮戳儿	塑料
纺织品	哥们儿	分散	功利	破裂	翅膀	商标
时而	研究员	办法	确认	码头	货款	背后
痰盂儿	悔改	计量	好意	临床	天体	周围
男女	疯子	恒星	下边	传递	存亡	核对
印刷	另外	快乐	增多	内涵	举足轻重	

三、朗读短文(400 个音节,共 30 分,限时 4 分钟)

　　泰山极顶看日出,历来被描绘成十分壮观的奇景。有人说:登泰山而看不到日出,就像一出大戏没有戏眼,味儿终究有点寡淡。

　　我去爬山那天,正赶上个难得的好天,万里长空,云彩丝儿都不见。素常,烟雾腾腾的山头,显得眉目分明。同伴们都欣喜地说:"明天早晨准可以看见日出了。"我也是抱着这种想头,爬上山去。

　　一路从山脚往上爬,细看山景,我觉得挂在眼前的不是五岳独尊的泰山,却像一幅规模惊人的青绿山水画,从下面倒展开来。在画卷中最先露出的是山根底那座明朝建筑岱宗坊,慢慢地便现出王母池、斗母宫、经石峪。山是一层比一层深,一叠比一叠奇,层层叠叠,不知还会有多深多奇。万山丛中,时而点染着极其工细的人物。王母池旁的吕祖殿里有不少尊明塑,塑着吕洞宾等一些人,姿态神情是那样有生气,你看了,不禁会脱口赞叹说:"活啦。"

　　画卷继续展开,绿阴森森的柏洞露面不太久,便来到对松山。两面奇峰对峙着,满山峰都是奇形怪状的老松,年纪怕都有上千岁了,颜色竟那么浓,浓得好像要流下来似的。来到这儿,你不妨权当一次画里的写意人物,坐在路旁的对松亭里,看看山色,听听流∥水和松涛……

四、命题说话(请在下列话题中任选一个,共 40 分,限时 3 分钟)

1. 我喜爱的职业
2. 购物(消费)的感受

国家普通话水平测试模拟卷(8)

编号:Ⅰ-200920008

一、读单音节字词(100 个音节,共 10 分,限时 3.5 分钟)

珍	握	堆	候	贴	桦	牙	惊	淫	鸣
宽	趣	谎	腔	埂	陪	柔	订	窗	肋

冢	岸	晒	亡	踢	火	胎	哲	村	该
迷	俄	次	夸	厥	开	月	品	溅	刷
酌	擦	困	腺	拥	纵	淤	糊	倾	搔
绛	魄	他	锡	郑	隔	坠	丹	兵	劳
吃	摆	评	捏	摄	宾	扭	餐	掏	察
架	指	闻	授	框	材	块	夫	坑	怨
晚	尘	挟	巧	囊	熏	苗	很	媒	尚
宣	脖	方	允	标	宫	淮	香	唱	蹲

二、读多音节词语(100 个音节,共 20 分,限时 2.5 分钟)

发出	外面	谋略	重量	群岛	深入	挂帅
世代	单纯	交接	利落	打杂儿	人民币	废料
父亲	温暖	完全	灯泡儿	告状	快速	木耳
饭盒儿	正确	南北	好听	佛像	党委	工作
愤怒	还原	过热	穷苦	笼统	羁绊	日期
翅膀	优秀	列举	连忙	天下	课程	念头
随便	锤子	沙漠	推广	官司	小瓮儿	研究生

三、朗读短文(400 个音节,共 30 分,限时 4 分钟)

在达瑞八岁的时候,有一天他想去看电影。因为没有钱,他想是向爸妈要钱,还是自己挣钱。最后他选择了后者。他自己调制了一种汽水,向过路的行人出售。可那时正是寒冷的冬天,没有人买,只有两个人例外——他的爸爸和妈妈。

他偶然有一个和非常成功的商人谈话的机会。当他对商人讲述了自己的"破产史"后,商人给了他两个重要的建议:一是尝试为别人解决一个难题;二是把精力集中在你知道的、你会的和你拥有的东西上。

这两个建议很关键。因为对于一个八岁的孩子而言,他不会做的事情很多。于是他穿过大街小巷,不停地思考:人们会有什么难题,他又如何利用这个机会?一天,吃早饭时父亲让达瑞去取报纸。美国的送报员总是把报纸从花园篱笆的一个特制的管子里塞进来。假如你想穿着睡衣舒舒服服地吃早饭和看报纸,就必须离开温暖的房间,冒着寒风,到花园去取。虽然路短,但十分麻烦。

当达瑞为父亲取报纸的时候,一个主意诞生了。当天他就按响邻居的门铃,对他们说,每个月只需付给他一美元,他就每天早上把报纸塞到他们的房门底下。大多数人都同意了,很快他有 // 了七十多个顾客……

四、命题说话(请在下列话题中任选一个,共 40 分,限时 3 分钟)

1. 我喜爱的文学(或其他)艺术形式

2. 我向往的地方

国家普通话水平测试模拟卷(9)

编号：I - 200920009

一、读单音节字词(100 个音节，共 10 分，限时 3.5 分钟)

唤	缺	抱	蛙	克	白	骗	宗	吠	讨
备	末	砍	痕	搞	券	舱	捆	衰	迟
腭	煤	逆	酚	苏	泻	楼	逊	勇	学
码	灰	邮	堵	熔	胀	催	较	浊	届
田	吟	寨	枫	况	乱	唇	挽	艘	近
锹	阁	吮	捏	宾	四	往	标	孟	疤
歪	佟	扭	贼	茧	鸭	线	至	虽	远
闰	专	躯	杂	兜	梁	然	器	偿	破
下	鼻	奖	卦	迁	坏	卿	韵	贷	耍
锅	跨	蛊	趁	瘤	静	趴	政	仿	钙

二、读多音节词语(100 个音节，共 20 分，限时 2.5 分钟)

锥子	充分	豪迈	姑娘	小瓮儿	博物馆	平日
螺旋	男女	创造	懒得	侵略	穿山甲	财产
脸盘儿	配合	双方	港口	课文	刺猬	调查
强化	休眠	辽阔	到处	军区	理应	呼声
透明	光度	灯泡儿	夫人	胸脯	秩序	发送
特别	精品	犯罪	浑身	商店	大伙儿	开辟
结业	拱手	作风	民兵	实体	一块儿	征求

三、朗读短文(400 个音节，共 30 分，限时 4 分钟)

有这样一个故事。

有人问：世界上什么东西的气力最大？回答纷纭得很，有的说"象"，有的说"狮"，有人开玩笑似的说：是"金刚"。金刚有多少气力，当然大家全不知道。结果，这一切答案完全不对，世界上气力最大的，是植物的种子。一粒种子所可以显现出来的力，简直是超越一切。

人的头盖骨，结合得非常致密与坚固，生理学家和解剖学者用尽了一切的方法，要把它完整地分出来，都没有这种力气。后来忽然有人发明了一个方法，就是把一些植物的种子放在要剖析的头盖骨里，给它以温度与湿度，使它发芽。一发芽，这些种子便以可怕的力量，将一切机械力所不能分开的骨骼，完整地分开了。植物种子的力量之大，如此如此。

这，也许特殊了一点儿，常人不容易理解。那么，你看见过笋的成长吗？你看见过被压在瓦砾和石块下面的一棵小草的生长吗？它为着向往阳光，为着达成它的生之意志,不管上面的石块如何重,石与石之间如何狭,它必定要曲曲折折地,但是顽强不屈地透到地面上来。它的根往土壤钻,它的芽往地面挺,这是一种不可抗拒的力,阻止它的石块,结果也被它掀翻,一粒种子的力量之大,// 如此如此……

四、命题说话(请在下列话题中任选一个,共40分,限时3分钟)

1. 童年的记忆
2. 难忘的旅行

国家普通话水平测试模拟卷(10)

编号:I-200920010

一、读单音节字词(100个音节,共10分,限时3.5分钟)

隋	谬	恨	尊	唰	唐	偏	汛	虎	谓
匠	饶	元	课	迭	腔	贼	日	臀	蚶
投	订	勺	灼	袖	逾	默	窜	垂	今
扭	蜷	标	栓	纳	抓	左	带	遮	话
庙	狂	雪	达	仓	台	补	寇	增	皱
柄	张	德	忠	捏	勿	炕	兼	裴	滤
统	稠	掘	光	净	关	债	怎	例	庄
跨	暗	桥	册	牌	槐	斥	赛	秧	沈
锌	沸	骚	龙	饥	汪	颊	蛇	踹	耍
瘟	癣	瓷	蜡	霞	雕	铂	噎	盒	绳

二、读多音节词语(100个音节,共20分,限时2.5分钟)

采写	创立	上午	塑造	小瓮儿	农村	剂量
高度	寡妇	外在	差别	名词	过人	灯泡儿
满嘴	回归线	总之	收购	蛋黄儿	民兵	幼儿
完美	范围	正确	她们	死活	轻音乐	食用
群落	分布	生成	碑文	男女	必需	罢工
面貌	唱歌儿	出去	破产	奇怪	翎子	冬天
贫穷	叫唤	轮廓	放宽	风雅	千钧一发	

三、朗读短文(400个音节,共30分,限时4分钟)

我们在田野散步:我,我的母亲,我的妻子和儿子。

母亲本不愿出来的。她老了,身体不好,走远一点儿就觉得很累。我说,正因为如此,才应该多走走。母亲信服地点点头,便去拿外套。她现在很听我的话,就像我小时候很听她的话一样。这南方初春的田野,大块小块的新绿随意地铺着,有的浓,有的淡,树上的嫩芽也密了,田里的冬水也咕咕地起着水泡。这一切都使人想着一样东西——生命。

我和母亲走在前面,我的妻子和儿子走在后面。小家伙突然叫起来:"前面是妈妈和儿子,后面也是妈妈和儿子。"我们都笑了。

后来发生了分歧:母亲要走大路,大路平顺;我的儿子要走小路,小路有意思。不过,一切都取决于我。我的母亲老了,她早已习惯听从她强壮的儿子;我的儿子还小,他还习惯听从他高大的父亲;妻子呢,在外面,她总是听我的。一霎时我感到了责任的重大。我想找一个两全的办法,找不出;我想拆散一家人,分成两路,各得其所,终不愿意。我决定委屈儿子,因为我伴同他的时日还长。我说:"走大路。"但是母亲摸摸孙儿的小脑瓜,变了主意:"还是走小路吧。"她的眼随小路望去:那里有金色的菜花,两行整齐的桑树,// 尽头一口水波粼粼的鱼塘……

四、命题说话(请在下列话题中任选一个,共 40 分,限时 3 分钟)

1. 我喜欢的季节(或天气)
2. 我的家乡(或熟悉的地方)

国家普通话水平测试模拟卷(答案)

国家普通话水平测试模拟卷答案(1)

编号:II-200920001

一、读单音节字词(100 个音节,共 10 分,限时 3.5 分钟)

níng 凝	jié 截	nèi 内	zài 在	zhí 执	cài 蔡	xiáng 翔	kuà 跨	xià 夏	guā 瓜
xiù 嗅	jiā 家	kuài 块	xuán 悬	wàng 望	zhān 沾	jí 集	páng 旁	wēng 翁	cì 次
chāo 超	téng 藤	bān 斑	fěi 匪	shè 涉	rén 仁	chè 撤	zāo 糟	hè 褐	zhá 闸
rēng 扔	méi 眉	huái 怀	diāo 貂	gǎo 稿	chá 茬	hún 浑	xiōng 兄	cuàn 窜	tū 突
guàn 罐	yǔ 雨	shèn 渗	yǐn 瘾	nài 耐	zhuān 砖	kuàng 眶	shù 竖	lú 驴	cāng 仓
chí 迟	xíng 刑	diàn 电	shǎng 赏	miáo 描	suǒ 索	qiè 妾	kǒng 恐	yòu 诱	péi 陪
dàn 旦	róu 揉	guī 规	tuò 唾	zhāi 斋	yuè 阅	é 俄	quàn 劝	huà 画	sōu 艘
fàn 犯	mó 膜	qīn 侵	líng 陵	sōng 松	cháng 偿	zuì 醉	duō 多	huàn 换	duì 队

wā	piāo	yùn	shēng	jué	fēng	kùn	zhōu	tài	shuāng
洼	飘	运	声	绝	封	困	周	钛	霜

bō	lún	biǎn	pō	biāo	yáng	niǔ	jūn	hàn	nà
钵	轮	匾	坡	标	佯	扭	君	汉	钠

二、读多音节词语(100个音节,共20分,限时2.5分钟)

nóngdù	díquè	miánqiúr	lǐ•tou	qiāngbì	zhuàngtài	tiáokuǎn
浓度	的确	棉球儿	里头	枪毙	状态	条款
róngliàng	dànchén	nǚgōng	chuízhí	dàwànr	yòng•chù	gēmenr
容量	诞辰	女工	垂直	大腕儿	用处	哥们儿
tārén	qúnzhòng	wěiyuánhuì	yì•si	fālèng	shòuliè	guānglín
他人	群众	委员会	意思	发愣	狩猎	光临
yāpiàn	zūnxún	shēnfèn	jiānbǎng	qíngjié	qíguài	qùnián
鸦片	遵循	身份	肩膀	情节	奇怪	去年
chābié	jiàohuà	guómín	luòrì	shùnxù	liúchuán	fēizhǎng
差别	教化	国民	落日	顺序	流传	飞涨
tuīfān	shǐjìn	wàikē	pāi•zi	zuòhuór	fǔdǎo	háotáo
推翻	使劲	外科	拍子	做活儿	辅导	嚎啕
měnggǔbāo	wénmíng	xìngnéng	xīběi	fángkōng	bùjìng'érzǒu
蒙古包	文明	性能	西北	防空	不胫而走

国家普通话水平测试模拟卷答案(2)

编号：II－200920002

一、读单音节字词(100个音节,共10分,限时3.5分钟)

mǐn	qiáng	zǎo	qiè	màn	duó	yè	zhái	quán	biān
抿	墙	早	怯	慢	夺	页	宅	全	鞭
gōng	jì	cán	jù	yún	wò	zòu	wán	xiǎng	míng
宫	继	蚕	巨	云	卧	奏	丸	饷	鸣
lěi	rào	lǐ	yōng	zǐ	xiōng	niǔ	wā	jìng	què
垒	绕	李	雍	籽	凶	扭	挖	镜	确
bīn	zhàng	huāng	shè	zhuàng	jiān	sǒng	céng	shèn	chūn
宾	丈	荒	摄	状	肩	耸	层	慎	春
huán	kǒu	pō	xiá	chuài	Liú	sūn	méi	xiǎn	láng
环	口	泼	狭	踹	刘	孙	梅	显	郎
wàng	xíng	kuà	fá	cè	lián	yù	dié	biǎo	chá
妄	型	跨	罚	侧	连	育	叠	表	茶

bèi	péng	tuǒ	bó	ài	pá	bān	zhí	niē	chí
钡	棚	妥	伯	爱	爬	扳	侄	捏	池
gěng	zhè	kān	zhěn	lüè	nèn	kūn	chuán	yíng	diào
梗	浙	刊	枕	略	嫩	坤	船	迎	吊
lǔ	shuài	qiáo	fǎn	tàng	huǐ	miào	yǎ	shuāng	sì
鲁	帅	乔	返	烫	毁	庙	哑	霜	嗣
shuā	chóu	shā	huà	xūn	ruǐ	zāi	bá	kuāng	yīn
刷	筹	砂	话	薰	蕊	栽	拔	筐	因

二、读多音节词语(100 个音节,共 20 分,限时 2.5 分钟)

gāocháo	pì·gu	nóngcūn	dǎ·dian	nèibù	shǒuwěi	xīnzàng
高潮	屁股	农村	打点	内部	首尾	心脏
zhé·mó	nán·rén	huāsè	pòhuài	fēifǎ	sìzhōu	jiāsāir
折磨	男人	花色	破坏	非法	四周	加塞儿
zìcóng	dànshēng	guàngài	dòngwùyuán	tuántǐ	lùchéng	zuìhòu
自从	诞生	灌溉	动物园	团体	路程	最后
cíjù	rìcháng	gēnqián	wēndù	dìng'é	xiǎowèngr	guìzhòng
词句	日常	跟前	温度	定额	小瓮儿	贵重
qúnluò	xuánlù	fēngfù	qínggǎn	zhuàn·you	kuàitǐng	suīrán
群落	旋律	丰富	情感	转悠	快艇	虽然
hé·tao	jíbié	huǒguōr	juéshìyuè	qūfēn	cāozuò	wàimiàn
核桃	级别	火锅儿	爵士乐	区分	操作	外面
mùcái	fàngqì	jìnbī	dēngpàor	jiǎngshǎng	chǒng'ér	hàixiū
木材	放弃	进逼	灯泡儿	奖赏	宠儿	害羞

国家普通话水平测试模拟卷答案(3)

编号:II - 200920003

一、读单音节字词(100 个音节,共 10 分,限时 3.5 分钟)

chè	qī	chā	yuè	zū	yáo	zūn	yòu	guāi	cán
撤	七	插	岳	租	摇	尊	釉	乖	残
liàng	bēi	jiǎ	lǜ	jùn	měi	dì	zǒu	bó	zhǐ
亮	碑	钾	氯	峻	镁	第	走	帛	纸
dài	lǔ	sòng	jiū	pín	zhè	shuāi	yuán	guāng	dòu
代	卤	诵	纠	贫	这	衰	援	光	豆
zhēn	pō	xùn	jiǎn	quán	tǎ	wèi	dōng	chuí	niǔ
贞	坡	讯	碱	权	塔	畏	冬	锤	扭
chī	Hán	zàng	jiāng	bǎn	hēi	tān	duàn	còu	shā
吃	韩	葬	疆	版	黑	滩	断	凑	杀

bìng	máo	suǒ	hú	miǎn	guā	kuò	xiáng	fèi	huà
病	矛	锁	壶	免	刮	扩	祥	废	桦

tuó	mò	zhǔn	shé	qiè	huáng	guì	dǐng	gè	xióng
驼	默	准	蛇	窃	黄	跪	顶	个	熊

bàng	mài	zuǐ	zhēng	xià	kuǎ	qué	cái	niē	shén
棒	迈	嘴	蒸	下	垮	瘸	才	捏	神

jīn	chuān	piào	wò	zǎo	wān	méng	biāo	kè	jū
津	川	票	卧	藻	湾	盟	标	客	拘

xiē	nǎi	wén	áo	zhǎng	yōng	ǒu	chuāng	lài	suì
楔	乃	文	鳌	掌	痈	偶	窗	赖	穗

二、读多音节词语(100 个音节,共 20 分,限时 2.5 分钟)

gǎibiān	bào·zi	ménkǒu	shúxī	xīn·si	fákuǎn	Mínguó
改编	豹子	门口	熟悉	心思	罚款	民国

xiǎowèngr	gāngtiě	shítáng	zhìzuò	chūntiān	tuānliú	yīdiǎnr
小瓮儿	钢铁	食堂	制作	春天	湍流	一点儿

xíngróngcí	léi·zhui	tiāoxuǎn	qúntǐ	gēnběn	jīngjìrén	fēnkāi
形容词	累赘	挑选	群体	根本	经纪人	分开

qiánwǎng	lóufáng	qíngkuàng	shēngqì	nèizài	hánhùn	lěngyǐn
前往	楼房	情况	生气	内在	含混	冷饮

hóngyè	míngchēng	shōurù	guānqiǎ	shǎng·wu	fùzá	fēngwèi
红叶	名称	收入	关卡	晌午	复杂	风味

cāochí	pínglùn	dàodé	fànhér	wājué	wāiqū	dā·la
操持	评论	道德	饭盒儿	挖掘	歪曲	耷拉

tōngcháng	kōngzhōng	zhuānzhèng	huǒmiáor	ránshāo	bùyánéryù
通常	空中	专政	火苗儿	燃烧	不言而喻

国家普通话水平测试模拟卷答案(4)

编号:II - 200920004

一、读单音节字词(100 个音节,共 10 分,限时 3.5 分钟)

pò	fěi	kuà	zōng	fén	méi	niǔ	huáng	piāo	jù
破	匪	跨	鬃	焚	枚	扭	皇	飘	拒

chì	juē	hǎn	pìn	hè	dī	tóng	jīng	dōu	cí
翅	撅	罕	聘	赫	低	童	鲸	兜	词

tài	yǒng	xié	zǎi	bó	rèn	dā	shuǎi	méng	lǐng
泰	蛹	胁	崽	铂	认	搭	甩	萌	岭

bān	niǎo	zhī	wǎng	yóu	nǎi	hūn	chě	máng	guān
班	鸟	汁	网	尤	奶	荤	扯	忙	官
miào	yún	wèn	suǒ	xián	Péng	kěn	zuò	juàn	luó
庙	匀	问	索	弦	彭	啃	座	倦	箩
jì	huá	cùn	bǐng	zhuì	yāo	wèi	dàn	zēng	piàn
寄	滑	寸	丙	缀	腰	喂	淡	增	骗
wài	zhǎn	cè	xióng	chái	xù	tào	jié	ōu	zhěn
外	展	册	雄	柴	叙	套	洁	欧	诊
xiā	jīn	Yuè	fǎ	jià	qún	bào	nuǎn	zhuàng	hù
虾	襟	粤	法	价	群	豹	暖	壮	户
xún	shè	qiú	wā	liú	kuài	róng	lèi	fáng	yuán
巡	麝	球	挖	流	快	容	泪	防	垣
diǎn	yà	zào	kuǎn	guà	Suí	mì	cuān	mò	shōu
碘	亚	灶	款	卦	隋	蜜	蹿	沫	收

二、读多音节词语(100个音节,共20分,限时2.5分钟)

duàncéng	bèiwōr	xīnshǎng	guǎiwānr	kūnchóng	liánjiē	bìmiǎn
断层	被窝儿	欣赏	拐弯儿	昆虫	连接	避免
qiángzhì	fāmíng	chuánbō	rìyè	chuàngzuò	lǎ·ba	shíwù
强制	发明	传播	日夜	创作	喇叭	食物
shēnqū	rán'ér	línshè	sī·liang	xuéshù	gāo'áng	gōnghuì
身躯	然而	邻舍	思量	学术	高昂	公会
mócā	fēng·zheng	guōtái	niándù	qìhòu	quēshǎo	hǎigǎng
摩擦	风筝	锅台	年度	气候	缺少	海港
lǎotóur	zūnshǒu	cānkǎo	yíngguāngpíng	guīduì	qīnqiè	fànzuì
老头儿	遵守	参考	荧光屏	归队	亲切	犯罪
chéngběn	Tiānzhǔjiào	bùpà	fùnǚ	tóngqíng	péicháng	zhuāhuò
成本	天主教	不怕	妇女	同情	赔偿	抓获
tèquán	xiǎowèngr	gǔdǒng	chūchūn	lì·zi	xiāngdéyìzhāng	
特权	小瓮儿	古董	初春	栗子	相得益彰	

国家普通话水平测试模拟卷答案(5)

编号：II-200920005

一、读单音节字词(100个音节,共10分,限时3.5分钟)

qiào	rě	kuà	bō	guàn	jūn	bào	zhì	huī	fù
窍	惹	跨	波	惯	钧	报	掷	挥	附

shuǎ	lóng	pín	zhuā	mǎ	pái	léi	yè	bā	shàn
耍	聋	贫	抓	马	排	雷	叶	八	善
chì	huā	duàn	zè	kǔn	níng	tiě	suān	miào	niǔ
赤	花	锻	仄	捆	凝	铁	酸	妙	扭
kuài	Pān	zhàng	guǎ	fèi	xiōng	pèi	xīn	yì	wǎn
块	潘	障	寡	废	胸	配	辛	翼	挽
shòu	xuán	bèn	kuī	yuè	guài	jiǔ	chén	yòu	jiā
寿	玄	笨	亏	跃	怪	久	臣	佑	加
niē	chóu	jìng	qí	jué	sǎ	tài	hōng	cǎi	xún
捏	绸	竟	旗	诀	洒	汰	烘	睬	寻
pà	zhěng	hào	sēng	mào	chàng	méi	zàn	líng	yuán
怕	整	耗	僧	帽	唱	酶	暂	绫	园
wàng	tàn	zhāi	cuàn	chuáng	yǒng	tóu	zhě	jù	yǐn
旺	叹	摘	窜	床	涌	投	褶	惧	尹
bàn	sǎng	cún	shuǎng	suì	xū	dǎn	cì	zhuō	dūn
扮	嗓	存	爽	岁	嘘	胆	赐	捉	吨
móu	bèi	qià	péng	xiáng	mò	chuō	Huái	lòu	tián
谋	被	洽	篷	详	莫	戳	淮	漏	填

二、读多音节词语(100 个音节,共 20 分,限时 2.5 分钟)

tóngxué	hùnhé	mìfēng	jìngyù	mínbīng	jiàn'ér	dǎoyǎn
同学	混合	蜜蜂	境遇	民兵	健儿	导演
chuánshuō	dàhuǒr	lièchē	gāogēnrxié	piānpō	dìqū	gōngzhòng
传说	大伙儿	列车	高跟儿鞋	偏颇	地区	公众
hòutuì	chēng·hu	bāokuò	gāngqín	shǐmìng	mùguāng	chūntiān
后退	称呼	包括	钢琴	使命	目光	春天
zhǔrénwēng	pángbiān	xīfàn	kēqiú	qiáoliáng	kāifàng	píngděng
主人翁	旁边	稀饭	苛求	桥梁	开放	平等
fēnbié	rìqián	wèi·zi	qìwēn	xiǎocōngr	fāshēng	wàiguó
分别	日前	位子	气温	小葱儿	发生	外国
fùzá	shàng·si	duìdài	zūlìn	jiājiǎng	shényùn	kōngkuàng
复杂	上司	对待	租赁	嘉奖	神韵	空旷
zhíquán	tè·wu	luòkuǎnr	tiàodòng	shàonián	hǎilǐ	guīlǜ
职权	特务	落款儿	跳动	少年	海里	规律

国家普通话水平测试模拟卷答案(6)

编号：II - 200920006

一、读单音节字词(100个音节，共10分，限时3.5分钟)

liǔ	cí	lái	guì	zé	cóng	shuā	rǎng	bà	zāi
绺	雌	来	贵	责	从	刷	嚷	霸	栽
làng	zèng	qiū	yuán	pán	jià	niǔ	huáng	wēi	shuāi
浪	赠	秋	原	盘	驾	扭	黄	危	摔
fǔ	zhàng	chuí	mí	guà	tuō	yòng	lūn	yǒu	qū
俯	胀	垂	谜	挂	拖	用	抡	酉	屈
yá	qiāng	huàn	gū	bèi	wǎn	dào	suō	náo	fěi
芽	腔	幻	孤	倍	挽	到	缩	挠	匪
jué	hūn	tóng	jiàn	zhuāng	shòu	chén	miào	juān	liáng
决	昏	铜	建	妆	售	辰	庙	捐	粮
qióng	zhēn	xū	ér	xìng	é	léi	zhōu	suì	bīn
穷	臻	戌	儿	性	额	雷	州	碎	滨
shuān	piào	mó	jǐng	duàn	míng	huà	yuè	xié	chǐ
拴	票	魔	警	煅	鸣	话	越	偕	齿
jí	chuài	guǒ	diàn	bō	zòu	bēng	zá	bài	wāi
及	踹	裹	奠	拨	奏	崩	砸	拜	歪
yè	suàn	zhī	nóng	měi	rén	má	pěng	táng	wěn
曳	算	肢	脓	美	仁	麻	捧	塘	吻
là	shǎng	huài	shuǐ	liè	guǎi	pō	jǐn	niē	jūn
腊	晌	坏	水	裂	拐	坡	谨	捏	均

二、读多音节词语(100个音节，共20分，限时2.5分钟)

shēngyù	féntóu	shūcài	kuángrè	xiàxún	fùfā	héqúnr
生育	坟头	蔬菜	狂热	下旬	复发	合群儿
bàobiǎo	xiǎowèngr	shèhuìxué	zhírì	dǎgér	gāo'ào	zhǒng·zi
报表	小瓮儿	社会学	值日	打嗝儿	高傲	种子
wángcháo	tiào·zao	cúnkuǎn	kànzuò	gòngchǎndǎng	nánnǚ	chéngzhèn
王朝	跳蚤	存款	看做	共产党	男女	城镇
shíyán	quánlì	tèbié	huǒguànr	céngcì	fēngxiāng	chǎngkāi
食盐	权利	特别	火罐儿	层次	风箱	敞开
kuàdù	dānchún	kōngqì	yì·si	qiánmiàn	mǔtǐ	bùduì
跨度	单纯	空气	意思	前面	母体	部队
xī·han	yàngpǐn	tiānrán	jièkǒu	lǐnghǎi	dòngtài	xīnxīng
稀罕	样品	天然	借口	领海	动态	新兴

qìngzhù	zhuōná	ruògān	quèdìng	jiāopèi	fànchóu	rénmín
庆祝	捉拿	若干	确定	交配	范畴	人民

国家普通话水平测试模拟卷答案(7)

编号：II-200920007

一、读单音节字词(100个音节，共10分，限时3.5分钟)

xiàn	kǔ	cóng	qún	shā	wěi	xiāng	kuàng	rěn	chà
献	苦	丛	群	纱	伟	箱	旷	忍	岔
jiāng	pōu	zhǎi	cí	hé	bā	kuà	ná	gǎn	léi
僵	剖	窄	辞	河	巴	跨	拿	秆	镭
shēng	fèi	shuāng	niǔ	shòu	qióng	xié	miào	yǒng	qū
笙	费	双	扭	授	穷	协	妙	永	趋
mǎo	guà	qiǎo	zhuàn	róng	mǎng	jiàn	gòu	mán	rùn
卯	挂	巧	赚	荣	蟒	见	购	蛮	润
kěn	cuàn	zūn	tǐng	chún	mù	táng	shùn	chàng	luó
肯	窜	尊	挺	纯	木	堂	顺	畅	锣
cuì	pén	kuò	xué	wàn	bó	é	guǎn	huà	zōng
脆	盆	阔	穴	万	箔	鹅	管	化	踪
jià	shuài	chǐ	huái	zhè	xún	bīn	xiāo	bì	liú
嫁	帅	尺	怀	蔗	旬	宾	硝	弊	硫
tuō	shěn	cáo	quán	niè	tǒng	píng	mō	jǐng	méi
拖	婶	槽	全	啮	桶	评	摸	井	眉
tāi	suǐ	yīn	jué	cài	jūn	rì	qiān	zhào	pēi
胎	髓	阴	攫	菜	军	日	迁	赵	胚
cè	bài	zēng	duàn	zāi	yá	dào	xuǎn	chān	jiǎo
侧	败	憎	段	哉	崖	道	选	掺	绞

二、读多音节词语(100个音节，共20分，限时2.5分钟)

qǐdiǎn	qiángdù	dàgǔ	gāowēn	táoyě	chéngzhǎng	xīn·si
起点	强度	大鼓	高温	陶冶	成长	心思
dòngzuò	zhànzhēng	guīdìng	míngpáir	fùwēng	yóuchuōr	sùliào
动作	战争	规定	名牌儿	富翁	邮戳儿	塑料
fǎngzhīpǐn	gē·menr	fēnsàn	gōnglì	pòliè	chìbǎng	shāngbiāo
纺织品	哥们儿	分散	功利	破裂	翅膀	商标
shí'ér	yánjiūyuán	bànfǎ	quèrèn	mǎ·tou	huòkuǎn	bèihòu
时而	研究员	办法	确认	码头	货款	背后

tányúr	huǐgǎi	jìliàng	hǎoyì	línchuáng	tiāntǐ	zhōuwéi
痰盂儿	悔改	计量	好意	临床	天体	周围

nánnǚ	fēng·zi	héngxīng	xià·biān	chuándì	cúnwáng	héduì
男女	疯子	恒星	下边	传递	存亡	核对

yìnshuā	lìngwài	kuàilè	zēngduō	nèihán	jǔzúqīngzhòng
印刷	另外	快乐	增多	内涵	举足轻重

国家普通话水平测试模拟卷答案(8)

编号：II-200920008

一、读单音节字词(100 个音节,共 10 分,限时 3.5 分钟)

zhēn	wò	duī	hòu	tiē	huà	yá	jīng	yín	míng
珍	握	堆	候	贴	桦	牙	惊	淫	鸣
kuān	qù	huǎng	qiāng	gěng	péi	róu	dìng	chuāng	lèi
宽	趣	谎	腔	埂	陪	柔	订	窗	肋
zhǒng	àn	shài	wáng	tī	huǒ	tāi	zhé	cūn	gāi
冢	岸	晒	亡	踢	火	胎	哲	村	该
mí	é	cì	kuā	jué	kāi	yuè	pǐn	jiàn	shuā
迷	俄	次	夸	厥	开	月	品	溅	刷
zhuó	cā	kùn	xiàn	yōng	zòng	yū	hú	qīng	sāo
酌	擦	困	腺	拥	纵	淤	糊	倾	搔
jiàng	pò	tā	xī	zhèng	gé	zhuì	dān	bīng	láo
绛	魄	他	锡	郑	隔	坠	丹	兵	劳
chī	bǎi	píng	niē	shè	bīn	niǔ	cān	tāo	chá
吃	摆	评	捏	摄	宾	扭	餐	掏	察
jià	zhǐ	wén	shòu	kuàng	cái	kuài	fū	kēng	yuàn
架	指	闻	授	框	材	块	夫	坑	怨
wǎn	chén	xié	qiǎo	náng	xūn	miáo	hěn	méi	shàng
晚	尘	挟	巧	囊	熏	苗	很	媒	尚
xuān	bó	fāng	yǔn	biāo	gōng	Huái	xiāng	chàng	dūn
宣	脖	方	允	标	宫	淮	香	唱	蹲

二、读多音节词语(100 个音节,共 20 分,限时 2.5 分钟)

fāchū	wàimiàn	móulüè	zhòngliàng	qúndǎo	shēnrù	guàshuài
发出	外面	谋略	重量	群岛	深入	挂帅

shìdài	dānchún	jiāojiē	lì·luo	dǎzár	rénmínbì	fèiliào
世代	单纯	交接	利落	打杂儿	人民币	废料

fù·qīn	wēnnuǎn	wánquán	dēngpàor	gàozhuàng	kuàisù	mù'ěr
父亲	温暖	完全	灯泡儿	告状	快速	木耳
fànhér	zhèngquè	nánběi	hǎotīng	fóxiàng	dǎngwěi	gōngzuò
饭盒儿	正确	南北	好听	佛像	党委	工作
fènnù	huányuán	guòrè	qióngkǔ	lǒngtǒng	jībàn	rìqī
愤怒	还原	过热	穷苦	笼统	羁绊	日期
chìbǎng	yōuxiù	lièjǔ	liánmáng	tiānxià	kèchéng	niàn·tou
翅膀	优秀	列举	连忙	天下	课程	念头
suíbiàn	chuí·zi	shāmò	tuīguǎng	guān·si	xiǎowèngr	yánjiūshēng
随便	锤子	沙漠	推广	官司	小瓮儿	研究生

国家普通话水平测试模拟卷答案(9)

编号：II－200920009

一、读单音节字词(100个音节，共10分，限时3.5分钟)

huàn	quē	bào	wā	kè	bái	piàn	zōng	fèi	tǎo
唤	缺	抱	蛙	克	白	骗	宗	吠	讨
bèi	mò	kǎn	hén	gǎo	quàn	cāng	kǔn	shuāi	chí
备	末	砍	痕	搞	券	舱	捆	衰	迟
è	méi	nì	fēn	sū	xiè	lóu	xùn	yǒng	xué
腭	煤	逆	酚	苏	泻	楼	逊	勇	学
mǎ	huī	yóu	dǔ	róng	zhàng	cuī	jiào	zhuó	jiè
码	灰	邮	堵	熔	胀	催	较	浊	届
tián	yín	zhài	fēng	kuàng	luàn	chún	wǎn	sōu	jìn
田	吟	寨	枫	况	乱	唇	挽	艘	近
qiāo	gé	shǔn	niē	bīn	sì	wǎng	biāo	mèng	bā
锹	阁	吮	捏	宾	四	往	标	孟	疤
wāi	Tóng	niǔ	zéi	jiǎn	yā	xiàn	zhì	suī	yuǎn
歪	佟	扭	贼	茧	鸭	线	至	虽	远
rùn	zhuān	qū	zá	dōu	liáng	rán	qì	cháng	pò
闰	专	躯	杂	兜	梁	然	器	偿	破
xià	bí	jiǎng	guà	yū	huài	qīng	yùn	dài	shuǎ
下	鼻	奖	卦	迂	坏	卿	韵	贷	耍
guō	kuà	zhōng	chèn	liú	jìng	pā	zhèng	fǎng	gài
锅	跨	盅	趁	瘤	静	趴	政	仿	钙

二、读多音节词语(100 个音节,共 20 分,限时 2.5 分钟)

zhuī·zi	chōngfèn	háomài	gū·niang	xiǎowèngr	bówùguǎn	píngrì
锥子	充分	豪迈	姑娘	小瓮儿	博物馆	平日
luóxuán	nánnǚ	chuàngzào	lǎn·de	qīnlüè	chuānshānjiǎ	cáichǎn
螺旋	男女	创造	懒得	侵略	穿山甲	财产
liǎnpánr	pèihé	shuāngfāng	gǎngkǒu	kèwén	cì·wei	diàochá
脸盘儿	配合	双方	港口	课文	刺猬	调查
qiánghuà	xiūmián	liáokuò	dàochù	jūnqū	lǐyīng	hūshēng
强化	休眠	辽阔	到处	军区	理应	呼声
tòumíng	guāngdù	dēngpàor	fū·rén	xiōngpú	zhìxù	fāsòng
透明	光度	灯泡儿	夫人	胸脯	秩序	发送
tèbié	jīngpǐn	fànzuì	húnshēn	shāngdiàn	dàhuǒr	kāipì
特别	精品	犯罪	浑身	商店	大伙儿	开辟
jiéyè	gǒngshǒu	zuòfēng	mínbīng	shítǐ	yīkuàir	zhēngqiú
结业	拱手	作风	民兵	实体	一块儿	征求

国家普通话水平测试模拟卷答案(10)

编号:Ⅱ-200920010

一、读单音节字词(100 个音节,共 10 分,限时 3.5 分钟)

Suí	miù	hèn	zūn	liě	táng	piān	xùn	hǔ	wèi
隋	谬	恨	尊	咧	唐	偏	汛	虎	谓
jiàng	ráo	yuán	kè	dié	qiāng	zéi	rì	tún	hān
匠	饶	元	课	迭	腔	贼	日	臀	蚶
tóu	dìng	sháo	zhuó	xiù	yú	mò	cuàn	chuí	jīn
投	订	勺	灼	袖	逾	默	窜	垂	今
niǔ	quán	biāo	shuān	nà	zhuā	zuǒ	dài	zhē	huà
扭	蜷	标	栓	纳	抓	左	带	遮	话
miào	kuáng	xuě	dá	cāng	tái	bǔ	kòu	zēng	zhòu
庙	狂	雪	达	仓	台	补	寇	增	皱
bǐng	zhāng	dé	zhōng	niē	wù	kàng	jiān	Péi	lǜ
柄	张	德	忠	捏	勿	炕	兼	裴	滤
tǒng	chóu	jué	guāng	jìng	guān	zhài	zěn	lì	zhuāng
统	稠	掘	光	净	关	债	怎	例	庄
kuà	àn	qiáo	cè	pái	huái	chì	sài	yāng	shěn
跨	暗	桥	册	牌	槐	斥	赛	秧	沈

xīn	fèi	sāo	lóng	jī	wāng	jiá	shé	chuài	shuǎ
锌	沸	骚	龙	饥	汪	颊	蛇	踹	耍

wēn	xuǎn	cí	là	xiá	diāo	bó	yē	hé	shéng
瘟	癣	瓷	蜡	霞	雕	铂	噎	盒	绳

二、读多音节词语(100 个音节,共 20 分,限时 2.5 分钟)

cǎixiě	chuànglì	shàngwǔ	sùzào	xiǎowèngr	nóngcūn	jìliàng
采写	创立	上午	塑造	小瓮儿	农村	剂量
gāodù	guǎ·fu	wàizài	chābié	míngcí	guòrén	dēngpàor
高度	寡妇	外在	差别	名词	过人	灯泡儿
mǎnzuǐ	huíguīxiàn	zǒngzhī	shōugòu	dànhuángr	mínbīng	yòu'ér
满嘴	回归线	总之	收购	蛋黄儿	民兵	幼儿
wánměi	fànwéi	zhèngquè	tā·men	sǐhuó	qīngyīnyuè	shíyòng
完美	范围	正确	她们	死活	轻音乐	食用
qúnluò	fēnbù	shēngchéng	bēiwén	nánnǚ	bìxū	bàgōng
群落	分布	生成	碑文	男女	必需	罢工
miànmào	chànggēr	chū·qù	pòchǎn	qíguài	líng·zi	dōngtiān
面貌	唱歌儿	出去	破产	奇怪	翎子	冬天
pínqióng	jiào·huan	lúnkuò	fàngkuān	fēngyǎ	qiānjūnyīfà	
贫穷	叫唤	轮廓	放宽	风雅	千钧一发	

普通话声韵配合总表

声母＼韵母	-i	a	o	e	er	ê	ai	ei	ao	ou	an	en	ang	eng	ong	i	ia	ie	iao	iou	ian	in	iang	ing	iong	u	ua	uo	uai	uei	uan	uen	uang	ueng	ü	üe	üan	ün
																																							开口呼 / 齐齿呼 / 合口呼 / 撮口呼
b		ba 巴	bo 玻				bai 掰	bei 杯	bao 包		ban 班	ben 锛	bang 帮	beng 崩		bi 逼		bie 别	biao 标		bian 边	bin 宾		bing 兵		bu 不												
p		pa 趴	po 坡				pai 拍	pei 胚	pao 抛	pou 剖	pan 攀	pen 喷	pang 旁	peng 烹		pi 批		pie 瞥	piao 飘		pian 偏	pin 拼		ping 平		pu 扑												
m		ma 妈	mo 摸	me 么			mai 埋	mei 煤	mao 猫	mou 谋	man 蛮	men 门	mang 忙	meng 萌		mi 眯		mie 灭	miao 妙	miu 谬	mian 棉	min 民		ming 名		mu 木												
f		fa 发	fo 佛					fei 非		fou 否	fan 翻	fen 分	fang 方	feng 风												fu 夫												
d		da 搭		de 的			dai 呆	dei 得	dao 刀	dou 兜	dan 单	den 扽	dang 挡	deng 登	dong 东	di 低		die 爹	diao 叼	diu 丢	dian 颠			ding 丁		du 督		duo 多		dui 堆	duan 端	dun 蹲						
t		ta 他		te 特			tai 胎		tao 涛	tou 偷	tan 滩		tang 汤	teng 疼	tong 通	ti 踢		tie 贴	tiao 条		tian 天			ting 听		tu 秃		tuo 脱		tui 推	tuan 团	tun 吞						
n		na 拿		ne 讷			nai 奶	nei 内	nao 脑	nou 耨	nan 难	nen 嫩	nang 囊	neng 能	nong 农	ni 泥		nie 捏	niao 鸟	niu 牛	nian 年	nin 您	niang 娘	ning 宁		nu 奴		nuo 挪			nuan 暖				nü 女	nüe 虐		
l		la 拉		le 勒			lai 来	lei 雷	lao 劳	lou 楼	lan 蓝		lang 郎	leng 冷	long 龙	li 离	lia 俩	lie 列	liao 撩	liu 流	lian 连	lin 林	liang 粮	ling 铃		lu 炉		luo 罗			luan 峦	lun 轮			lü 驴	lüe 略		
g		ga 嘎		ge 哥			gai 该	gei 给	gao 高	gou 沟	gan 甘	gen 根	gang 刚	geng 更	gong 工											gu 姑	gua 瓜	guo 锅	guai 乖	gui 归	guan 关	gun 滚	guang 光					
k		ka 咖		ke 科			kai 开	kei 剋	kao 考	kou 抠	kan 刊	ken 肯	kang 糠	keng 坑	kong 空											ku 哭	kua 夸	kuo 阔	kuai 快	kui 亏	kuan 宽	kun 坤	kuang 筐					
h		ha 哈		he 喝			hai 孩	hei 黑	hao 毫	hou 侯	han 寒	hen 痕	hang 夯	heng 哼	hong 红											hu 呼	hua 花	huo 活	huai 怀	hui 灰	huan 欢	hun 昏	huang 黄					
j																ji 基	jia 家	jie 接	jiao 交	jiu 纠	jian 间	jin 今	jiang 江	jing 京	jiong 窘										ju 居	jue 决	juan 捐	jun 军
q																qi 欺	qia 掐	qie 切	qiao 敲	qiu 球	qian 牵	qin 亲	qiang 枪	qing 轻	qiong 穷										qu 区	que 缺	quan 全	qun 群
x																xi 希	xia 虾	xie 些	xiao 消	xiu 休	xian 先	xin 新	xiang 香	xing 兴	xiong 兄										xu 虚	xue 靴	xuan 宣	xun 勋
zh	zhi 知	zha 渣		zhe 遮			zhai 摘	zhei 这	zhao 招	zhou 周	zhan 沾	zhen 真	zhang 章	zheng 争	zhong 中											zhu 珠	zhua 抓	zhuo 捉	zhuai 拽	zhui 追	zhuan 专	zhun 准	zhuang 庄					
ch	chi 吃	cha 插		che 车			chai 拆		chao 抄	chou 抽	chan 搀	chen 尘	chang 昌	cheng 成	chong 充											chu 初	chua 欻	chuo 戳	chuai 揣	chui 吹	chuan 穿	chun 春	chuang 窗					
sh	shi 师	sha 纱		she 赊			shai 筛	shei 谁	shao 烧	shou 收	shan 山	shen 深	shang 伤	sheng 生												shu 书	shua 刷	shuo 说	shuai 摔	shui 水	shuan 栓	shun 顺	shuang 双					
r	ri 日			re 热					rao 饶	rou 柔	ran 然	ren 人	rang 让	reng 扔	rong 荣											ru 如		ruo 若		rui 瑞	ruan 软	run 润						
z	zi 资	za 杂		ze 责			zai 灾	zei 贼	zao 遭	zou 走	zan 咱	zen 怎	zang 脏	zeng 增	zong 宗											zu 租		zuo 昨		zui 最	zuan 钻	zun 尊						
c	ci 雌	ca 擦		ce 测			cai 猜		cao 槽	cou 凑	can 蚕	cen 岑	cang 仓	ceng 层	cong 从											cu 粗		cuo 错		cui 催	cuan 汆	cun 村						
s	si 私	sa 撒		se 色			sai 腮		sao 嫂	sou 搜	san 三	sen 森	sang 桑	seng 僧	song 松											su 苏		suo 锁		sui 随	suan 酸	sun 孙						
0		a 啊	o 喔	e 鹅	er 儿	ê 欸	ai 哀	ei 欸	ao 熬	ou 欧	an 安	en 恩	ang 昂	eng 鞥		yi 衣	ya 压	ye 耶	yao 腰	you 优	yan 烟	yin 因	yang 央	ying 英	yong 用	wu 乌	wa 蛙	wo 窝	wai 歪	wei 威	wan 弯	wen 温	wang 汪	weng 翁	yu 迂	yue 约	yuan 冤	yun 晕